Practicum and Internship

Textbook and Resource Guide for Counseling and Psychotherapy

Fifth Edition

미국, 캐나다 자격제도 기반

상담 및 심리치료 전문가 실습 · 수련 가이드북

Judith Scott · John C. Boylan · Christin M. Jungers 공저

권선영 · 김호영 공역

학지사

Practicum and Internship: Textbook and Resource Guide for Counseling and Psychotherapy, Fifth Edition
by Judith Scott, John C. Boylan, and Christin M. Jungers

역자 서문

상담은 인간에 대한 경외감과 자기 성찰의 크기만큼 한 사람의 삶을 빚어 가는 고도의 집중 과정이다. 그 과정에서 발휘되는 상담자의 지식, 기술, 태도, 인간적 자질은 상담자가 자기 삶에서 고투(苦鬪)하며 받은 귀한 선물이다. 그럼에도 불구하고 상담자가 맞닥뜨리는 곤란한 지점은 언제나 존재하고, 동시에 전문가로 성장할 수 있는 자기만의 길도 찾아야 하는데, 스스로 경력개발이나 훈련계획을 세우는 것이 쉽지 않은 것이 현실이다. 개인적으로 이러한 필요를 절감하면서 상담자 발달과 훈련에 관심을 갖게 되었고, 그 과정에서 여러 학회와 국가 자격 혹은 민간 자격 관련 실습·수련 자료를 접할 수 있었다. 그러나 장기간 수련생이었고 초보 또는 숙련 상담자와 프로젝트를 수행하거나 동료로 활동하였음에도 불구하고 지식과 현장을 연결하며 스스로 성장할 수 있도록 안내해 주는 체계적인 자료나 안내자를 찾기가 매우 어려웠다.

『Practicum and Internship: Textbook and Resource Guide for Counseling』은 내담자, 상담자, 교육자로서 taker에서 giver로의 역할 전환을 고민하던 즈음에 만난 책이다. 상담자에게 느꼈던 기분 좋은 놀라움과 감사만큼 컸던 실망, 내담자에 대한 무한 연민과 좌절, 먼저 배운 사람으로서 같은 길을 걸으려는 후학에 대한 과도한(!) 책임감이 지난(至難)한 번역의 길로 들어서게 하였다.

이 책이 미국과 캐나다의 자격제도에 기반하고 있어 우리나라 실습·수련 현장에 그대로 적용하기에는 무리가 있음을 알면서도 번역을 결심한 것은 상담 전문가의 비전을 가진 개인, 미국이나 캐나다에서 상담 관련 석·박사 과정 진학을 희망하는 학생, 상담 업무 체계를 선진화하고자 하는 기관, 상담교육과 훈련 프로그램을 운영하는 대학이 활용할 수 있는 기초 자료가 필요하기 때문이다.

상담 관련 분야에 대해 미국은 연방 및 주정부 차원의 면허제도를 운영하는 데 비해 우리나라는 학회 차원의 민간 자격[1] 위주로 자격제도가 운영되고 있고, 국가 자격[2]으로 청소년상담사(「청소년기본법」, 여성가족부), 정신보건임상심리사(「정신보건법」, 보건복지부), 직업상담사(「직업안정법」, 고용노동부), 임상심리사(「국기기술자격법」, 한국산업인력공단), 전문상담교사(「초·중등교육법」, 교육과학기술부) 등이 있으나 면허 수준의 권리와 책임이 부여되고 있지 않은 것이 현실이다. 심리 서비스에 대한 수요와 기대가 날로 높아지고 있는 상황에서 우리나라 상담 및 심리치료 분야가 더욱 높은 전문성과 윤리성을 확보할 수 있도록 자격제도를 정비하고 개선하는 데 미력이나마 기여하게 되기를 또한 기대한다.

상담을 공부하는 학생과 상담 현장의 전문가들을 위한 마음으로 시작해 동료 상담자의 응원과 공역자의 노고에 힘입어 갈무리를 하게 되었다. 긴 시간이 걸린 것에 비해 충분히 만족스럽지 못한 결과가 아쉬운 면이 있으나 독자의 넓은 아량과 이해심에 기대 본다. 기다림의 배려를 베풀어 주신 학지사의 발전을 기원하며 김진환 대표님, 김순호 이사님, 정승철 상무님, 이세희 선생님에게 마음 깊이 감사드린다. 더불어 초고와 서식 검토에 기꺼이 참여해 준 동료 상담자들께 감사의 마음을 전한다.

2021년 3월

역자 대표 권선영

1) 우리나라의 민간 자격에 관하여는 '민간자격정보서비스'(www.pqi.or.kr) 참고.

2) 우리나라의 국가 자격에 관하여는 '큐넷'(www.q-net.or.kr) 참고.

저자 서문

1988년 초판 발행 이후 각 개정판은 상담 전문 영역과 전문상담자 준비에 많은 변화와 발전을 제공하였다. 이 책에서도 역시 상담자에게 요구되는 역량과 경험을 실습과 수련 내용에 배치하는 것에 지속적으로 관심을 두었다. 상담자 교육자로서 전문상담사 자격을 갖추도록 자질을 향상시키는 과정에 참여하게 된 것은 매우 흥분되는 특권이었다. 나는 Boylan이 처음 4판을 갱신하고, 수정 · 보완하는 작업을 지켜보았다. 이제는 이 일을 수행하기 위해 새로운 세대로부터 상담교육자를 불러 모으고 Jungers가 하던 유쾌하고 중요한 이 일을 지속하는 것이 나의 차례가 되었고, 5판에 새로운 관점과 목소리를 담을 수 있는 큰 행운(benefited)이 있었다. 나는 이 책을 개정하게 된 것이 매우 흥분되고, 우리의 전문성이 성숙해 가는 것에 존경을 표하며 새로이 진입하는 전문상담자에게 큰 도움이 되기를 희망한다.

Judith Scott

이 책의 개요

이 책은 수련의 최종 평가를 위한 적절한 실습 선택부터, 주요 전문적 훈련 경험으로 안내하기 위한 다섯 번째 책으로 실습 및 수련 경험에 기술 기반 접근을 연관하여 재구성하였다. 각 장은 상담 업무, 인지 기술, 집단 및 개별 슈퍼비전, 전문 훈련에 포함되어 선택된 주제 관련 전문자원, 실습에 대한 자기 평가 도구, 지침, 그리고 상담과 슈퍼비전 실습에 적용되는 보조 서식들이다.

제1부는 현장 배치 확보를 위한 적용과정으로 준비, 확인에 중점을 두었다. 제1장은 학생이 실습 및 수련 장소 확인을 위한 준비로 기본적으로 고려해야 할 정보들을 제공한다. 제2장은 학생이 현장을 선택하고, 지원하고, 확보하며, 적절한 전문 목표와 전문화할 수 있도록 안내한다.

제2부는 상담 수행 기술과 인지상담 기술을 강조한다. 제3장은 실습을 시작하며 내담자와 초기 접촉하는 것을 강조하고, 사전 동의서와 최신 HIPAA 지침 서식 작성을 포함한다. 제4장은 사정과 사례 개념화, 부가 자료, 내담자와 실습하며 사용하는 모델을 포함한다. 새로운 『DSM-5(정신장애 진단 및 통계 지침-5판)』의 개관 코딩과 분류 체계를 포함한다. 제5장은 목표설정, 치료계획, 치료적 접근과 관련 있는 이론을 포함한다. 마음챙김 기반 실습 개관은 '새로운 흐름'으로 수용전념치료, 변증법적 행동치료를 새롭게 부가하였다.

제3부는 집단 및 개인 슈퍼비전에 초점을 맞추었다. 제6장은 집단 슈퍼비전에 대한 것으로 기술 기반 모델에 대한 전반적인 기술로 시작하여, 슈퍼비전 집단 모델에 익숙해질

수 있는 자기 평가 실습을 포함한다. 제7장은 개인 슈퍼비전에 대한 것으로 슈퍼비전의 3인조 모델을 확장하였을 뿐 아니라 일반적으로 학생이 마주하게 되는 몇 가지 개인 슈퍼비전 응용 모델을 설명하였다. 슈퍼바이저를 위한 사전 동의서(informed consent)와 개인 정보 제공동의서(Disclosure Statement) 예시와 ACES(Association for Counselor Education and Supervision) 모범 지침에 따른 슈퍼비전 계약서 예시를 포함하였다. 최상의 실습을 지원하는 서식으로 슈퍼바이저 메모와 슈퍼바이지 메모, 평가 체크리스트와 서식을 추가하였다.

제4부의 윤리, 법, 위기 상황 및 약물 남용과 관련한 사정에서는 전문 실습과 관련하여 선택하는 주제를 포함하였다. 최근의 상담 지침으로 과학기술의 사용, 원칙 기반, 미덕 기반, 윤리적 의사 결정을 위한 자기 평가 접근의 적용을 포함하였다. 위험 평가 도구로 위기 개입 및 대응과 관련한 정보와 약물 남용 평가와 관련한 서식을 최신의 내용으로 개정하였다.

완성된 서식 및 예시는 본문에 참조하였다. 사용이 가능한 완성된 [서식]은 〈부록〉 다음에 책의 맨 끝에 제시하였고, www.routledgementalhealth.com/cw/scott에서도 다운로드할 수 있다.

우리 저자는 최신 개정판이 학생, 상담자, 슈퍼바이저에게는 유용한 정보, 자료, 자원이 되길 바라고 독자에게는 실습 및 수련에 보다 친숙하게 접근할 수 있기를 바란다.

차례

제2장 실습지/수련지 확보하기 · 33

제2부 내담자와 작업 시작하기

제3장 실습 시작하기 · 47

제4장 사정 및 사례 개념화 · 79

상담 및 심리치료 전문가 실습 · 수련 가이드북

제1부 — 실습 전 준비 —

실습 및 수련에 필요한 준비 사항

이 책의 목적은 전문상담 및 심리 분야 대학원생이 자격을 갖춘 전문가로 성장하도록 돕는 것이다. 이를 위해 제1장과 제2장에서는 실습/수련 신청을 위해 이수해야 하는 전문 과정 인증 요건, 실습/수련 기관을 탐색, 지원, 확보하는 방안 등에 대한 기초 정보를 제공한다. 실습/수련의 핵심은 상담 기본 지식을 현장 상황에서 응용하는 능력을 기르는 것이다. 상담 전문가는 대학, 정신건강센터, 진로센터 등 다양한 영역에서 활동하게 되므로 대다수의 상담교육 프로그램에서 실습/수련을 요구한다. 상담 및 심리 관련 교육 프로그램, 학회, 협회 및 인증기관에서는 실습과 수련에 대해 명확히 정의하고, 필수적으로 훈련되어야 하는 내용을 구체적으로 제시하며, 각 훈련 영역에서 요구되는 활동, 경험, 지식 등을 세세하게 명시하는 작업을 지속적으로 해 오고 있다. 상담 슈퍼바이저의 경험 수준 및 자격 요건은 국가 단위 인증기관에서 상세하게 규정하고 있으며, 실습/수련 필수 이수 시간은 상담 분야의 전문성이 심화됨에 따라 지속적으로 증가되는 추세이다.

전문상담사 되기

상담은 "전문적 관계를 통해 다양한 개인과 가족 및 집단 구성원들이 정신건강, 행복, 교육 및 진로 목표 성취에 필요한 역량을 기르도록 돕는 활동"으로 정의된다(미국상담협회;

American Counseling Association: ACA, 2010). 상담 영역의 전문적 지위는 다양한 학회 및 협회 창립, 명칭 변경을 통한 유사 영역과의 차별화, 윤리 조항 개발, 미국 내 모든 주에서의 자격법 인가를 통한 공공성 획득 등의 과정을 거치며 75년 동안 점진적으로 확립되어 왔다. 특히, 최근 30년 동안에는 교육 필수 이수 학점의 증가, 인증 및 자격 관련 기준 수립, 심리학과는 별개의 상담 분야 지식 확장, 상담자-내담자 관계에 법적 권리를 부여하는 법률 제정 등의 변화가 있었다(Remley & Herlihy, 2014).

전문상담은 정신건강에 대해 질병과 치료를 강조하는 의학적 관점이 아닌, 인간의 잠재역량 극대화를 통한 행복 증진을 강조하는 긍정적 관점에 기반을 두고 있다. 상담자는 교정과 치료보다는 예방과 조기 개입에 역점을 두기 때문에 상담자 교육에서도 생리적 문제나 정신병리보다는 상담 기술에 대한 훈련을 강조한다(Remley & Herlihy, 2014). 상담 실습/수련을 준비하는 학생은 실습/수련지를 선택할 때 이러한 전문상담의 기본 관점을 이해하고 존중하는 곳인지를 확인할 필요가 있다.

전문상담사가 되기 위한 과정

자격을 갖춘 전문상담사가 되기 위해 거쳐야 하는 단계는 다음과 같다(Schweiger, Henderson, McKaskill, & Collins, 2012).

1. 상담 석사과정 학점 이수(인증받지 않은 석사과정의 학점도 무방함)
2. 실습 완료
3. 슈퍼비전을 통한 임상 수련 완료
4. 상담 석사 또는 박사학위 취득
5. 전국 단위 자격위원회 또는 자격제도를 운영하는 협회에 신청하여 자격 확보(인증받은 프로그램에서 학위를 취득한 경우 학위 취득과 동시에 자격시험에 응시할 수 있음)
6. 주정부 자격위원회에 신청하여 주 면허 취득(pp. 4-5)

실습/수련 프로그램 인증 기준

미국과 캐나다에서 상담교육 프로그램의 인증은 선택 사항이며, 인증제도는 연방,

주, 지방 등 정부가 아니라 여러 전문가 단체들이 자체적으로 운영한다. 미국상담학회(ACA)는 미국 상담교육프로그램인증협의회(Council for the Accreditation of Counseling and Related Educational Program: CACREP), 미국결혼·가족치료학회(American Association for Marriage and Family Therapy: AAMFT)는 결혼·가족치료교육인증위원회(Commission on Accreditation for Marriage and Family Therapy Education: COAMFTE), 미국심리학회(American Psychological Association: APA)는 미국심리학회 인증위원회(American Psychological Association-Commission on Accreditation: APA-CoA), 캐나다상담·심리치료학회(Canadian Counselling and Psychotherapy Association: CCPA)는 상담자교육프로그램인증협의회(Council on Accreditation of Counsellor Education Programs: CACEP)를 각각 설립하여 인증제도를 운영하고 있다. 미국목회상담자협회(American Association for Pastoral Counselors: AAPC), 미국 재활교육협의회(Council on Rehabilitation Education: CORE) 등과 같이 별도의 인증조직을 두지 않고 자체적으로 목회상담사, 재활상담사 등 전문상담사에 대한 교육 프로그램 인증을 실시하는 단체들도 있다. 상담자 교육 프로그램이 인증을 획득하기 위해서는 각 인증기관에서 제시하는 인증 기준을 충족해야 한다. 인증평가 단위는 대학이나 학과 등 기관이 아니라 교육 프로그램이기 때문에 학과 내에 여러 프로그램이 있다면 그중 일부만 인증받은 프로그램인 경우도 있을 수 있다. 인증받은 프로그램은 학생들에게 다음과 같은 이점을 제공한다.

- 프로그램이 높은 전문적 기준에 부합하는 교육을 제공한다는 것을 보장함
- 프로그램의 질을 정기적으로 점검함
- 프로그램 이수 후 학위 취득 즉시 국가 자격시험에 응시할 수 있음
- 인증받은 프로그램의 일원이라는 자부심을 학생, 교직원, 대학에 제공함(Schweiger et al., 2012, pp. 7-9)

실습/수련은 상담교육의 최종 단계로, 실습생/수련생이 훈련받고자 하는 관심 영역의 다양한 내담자를 대상으로 실제 상담을 진행하고 그에 대해 슈퍼비전을 받는 과정을 통해 전문적인 상담 기술을 개발하게 된다. 먼저 실습을 성공적으로 완료한 후 수련을 통해 개인상담과 집단상담을 포함한 해당 전문 영역의 업무를 전반적으로 경험하는 것이 중요하다.

최근 실습/수련 운영과 관련하여, ① 실습/수련 이수 요구 시간의 증가, ② 실습/수련 이수 현장의 변화, ③ 실습/수련 슈퍼바이저 요건의 강화, ④ 슈퍼비전 시간의 증가 등과 같

은 필수 요건의 변화가 일어나고 있다. 이러한 변화는 학생들이 실습/수련 이수 후 전문가로서의 취업 기회, 활동 영역, 대상 내담자 집단, 철학적 입장, 기술 활동 등에 큰 영향을 줄 가능성이 높다. 그러므로 학생 각자는 실습지/수련지를 선정할 때 개인적 선호나 선발 가능성뿐 아니라 슈퍼바이저가 요건을 갖췄는지, 이수 요구 시간은 얼마인지 등을 신중하게 고려해야 한다.

인증받지 않은 프로그램에서 교육받고 있는 학생의 경우, 자신의 실습/수련 활동에 대해 총 이수 시간, 직접 상담 실시 시간, 슈퍼비전 이수 시간, 담당 슈퍼바이저의 자격 사항 등을 상세하게 기록하여 자신이 전문 자격 취득에 필요한 기준을 충족했음을 입증할 수 있도록 준비해야 한다. 이 책에서 제공하는 서식들을 잘 활용하면 주 또는 연방정부 자격 취득에 필요한 인증 프로그램 수준의 실습/수련 이수 사실을 증명하는 데 도움이 될 것이다.

미국 상담교육프로그램인증협의회(CACREP)의 실습과 수련 표준

CACREP(The Council for the Accreditation of Counseling and Related Educational Program)는 다음 6개 영역에 대해 석사 수준의 초급 프로그램을 인증하고 있다.

중독상담(60학점)
진로상담(48학점)
임상정신건강상담(60학점)
결혼 · 커플 · 가족상담(60학점)
학교상담(48학점)
대학학생생활상담(48학점)

CACREP는 2020년부터 모든 영역의 필수 요구 학점을 60학점으로 할 예정이다.

각 영역의 실습/수련 관련 주요 요구 사항은 다음과 같다(CACREP, 2009).

실습/수련 현장: 해당 영역의 전문성이 확보된 단체, 기관, 조직이어야 함

실습: 해당 영역에서 10주 이상의 기간에 총 100시간 이상 실습을 수행하며, 내담자 직접 상담 40시간 이상, 현장/교수 슈퍼바이저와의 개별 또는 3인 슈퍼비전 주당 평균

1시간 이상, 교수 슈퍼바이저와의 집단 슈퍼비전 주당 평균 1.5시간 이상 등을 모두 충족해야 함

수련: 총 600시간 이상 수련을 진행하며 집단상담을 포함한 내담자 직접 상담 240시간 이상, 현장 슈퍼바이저와의 개별 또는 3인 슈퍼비전 주당 평균 1시간 이상, 교수 슈퍼바이저와의 집단 슈퍼비전 주당 평균 1.5시간 이상 등을 모두 충족해야 함

슈퍼바이저: 교수 슈퍼바이저는 박사학위를 소지하고 상담 전문가로서의 역량을 갖고 있어야 하며, 현장 슈퍼바이저는 석사학위 및 관련 자격/면허를 소지하고 관련 분야에서 2년 이상 상담 전문가로 활동한 경력이 있어야 함

미국 재활교육협의회(CORE)의 실습과 수련 표준

CORE(The Council on Rehabilitation Education)는 재활상담 분야 석사학위 프로그램 인증 기관으로, 2013년 10월 CACREP와 함께 수립한 임상재활상담 전문화를 위한 인증 기준과 인증제도 공동운영 계획을 발표하였다. 이와 관련된 세부 내용은 www.cacrep.org를 참조하라. 임상재활상담 실습/수련 관련 요구 사항은 다음과 같다(CORE, 2012).

실습지/수련지: 다양한 배경의 장애인에게 서비스를 제공하는 단체나 시설이어야 함

실습 활동: 총 100시간 이상 실습을 수행하며 장애인 내담자 직접 상담 40시간 이상, 교수 또는 동등한 자격을 갖춘 슈퍼바이저와의 개별 슈퍼비전 주당 평균 1시간 이상 또는 집단 슈퍼비전 주당 평균 1.5시간 이상(집단원 10명 이내) 등을 모두 충족해야 함

수련 활동: 총 600시간 이상 수련을 진행하며 장애인 내담자 직접 상담 240시간 이상, 매주 공인재활상담사와의 상담 현장 슈퍼비전, 교수 또는 동등한 자격을 갖춘 슈퍼바이저와의 개별 슈퍼비전 주당 평균 1시간 이상 또는 집단 슈퍼비전 주당 평균 1.5시간 이상(집단원 10명 이내) 등을 모두 충족해야 함

슈퍼바이저: 재활상담 실습/수련 슈퍼바이저는 공인재활상담사이거나 재활교육 전공 교수이어야 함

CORE의 요구 사항과 인증 기준에 대한 세부 내용은 www.core-rehab.org를 참조하라.

실습 시작과 끝을 위한 상담 관련 상담자교육프로그램인증협의회(CACEP)의 표준

캐나다상담 · 심리치료학회(Canadian Counselling and Psychotherapy Association: CCPA)가 설립한 상담자교육프로그램인증협의회(CACEP)에서는 학교상담, 대학상담, 지역사회/단체 상담, 재활상담, 가족상담 분야 석사학위 프로그램에 대해 각 48학점 이상의 과목 이수 등의 인증 기준을 요구한다. 각 영역의 실습/수련 관련 주요 요구 사항은 다음과 같다(CCPA, 2003).

실습지/수련지: 학생의 관심 분야와 진로 목표에 부합하는 단체, 기관, 조직이어야 함

기초 실습 활동: 총 100시간 이상 실습을 수행하며 내담자 직접 상담 50시간 이상(개인 상담 40시간 이상, 집단상담 10시간 이상), 교수 슈퍼바이저 또는 교수의 지도를 받는 슈퍼바이저와의 개별/합동 슈퍼비전 주당 평균 1시간 이상 및 집단 슈퍼비전 주당 평균 1.5시간 이상 등을 모두 충족해야 함

심화 실습 활동: 총 400시간 이상 실습 중 내담자 직접 상담 200시간 이상(개인상담 160시간 이상, 집단상담 40시간 이상)을 교수와 현장 슈퍼바이저가 함께 진행하는 슈퍼비전을 받으며 수행하여야 함

슈퍼바이저: 현장 슈퍼바이저는 4년 이상 상담 경력이 요구되며 프로그램의 기대, 요구, 평가 절차 등에 대한 지식과 역량을 갖췄음을 인정받은 자여야 하나, 상담 분야 박사과정 학생은 교수의 지도를 받으며 슈퍼바이저로 활동할 수 있음

상담심리학에서 실습 및 수련과정을 위한 APA-CoA의 표준

실습 활동: 총 1,500시간 이상의 실습 중 상담 관련 활동 50% 이상, 내담자 직접 상담 25% 이상, 1,500시간에 포함되는 슈퍼비전 시간 중 면대면 개인 슈퍼비전은 상담 관련 활동 시간의 25% 이상, 집단 슈퍼비전은 슈퍼비전 시간의 25% 이상 등을 모두 충족해야 함(Association of State and Provincial Psychology Boards, 2009)

수련 활동: 전일제 1개 학기 또는 시간제 2개 학기 동안 주당 4시간 이상 편성된 슈퍼비전 이수, 4시간 슈퍼비전 중 개인 슈퍼비전 2시간 이상의 총 600시간 이상을 모두 충족해야 함(APA, 2007)

미국목회상담자협회(AAPC)의 실습 및 수련과정 표준

AAPC(The American Association for Pastoral Counselors)는 정신건강 서비스를 제공하는 교회 조직을 인증하는 기준을 세우기 위해 1963년 설립되었다. 교회는 AAPC로부터 상담기관이나 수련기관으로 인증받을 수 있는데, 현재 33개 수련 프로그램이 승인되었다. 목회상담 실습/수련 관련 주요 요구 사항은 다음과 같다(AAPC, 2011).

실습지/수련지: 지역 신앙공동체와 적극적으로 관계 맺고 있는 기관이어야 함

실습 활동: 슈퍼비전을 받으며 진행되는 목회적 돌봄 전문가 수준의 심도 있는 정식 목회 돌봄을 수행하여야 함

수련 활동: 총 375시간 이상 다양한 내담자를 대상으로 개인, 커플, 가족, 치료집단 등 다양한 형태의 목회상담을 진행하고, 총 125시간 이상의 슈퍼비전 중 2명 이상의 슈퍼바이저와 개별 슈퍼비전 60시간 이상(슈퍼바이저 1인당 30시간 이상), 35시간 이상 지속적인 집단 슈퍼비전, 30시간 이상 임상 사례회의 등을 모두 충족해야 함

슈퍼바이저: AAPC 위원, 슈퍼바이저의 지도를 받는 AAPC 회원, 승인받은 AAPC 수련 프로그램 소속 슈퍼바이저 등에 의해 슈퍼비전의 1/3 이상이 진행되어야 함

AAPC의 요구 사항에 대한 세부 내용은 www.aapc.org를 참조한다.

상담 자격증

국가 공인상담사(National Certified Counselor: NCC)

상담자는 미국 공인상담사 자격을 취득함으로써 전문상담 영역에서 요구하는 기준을 충족했음을 공적으로 확인받는다. 그러나 자격증은 면허와는 별개이다. 일부 주에서는 공인 자격이 있을 경우 주 면허 취득에 도움이 된다. 비영리 독립기구인 미국 국가 공인 상담자격위원회(National Board for Certified Counselors: NBCC)는 미국 상담사 자격시험(National Counselors Exam: NCE)을 주관하며 응시 자격을 갖추고 시험에 합격한 응시자들에게 NCC 자격을 발급한다. CACREP는 중독상담, 진로상담, 임상정신건강상담, 결혼·커플·가족상담, 학교상담, 대학학생생활상담 등 6개 영역의 상담교육 프로그램을 인증한

다. CACREP의 인증을 받은 프로그램에서 석사과정을 이수하는 경우 학위 취득과 동시에 자격시험에 응시할 수 있다.

CACREP의 인증을 받지 못한 프로그램에서 공부하는 학생의 경우 지역 단위 인증을 받은 상담 석사 프로그램에서 석사학위를 취득한 후 2년 이내에 관련 분야 석사 이상의 학위를 소지한 슈퍼바이저에게 100시간 이상 슈퍼비전을 받으며 3,000시간 이상 상담을 진행하여야 NCE 응시자격을 갖게 되고, 시험을 통과하면 NCC 자격을 부여받게 된다(NBCC, 2012).

국가 공인 상담자격위원회(National Board for Certified Counselor: NBCC) 전문 자격

NBCC는 중독상담, 임상정신건강상담, 학교상담 등 3개 영역의 전문 자격을 부여한다. 전문 자격을 취득하기 위해서는 먼저 일반 자격인 NCC를 취득해야 하며, 석사학위 취득 후 추가 학점을 이수하고 슈퍼비전을 받으며 상담을 진행한 후 시험에 합격해야 한다. 전문 자격에 대한 세부 내용은 www.nbcc.org를 참조한다.

공인 재활상담사(Certified Rehabilitation Counselor: CRC)

CRC 자격을 취득하기 위해서는 CORE의 인증을 받은 석사학위 프로그램을 마치고 CRC 시험에 합격해야 한다. CORE의 인증을 받지 못한 프로그램에서 석사학위를 받은 경우 CRC 취득을 위해 추가로 요구하는 사항은 www.core-rehab.org를 참조한다.

캐나다 공인상담사(Canadian Certified Counsellor: CCC): CCPA

CCPA는 다음과 같은 기준을 충족한 자에게 CCC 자격을 부여한다. 첫째, CCPA 회원이어야 한다. CCPA 회원에 한하여 CCC 자격 신청 기회가 주어진다. 자격을 신청한 회원은 심사를 거쳐 CCC 자격을 부여받게 된다. CCPA의 인증을 받은 프로그램을 졸업한 회원은 졸업과 동시에 CCC 자격을 신청할 수 있지만, 인증을 받지 못한 프로그램을 졸업한 회원은 추가 학점 이수와 상담 진행 경험을 요구받게 된다. 이에 관한 세부 내용은 www.ccpa.ca/en/certificationrequirements를 참조한다.

등록 전문상담사(Registered Professional Counsellor: RPC): 캐나다전문상담자협회

캐나다전문상담사협회(Canadian Professional Counsellors Association: CPCA)는 정회원 등급에 도달한 회원에게 RPC 자격을 부여한다(CPCA, 2013). 회원 등급은 학생회원, 수련생(RPC 후보), 정회원(RPC), 상담 숙련 전문가(Master Practitioner Practicing Counselling Psychology: MPPCP)이다. 회원 등급에 따라 요구되는 세부 교과목, 직접 상담 시간, 슈퍼비전 이수 시간에 차이가 있다. 수련생 등급이 되려면 선발시험과 인성검사에 합격해야 한다. 정회원이 되려면 수련생 단계에서 24개월 이내에 슈퍼비전 이수 요건을 완료해야 한다.

기타 전문상담 자격증

미국결혼 · 가족치료학회(American Association for Marriage and Family Therapy: AAMFT)는 임상회원(Clinical Member Status)이라는 전문상담 자격을 제공한다. 이에 대한 세부 내용은 www.aamft.org/membership/levels of membership을 참조한다.

국가진로발달학회(National Career Development Association)는 회원(Fellow), 진로상담 마스터(Master Career Counselor), 진로발달전문가 마스터(Master Career Development Specialist) 등의 전문 자격을 제공한다. 이에 대한 세부 내용은 www.ncda.org/membership을 참조한다.

상담자와 심리학자를 위한 주(State) 자격증

면허란 주정부의 허가를 받은 자격을 의미한다. 주 면허법이 적용되는 전문 영역에서는 개인이 면허 없이 전문가로 활동하는 것이 제한되거나 금지된다(ACA, 2013). 미국은 50개 주 전체와 워싱턴 D.C., 푸에르토리코에서 전문상담에 대한 면허법이 제정되어 시행 중에 있다. 면허법의 내용은 주마다 차이가 있으므로 취득하고자 하는 주의 면허 요구 사항에 대해 주 웹 사이트 등을 통해 세부 내용을 확인해야 한다. 현재 학교상담은 자격제도는 있지만 면허 대상은 아니다. 캐나다는 면허법을 제정하지는 않았지만 상담 활동에 대해 정부가 다양한 규제를 시행하고 있다. 주 면허법과 지방정부 법령에 규정된 전문상담 · 심리 서비스 관련 기준에 대한 세부 내용은 다음의 웹 사이트를 참조한다.

- 중독상담사: www.naadac.org/certification '주 면허 위원회' 참조
- 캐나다 상담사 및 학교상담사: www.ccpa-accp.ca/en/pathways 참조
- 임상정신건강상담사 또는 전문상담사 면허: www.nbcc.org/stateLicensure 참조
- 결혼 · 커플 · 가족상담사: www.aamfte.org/MFTLicensingBoards 참조
- 목회상담사: www.aapc.org/membership/licensing 참조
- 심리전문가: 미국에서는 어떤 주에서든 심리 서비스 전문가로 활동하려면 박사학위와 함께 면허가 요구된다. 미국 주정부의 절반 정도와 캐나다 정부에서는 박사급 면허를 소지한 심리전문가의 슈퍼비전을 받는 '심리 서비스 준전문가' 면허를 따로 규정하고 있다. 이들에게는 일반적으로 심리학 석사학위가 요구된다(ASPPB, 2009). 세부 내용은 www.asppb.net/Licensing Board/Contact Information 참조.
- 재활상담사: www.crccertification.com/pages/state_licensure_boards 참조.
- 학교상담자: 학교상담은 주정부 자격제도는 있으나 면허제도는 없음을 유의하라. www.schoolcounselor.org '학교상담자와 회원', '경력/역할', '주 면허 요건' 참조.

실습 전 고려 사항

실무 교육을 받는 학생은 각자 자신이 실습/수련에 대해 기대하는 바가 무엇인지를 신중하게 점검해야 한다. 실습을 지도하는 교수, 현장 슈퍼바이저, 인증기관 등도 실습/수련에 대해 각각 다양한 기대를 가지고 있다. 아래는 학생이 실습/수련 현장을 선정하기 전에 스스로 답해 볼 수 있는 질문 리스트이다. 학생은 각자 자신이 속한 교육 프로그램과 당면한 훈련 상황에 따라 질문 내용을 적적히 수정하여 활용해야 한다.

실습 기관 확정 전 자가 체크리스트

- 전문 자격 취득에 필요한 실습/수련 요구 사항
- 활동하고자 하는 주에서 요구하는 자격증/면허 취득에 필요한 실습/수련 요구 사항
- 실습을 이수하기 전에 갖춰야 하는 기본 지식과 기술

- 실습 신청에 필요한 선수 과목
- 실습/수련 이수 요구 시간(실습 요구 시간 중 교과목 이수 시간 포함 여부 확인)
- 실습 이수 요건 중 최소 요구 역량 확보를 입증하는 절차가 포함되어 있는지 여부
- 요구되는 역량을 습득했음을 입증하는 방법; 역량 습득 여부 평가 절차
- 내담자 개인 및 집단 대상 직접 서비스 제공에 요구되는 최소 시간; 기타 전문적 활동에 요구되는 최소 시간
- 지시적 리더, 중재인, 롤 모델, 평가자 중 현장 활동에서 교수 슈퍼바이저에게 기대하는 역할의 종류
- 실습지/수련지 확보를 위해 학생이 해야 하는 역할
- 실습지/수련지 확보 관련 지침 및 절차
- 추천받았거나 지원 가능한 실습지/수련지 목록; 인증된 실습지/수련지 목록; 인증 요건을 충족하는 슈퍼바이저 배치 여부 확인
- 현장 슈퍼바이저와 대학 상담교육 담당자의 소통 방법
- 실습에 함께 참여하는 실습생 수, 동일 전공 여부
- 실습/수련 이수 기준 충족 여부를 확인하여 학점을 부여하는 담당자

앞의 항목들에 대한 정확한 내용을 파악하기 위해서는 주정부나 지방정부 요구 사항 관련 웹 사이트, 대학 요람, 프로그램 운영지침, 강의계획서 등을 확인하는 것이 필요하다.

실습 및 수련과정의 단계

실습/수련의 진행 단계는 ‘초급’, ‘중급’, ‘심화’ 등과 같이 기술 수준 범주를 중심으로 구분하거나 ‘구조화’, ‘목표설정’, ‘지식 습득’, ‘기술 연마’, ‘실무 경험’ 등과 같이 훈련 기능을 중심으로 구분할 수도 있으나, 이 책에서는 발달적 관점으로 진행 단계를 구분하고자 한다. 발달 단계에 따른 실습/수련 구분 원칙은 다음과 같다.

- **발달의 방향성과 위계성**: 실습/수련 초기 단계의 기초 학습(지식 기반)은 이후 단계의 발달(기술 습득)을 위한 토대가 된다.
- **학습을 통한 차별화**: 학습은 단순하고 명료한 영역(내용)으로부터 복잡하고 미묘한 영

역(과정)으로 진행된다.

- **분리 개별화의 진전:** 학습이 진행될수록 상담자로서 독립적이고 개별화된 기능을 수행할 수 있게 된다.

이러한 발달 원리는 프로그램의 구조, 학습과정, 슈퍼바이저와의 상호작용 내에 반영되어 있다.

프로그램 구조에 따른 단계

상담 등 심리 서비스의 전공교육 프로그램은 단계별 경험 요소들에 따라 학습이 순차적으로 진행되도록 구성되어 있다. 전형적인 단계는 다음과 같다.

상담의 기초

예비실습(Prepracticum)

└→ 실습(Practicum)

└→ 수련(Internship or final practicum)

└→ 전문성 확보

프로그램에 따라 각 구성 요소에 요구되는 필수 학점, 상위 요소 학습을 진행하기 위해 요구되는 기술과 역량의 수준 등에 차이가 있는 경우가 있다. 그러나 대부분의 프로그램은 입문 단계에서 전문상담 영역의 역사와 현재의 위상 등 상담 분야에 대해 소개하는 과목을 수강하도록 하고 있다. 입문 교과목들은 대체로 단순 명료한 내용을 강의하는 방식으로 운영된다. 학생이 예비실습 단계에 진입하면 교수와 더 많이 교류하며 학습에 적극적으로 참여할 것을 요구받게 된다. 예비실습 단계에서는 상담 기본 기술 개발, 역할 연기, 동료 상호작용 및 피드백, 교실/실습실에서의 행동관찰 등이 집중적으로 진행된다. 실습 단계의 학생은 상담 현장에서 슈퍼바이저의 지도를 통해 실무 경험을 하면서 대학에서는 교수의 지도하에 실습수업을 이수한다. 실습 단계에서는 전문가의 관찰하에 내담자와 초기 상담 면접이 진행된다. 실습이 진행됨에 따라 학생들은 다양한 내담자들과 상담을 진행하면서 전문 영역의 범위를 확장하고 전문성을 개발하게 된다. 교육 프로그램의 마지막 과정인 수련 단계에서 학생은 인증받은 현장 슈퍼바이저의 지도 감독을 받으며 상담 현장에서 진행되는 전문적 활동 전 영역에 참여하게 된다.

학습과정에 따른 단계

학생들은 훈련이 진행되어 감에 따라 여러 단계에 걸쳐 학습의 진전을 통해 전문가로 발달해 간다. 학습 초기에는 자신의 상담 기술에 대한 자신감이 부족하여 자신이 받은 슈퍼비전 유형을 모방하는 경향이 있다. 이 단계에서 학습자는 상담 현장에서 자신이 어떻게 행동해야 하는지를 타인의 행동을 보며 배운다. 자신의 기술 발달 수준에 의문을 품게 되는 초기 단계를 지나고 나면 학습자는 자신의 전문성에 대한 자신감과 부적절감을 번갈아 느끼며 동요하는 단계에 이르게 된다. 이때 학습자는 상담에 대한 자기 나름의 관점과 접근방식을 마련하기 위해 이론적 틀을 내면화할 필요성을 느끼게 되고, 이후 학습이 진전됨에 따라 자신의 상담 기술에 대해 자신감을 갖게 될 뿐 아니라 자신의 강점, 약점, 동기를 명확하게 인식하게 된다. 학습의 최종 단계에서 학습자는 자신의 개별화된 이론을 내면화하고 상담 활동에 통합하는 발달을 이룬다.

슈퍼바이저와의 상호작용에 따른 단계

처음 슈퍼바이저와 상호작용을 시작할 때 학생들은 슈퍼바이저의 설명, 피드백, 지지에 전적으로 의존하게 된다. 이러한 의존적 관계는 학생의 상담 기술, 자기 성찰, 자신감 등이 증진됨에 따라 변화한다. 독립성이 증가함에 따라 학생들은 자신의 독특한 스타일을 반영한 새로운 상담 방식을 탐색해 간다. 그 결과 학생들은 점차로 더 높은 수준의 독자적 판단을 하는 방향으로 발달하고 슈퍼바이저는 학생을 동료로 대하며 자문하는 역할을 하게 된다.

영향력

전문상담자 훈련이 학생들에게 미치는 영향력은 지속적으로 확대되고 있다. 따라서 학생들은 상담교육 프로그램에 규정된 실습/수련에 대한 요구 사항뿐 아니라 다음의 사항들을 주의 깊게 고려해야 한다. ① 실습/수련을 위한 현장 선택, ② 슈퍼바이저 인증 요건 확인, ③ 슈퍼비전 이수 가능 시수 결정, ④ 선택한 현장이 학생의 관심 영역에 부합하는 내담자와의 상담이 가능한 곳인지 확인, ⑤ 프로그램의 인가 여부, ⑥ 가입을 원하는 조직이 요구하는 자격 취득 요건

요약

이번 장에서는 미국과 캐나다의 다양한 상담 및 심리 분야 훈련 프로그램에 적용되는 인증, 자격, 면허 기준을 다루었다. 구체적으로 CACREP, CACEP, APA-CoA, CORE, AAPC 등이 제시한 실습/수련 지침에 대해 안내하였고, 석사학위 과정 학생들을 위한 실습지 선정 사전 체크리스트를 제공하였다. 이를 통해 예비 상담자들의 교육 이수 및 자격 취득 요건에 대한 전반적인 이해가 높아지기를 소망한다.

참고문헌

American Association of Pastoral Counselors (AAPC). (2011). *Membership manual*. Fairfax, VA: Author.

American Counseling Association. (2010). *20/20: Consensus definition of counseling*. Retrieved from www.counseling.org/knowledge-center/20-20-a-vision-of-the-future-of-counseling.

American Counseling Association. (2013). *Licensure and certification*. Retrieved from www.counseling.org/knowledge-center/licensure-requirements.

American Psychological Association Commission on Accreditation. (2007). *Guidelines and principles for accreditation of programs in professional psychology*. Washington, DC: Author.

Association of State and Provincial Psychology Boards (ASPPB). (2009). *Guidelines on practicum experience for licensure*. Peachtree, GA: Author.

Canadian Counselling and Psychotherapy Association (CCPA). (2003). *Accreditation manual*. Retrieved October 2013 from wwwxcpa.accp.ca/en/accreditation/standards.

Canadian Professional Counsellors Association. (2013). *Membership criteria*. Retrieved October 2013 from www.cpca-rpc.ca/membership/membership-criteria.html.

Council for Accreditation of Counseling and Related Educational Programs (CACREP). (2009). *CACREP standards*. Alexandria, VA: Author.

Council on Rehabilitation Education (CORE). (2012). *CRC certification guide*. Schaumburg, IL: Author.

National Board of Certified Counselors (NBCC). (2012). *National certification and licensure*. Greensboro, NC: Author.

Remley, T. P., Jr., & Herlihy, B. (2014). *Ethical, legal and professional issues in counseling* (4th ed.). Upper Saddle River, NJ: Pearson.

Schweiger, Wendi K., Henderson, Donna A., McKaskill, Kristi, Clawson, Thomas W., & Collins, Daniel R. (2012). *Counselor preparation: Programs, faculty, trends* (13th ed.). New York: Routledge.

실습지/수련지 확보하기

이번 장에서는 실습/수련 이수 현장을 선택하고 확보하는 과정에서 필요한 실습지/수련지 선정 지침과 체크리스트, 현장 담당자와의 면접 관련 제안, 실습지/수련지에서 훈련생 역할을 원활히 수행하는 데 도움이 되는 오리엔테이션 정보를 제공한다.

실습지/수련지 선택을 위한 지침

현장 실습은 학생이 특정 내담자 집단을 대상으로 상담 진행 경험을 할 수 있는 첫 기회이다. 실습에 지원하기 위해서는 먼저 교육 프로그램에서 요구하는 선수과목을 이수한 후 자원한 내담자나 동료 학생을 연습 상대로 예비실습을 통해 기초 상담 기술을 습득해야 한다. 대부분의 상담교육 프로그램에서는 실습지 결정 과정에 학생의 의견이 반영될 수 있도록 발언권을 준다. 학생에 따라 실습을 이수한 기관과는 별개로 다른 기관에서 수련을 수행하는 것을 선호하거나, 수련 과정을 반으로 나누어 두 기관에서 경험을 쌓기를 원하는 등 다양한 의견이 있을 수 있다. 학교상담 수련에 지원하는 학생 중에는 수련 시간을 나누어 초·중·고등학교 모두에서 수련을 진행하고 싶어 할 수 있고, 어떤 학생은 외래 서비스와 주간 돌봄 서비스를 동시에 제공하는 정신건강센터에서 다양한 내담자를 경험하기를 원할 수도 있다. 학생들은 실습/수련 현장의 다양성뿐 아니라 추구하는 전문성과 진로 목표에 따라 실습/수련 현장에 대한 선호가 다르기 때문에 여러 기관을 대상으로 협상을 진행하여 자신이 희망하는 최적의 실습/수련 시간 구성과 내담자 구성을 제공하는 기관을 선정하는 것이 좋다.

학과에 따라서는 학생에게 실습/수련 현장을 배정해 주는 경우도 있으나, 실습지/수련지를 찾아 선택하고 확보하는 작업은 원칙적으로 학생 본인의 책임하에 이루어져야 한다. 학생은 자신이 선택한 실습지/수련지의 현장 담당자와 연락하여 면접을 통과해야 한다. 현장 담당자는 해당 기관에서의 실습/수련 경험을 통해 많은 것을 배우는 동시에 그곳 내담자들의 필요를 잘 충족시킬 수 있다고 판단되는 학생을 선발할 의무가 있다. 실습지/수련지 확보는 학생이 해야 하지만 해당 기관에서의 실습/수련에 대한 승인은 학생이 속한 학과에서 정한 지침과 절차에 따라 이루어진다. 상담 관련 학과들은 대부분 과거에 학생들이 실습/수련을 성공적으로 이수했던 실습/수련 기관 목록을 비치해 두고 있다. 자신이 추구하는 전문성과 진로목표에는 부합하지만 학과 비치 목록에 없는 기관에서 실습/수련을 이수하고자 하는 경우에는 반드시 학과 실습/수련 담당자의 도움을 받아 해당 실습지/수련지와 그곳 현장 슈퍼바이저가 필요한 자격을 보유하고 있는지, 현장 슈퍼바이저가 학생이 속한 학과의 실습/수련 관련 요구 사항을 충분히 알고 있는지 등을 꼼꼼히 확인해야 한다.

학생은 실습/수련이 시작되기 한 학기 전에 실습지/수련지 확보 절차를 완료해야 한다. 학생이 희망하는 실습지/수련지라도 대학 실습/수련 담당자의 승인을 받지 못하면 그곳에 지원할 수 없다. 학생이 희망 기관 목록을 작성하여 제출하면 학과에서는 담당자가 승인한 기관의 목록과 해당 기관 담당자 연락처를 학생에게 통보해 준다. 이때 학생은 상담 관련 전문조직에서 제공하는 보험상품 정보 등을 참고하여 과실배상책임보험에 가입해야 하고, 범죄 경력 조회나 아동 등 약자 대상 활동 승인 등 주정부 또는 지방정부가 요구하는 허가 절차를 마쳐야 한다. 허가 업무는 미국의 경우 각 주의 규제관리 기관에서, 캐나다의 경우 연방기마경찰대(Royal Canadian Mounted Police)에서 담당하며, 전체 절차가 완료되는 데 한 달 정도 소요된다.

실습/수련 기관에 지원서를 제출하기 전에 해당 기관에 대해 충분히 알아보아야 한다. 학교나 기관의 웹 사이트 등 공식 자료를 확인하는 것뿐 아니라 해당 기관에서 실습/수련 이수 경험이 있는 학생의 의견이나 다른 상담 전문가들의 평판 등을 들어 보는 등 다양한 방법으로 조사를 진행할 필요가 있다. 실습지/수련지를 선정하고 신청 과정이 혼란스럽게 느껴지면 학생들이 부담감과 압박감으로 힘들어지게 되기 때문에, 학생 각자가 자기 나름의 확실한 기준을 마음에 가지고 있어야 어려움을 덜 겪을 수 있다.

실습지/수련지 선정 기준

다음은 실습/수련할 기관을 선정할 때 확인할 필요가 있는 주요 범주를 질문 형식으로 제시하였다.

전문 직원과 슈퍼바이저

- 해당 기관의 실습/수련 운영 담당자와 슈퍼바이저는 전문 자격을 갖췄는가?
- 그들이 보유하고 있는 자격이 당신의 전문 자격 취득을 위한 요구 조건에 부합하는가?

전문 단체 소속 상태

- 해당 기관은 어떤 전문 단체와 관계를 맺고 있는가?
- 해당 기관은 자격관리 기관으로부터 승인을 받았는가?
- 해당 기관이 전문 단체들로부터 받는 평판은 어떠한가?
- 해당 기관은 다른 기관들과 제휴나 협력 관계를 맺고 있는가?

전문적 훈련

- 해당 기관은 미국심리학회(APA), 캐나다심리학회(CPA), 미국상담학회(ACA), 캐나다상담 · 심리치료학회(CCPA) 등 관련 전문 단체가 제시하는 윤리 강령과 지침을 준수하는가?
- 해당 기관은 실습 담당자에게 어떤 자원을 제공하는가?(예: 도서관, 컴퓨터 프로그램, 지속적인 연구, 전문적 자문 등)
- 해당 기관이 수행하는 내담자 응대 과정, 상담 진행 방식, 직원 배치, 대외 원조 활동이 실습/수련 목표와 어떻게 연관되는가?
- 해당 기관은 녹음/녹화 및 기타 훈련 지원 활동과 관련하여 어떤 정책과 절차를 가지

고 있는가?
- 해당 기관의 실습/수련 담당자들은 그들의 기술을 향상시키기 위해 지속적으로 교육받고 있는가?
- 해당 기관은 실습생/수련생에게 지속적인 교육 이수 기회를 제공하는가?

기관의 행정력

- 해당 기관이 실습/수련 담당자 역량 향상을 위해 확보하고 있는 자원은 어떤 것들인가?
- 해당 기관은 실습/수련 담당자 훈련에 자체 기금을 투입하거나 관련 대학 학점 취득 장려금을 지급하는가?
- 해당 기관의 조직 구조, 이사회, 사회공헌 등 주요 정책의 개발 및 승인 절차는 어떠한가?
- 해당 기관의 실습/수련 관련 기부금 수입 규모, 담당자 및 관리자의 재직 기간, 사명 선언문 또는 설립 목적의 내용 등으로 미루어 볼 때 해당 기관은 어느 정도의 안정성을 확보하고 있는가?

훈련 및 수련감독 활동에서 추구하는 가치

- 해당 기관에서 표방하는 실습/수련과 슈퍼비전의 가치는 무엇인가?
- 해당 기관의 슈퍼바이저는 주당 1시간 이상 개인별 슈퍼비전을 진행할 여유가 있는가?
- 해당 기관은 실습생/수련생에게 전적인 참여 기회를 제공하는가?
- 해당 기관은 개인상담, 집단상담, 커플/가족치료, 심리교육을 위한 집단지도/워크숍, 전문가/가족 컨설팅, 진로상담, 연구계획서 작성 지도, 학생생활 지도 중 어떤 전문 서비스를 제공하는가?
- 해당 기관은 실습생/수련생에게 필요한 시설들을 충분한 갖추고 있는가?

기관 및 슈퍼바이저의 이론적 배경

- 해당 기관의 실습/수련 슈퍼바이저들은 특히 어떤 상담/심리치료를 선호하는가?

많은 상담사들이 통합적 방식으로 상담을 진행하지만, 특정한 이론적 접근을 선호하는 상담사들도 있다. 특정 이론을 선호하는 상담사가 슈퍼바이저인 실습생/수련행은 해당 이론에 대한 기초 지식을 가지고 있어야 한다. 이 경우 실습생/수련생은 해당 이론에 능통해질 수 있는 기회를 얻게 되고, 그 결과 전문가로서 명확한 정체성과 상담 목표를 확립해 갈 수 있다. 하지만 특정 이론에 근거한 상담만 훈련할 경우 실습생/수련생은 어떤 이론이 자신의 스타일과 성격에 더 잘 맞는지 가늠해 볼 기회를 놓치게 된다.

실습 대상 내담자 집단의 인구통계적 특성

- 해당 기관이 소재한 지역 내담자의 인구통계학적 특성은 어떠한가?
- 해당 기관의 서비스를 제공받는 내담자 집단의 특성은 어떠한가? 호소 문제, 연령대, 사회경제적 수준 등이 제한적인가, 다양한가?
- 해당 기관을 이용하는 내담자들은 문제 해결, 예방, 발달 중 주로 어떤 서비스를 요구하는가?
- 해당 기관을 이용하는 내담자의 구성이 문화적 다양성을 존중하는 상담을 훈련할 수 있을 만큼 다양한가?
- 해당 기관과 기관의 실습/수련 담당자들은 내담자의 존엄성과 인권을 존중하고 지지하는가?

상담 전문가 훈련에서 문화적 다양성을 존중하는 상담 기술 습득의 중요성은 지속적으로 증대되고 있다. 미국상담학회 윤리 강령(2014) F.1.1은 "상담교육자는 훈련 및 슈퍼비전 프로그램에 문화적 다양성 존중 역량을 적극적으로 고취한다. 학생이 문화적 다양성을 존중하는 능력에 대한 인식, 지식, 기술을 습득할 수 있도록 적극적으로 훈련시킨다."고 규정하고 있고, 미국정신건강상담자협회 윤리 강령(2008)과 미국학교상담자협회 학교상담사 윤리 기준(2010)은 상담 훈련에서 문화적 다양성 존중 역량의 중요성을 강조한다. 캐나다상담 · 심리치료학회 윤리 강령(2007) A10, B9, D10은 상담사가 다양성을 이해하고 존중하며, 차별을 행하거나 용인하지 않고, 내담자를 진단/평가할 때 다양성을 민감하게 존중할 것을 강조한다.

미국 내담자의 인구 구성은 해가 갈수록 다양해지는 특성을 보이고 있다. 미국 인구조사국(US Census Bureau, 2012)의 발표에 따르면 2060년까지 미국의 인구 구조의 다양성은 더욱 증대될 것으로 예측되었다(US Census Bureau, 2012). 비히스패닉계 백인 인구는 2024년 1,996만 명을 정점으로 서서히 감소하여 2060년에는 2,060만 명 가까이 떨어질 것으로 예상된다. 히스패닉계 인구는 2012년 17%에서 2060년 31.3%까지 증가하여 미국 거주자의 3명 중 1명은 히스패닉계가 될 것이다. 같은 기간 아프리카계 인구는 4,120만 명에서 6,180만 명 이상 증가하여 인구의 13.1~14.7%를 차지하게 될 것이다. 아시아계 인구는 2012년 1,590만 명에서 2060년 3,440만 명으로 두 배 이상 증가하여 미국 인구의 8.2%를 차지할 것으로 예상된다. 기타 소수 인종 및 다양한 혼혈 인종으로 구성된 인구도 지속적으로 증가할 것이다. 2012년 현재 미국 인구의 37%인 소수 인종 인구는 2060년까지 57%로 증가할 것으로 예상된다.

캐나다도 내담자의 인구학적 구성이 변화하고 있다. 캐나다 통계청(Statistics Canada, 2010)의 조사에 따르면 2031년까지 캐나다는 인구의 28%가 외국 출생자로 구성될 것이고, 토론토와 밴쿠버는 '가시적 소수자' 인구가 두 배로 증가하여 다수가 될 것이다. 동남아시아 출신 인구는 320~410만 명으로 현재보다 두 배가량 증가할 것이고, 중국 출신 인구도 130~240만 명까지 증가가 예상된다.

Constantine과 Gloria(1999)는 상담전공 학생들이 "문화적 다양성 존중 관련 이슈에 노출되는 경험을 통해 다양한 인종/민족 배경을 가진 내담자를 상담할 때 필요한 민감성과 효과성을 증진하게 될 것"이라고 언급하였다(p. 21). Sue와 Sue(2008)는 문화적 다양성을 존중하는 상담 역량을 3개 영역으로 구분하여 제시하였다.

- 태도 및 신념–자신의 가치/전제/편견 자각하기
- 지식–문화적으로 다양한 내담자의 세계관 이해하기
- 기술–적절한 개입 전략 및 기법 개발하기

대다수 상담 및 전문심리 교육 프로그램들은 문화적 다양성 존중의 필요성을 인식하여 교육과정을 점검하고 문화적 다양성 존중 훈련을 강화하고 있다. 일부 프로그램은 실습/수련 시간의 30% 이상을 소수자 등 다양한 배경을 가진 내담자 사례로 구성할 것을 권고한다. 따라서 학생들은 실습/수련 현장을 선정할 때 그곳의 내담자 구성이 문화적 다양성 존중 상담 기법을 이해하고 적용하기에 적합한지 살펴보아야 한다.

실습 및 수련 배치 협의

이 단계에 도달한 학생은 실습/수련을 한 기관에서 전부 이수하고 싶은지 아니면 여러 기관들에서 나누어 이수하고 싶은지를 결정하고, 과실배상책임보험 가입, 범죄 경력 조회 등 필요한 승인 획득 등을 완료한 후 지원서를 제출할 2~3개의 실습/수련 기관을 확정해야 한다. 모집 인원이 적은 실습/수련 기관에 많은 학생이 지원할 경우 상담 분야에 전문가로 취업하기 위한 구직 과정과 동일한 방식으로 지원절차를 진행해야 한다. 이력서에는 자신이 해당 기관에 적합한 실습생/수련생임을 보여 줄 수 있도록 자신의 실습/수련 목표, 실습/수련에 관련된 교육/업무/봉사 경험 등을 제시한다. 자기소개서에는 해당 기관이 제공하는 구체적인 실습/수련 내용들 중 특별히 자신의 관심을 끄는 부분을 언급하며 해당 기관에 지원하게 된 동기를 설명한다. 이력서와 자기소개서에 담을 내용을 심사숙고하는 작업은 학생은 해당 기관 선발 담당자와의 면접 준비에도 도움이 된다. 선발 담당자는 서류와 면접을 통해 학생의 배경, 목적, 개인적 인상 등이 해당 실습/수련 프로그램과 얼마나 잘 맞는지를 판단하여 선발 여부를 결정한다. 먼저, 이력서와 자기소개서를 동봉하여 지원하는 기관의 선발 담당자에게 보낸다. 다음으로 선발 담당자에게 전화하여 서류가 접수되었는지 확인하고 면담 일정을 잡는다. 선발 담당자 역할을 담당하는 사람들은 외래 임상심리 서비스 담당 슈퍼바이저, 학생상담 서비스 관리자, 교육청 행정관, 실습/수련 전문 슈퍼바이저 등으로 다양할 수 있다. 따라서 면접에 갈 때는 해당 기관에서 일하는 전문가와 유사한 복장을 하는 것이 좋다. 자신이 어느 기관의 면접에 임하고 있는지를 유념하여 해당 기관에 적합한 지원자로 평가받을 수 있는 자신의 기술, 관심, 경험 등에 대한 답변을 준비하라.

선발 면접의 전형적 질문

면접에서 다음 유형의 질문에 답할 수 있도록 준비하라. 동료들과 함께 예상 질문을 브레인스토밍하고 그에 대해 어떻게 답변할 것인지 생각해 보는 것도 좋다.

- 우리 기관이 서비스를 제공하고 있는 내담자들에 대해 아는 대로 말해 보라. 당신이 그들과 일하고자 하는 이유는?

- 우리 기관의 실습/수련을 통해 얻고자 하는 것은? 다양한 배경의 내담자를 대할 때 편안하게 느끼는 정도는?
- 내담자에게 상담자로서 자신의 역할을 어떻게 설명할 것인가?
- 상담자로서 당신의 실습/수련에 영향을 미치는 이론이 있는가?
- 내담자의 어려움에 공감하는 데 도움이 될 수 있는 자신의 삶의 경험이 있다면?
- 지금 현재 수준에서 상담을 진행할 수 있는 상담 주제는?
- 내담자가 상담에서 제시하는 문제들 중 당신이 다루기 어려울 것으로 예상되는 것은?
- 상담자로서 당신의 강점은?
- 당신이 상담자로 발전하기 위해 슈퍼바이저가 줄 수 있는 도움은?
- 자신의 실습지/수련지로 우리 기관을 선택한 이유는?
- 자신의 전문적 경험 유형 중 가장 관심이 많이 가는 것은? 가장 관심이 적게 가는 것은?
- 만족스러운 실습/수련 경험이란 어떤 것이라고 생각하는가?

면접에서 지원자는 답변만 하는 것이 아니라 자신이 해당 기관에 대해 알고 있는 정보들이 정확한지 확인하기 위해 다음과 같은 질문을 할 수 있다.

- 기관에서 상담 회기에 대한 녹음/녹화를 허용하고 관리하는 방식은?
- 서명이 필요한 확인서나 준수해야 하는 지침이 있는가? 비밀 보장을 위한 안전장치는? 학생이 녹음/녹화된 회기 자료를 교수 슈퍼비전을 위해 제출해야 할 경우 이러한 내용을 확인할 필요가 있다.
- 어떤 인종적 배경의 내담자들과 작업하게 되고, 그들과의 첫 만남을 어떻게 시작해야 하는가? 학교 현장에서는 상담자가 학급별 지도 활동에서 자신을 소개하는 아웃리치(outreach)를 진행하거나, 학생들을 개별적으로 만나기 전에 선임 상담자를 따라다니며 관찰하는 경우도 있다.
- 일반적으로 실습/수련 초기에는 어떤 활동을 경험하게 되며, 이후 실습/수련이 진전되어 감에 따라 어떤 활동들이 실습생/수련생의 책임에 점진적으로 추가되는가? 어떤 종류의 집단상담 경험이 제공되는가?

심사를 통과하여 실습/수련 이수를 승인받고 나면 관련 당사자들은 계약서 작성을 통해 실습/수련에 관련된 각자의 역할과 책임을 분명히 하게 된다. 상담 실습/수련 프로그램을 운영하는 기관들은 대부분 자체 계약서 양식에 실습/수련 시 준수되어야 하는 지침을 전국 단위 자격인증 기관들의 공식 가이드라인을 준용하여 명시하고 있다.

미국 상담교육프로그램인증협의회(CACREP, 2009) 가이드라인과 캐나다상담・심리치료학회 내 상담자교육프로그램인증협의회(CACEP, 2003) 가이드라인에서는 상담 기술 개발을 강조하고 있다. 실습/수련 프로그램을 운영하는 기관들은 해당 기관이 어느 단체의 자격 관련 가이드라인과 규준을 준수하고 있는지 명시하고 계약서에 그 내용을 포함시키는 것이 바람직하다. 이 책 〈부록〉 다음의 [서식] 섹션에 대학과 실습/수련 기관 사이의 공식 계약서 예시를 제시하였다. [실습 계약서]([서식 2-1])와 [수련 계약서]([서식 2-2])는 기관의 필요에 따라 적절하게 조정하여 사용할 수 있다. 계약서에는 지켜야 할 지침, 실습/수련 기관과 합의한 조건, 실습/수련 프로그램과 합의한 조건, 학생의 책임, 희망 실습/수련 활동 목록이 담겨 있어야 한다. [학생 프로필 양식]([서식 2-3])은 현장 실습/수련 슈퍼바이저에게 제출하고, [학생 실습/수련 동의서]([서식 2-4])는 대학 실습/수련 담당자에게 제출하는 용도로 활용하기 바란다.

활동 현장에 대한 오리엔테이션

실습/수련 기관들 중에는 신참 실습생/수련생을 대상으로 해당 기관의 내담자 대상 서비스 제공 과정 및 응대 정책을 숙지하도록 하기 위한 오리엔테이션을 실시하는 경우도 있지만, 공식적인 오리엔테이션을 실시하지 않는 기관의 경우 실습생/수련생이 필요한 정보를 스스로 찾아야 한다. 이 경우 실습생/수련생은 현장 슈퍼바이저와의 첫 만남에서 자신이 신참으로서 기관 운영에 대해 알아야 하는 것들에 대해 안내해 줄 것을 요청할 필요가 있다. 파악해야 하는 기관 운영 관련 정보에는 공간(사무실, 스터디 룸 등), 지원 인력(접수면접자, 비서 등), 제공되는 자원(컴퓨터, 전화, 팩스, 서식 등), 내담자 기록 관리(기록하는 내용, 메모 및 기록 서식, 보안을 위한 기록 보관 장소 및 방법 등) 등이 포함된다.

실습생/수련생은 상담을 진행하기 전에 내담자가 해당 기관에서 상담을 받기 위해 따라야 하는 과정과 절차에 대해 사전에 숙지하는 것이 좋다. 상담을 원하는 사람이 상담을 신청하는 절차, 내담자에게 적합한 상담자를 배정하는 방법, 접수 면접 과정, 이후 내담자가 상담 약속을 잡는 절차와 대상, 내담자와의 연락을 위한 전화, 이메일, 기타 미디어에 관련된 기관 정책 등을 알아두기를 권한다.

오리엔테이션의 일환으로 신참 실습생/수련생에게 현장 슈퍼바이저나 관련 담당자를 따라다니며 지도를 받으며 실습/수련 활동의 범위와 절차를 경험하게 하는 경우가 많다. 따라서 해당 기관 소속 상담자의 전형적인 하루 스케줄을 파악해 둘 필요가 있다. 또한 위기 상황 관리, 내담자의 문제 행동 대처 등과 관련된 기관의 규약과 정책에 대해서도 알아두어야 한다.

실습생 및 수련생에게 요구되는 역할과 기능

실습/수련 현장에서 실습생/수련생은 전문상담 분야의 초보자인 동시에 자신의 소속된 대학의 상담교육 프로그램을 대표하는 존재이자 실습/수련을 이수하는 학생 전체를 대표하는 존재로서 실습/수련 현장의 게스트로 대우받는다. 현장 담당자는 실습생/수련생들이 기관을 이용하는 내담자들을 대상으로 적절한 상담 경험을 하도록 도울 책임이 있다.

현장 담당자가 실습생/수련생의 개인적 자유를 이해하고 존중하는 것이 중요하기는 하지만, 최우선 관심사는 기관을 이용하는 내담자들에게 최적의 서비스를 제공하는 것이어야 한다. 실습생/수련생의 역할은 해당 현장에서 제공되는 방식 그대로의 상담을 훈련하는 것이므로 자신이 속한 현장에서 요구되는 행동이나 복장 지침을 충실히 따라야 한다. 실습생/수련생의 역할은 시스템을 변화시키는 것이 아니라 상담 훈련을 통해 자신의 능력을 개발하는 것이기 때문에, 자신이 동의하기 힘든 요구라고 하더라도 따르는 것이 원칙이다.

때때로 실습생/수련생과 현장 담당자 사이에 긴장이나 갈등이 발생할 수 있다. 이런 상황이 벌어지면 관련 당사자들은 모두 당황스럽고 속상할 수밖에 없지만, 이를 통해 실습생/수련생들은 발생한 문제에 대해 이해하고 통찰하며 개인적인 성장을 이루는 기회를 얻을 수도 있다. 이런 일들을 통해 결과적으로 실습생/수련생이 상담 전문 영역의 현실을 실감 나게 경험하게 되는 것은 분명하다. 하지만 긴장과 갈등이 지속되는 경우에는 실습생/수련생은 소속 학과의 실습/수련 담당 교수에게 자문을 요청하여 해당 현장 시스템 내에서의 자신의 역할을 이해하고 상담 현장에서 적절히 기능할 수 있는 역량을 증진하는 데 필요한 도움을 받아야 한다.

[서식] 섹션에 [학생 프로필]([서식 2-3])과 [학생 실습/수련 동의서]([서식 2-4])가 제시되어 있다. [학생 프로필]은 실습/수련 전 단계에서 실습생/수련생의 이수 학점 및 상담 관련

경험을 기록하는 지침으로 활용할 수 있고, 현장 슈퍼바이저는 실습생/수련생의 준비 상태를 평가하는 자료로 이를 활용할 수 있다. [실습/수련 동의서]는 실습생/수련생이 실습/수련과 관련하여 어떤 내용에 동의했는지를 명확하게 알게 해 주는 역할을 한다.

요약

이번 장에서는 상담 전공 학생이 실습/수련 기관을 선정하고 협상하는 과정에 도움이 되는 정보를 제공하였다. 기관 선정 및 협상 과정을 시작하기 전에 실습/수련 경험에 대한 여러 관점을 충분히 살펴보는 것이 필요하다고 판단하여 관련된 질문들을 제시하였다. 제시된 질문에 답하는 과정을 통해 희망하는 실습/수련 기관의 장점과 단점에 대해 충분히 이해할 수 있기 바란다. 실습생/수련생의 역할과 기능에 대한 정보와, 실습/수련 활동을 계획하고 진행하는 데 도움이 되는 서식 정보도 제시하였다. 〈부록〉 다음의 [서식] 섹션에 견본 서식을 포함하였으므로 필요에 따라 응용하여 사용하기 바란다.

참고문헌

American Counseling Association. (2014). *Code of ethics*. Alexandria, VA: Author.

American Mental Health Counselors Association. (2008). *Code of ethics*. Alexandria, VA: Author. American School Counselors Association. (2010). *Ethical standards for school counselors*. Alexandria, VA: Author.

Canadian Counselling and Psychotherapy Association. (2003). *Accreditation manual*. Retrieved October 2013 from www.ccpa.accp.ca/en/accreditation/standards.

Canadian Counselling and Psychotherapy Association. (2007). *Code of ethics*. Retrieved from www.ccpa-accp.ca/_documents?CodeofEthics_en_new.pdf.

Constantine, M. G., & Gloria, A. M. (1999). Multicultural issues in predoctoral internship programs: A national survey. *Journal of Multicultural Counseling and Development*, *27*, 42-53.

Council on the Accreditation of Counseling and Related Educational Programs. (2009). *CACREP standards*. Alexandria, VA: Author.

Statistics Canada. (2010). *Study: Projections of the diversity of the Canadian population*.

Retrieved from www.statcan.gc.ca/daily-quotidien/100309/dq100309a-eng.htm,

Sue, D. W., & Sue, D. (2008). *Counseling the culturally diverse: Theory and practice* (5th ed.). New York: Wiley.

US Census Bureau. (2012). *U.S. Census Bureau projections show a slower growing older, more diverse nation a half century from now*. Washington, DC: Author.

상담 및 심리치료 전문가 실습 · 수련 가이드북

제2부 — 내담자와 작업 시작하기 —

실습 시작하기

이 장에서는 실습생이 내담자와의 치료 동맹에 대한 개발의 중요성을 이해하고 초기 면담에서 비밀 보장 등 필수 고지 내용에 대해 적절히 사전 서면 동의 절차를 진행하는 데 필요한 내용들을 제시하였다. 또한 현장에서 내담자와 작업하며 상담 기술을 개발하고 적용하는 과정을 촉진하기 위해 다양한 상담 기법, 접수 면접, 첫 회기의 시작부터 마무리까지의 절차 등을 다루었다. 심리치료와 학교 장면 등 다양한 영역에서의 사례 정리 양식도 제시하였다.

실습 경험 시작[1]

출발점 찾기: 어디서부터 시작할까

학생들은 실습 과정에 대해 매우 불안해하는 경향이 있다. 실습을 시작하기 전에 '진짜' 내담자와 일대일 상담을 진행해 본 경험이 있는 학생은 거의 없다. 학생들이 실습 과목을

1) 이 장은 펜실베이니아 스크랜턴 소재 Marywood University 대학원 시간제 교수인 Magan Crucianni(MA, NBCC, LPC)의 기여로 작성되었다.

수강하기 전에 상담 이론과 기술, 구조화된 상담 연습 등의 상담 기초 과목들을 이수하지만, 내담자를 지속적으로 상담해 본 경험이 없기 때문에 실습을 앞두고 이런저런 염려를 하는 것은 당연하다.

하지만 실습에 필요한 요건들이 잘 갖추어지면 실습 과정이 실제로 시작되더라도 학생들의 불안감은 서서히 해소된다. 중요한 일을 앞두고 있는 상황에서 여러 가지 염려가 될 수 있지만, 이럴 때일수록 세세한 것에 압도당하지 않도록 정해진 단계를 차근차근 밟는 것이 좋다. 실습 과목을 신청하기 전에 확보해야 하는 일반적인 사항은 다음과 같다.

1. **적합한 실습지 선택.** 학생들은 자신이 가장 많이 경험해 본 익숙한 현장을 실습지로 선택하는 경향이 있으나, 그것이 항상 최선의 선택은 아니다. 상담기관이나 학교 등 다양한 실습 현장을 조사하여 자신의 성향과 목표에 가장 적합한 곳을 찾는 것이 좋다. 실습지 선정은 학생이 자신의 가치에 부합하는 최선의 경험을 할 수 있고 멘토링, 슈퍼비전 등 최고의 지원을 받을 수 있는 곳을 스스로 찾아 선택하는 것이 일반적이다. 실습지를 학과에서 배정해 주는 경우에도, 학생은 배정된 실습지의 사명, 목적, 목표에 대해 가능한 많은 정보를 스스로 확인해야 한다. 자신이 선정했거나 배정받은 실습지에 대해 최대한 많은 정보를 확보함으로써 실습 준비에 만전을 기할 뿐 아니라 현장 슈퍼바이저에게 자신이 얼마나 의욕적으로 실습에 임할 준비가 되었는지를 알리는 것이 중요하다.
2. **실습 과목 요구 사항 확인.** 실습 과목의 요구 사항은 학과나 프로그램마다 다를 수 있다. 인증 기준이나 전문 영역의 이념에 따라 특정한 사항들이 요구된다. 예를 들어, 어떤 프로그램은 상담 회기를 녹음/녹화하고, 그에 대해 제3자 모니터링을 실시할 것을 요구하기도 한다. 실습 예정지의 현장 슈퍼바이저는 자신의 기관이 이러한 요구 사항의 준수를 허용하는지 인식하고 있어야 한다. 대부분의 학과 및 프로그램들은 실습 과정에서 일정 시간 이상 일대일 대면 상담 수행이 요구된다. 이러한 요구 사항들이 현장 슈퍼바이저에게 조기에 전달되어야 요구 사항에 맞는 과업이 실습생에게 제공될 수 있으므로 학생은 자신이 이수하는 모든 과목의 요청 사항을 현장 슈퍼바이저에게 알려 주어 실습 기간 내에 자신의 교과 목표와 요구 사항이 충족될 수 있도록 해야 한다.
3. **현명한 시간 계획.** 학생은 실습 기간 내에 충족해야 하는 요구 사항들을 확인한 후 자신의 시간을 최대한 활용할 수 있도록 현실적인 시간 계획을 세워야 한다. 짧은 시간

안에 너무 많은 것을 하려 하지 않는 것은 좋지 않다. 실습 과정에서 예상치 못한 상황이 벌어질 수 있으므로 계획하지 않은 상황에 대처할 수 있도록 여유 시간을 확보해야 한다. 예를 들어, 실습 과목에서 요구하는 최소 실습 시간이 100시간이라면 실습 시간을 120시간으로 넉넉히 잡아야 질병, 휴일, 놓친 회기 등 현장에서의 다양한 돌발 상황에 적절히 대처할 수 있다. 계획한 추가 시간을 쓰지 않고 정해진 시간 안에 요구 사항을 충족할 수도 있겠지만, 만약의 상황을 대비하여 여유 있게 계획을 세우기 바란다.

과목 이수는 했지만, 실제 상담을 잘 해낼 수 있을까

대부분의 학생들은 실습을 앞두고 필요한 과목들을 다 이수하고 실습에 필요한 모든 준비가 완료되었음에도 불구하고 자신감 있게 실습을 잘 해낼 수 있다는 확신보다는 자신의 상담 능력에 자신이 없어 불안, 공포, 무능력감을 경험한다.

이럴 경우 먼저 여유 있는 심호흡을 통해 긴장을 푸는 것이 도움이 된다. 긴장이 풀리면, 자신이 지금까지 이루어 온 것에 대해 돌아보라. 당신은 자신에게 가장 좋다고 판단한 대학과 학과를 선택하였고, 그곳에서 요구하는 교육과정을 성공적으로 이수한 결과 실습을 앞둔 현재 상태에 도달하게 되었다. 당신은 이런 성찰을 통해 학과의 교육과정과 교수들의 지원을 믿고 자신 있게 실습에 임할 수 있다.

내담자에게 잘못 말하면 어떡할까

많은 실습생들이 실제 내담자와 상담할 때 잘못된 말이나 행동을 하거나 적절한 시점에 상담 기법을 효과적으로 구사하지 못할 수도 있다는 두려움에 시달린다. 잘못을 저지른 대상이 자신의 도움을 필요로 하는 내담자라는 점을 생각하면 더더욱 끔찍하게 느껴진다. 그렇다고 회기의 성공적 진행을 보장해 주는 확실한 방안이 정해져 있는 것도 아니다.

상담자가 말을 잘못 하면 어떤 일이 일어날까? 대부분의 경우, 정직이 최선이다. 사소한 잘못으로 내담자에게 약간의 불쾌감을 느끼게 했다면 "미안합니다. 제 질문이 당신을 불쾌하게 한 것 같습니다. 다시 질문해도 되겠습니까?" 등의 표현으로 사과하라. 상담자가 진정성 있게 내담자를 대하고, 내담자와 내담자의 필요에 온전히 집중하고 있다는 것을 내담자가 인식하도록 하는 것이 중요하다. 내담자와 마음을 주고받는 상호적인 상담 관계를 기대한다면 상담자는 최대한 솔직해져야 한다.

중대한 오류를 범했다고 느껴지면 교수나 현장 슈퍼바이저와 상의하여 그 상황을 적절히 처리하기 위한 계획을 세워야 한다. 가장 우선적으로 지켜야 하는 원칙은 '해를 끼치지 않는 것'이다. 내담자에게 해를 끼쳤다고 판단되면, 가능한 신속하고 철저하게 그 문제를 다루어야 하며, 이를 위해 도움을 요청하는 것을 두려워하지 말아야 한다. 이런 일이 일어났을 때 즉시 그 사실을 인식하고 적절한 도움을 찾는 상담자가 유능한 상담자이다.

어떤 기법을, 언제 사용해야 하는지를 어떻게 알 수 있을까

상담 과정에서 적절한 기법을 찾아서 적용하는 것은 초보 상담자에게 어려울 수 있다. 그럴 때는 상담에 들어가기 전에 어떤 기법을 사용하는 것이 적절할지 생각해 보고 그 기법들이 해당 내담자를 돕기에 적합한지, 현재 자신의 상담 역량이 그 기법들을 적용할 수 있는 수준에 도달해 있는지 등을 슈퍼바이저와 논의하여 확인하는 것이 좋다. 초보 상담자는 다양한 상담 기법들에 대한 적용 능력을 어느 정도 갖추어야 하겠지만, 그럼에도 불구하고 기법들의 적절성과 적용 시점 등에 대한 추가적인 확인 및 피드백을 받을 필요가 있다.

앞서 말했듯이 내담자를 상담하는 과정에 대한 명확한 방식은 없다. 그러나 상담자는 교수와 슈퍼바이저의 도움을 받으며 적절한 상담 기법과 전략을 적용하는 실습 경험을 통해 자신의 역량을 키워 갈 수 있다.

나는 이제 막 시작한 초보자!(그래서 자신의 내면의 소리를 믿는 법을 배워야 한다)

실습생들은 내담자와 상담을 처음 시작할 때 수업에서 배웠던 모든 지식과 기법을 떠올리려 애쓰는 경향이 있다. 그러나 이런 노력이 상담에 도움이 되기보다는 방해 요인으로 작용할 가능성이 높다.

수업에서 배운 내용들을 떠올리려 하면 할수록 내담자에게 충분히 집중하지 못하게 된다. 상담이 진행되는 동안 상담자는 내담자와 온전히 함께하며, 내담자에게 주의를 집중하여, 내담자의 말과 행동을 정확히 이해하고 있다는 확신을 갖도록 하는 것이 중요하다. 상담자는 주의 깊은 경청을 통해 내담자가 자신이 말하는 것이 중요한 의미가 있다고 느끼게 하여 내담자를 격려할 필요가 있다. 또한 상담자가 자기 자신에게 진실하지 않으면 상담은 제대로 진행될 수가 없다. 그러므로 상담자는 있는 그대로의 자신이 되어야 한다. 내담자가 상담자를 진실하지 않다고 인식하게 되면 내담자 자신도 상담자를 진실하지 않게 대할 수 있다. 상담자는 내담자가 상담에서 있는 그대로의 자신을 솔직하게 드러내기를 원하는 만큼 자신을 내담자에게 개방해야 한다. 수업을 통해 필요한 지식과 기술을 충분히 배웠다는 믿음이 클수록 실습생은 상담에서 진정한 자신을 내담자에게 드러낼 수 있다.

긴장하지 않고 자신을 내담자에게 솔직하게 드러내는 상담자가 되기 위해서는 시간과 경험이 필요하다. 이를 위해 전문 슈퍼바이저의 도움을 받아 자기 나름의 상담 기법을 연마하고 자신감과 안정감 수준을 향상시키는 경험이 필수적이다.

자신의 직감과 내면의 소리를 신뢰하는 법을 배우는 것은 상담에서 매우 중요한 영역으로서 시간이 걸리는 작업인데, 다른 영역들과 마찬가지로 초기 경험 단계에서 미세한 조정을 필요로 한다. 자기 신뢰를 이루기 위해서는 반드시 자신의 직감과 내면의 목소리에 귀를 기울이고 들리는 소리를 신뢰하며 그 결과물들을 관찰해야 한다. 실습생이 상담 기술을 배우는 과정에서 시행착오는 있겠지만, 자기 자신과 내면의 목소리를 신뢰하는 법을 알아가는 만큼 내담자를 더욱 진정성 있게 대하게 되고, 그 결과 상담 과정에서 큰 진전을 이루게 된다. 이런 놀라운 변화는 실습생이 내면의 목소리를 듣고 활용하는 법을 배워 실제 상담 과정을 있는 그대로 볼 수 있게 되었을 때 가능해진다.

잘하고 있는지 의심이 들면 조언을 구하자!(동료와 기관 슈퍼바이저는 당신을 돕기 위해 존재한다)

상담에서 중요한 또 하나의 영역은 전문가나 슈퍼바이저에게 도움을 요청할 시점을 알아채는 것이다. 학생은 상담 교과목들을 통해 자신의 강점과 약점을 인식하도록 배워 왔다. 이러한 자기 이해는 유능한 상담자로 발전하는 데 필수적이다. 상담자가 자신의 능력 범위를 넘어서는 상황이나 지켜야 할 선이 어디까지인지 명확하지 않은 상태에 처했음을 인식했을 때 도움을 요청하게 된다. 그러한 인식은 자신의 직감과 내면의 소리를 신뢰할 때 가능해진다.

상담 과정에서 내담자를 어떻게 대해야 할지 모르겠거나, 윤리적 위기에 처해 있다고 느껴지거나, 자신이 다루어야 하는 문제가 힘에 부친다고 느껴지면 전문가에게 자문을 요청해야 한다. 실습에서는 슈퍼바이저의 집중적인 지도와 지원을 통해 이러한 도움이 제공된다. 모든 교육훈련 과정을 마치고 상담 전문가로서 독자적으로 활동하게 되더라도 어려움에 처할 경우 전문가에게 자문을 받는 것이 중요하다. 상담자가 내담자를 전문적으로 돕기 위해 취할 수 있는 최선의 방안은 다른 전문가의 도움을 받는 것이다.

전문가 자문은 초보 상담자에게만 필요한 것이 아니다. 수년간 현장에 종사하고 있는 상담 전문가들도 필요하다고 느낄 때마다 다른 전문가에게 자문을 받는다. 내담자에게 최상의 상담 서비스를 제공하고자 한다면 전문가 자문은 필수이다. 자문을 받는다는 것은 약점이나 무능력을 인정한다는 의미가 아니라 전문가로서 윤리적이고 책임감 있게 상담에 임한다는 의미이다. 진정한 상담 전문가는 자신의 한계를 인정하고 수용하기 때문에 다른 전문가의 도움과 자문을 받는 것을 주저하지는 않지만 그렇다고 그것을 자랑스러워하거나 과도하게 추구하지도 않는다. 신뢰할 수 있고 윤리적인 전문가를 신중히 선별하여 자문 받는 것이 중요하다.

첫 내담자와의 만남 준비

실습생은 첫 내담자를 만나는 첫 회기에 다음 과업들을 잘 수행해야 한다. 가장 중요한 것은 내담자와 접촉하며 따뜻하고 진실한 조력 관계를 구축하는 것이다. 작업 동맹 구축의 중요성은 아무리 강조해도 지나치지 않다. 임상 장면의 내담자들은 상담자가 자신을 어떻게 대할지 몰라 불안해하고 염려하며 취약한 상태로 상담실에 온다. 학교, 진로, 대학 등 교육 장면의 내담자들도 취약한 상태인 것은 비슷할 수 있지만, 주된 관심사는 발달 과업이나 생애 전환에 대한 것들인 경우가 많다. 이들도 정서적 불편감이나 혼란을 경험하기는 하지만 대체로 큰 어려움 없는 일상생활을 해 가는 중에 자신의 관심사에 대한 지지, 명료화, 조력 등을 필요로 하는 경우가 많다. 상담자는 내담자 개개인의 독특한 상황에 공감하고 내담자의 불편을 감소시키기 위한 모든 노력을 다해야 한다. 상담자는 내담자가 쉽게 다가설 수 있고 도움을 받을 수 있는 존재가 되어야 한다.

첫 회기에 수행해야 하는 구체적인 과업들은 다음과 같다.

- 내담자에게 전자식 건강정보 관리 기관과 관련한 연방법에 근거한 개인정보보호 권리를 고지한다.
- 향후 진행될 상담 과정에 대한 정보를 사전고지하고 서면 동의를 요청한다.

- 내담자가 염려하고 있거나 어려움을 겪는 상황 등 상담을 받고자 하는 이유를 이야기할 수 있도록 돕는다.

상담자는 첫 내담자를 만나기 전에 건강 관련 서비스를 제공하는 전문가에게 현장에서 내담자와 개인정보보호 관련 내용을 함께 살펴보도록 한 연방 가이드라인의 요구 사항을 검토할 필요가 있다. 가이드라인의 요구 사항은 눈에 잘 띄는 곳에 게시해야 한다. 상담자는 연방 가이드라인에 대한 내담자의 어떤 질문에도 답할 수 있도록 준비되어 있어야 한다. 미국에서는 「건강보험 이동성 및 기록보존 책임에 관한 법률(The Health Insurance Portability and Accountability Act: HIPAA)」이 가이드라인 역할을 한다. 전자문서 방식으로 기록을 전송하는 모든 상담기관은 이 법을 준수해야 한다. 관련 절차에 대한 내담자의 질문에 답할 수 있도록 HIPAA 관련 내용을 다음에 제시하였다.

미국 건강보험 이동성 및 기록보존 및 책임에 관한 관련 법률(The Health Insurance Portability and Accountability Act: HIPAA)

미국의 HIPAA는 환자의 건강정보 및 의료기록을 보호하기 위해 제정된 최초의 연방 개인정보보호 규준 법률이다. 2003년 시행 이후 2013년 9월 개정된 규준이 발효되었다. HIPPA는 보험청구서 등과 같이 금융 및 행정 처리를 위한 상담 기록을 전자문서 형태로 전송하는 상담 관련 전문가와 기관에 적용된다. 여기에는 인터넷, 이메일, CD 등과 같은 전자 매체도 포함된다. HIPPA는 미국 전역에 적용되는 연방 법률로, 소비자 건강정보보호를 더 엄격하게 규정한 법률을 시행하는 주를 제외한 모든 주의 관련 법률에 우선한다. HIPPA 위반에 대한 민사상 처벌이 규정되어 있다. 고의로 부당하게 정보를 유출한 서비스 제공자는 벌금과 징역형을 포함한 형사 처벌을 받게 된다.

HIPPA는 준수해야 할 세 가지 주요 영역을 명시하고 있다.

1. **개인정보보호 규정**은 '보호된 건강정보(Protected Health Knformation: PHI)'의 사용과 공개를 제한한다. 개인정보보호 규정은 환자의 자기 PHI 접근권, 공개 제한 요구권, 수정 요구권, 회계자료 공개 요구권, 보복 없는 고소권 등과 같은 개인의 권리를 보장한다.
2. **보안 규정**은 보험이 적용되는 상담 서비스에 대해 전자문서 방식 PHI의 비밀 보장, 통

합성, 가용성을 확보할 수 있는 다양한 행정적 · 기술적 · 물리적 보호 장치를 요구한다. '전자문서 방식 PHI'는 보험 청구 주체의 작성, 접수, 보유, 전송 등 개인을 특정할 수 있는 정보를 모두 참조한다.

3. **위반 통보 규정**에서는 내담자의 PHI가 유출된 사실을 알게 되었을 때 보험이 적용되는 상담 서비스 기관은 그 사실을 피해를 입은 당사자, 미국 보건복지부 장관, 경우에 따라서는 언론기관 등에 고지할 것을 요구한다(American Medical Association, 2013).

개인정보보호 활동 고지(The Notice of Privacy Practices: NPP)는 내담자의 요청이 있을 때 제공되어야 하고 상담실의 눈에 잘 띄는 위치 또는 상담사 개인이나 기관 웹 사이트에 게시해야 한다. 상담사 개인 또는 기관은 다음과 같은 내담자의 요청을 처리하는 절차를 문서로 갖추고 있어야 한다.

- 의료 기록 검색, 열람, 복사 요청
- 공개 제한 요청–내담자가 자신의 의료 정보를 다른 보험 청구 주체와 공유하지 않을 것을 요청할 때
- 수정 요청–내담자가 자신의 의료 기록 정보를 변경해 줄 것을 요청할 때
- 회계 자료 공개 요청
- 기밀 통신 채널 요청–내담자가 정보 수신과 관련하여 특정 방식 또는 특정 장소에 대한 요청을 할 때; 예를 들어 회기 약속을 위한 전화를 집으로는 하지 말도록 요청할 수 있다(American Medical Association, 2013).

상담자는 개인정보보호 활동 고지(NPP)에 내담자의 자신과 타인에 대한 심각한 위해를 가할 수 있는 상황 및 여타 법정 신고 의무 사항 등 내담자를 위한 비밀 보장, 특권 부여, 프라이버시 존중이 제한될 수 있는 내용들을 추가할 수 있다. 여기에는 자신을 상대로 제기된 소송에 대응해야 할 경우 PHI와 심리치료 메모 노트를 공개한다는 내용도 포함될 수 있다. 표준 NPP에 상담 사전 동의서 내용을 연결하여 제공하는 것도 한 방법이다(Wheeler, 2013).

캐나다에서는 「개인정보 보호 및 전자문서에 관한 법률(Personal Information Protection and Electronics Documents Act)」을 제정하여 건강정보를 보호하고 있다(Office of the Privacy Commissioner of Canada, 2014). 2002년 1월 1일 이후 개인의 건강정보와 그것을 수집, 사

용, 공개하는 방식은 이 법률에 따라 관리되고 있다. 자체적으로 건강정보 관련 법률을 제정한 주들도 있으나, 대체로 연방 법과 유사한 내용을 담고 있다.

사전 동의서

상담 전문가는 윤리 지침에 따라 내담자가 상담을 통해 얻을 수 있는 유익과 상담 과정에서 겪을 수 있는 위험 요소들, 그리고 내담자가 선택할 수 있는 상담 이외의 대안들에 대해 내담자에게 알려 주어야 한다. 내담자는 상담이 시작되기 전 자신이 참여하게 될 활동에 대해 정확히 알 권리가 있다. 상담을 시작하기 전에 내담자에게 제공된 상담에 대한 정보를 내담자가 충분히 이해하여 자발적으로 참여하는 것에 동의한다는 사실을 확인하는 사전 동의서(Informed Consent) 작성은 윤리적인 절차일 뿐 아니라 법적 요구 사항이기도 하다. 사전 동의서는 정신건강 전문가가 적절한 서비스를 제공하기 위해 하는 계약이자 약속이다. 사전 동의서에는 세 가지 기본적인 법적 요소가 있다.

1. 내담자에게 결정권이 있어야 한다. 결정권이란 동의 의사를 표시할 수 있는 법적 행위능력을 말한다. 연령이나 지적 수준으로 인해 내담자가 법적으로 동의 의사를 표시할 능력을 인정받지 못하는 경우 치료자는 내담자의 보호자 또는 법정 대리인과 협의해야 한다.
2. 상담 자체뿐 아니라 상담의 절차와 방식에 관한 핵심 정보를 사실적 근거와 함께 제공하는 것이 중요하다. 이러한 정보는 내담자가 쉽게 이해할 수 있는 방식으로 제시되어야 한다.
3. 내담자는 자발적으로 상담을 선택하여야 하며 강요나 강압에 의해 참여를 결정해서는 안 된다. 미국의 몇몇 주에서는 자격 법률 규정으로 상담자가 내담자에게 자발적 동의를 문서로 안내할 것을 요구하기도 한다(Remley & Herlihy, 2014).

미국상담학회 윤리 강령(The American Counseling Association Code of Ethics, 2014) A.2 b는 사전 동의서에 확실히 포함해야 하는 항목들을 명시하고 있는데, 그 내용은 다음과 같다.

- 목적, 목표, 기술, 과정, 한계, 잠재적 위험 및 상담 서비스의 유익
- 상담사가 보유한 자격, 필요시 서비스를 이어받도록 주선할 방안

- 진단의 의미, 검사 및 결과보고서의 용도
- 기술의 역할 및 관련 정보
- 상담료 및 청구 관련 정보
- 비밀 보장 및 한계
- 내담자가 자신의 기록 및 상담 계획 정보를 제공받을 권리
- 내담자가 추천받은 서비스를 거절할 권리 및 거절한 결과에 대해 조언 받을 권리

Remley와 Herlihy(2014)가 여러 전문가들이 제안한 사전 동의서 항목들을 다음과 같이 정리하였다.

- 상담자의 이론적 지향 및 상담 과정을 인식하는 관점에 대한 설명(Corey, Corey, & Callahan, 2011)
- 회기당 시간 및 회기 수에 대한 정보, 시간약속 설정 및 변경 절차, 회기와 회기 사이 상담자와 내담자의 접촉 관련 방침, 긴급 상황에서 상담자 또는 대체 서비스 제공자에게 도움을 요청하는 방법(Haas & Malouf, 1995)
- 보험이 적용되는 경우 진단 결과가 내담자의 건강정보에 영구적으로 기록된다는 내용을 포함한 보험 정보; 보험사에 제공되는 정보의 내용 및 해당 정보에 대한 비밀 보장의 한계(Welfel, 2010); 관리 의료 체계가 상담 과정에 미치는 영향에 대한 설명(Corey et al., 2011)
- 회기 내용이 녹음/녹화될 경우 그에 대한 고지, 내담자 사례에 대해 슈퍼바이저와 논의될 경우 그에 대한 정보(Corey et al., 2011)

모든 실습 현장은 사전 동의서, 비밀 보장, 개인정보 처리 등에 대한 지침이 마련되어 있어야 한다. 실습 상담자는 첫 회기에 내담자와 함께 이 지침을 살펴보아야 한다. 주마다 다른 법적 요구에 따라 위의 지침도 달라질 수 있다. 미성년 내담자에게 적용하는 지침은 성인 내담자에게 적용하는 지침과 다를 수 있다. 사전 동의 세부 내용을 내담자와 함께 살펴보는 것은 상담 참여를 결정하도록 내담자를 돕는 방식으로 이루어져야 하는데, 이는 치료 동맹을 수립하고 유지하는 것과도 관련이 있다. 상담자는 내담자에게 필요한 정보를 제공하는 것과 라포를 형성하는 것 사이에서 균형을 이루어야 한다. 공시 명세서를 작성하는 것이 구체적인 정보를 제공하는 과정에 도움이 된다. 많은 기관들이 상담 관계와 비밀 보

호의 한계를 설명하는 브로슈어를 제작하여 첫 회기 시작 전에 내담자에게 제공한다. 수록된 정보를 살펴본 후 내담자는 상담자에게 궁금한 점을 직접 질문할 수 있다. 첫 회기에 상담자는 내담자와의 라포 형성에 초점을 맞추어야 하며, 첫 회기를 마무리할 때 상담 관계에 관한 주요 세부 사항까지 살펴보아야 한다. 사전 동의서 양식(공시 명세서)의 예시를 다음에 제시하였다.

사전 동의서(Informed Consent) 및 개인정보 제공동의서(Disclosure Statement) 견본

이 자료는 내담자인 당신에게 상담자로서 자신의 배경을 알리고 우리가 맺게 될 전문적 관계에 대한 이해를 돕기 위해 제작되었습니다. 저는 전문상담자가 되기 위해 공부하고 있는 ○○대학 상담심리학과 석사과정 학생입니다. 아직 주정부의 공인 전문상담사 면허를 받지는 못했으나, 주 자격/면허를 보유한 교수진과 현장 감독자의 감독하에 상담을 진행하고 있습니다. 실습지와 슈퍼바이저에 대한 정보는 아래와 같습니다.

실습 장소: Community Mental Health Center
1234 First St., Butler, PA
Phone number: 724-654-3210
현장 슈퍼바이저: Dr. John Smith (전화: 724-654-3211)
대학 슈퍼바이저: Dr. Elizabeth Jones (전화: 412-687-8675)

다음 내용을 잘 읽어 주시기 바랍니다. 이해되지 않는 점이 있으면 저에게 문의해 주시고, 제공된 정보를 충분히 이해하였음을 확인하는 서명을 부탁드립니다. 동의 서명은 대학이 요구하는 필수 사항이며, 서명한 후에도 언제든 동의를 취소하실 수 있습니다.

배경과 경험:
저는 2009년 University of Pittsburgh에서 사회학 학사학위를 취득했습니다. 재학 중에는 3학년 이후 지속적으로 1학년 학생들을 지도하는 학생 코디네이터로 일했고, 졸업 후 2년 동안은 대학 입학 및 재정 보조 상담원[2]으로 일했으며, 2011년부터 상담사로 활동을 시작해서 현재까지 청소년, 성인, 가족 대상 상담을 진행하고 있습니다.

2) Counselor는 문맥에 따라 상담가, 상담자, 상담사, 상담원으로 섞어 사용하였다(역자 주).

상담에 대한 철학:

상담 관계는 내담자가 삶에서 경험하는 힘든 문제에 대해 이해하고 해결하는 과정을 상담자가 도와주는 전문적인 관계입니다. 저는 상담자와 내담자의 협력이 중요하다고 믿으며, 각 내담자가 자기 나름의 상담 목표를 수립하고 그것을 성취하기 위한 계획을 세우도록 돕고자 합니다. 저는 긍정적 정신건강 성취를 추구하는 상담 모델을 따르는 상담자로서 내담자 개개인의 필요에 최대한 부합하도록 다양한 상담 기법을 적절히 활용하고 있습니다. 저의 주된 이론적 관점은 인지행동 상담 이론과 인간중심 상담 이론입니다.

상담은 기회이기도 하고 모험이기도 합니다. 상담 과정에서 삶의 불쾌한 부분이 드러나 불편한 감정을 경험할 수 있습니다. 하지만 상담은 더 나은 관계를 맺고, 당면한 문제를 해결하며, 괴로운 감정을 감소시키는 등의 효과가 있음이 입증되었습니다. 당신에게 상담이 확실히 효과가 있다는 보장을 할 수는 없습니다만, 저는 승인된 윤리 기준을 준수하며 전문적 방식으로 최선의 서비스를 제공할 것임을 분명히 약속드립니다. 회기는 50분간 진행됩니다. 내담자에 따라 몇 번 안 되는 상담만으로 문제가 해결되는 경우도 있고, 목표하는 바를 달성하기 위해 오랜 기간 상담이 필요한 경우도 있습니다.

내담자는 저의 관점에 대해 질문하거나 상담 내용이나 기법에 대해 거부할 권리를 포함하여 상담에 대한 전적인 결정권을 가지고 있습니다. 내담자가 언제 어떤 이유로든 상담 관계를 종결하기로 결정한다면 저는 그 결정을 존중할 것입니다. 상담 절차에 궁금한 점이 있으면 언제든 저와 논의해 주시기 바랍니다. 제가 도움이 되지 않는다고 생각되면 다른 상담자를 요청할 권리도 있습니다. 저의 서비스가 만족스럽지 않다면, 저에게 알려 주시기 바랍니다. 그래도 불만이 해결되지 않을 경우 저의 슈퍼바이저와 상의하실 수 있습니다.

응급상황 대처:

심리적으로 도움이 필요한 응급 상황에서 제가 부재중이거나 당신의 요청에 답하지 못할 경우 제가 속한 상담센터로 연락하거나 응급실 정신건강 전문가에게 도움을 요청하시기 바랍니다. 제가 업무를 맡기 어렵거나 부적절하다고 판단될 경우 센터에서 다른 상담자를 소개해 줄 것입니다.

비밀 보장:

저는 아래 명시한 예외 사항 이외에는 내담자가 상담 회기 동안 말한 내용에 대해 철저하게 비밀을 지킬 것입니다.

내담자 본인이 공개를 요청한 경우

내담자가 자신이나 타인에게 심각한 해를 끼칠 것으로 판단되는 경우

내담자가 아동이나 취약한 성인을 학대하거나 방치하는 경우

법원이 자료 제출을 요구하는 경우

상담자를 상대로 소송이 제기되어 상담 기록을 제출해야 할 경우

실습/수련을 목적으로 슈퍼바이저가 상담 기록이나 녹음/녹화 내용을 필요로 하는 경우

슈퍼바이저는 상담 내용에 대해 비밀을 보장할 것이나, 원하지 않을 경우 내담자는 녹음/녹화를 거부할 수 있습니다.

진단:

보험회사 등 제3자가 상담료를 지불할 경우 지불하는 측에서 진단 내용 제공을 요구하는 경우가 많습니다. 진단이란 내담자의 문제를 해결하는 데 시간과 노력이 얼마나 요구되는지 설명해 주는 전문용어입니다. 진단은 DSM-5에 의거하여 이루어집니다. 편람을 저와 함께 보며 진단에 대해 구체적으로 논의할 수 있습니다.

보험회사는 「건강보험 이동성 및 기록보존 책임에 관한 법률(HIPAA)」에 따라 개인정보 제공을 요구할 수 있습니다. HIPAA에는 내담자 정보의 안전 관리에 대한 규정뿐 아니라, 제공되는 정보를 내담자가 검토, 정정할 권리, 건강관리 관련 타 기관에 전달하도록 요구할 권리 등이 명시되어 있습니다.

수수료:

상담료 금액, 내담자의 지불 책임 등에 대한 방침 및 과정은 사전에 본 센터 소속 정신건강 서비스 담당자와 논의되었습니다. 저소득층을 위한 관리의료보험 중 일부는 상담료를 지급해 주는 회기 수를 제한하는 경우가 있습니다. 그럴 경우 제한을 초과한 회기에 대한 상담료는 내담자가 지불해야 합니다. 자세한 내용은 제공된 자료를 참고해 주십시오.

확인 서명:

본인은 위 내용을 읽고 잘 이해했으며, 개인정보 공개와 관련하여 충분한 논의가 이루어졌음을 확인합니다.

내담자 서명 ______________________ 날짜 ____________________

부모/보호자 서명 ____________________ 날짜 ____________________

학교 장면에서는 사전 동의서와 비밀 보장 지침이 다르게 처리된다. 대부분 학교 기반 현장에서 학교상담 서비스는 교육 프로그램의 일부로 다루어진다. 학생들과 부모가 학교에서 제공되는 상담 서비스와 비밀보호 지침을 이해하도록 돕기 위해 관련 정보를 다양한 방식으로 배포하고 있다. 부모 동의에 대한 정책은 학군마다 다른데, 학생을 상담하려면 반드시 부모의 동의를 받도록 하는 학군도 있고, 일정 회기 수를 넘는 경우에만 부모 동의를 요구하는 학군도 있다(Glosoff & Pate, 2002).

각 학교의 상담 관련 지침은 매 학년도 시작 전에 학생용 핸드북, 상담 부서 웹 페이지, 상담실 내 브로슈어에 게시된다. 상담자는 학생과의 상담 첫 회기에 해당 지침에 대해 논의한다. 상담 비밀 보장 지침을 안내하는 브로슈어 견본과, 서면 동의서가 비치되어 있지 않을 경우 학교상담 실습 현장에서 실습생이 활용할 수 있는 서식이 개발되어 있다(Hanson, 2009~2012).

실습생은 현장에 비치된 지침을 미리 살펴보고 첫 회기에 내담자와 검토할 수 있도록 준비해야 한다. 현장에 따라 실습생들에게 회기 녹음/녹화 자료를 활용한 슈퍼비전을 조건으로 내담자와의 상담 진행을 포괄적으로 허용하는 경우도 있고, 슈퍼비전을 받으며 진행하는 상담에 대해 건별로 각각 승인을 받도록 하는 경우도 있다. 이 책 〈부록〉 다음의 [서식] 섹션에 승인 서식 예시를 제시하였다. 보호자용 공개 양식([서식 3-1a], [서식 3-1b])은 학교에서 아동과 상담을 시작하고자 할 때 사용할 수 있고, 슈퍼비전용 상담 회기 녹음/녹화 내담자 동의 양식[(서식 3-2)]은 내담자가 성인이든 아동이든 상담을 시작하고자 할 때 사용해야 한다. 이 양식들은 실습생이 자신의 대학 및 실습 현장의 요구에 맞게 조절하여 사용해야 한다.

상담 관계 형성

내담자와의 관계 형성은 치료 과정에서 중요한 첫 단계이다. 관계 형성의 핵심은 상담자가 내담자와 신뢰를 발전시키고 돌봄, 존중을 제공하는 것인데, 이를 통해 내담자는 상담에 적극적으로 참여하고자 하는 의욕을 갖게 된다. 라포와 협력은 상담자가 내담자를 맞이하며 자신을 소개하고 내담자를 상담실로 안내하는 첫 회기부터 형성되기 시작한다. Carl Rogers(1951)는 내담자 중심 상담 이론을 제안하며 성격 변화가 일어나는 핵심 조건으로 정확한 공감, 무조건적인 긍정적 존중, 그리고 일치성을 제시하였다. 상담의 성공 여부는 상담자가 어떤 개입 전략이나 이론적 접근을 선택하느냐보다는 내담자와 어떤 관계를 맺느냐에 달려 있다는 연구 결과들이 있다(Norcross, 2002). 상담자가 내담자에게 안전한 느낌을 제공해 주고 상담자를 신뢰하여 자유롭게 자신을 개방할 수 있도록 해 주는 것이 중요하다. 안전하지 않다고 느끼는 내담자는 자기를 보호하기 위해 자기 개방을 억제하게 된다(Cormier & Hackney, 2012).

라포 형성과 긍정적 치료 동맹 촉진을 위한 절차와 기술은 다음과 같다.

- 치료의 진행 절차 및 상담자와 내담자의 역할을 명확히 하여 상담을 시작하기 위한 내담자의 노력을 촉진하라.
- 상담을 받으러 온 내담자의 결정을 지지, 지원, 격려하라.
- 상담 시작 시간, 내담자의 상담 참여, 과제 부여 등 회기 지침을 수립하여 지속적으로 이행하라.
- 상담에 대해 내담자가 어떤 기대를 하는지 논의하고, 실질적인 희망을 가질 수 있도록 격려하라.
- 내담자의 희망과 기대를 반영한 상담 목표를 내담자와 함께 개발하라.
- 세상에 대한 내담자의 관점을 이해하고 존중하라.
- 내담자의 관심사에 공감하며 따뜻하고 진솔하게 소통하라.
- 언어적 · 비언어적 메시지를 일관되고 진솔하게 전달하라.
- 상담 과정에 내담자가 참여하도록 독려하라.
- 내담자가 지금까지 이루어 온 성공과 지원 체계를 인정하고 활용하라(Seligman, 2004, pp. 30-31).

내담자와의 첫 회기

내담자와의 초기 만남에서 상담의 작업 분위기가 정해진다. 상담에서 상담자와 내담자의 관계 양태가 중요하다는 것은 잘 알려져 있다. 상담자는 내담자로부터 필요한 정보를 수집하는 동시에 이후 상담 과정을 통해 내담자가 기대할 수 있는 것이 무엇인지 알도록 도와야 한다. 첫 회기 상담은 서로 다른 두 가지 방향에서 시작될 수 있다. 하나는 관계의 역동에 초점을 맞춰 상담을 진행하면서 내담자의 내면세계를 정확히 감지하여 내담자와 소통하는 것부터 시작하는 것이고, 다른 하나는 첫 회기에 접수 면담 방식으로 내담자를 돕기 위해 필요한 정보를 수집하는 것부터 시작하는 것이다. 어느 방향에서 시작하든 결국은 정보 수집과 관계 역동을 모두 다루어야 한다. Cormier와 Hackney(2012)는 상담자가 첫 회기에 추구해야 하는 것들을 다음과 같이 제시하였다.

1. 대화를 촉진하기 위해 내담자의 초기 불안을 감소시킬 것
2. 말하기보다는 들을 것
3. 내담자의 말을 주의 깊게 경청하며 내담자의 삶에 대해 공감할 것
4. 내담자가 어떤 주제를 선택하는가가 그 시점에 내담자가 가진 우선순위에 대해 통찰할 수 있는 기회임을 인식할 것

구조화 및 비구조화 면담

상담자는 내담자와의 첫 면담을 어떤 형태로 진행할 것인지 결정해야 한다. 면담의 형태는 구조화된 면담, 비구조화된 면담, 부분 구조화된 면담으로 구분할 수 있다. 각 면담 유형은 그 나름의 장점이 있다(Whiston, 2009). 구조화된 면담에서는 상담자가 정해진 질문 목록에 따라 모든 내담자에게 동일한 질문을 제시한다. 이 방식은 내담자 모두에게 동일한 구조를 제시할 것을 요구받는 기관에서 종종 사용된다. 면담의 목적이 해당 기관에 적합한 내담자를 선별하는 것이라면 구조화된 방식으로 면담을 진행하는 것이 적절하다.

비구조화된 면담의 장점은 내담자 각각의 다양한 요구에 대응할 수 있다는 것이다. 면담의 목적이 개별 내담자의 독특성을 더 이해하고자 하는 것이라면 비구조화된 면담이 적합하다. 부분 구조화된 면담은 구조화 면담과 비구조화 면담을 조합한 것으로, 정해진 질문에 더하여 추가 탐색과 질문을 하는 방식이다. Whiston(2009)은 초기 면담을 위한 몇 가지 공통 지침을 제안하였다.

- 내담자에게 비밀 보장을 분명히 약속하고 지킬 수 없는 한계에 대해 구체적으로 설명하라.
- 예의 바르고 수용적인 태도로 질문하라.
- 질문은 개방형으로 제시하라.
- 유도하는 질문은 피하라.
- 주의 깊게 경청하라.

- 면담 내용을 구성할 때 내담자의 문화적 · 인종적 배경을 고려하라.
- 내담자 개개인에 맞게 접근 방식을 조절하고 각 내담자가 편안하게 느끼도록 적절하게 응대하라.
- '잡담'을 피하라.
- 내담자가 마음을 열고 감정, 생각, 행동을 표현하도록 격려하라.
- 심리학 전문 용어 사용을 피하라.
- 전문적이지만 마음을 끄는 따뜻하고 부드러운 목소리 톤을 사용하라.
- 난해한 질문에 대답하도록 내담자를 재촉하지 말라.
- 내담자가 주제에서 벗어난 이야기를 할 경우 절절한 주제로 돌아오도록 부드럽게 요청하라.
- 가끔씩 몸을 움직여 자세에 변화를 주라.

기본 및 심화 조력 기술

Egan(2013)은 해결 중심의 3단계 상담 기술 구조를 다음과 같이 제시하였다.

1단계–현재 시나리오에 초점을 맞춘다. 내담자가 말하는 것은 무엇이고, 말하지 않는 것은 무엇이며, 바꾸고 싶어 하는 것은 무엇인가?
2단계–선호하는 시나리오에 초점을 맞춘다. 내담자에게 가능한 것은 무엇이고, 내담자의 우선순위는 무엇이며, 내담자가 시도하는 것은 무엇인가?
3단계–전략 또는 실행 측면에 초점을 맞춘다. 가장 적합한 전략은 무엇인가? 목표에 도달할 수 있는 계획은 무엇인가? 생각, 감정, 행동 측면에서 기대되는 측정 가능한 구체적인 변화는 무엇인가?

내담자의 현재 시나리오와 관련 있는 사고, 감정, 행동을 탐색하기 위해 주의집중, 능동적 경청, 탐색, 공감의 전달 기법이 활용된다. 재진술, 감정 반영, 명료화, 요약 기법도 상담자와 내담자 사이의 소통을 촉진한다. 해석, 패턴/연결을 언급하기, 맹점/불일치 확인, 자기 개방, 직면, 즉시성 등의 심화 기법은 내담자의 변화를 이끌어 내기 위해 사용된다. 각 단계는 탐색에서 시작하여 내면에 초점 맞추도록 하고 변화를 시도하게 하는 순서로 진행된다.

다른 상담 기술 모델인 미세기술 훈련 모델(microskills training model)은 주의집중 자세를 포함한 기본 기법, 다양한 기술의 통합, 자신만의 상담 스타일과 이론의 개발 등 기초부터 심화까지 다양한 수준의 기법을 제시한다(Ivey, Gluckstern, & Ivey, 1993; Ivey, Ivey, & Zalaquett, 2010). Ivey는 이 모델을 피라미드 모양으로 시각화하여 미세기술 위계로 묘사하였다(Ivey et al., 2010). 미세기술 위계의 기반은 윤리, 다문화 역량, 건강성이다. 이 기반 위에 수준별로 기법이 제시되는데, 기본 경청 기술은 주의집중 자세를 바탕으로 개방형/폐쇄형 질문, 내담자 행동 관찰, 격려하기, 바꾸어 말하기, 요약하기, 감정 반영 등으로 구성된다. 다음 수준은 내담자가 자신의 내면과 대인관계 갈등을 탐색하도록 돕기 위한 기법으로 직면, 초점 맞추기, 의미의 반영, 해석, 재구성 등이 포함된다. 자기 개방, 피드백, 논리적 결과 추론, 정보 제공/심리교육, 지시 등 관계에 영향을 미치는 핵심 기법들은 내담자가 문제를 인식하는 단계에서 행동 목표를 수립하는 단계로 진행해 갈 수 있도록 돕는 데 기법들의 기반이 된다. 미세기술은 내담자가 5단계 면담 구조를 따라 이동해 가는 과정에서 의도적으로 적용된다. 면담 구조는 관계에서 시작하여 이야기와 강점으로 진행하고, 이어서 초기 3개 단계에서의 목표를 다룬다. 주의집중 자세와 기본 경청 기술을 적절히 적용함으로써 내담자가 초기 3개 단계를 잘 이행하도록 도울 수 있다. 네 번째 단계는 '이야기 재구성(restorying)' 또는 선호하는 내용으로 이야기하기이고, 다섯 번째 단계는 특정한 변화 촉진 기술 및 관계 변화 촉진 기술을 적용한 행동 실천하기이다. 내담자는 그들의 삶의 이야기를 재구성함으로써 변화된 행동으로 나아가게 된다(Ivey et al., 2010). '관계—이야기와 강점—목표—이야기 재구성—행동 실천'의 5단계 면담 구조는 다양한 상담 이론에 적용할 수 있다. 이 책에서는 상담 실습생/수련생들이 상담을 진행할 때 다양한 수준의 기술들을 의식적으로 사용할 수 있도록 준비하는 데 도움을 주기 위해 이 모델로부터 도출된 기법들에 대한 설명을 다루었다.

절차 및 특정 이슈별 기술

절차 기술은 회기의 시작과 끝을 관리하는 방식과 관련된 기술이다. 회기가 원활하게 시작되어 이후 상담 작업으로 자연스럽게 연결되는가, 아니면 회기를 상담 주제와는 관련 없는 잡담으로 시작하는가? 일단 내담자와의 관계가 수립되면 상담자는 이어지는 면담 과정에서 관계를 바람직한 상태로 만들어 가야 한다. 상담자의 간단한 말 한마디로도 내담자를 상담 작업으로 되돌아오게 할 수 있다. 이를 통해 중요하지 않은 주제를 다루는 데 너무 많은 시간을 보내지 않도록 할 수도 있다. 그렇게 되면 이후의 회기들에서는 상담에 필요한 더 많은 정보를 수집하고 그것을 더 집중해서 다룰 수 있게 된다(Cormier & Hackney, 2012).

절차 기술은 상담자의 회기 종결 방식에도 적용된다. 일반적인 지침은 회기의 진행 시간을 한정하라는 것이다. 내담자가 어린이일 경우 회기는 20~30분, 성인일 경우 45~50분이 적당하다. 회기가 한 시간을 넘는 경우는 매우 드물다. Sommers-Flanagan과 Sommers-Flanagan(2003)은 ① 회기 종결을 위한 시간을 충분히 확보하고, ② 회기 중에 내담자가 제시한 관심사나 자기 노출 중 염려되는 부분이 있는지 확인하며, ③ 다음 약속을 확인하고, ④ 회기를 끝내기 전에 내담자에게 질문이나 의견을 제시할 기회를 제공할 것을 권고한다. 상담자는 내담자가 약속된 시간을 넘겨 상담을 지속하고 싶어 할 경우라도 종료 시간을 지켜야 한다. 예를 들어, 내담자가 회기 종료 시간이 되기도 전에 "오늘은 그만하겠다"는 말로 회기를 끝내려고 하거나, 종료 시간 직전에 위급한 사안에 대한 이야기를 시작하려고 할 수 있다. 하지만 시간제한 범위를 충실히 지키는 것이 결국에는 내담자에게 도움이 된다(Sommers-Flanagan & Sommers-Flanagan, 2003). 첫 번째 예의 경우 상담자는 내담자의 의사를 존중하면서도 전체 회기 시간을 다 사용하고, 두 번째 예의 경우 내담자가 위급 사안을 제시한 시점을 고려하여 합의된 범위 내에서 다음 약속을 조정하는 것이 적절하다. 흔치 않은 경우지만, 내담자가 회기를 마무리하고 돌아가야 하는 상황에서 과도하게 불안해하는 경우, 또는 최근 경험한 충격적인 사건이나 자신/타인에 대한 심각한 위해 가능성을 언급할 경우에는 예외적으로 상담을 연장할 수 있다.

첫 회기 구조화하기

첫 회기에는 다음 예시와 같이 내담자가 기대하는 것이 무엇인지 구조화하는 작업으로 상담을 시작하는 것이 적절하다.

> 안녕하세요. 오늘 첫 상담에서는 당신이 상담을 받으려는 이유와, 다루고 싶은 고민거리가 무엇인지를 알아보는 시간을 가지고자 합니다. 말씀 하시는 내용은 저만 알고 있을 것입니다. 이것을 '비밀 보장'이라고 하는데, 여기에는 몇 가지 예외 사항이 있습니다. 예를 들어, 당신이 어린이나 약자를 학대한다는 것을 제가 알게 된다면 저는 법에 따라 신고를 해야 합니다. 법원이 자료 제출을 요구하거나 당신이 관련된 소송 과정에서 정보 제공

을 요구하는 경우에는 그에 따라야 합니다. 또한 당신이 자신이나 다른 누군가에게 심각한 해를 입힐 가능성이 높다고 판단되는 내용에 대해서는 비밀 보장이 제한될 수 있습니다. 저는 실습 중인 상담자이기 때문에 슈퍼바이저가 상담 내용을 살펴보며 저를 지도하게 됩니다. 물론 슈퍼바이저도 상담 내용에 대한 비밀 보장 의무를 준수할 것입니다. 당신의 안전과 프라이버시는 당신뿐 아니라 저에게도 매우 중요합니다. 그래서 당신이 고민에 대해 이야기를 시작하기 전에, 비밀 보장과 관련된 내용을 분명히 이해하시도록 말씀을 드린 것입니다. …… 이제부터는 당신의 고민에 대해 말씀해 주세요. 궁금한 점이 있으면 무엇이든 물어보시고, 자유롭게 하고 싶은 이야기를 시작하시면 됩니다.

내담자와의 첫 만남은 상담 과정에서 결정적인 지점으로, 상담자에게 상담 관계를 구조화하기 시작하는 기회이다. 구조화하는 방법은 상담자의 스타일과 이론적 입장에 따라 다양하다. Ivey(1999)는 상담 관계 구조화를 위한 5단계 과정을 제안하였다.

1. **라포 형성과 구조화**–내담자가 상담자를 편안하게 느끼기 시작하며 작업 동맹을 구축하기 위한 과정이다. 면담 목적을 설명하고 회기 과정에서 과업 집중도가 유지되도록 하기 위해 구조화가 필요하다. 구조화를 통해 내담자는 상담에서 상담자가 할 수 있는 것과 할 수 없는 것이 무엇인지에 대해 이해하게 된다.
2. **정보 수집, 문제 정의, 내담자 자원 확인**–내담자가 상담에 온 이유와 문제를 보는 시각에 대해 상담자가 알 수 있도록 돕기 위한 과정이다. 회기의 목적과 방향을 명확히 하기 위해서는 상담자가 내담자의 문제를 적절히 정의하고 내담자가 어떤 자원을 가지고 있는지 알아야 한다.
3. **상담 성과 목표 수립**–지금의 문제가 없었다면 자신의 삶이 어떨 것이라고 내담자가 생각하는지에 대해 상담자가 이해하고, 상담자가 내담자의 상담 목표를 바탕으로 상담 계획을 수립하기 위해 필요하다.
4. **대안 탐색 및 불일치 직면**–내담자의 문제 해결 작업을 위한 상담자의 의도적인 행동이다. 내담자와 함께 대안을 도출하고 불일치에 직면하는 작업을 통해 상담자는 내담자의 역동을 더 잘 이해할 수 있다.
5. **학습의 일반화와 전이**–상담을 통해 일어난 내담자의 사고, 감정, 행동 변화가 내담자의 일상의 삶에 적용되는 과정이다.

Hutchins와 Cole(1992)은 초기 면접부터 종결을 거쳐 추수 상담에 이르는 과정에서 일어날 수 있는 다양한 사안들에 대해 설명하는 작업도 구조화에 포함할 것을 제안하였다. 첫 인사, 시간제한에 대한 논의, 상담자와 내담자의 역할, 비밀 보장 등의 내용에 대한 구조화는 초기 단계에서 진행되고, 그 이후에는 상담 면접과 관련된 기대와 행동을 명확히 설명하는 구조화를 진행하게 된다.

요약하면, 상담 관계 구조화는 내담자에게 상담 과정의 속성, 목적, 목표를 설명하고 비밀 보장 지침에 관한 정보를 제공하여 사전 동의를 얻는 작업이다. 구조화 과정의 핵심은 상담자가 진실하고 성실하며 공감적인 자세로 내담자를 돕고자 한다는 것을 내담자가 알도록 하는 것이다.

첫 회기 마무리하기

첫 회기의 목표는 내담자의 고민을 내담자의 관점에서 최대한 이해하는 것이다. 수업에서 배운 기본 기법을 활용하여 내담자가 자신의 상황에 대한 이야기를 꺼내도록 격려하라. 내담자의 고민과 관련된 감정, 사고, 행동을 이해하고, 이해한 바에 대해 내담자와 이야기하라. 상담자는 내담자가 제시하는 고민에 집중하는 동시에, 내담자가 세상을 어떻게 보고 있는지—어떤 관점에서 당면한 어려움, 강점, 지원, 혼란스럽고 긴장되는 삶의 영역, 타인과의 관계 경험에 대한 해석 등을 바라보는지—에 대해 관찰해야 한다. 내담자가 고민을 이야기하는 과정에 대한 성찰을 통해 상담자는 내담자의 내면의 역동을 어느 정도 추정해 볼 수 있다. 세상에서 자신의 욕구를 충족하는 존재로서 내담자는 자신에 대해 어떻게 묘사하는가? 자신에 대해 세상에 드러내는 모습과 내면에서 느끼는 모습이 완전히 다른가? 다른 사람이 자신을 실망시키거나 잘못 오해한 것에만 초점을 맞춰 이야기하는가? 첫 회기를 마무리할 때쯤 되면 상담자는 상담 관계를 형성하고, 내담자의 입장에서 고민을 이해하며, 내담자의 역동에 대해 잠정적으로 추정할 수 있고, 추정된 역동이 내담자의 고민을 해결하는 데 도움이 될 것인지 방해가 될 것인지에 대한 예상을 할 수 있게 될 것이다.

회기를 마치기 전에 시간을 내어 사전 동의서 정보를 추가 검토하도록 하라. 내담자가 동의서와 첫 회기에 대해 질문할 수 있는 시간도 마련하라. 회기 마지막에 상담자는 내담자가 궁금한 것들에 대해 충분히 이해했는지 확인하는 질문을 하는 것도 좋다. 심층적인 탐색을 할 필요가 있는 주제가 있다면 내담자에게 그에 대해 다음 회기까지 더 생각해 보도록 하고, 다음 회기에 그 주제를 먼저 다룰 수 있다. 상담자는 내담자가 상담 과정에서 자신을 드러낸 것에 대해 감사를 표하고, 자신의 고민을 기꺼이 마주하여 문제 해결에 필요한 변화를 열린 마음으로 받아들이도록 격려하는 말로 첫 회기를 마무리할 수 있다.

접수 면접에서 수집된 정보

상당수 기관들은 상담 회기를 시작하기 전에 접수 면담을 통해 내담자 정보를 수집한다. 접수 면접에서 수집되는 정보는 대체로 처치 이력과 결과에 초점을 둔 의학적 · 심리학적 · 정신의학적 자료 등이 포함된다. 초기 면담 서식(Initial Intake Form)([서식 3-3])은 내담자에 대한 초기 식별 자료로 상담자에게 제공되도록 고안된 것이다. 심리사회적 이력 서식(Psychosocial History Form)([서식 3-4])은 발달 이력과 현재 문제의 급성/만성 여부를 평가할 수 있는 정보를 제공해 준다. 내담자 자료는 구조화된 방식의 접수 면담에서 상담자에 의해 내담자로부터 직접 획득된다. 기관에 따라 상담 시작 전에 내담자에게 서식을 작성하도록 하고, 그 정보를 첫 회기 이전에 상담자에게 전달하는 경우도 있다. 기관들 중에는 상담을 담당할 상담자가 아닌 다른 면담자가 접수 면담을 진행하는 곳도 있다. 상담자는 접수 요약서를 작성하기 위하여 내담자 사전 평가 정보를 참고할 수 있다. 사전 평가 정보와 첫 회기 면담 결과를 바탕으로 추가 평가 절차를 진행할 수도 있다. 자료 수집에 초점을 맞춘 접수 면담에 대해 보다 광범위한 논의와 전반적인 평가 및 진단 과정에 관련된 추가 정보는 제4장에서 다루도록 하겠다.

접수 요약

접수 면담 결과를 정리할 때 실습 상담자는 회기 동안 내담자에 대해 관찰한 내용을 간단히 기록한 내용을 포함시켜야 한다. 내담자의 외관상 모습, 면담에 임할 때 편안해하는 정도, 문제를 구술하는 방식, 상담자에 대한 반응(온화한 정도, 거리를 두는 정도, 시선, 표정), 내담자의 인종/민족/문화 배경이 상담자 인식과 이해에 영향을 끼친 점, 접수 면접 내용 및 사전 평가 내용에 대한 전반적인 요약 등이 제시되어야 한다. 접수 요약은 간결해야 하고 현 시점에서 상담자의 임상적 추론이 제시되어야 한다. Cormier와 Hackney(2012)는 접수 요약에 포함할 수 있는 몇 가지 요소를 다음과 같이 밝히고 있다.

1. 문제를 어떻게 이해하고 있으며 당신이 기대하는 결과는 무엇인가?
2. 접수 정보는 문제와 어떤 관련이 있는가?
3. 내담자가 상담 작업에서 발휘할 수 있는 강점은 무엇인가?
4. 기대하는 결과 도출을 방해할 가능성이 있는 내적 · 외적 요인은 무엇인가?
5. 내담자에게 도움이 될 수 있는 상담 기법과 이론적 관점은 무엇인가?

내담자 기록 보관

내담자 기록 관리는 전문성 유지와 윤리적 실천을 위해 매우 중요하다. 초보 상담자는 무엇을 내담자 기록에 포함해야 할지 혼란스러워하는 경우가 많다. 다음에 제시된 2개의 서식은 기관용으로 주로 사용된다.

진행 기록

경과 기록에서 요구하는 세부 사항은 현장이 임상적 처치에 중점을 두는 정도와 추구하는 전문성의 영역(중독, 진로, 대학, 결혼, 커플, 가족, 정신건강, 학교 등)에 따라 다를 수 있다.

임상 현장에서 지속적인 업무의 일환으로 작성하는 경과 기록은 내담자의 의료 기록에 포함되며, HIPAA 연방 가이드라인에 따라 보호된다. 경과 기록에 담긴 정보는 내담자의 소유이며, 비밀 유지가 보장되어 있다. 경과 기록은 소환장에 의해서만 공개를 요구할 수 있는 법적인 문서이다. 임상 현장에서의 기록은 전형적으로 상담의 시작과 종결, 투여된 약물, 처치의 형태와 빈도, 검사 결과, 그리고 진단, 기능 수준, 증상, 예후, 진행 경과 등을 요약한 경과 기록으로 구성된다. 가장 자주 사용되는 경과 기록 서식은 DAT 기록과 SOAP 기록이다(Gehart, 2013).

DAP 방식

DAP는 자료(Data), 평가(Assessment), 계획(Plan)의 약자이다. 기록은 세 가지 영역으로 구분된다.

1. **데이터 또는 기술 영역**: 이 영역은 개입, 임상적 관찰, 증상 진단, 스트레스 요인 등 회기 중 발생한 사안들로 구성된다. 여기에는 주관적 정보와 객관적 정보가 모두 포함된다. 주관적 정보는 내담자 자신과 타인, 내담자가 처한 환경과 상황 등에 대해 내담자가 이야기한 내용들을 포함한다. 객관적 정보는 내담자의 행동과 외관에 대한 상담자의 관찰 내용이다. 상담자는 내담자와의 상호작용에서 어떤 일이 있었으며, 그것이 내담자의 목표와 어떤 관련이 있는지에 대해서도 기술해야 한다(Gehart, 2013).
2. **평가**: 이 영역은 해석에 해당하며, 자료가 의미하거나 암시하는 바에 대한 상담자의 분석과 결론으로 구성된다. Wiger(2013)는 평가 영역을 정보의 범위와 유형에 따라 당해 회기의 효과와 결과, 치료 경과, 내담자의 협조 정도, 내담자가 이룬 진전과 퇴보, 추가 작업이 요구되는 영역, 치료 전략의 효과성, 계획된 치료 목표의 달성, 치료 목표 달성에 필요한 변화, 진단 수정의 필요성으로 구분하였다.
3. **계획**: 다음 회기에 할 일 또는 후속 조치할 사항(다음 회기 일정, 과제, 위탁, 치료계획 변경, 다음 회기를 위한 조정 등)

SOAP 기록 방식

SOAP은 주관적(Subjective), 객관적(Objective), 평가(Assessment), 계획(Plan)의 약자이다. 자료 수집은 주관적 부분(S)과 객관적 부분(O)으로 구분된다.

주관적 부분(S)－내담자 또는 중요한 타인이 각자의 관점에서 바라본 문제 관련 정보로, 간단하고 간결하게 정리되어야 한다. 자신의 문제에 대한 내담자의 인식에 대한 부분은 외부인이 읽었을 때 명료하게 이해할 수 있어야 한다.

객관적 부분(O)－상담자가 관찰한 내용으로, 사실에 입각하여 정확하게 묘사되어야 한다. 오감을 통해 지각된 것들, 계수된 것들, 측정된 것들을 제시해야 한다. '~에 대한 증거는~'이라고 표현할 수 있는 내용들이 여기에 해당된다.

평가(A)－자료가 어떻게 해석되고 성찰되었는지를 보여 주는 영역으로, 내담자 문제에 대한 상담자의 임상적 판단을 요약한 것이다. 통상적으로 DSM 진단이 활용된다. 상담자는 진단을 뒷받침하는 충분한 자료를 확보해야 한다.

계획(P)－처치 방향을 요약한 내용으로, 행동 계획과 예상되는 경과가 제시된다(Cameron & Turtle-Song, 2002, pp. 288-290). 〈표 3-1〉에 SOAP 기록 양식 요약과 예시를 제시하였다.

<표 3-1> SOAP 정의 및 예시 요약

영역	정의	예시
주관적 (S)	• 내담자가 당신에게 말하는 것 • 관련 타인들이 내담자에 대해 당신에게 말하는 것 • 내담자가 세계를 경험하는 기본적인 방식	• 내담자의 감정, 고민, 계획, 목표, 사고 • 문제의 강도, 그것이 관계에 미치는 영향 • 가족, 사례관리자, 행동치료사 등의 관련 의견 • 시간, 장소, 사람에 대한 내담자의 지향성 • 상담에 대한 내담자의 언어 표현의 변화
객관적 (O)	• 사실적: 상담자가 개인적으로 관찰하고 목격한 것 • 정량적: 감각, 지각, 계수, 측정된 것 • 접수된 외부 문서 자료	• 내담자의 전반적인 외관, 정서, 행동 • 조력 관계의 특성 • 내담자가 가진 강점과 약점 • 검사 결과, 타 기관 제공 자료 등을 기록, 첨부
평가 (A)	• 상담자의 임상적 사고 요약 • 기록의 주관적/객관적 측면에 대한 분석 및 종합	• 상담자: 임상적 진단 및 인상 제시 • 보험 관리자: 내담자 행동과 그 이유에 대한 부호화
계획 (P)	• 치료의 범위 기술 • 행동 계획과 예후로 구성	• 행동 계획: 시도된 개입, 치료 경과 및 방향 • 다음 약속 날짜 기입 • 예후: 예상되는 개입의 긍정적 효과

Cameron, S., & Turtle-Song, I. (2002). Learning to write case notes using SOAP format. Table 1. A summarization of SOAP definitions and examples. *Journal of Counseling and Development*, *8*(3), 286-292. Copyright 2002 by the American Counseling Association. 승인하에 재발행.

학교상담자에게 요구되는 기록 보관

학교상담 현장의 기록 보관은 정신건강 상담 현장과는 다른 다소 복잡한 측면이 있다. Merlone(2005)는 비밀 보장 특권 관련 법령에 대해 상세하게 검토한 결과, 미국 대부분의 주(州)에서 학교상담자에게 특권을 인정해 주지 않는 것을 확인하였다. 이는 기록 보관과 관련하여 중요한 의미를 내포한다. 학생들을 돕기 위해 비밀 보장이 꼭 필요한데도, 이를 위한 법적 보호 장치가 없다는 것은 모순이다. 1979년 제정된 「가족 교육 권리 및 사생활 보호법(The Family Education Rights and Privacy Act)」은 부모 또는 18세 이상의 학생은 학생 기록에 접근할 권리가 있다고 규정하고 있다.

학생 기록이란 학생과 직접 관련 있는 교육기관이 보유하고 있는 기록을 말한다. 이 정의로 보면 상담자의 개인 파일은 전적으로 사적으로 관리되고 타인이 접근할 수 없다면 학생 정보에 해당되지 않는다(Fischer & Sorenson, 1996). 일화적 기록은 통상적으로 학교에 보관하지 않고 개인 노트나 폴더에 담아 개인이 보관한다. Swanson(1983)에 따르면 학교 상담자의 기록이 학교 기록에 포함되지는 않지만 소환장 발급 대상에는 해당되므로 주의가 필요하다. 상담 기록은 '명예훼손 가능성이 있는 표현들'을 피해 행동 기술 위주로 작성해야 한다(p. 35). 학교상담 실습생/수련생이 개인적인 내담자 기록을 위해 사용할 수 있도록 사례 기록 서식(Case Notes Form)([서식 3-5])을 제시하였다. DAP나 SOAP 이외의 기록 서식을 선호하는 학생은 상담 경과를 모니터링하고 슈퍼비전을 준비하는 용도로 사례 기록 양식을 사용할 수 있다. 사례 기록 양식의 범주에는 제시된/현재 고민, 언급된 핵심 이슈, 개입, 진전/퇴보, 진단, 목표와 계획 등이 포함된다.

미국학교상담자협회(American School Counselors Association)가 제시한 학교상담자 윤리 규준(Ethical Standards for School Counselors, 2010)은 학생의 비밀 유지를 보장하는 학생 기록 관리 원칙과 상담 작업 범위 내에서의 자료 조직 원칙을 제공한다. 문서화는 두 가지 중요한 기능을 한다. 첫째, 정확한 문서화는 특정 학생에 대한 적절한 정보를 유지하여 전문적 상담 서비스를 제공하기 위해 필요하다. 이는 상담 경과에 대한 기억을 돕고, 추천이 필요한 경우 그 과정을 진행하도록 지원하며, 학교상담 전문가에게 최선의 실행 지침을 제공하는 과정에 도움을 준다. 둘째, 학생, 교사, 학부모와 관련된 모든 학교상담 관련 활동(예방 프로그램 개발, 자문, 상담과 무관한 업무 등)과 관련하여 문서화한 내용들은 학교상담 프로그램의 필요성을 입증하는 자료가 된다. 문서화된 자료들을 활용함으로써 학교상담자는 연도별 학교상담 프로그램 진행 과정의 추이를 파악하고 업무 수행 성과를 확인한다(Wehrman, Williams, Field, & Schroeder, 2010).

학교상담 실습생/수련생은 모든 상담 관련 활동을 주간 일정(Weekly Schedule)/실습 기록(Practicum Log) 및 월간 실습 기록(Monthly Practicum Log)([서식 3-6], [서식 3-7])에 기록해야 한다. 사례 기록 서식([서식 3-5])은 특정 학생과의 작업 추이 파악을 위한 개인 기록의 틀로 활용할 수 있다. 사례 기록은 상담자 개인이 보관하여야 하고 어느 누구에게도 공개해서는 안 되며, 그렇지 않을 경우 공개 의무 대상이 되어 비밀 보장이 불가능한 경우가 발생할 수 있음을 기억해야 한다. 상담자는 자신의 기록을 법정에 가져가서 읽어야 할 수는 있지만, 그것을 타인에게 보여 주거나 전달해서는 안 된다(Hanson, 2009~2012). 위기 상황에 있는 학생과 작업하는 경우에는 통상적인 기록 요약 이상으로 별도의 상세한 기록을 작성해야 한다. 위기 상황에서 학생의 안전이 문제가 되는 경우 상담자는 부모, 학교 관리자, 보건교사, 또는 법률 관계자 등 학생과 관련된 타인들에게 상담 정보를 알려야 하기 때문이다. 이와 관련해서는 실습/수련 현장의 절차에 대해 슈퍼바이저에게 자문을 받아야 한다. 상세 기록에 포함되어야 하는 구체적인 내용은 다음과 같다.

- 학생과 이야기한 날짜와 시간
- 학생이 이야기한 내용을 그대로 인용
- 그 시간에 상담자가 시행한 구체적인 개입 내용
- 그 학생에게 권고 또는 제안한 사항
- 후속 조치를 위해 상담자가 한 통화 관련 내용(대상, 일시, 통화 내용—중요한 내용인 경우 그대로 인용)
- 추천, 위탁, 부모에게 제안한 자원들
- 향후 참조를 위해 추가로 기록하고 싶은 내용(Hanson, 2009~2012).

Hanson(2009~2012)은 학생 내담자 명단(Record of All Students Seen), 개별 학생 연락 기록(Individual Student Contact Sheet), 부모 접촉 기록(Parent Contact Log), 지지 그룹 기록(Support Group Log) 등의 유용한 서식도 제시하였다.

경과 기록과 사례 기록은 실습생의 상담 훈련에 많은 도움이 되는 자료이다. 회기 기록은 상담자가 각 회기 동안 중요하게 부각되는 측면에 주의를 집중하는 데 도움을 주며, 여러 회기가 진행되는 과정에서 내담자가 이루어 가는 중요한 발달을 상담자가 파악하는 데 도움이 된다.

실습 시간 및 활동 기록

주(州) 및 대학의 요구와 전국 단위 인증 지침에 따라 실습 전체에 소요된 총 시간과 특정 실습 활동에 소요된 총 시간을 모두 기록하는 것이 필수로 요구된다. 주간 일정/실습 기록([서식 3-6])과 월간 실습 기록([서식 3-7])을 활용하면 여러 활동에 소요된 시간을 확인하는 데 도움이 된다. 주간 일정은 실습생이 주별로 참여하는 활동에 대해 실습생과 슈퍼바이저가 계획하는 데 사용할 수도 있고, 실습생이 이미 완료한 주간 활동을 기록한 문서로 사용할 수도 있다. 완료한 주간 일정 예시는 [그림 3-1]에 제시하였다. 월간 실습 기록([서식 3-7])은 실습 계약서에 명시된 활동 영역에 참여한 월별 실습 시간을 요약하도록 하며, 실습생은 이를 바탕으로 직접 내담자를 만난 시간, 간접적으로 서비스를 제공한 시간, 그리고 전체 실습 시간을 합산하게 된다. 실습생은 실습을 진행하는 동안 자신의 파일을 잘 보관했다가 실습이 종료되면 현장 슈퍼바이저에게 사인을 받은 후 교수 슈퍼바이저에게 제출해야 한다.

주간 일정

요일	위치	시간	실습 활동	의견
월	UUC	9~10	접수 면담	1회기
			John W.	문제 탐색
		10~11	개인상담	5회기, 녹화
			Jane D.	개인적/사회적
		11~12	개인 슈퍼비전	보고서 검토
				녹화 내용 분석
		1~3	집단상담	섭식장애
			집단상담 보조	집단 3회기
		3~4	보고서 작성	
		4~5	검사	해석
			Mary B.	스트롱/캠벨
화	대학	6~8	집단 슈퍼비전	사례 발표
				Jane D.

학생 상담자 이름 ______________________

주간 시작 ______________ 종료 ______________

[그림 3-1] 주간 일정의 예시

요약

이번 장에서는 실습 현장에서 내담자와 작업을 처음 시작하는 데 필요한 기본적인 정보를 검토하였다. HIPAA와 사전 동의 가이드라인에 관한 정보와 더불어 사전 동의서 및 개인정보 제공동의서의 예시를 제시하였다. 슈퍼비전 목적의 회기 녹음/녹화를 승인받기 위한 서식은 이 책 〈부록〉 다음의 [서식] 섹션에 들어 있다. 다양한 수준의 상담 기술, 절차 기술, 구조화 작업을 검토하고, 임상 장면에서의 경과 기록 작성과 관련한 지침과 학교 장면에서의 기록 유지 관련 지침을 제공하였다. 실습 상담자는 처음 상담 관계를 시작함에 있어 자신의 전문적 활동이 실습 현장의 정책과 절차, 상담 전문가로서의 윤리에 부합해야 함을 분명히 인식해야 한다.

참고문헌

American Counseling Association. (2014). *Code of ethics*. Alexandria, VA: Author.

American Medical Association. (2013). *HIPAA privacy and security toolkit: Helping your practice meet new compliance guidelines*. Retrieved from www.ama-assn.org/resources/doc/washington/hipaa.toolkit.pdf.

American School Counselors Association. (2010). *Ethical standards for school counselors*. Retrieved from www.schoolcounselor.org/asca/Media/asca/Resource%20Center/Legal%20and%Ethical%20Issues/Sample%Documents/EthicalStandards2010.pdf.

Cameron, S., & Turtle-Song, I. (2002). Learning to write case notes using the SOAP format. *Journal of Counseling and Development, 80*(3), 286-292.

Corey, G., Corey, M. S., & Callahan, P. (2011). *Issues and ethics in the helping professions* (8th ed.). Belmont, CA: Brooks/Cole/Cengage.

Cormier, S., & Hackney, H. (2012). *Counseling strategies and interventions* (8th ed.). Upper Saddle River, NJ: Pearson Education.

Egan, G. (2013). *The skilled helper: A problem management and opportunity development approach to helping* (10th ed.). Belmont, CA: Brooks/Cole.

Fischer, L., & Sorenson, G. P. (1996). *School law for counselors, psychologists and social workers* (3rd ed.). White Plains, NY: Longman.

Gehart, D. R. (2013). *Mastering competencies in family therapy: A practical approach to theory and case documentation*. Belmont, CA: Brooks/Cole.

Glosoff, H. L., & Pate, R. H., Jr. (2002). Privacy and confidentiality in school counseling. *Journal of School Counseling*, *6*(1), 20-27.

Haas, L. J., & Malouf, J. L. (1995). *Keeping up the good work: A practitioner's guide to mental health ethics* (2nd ed.). Sarasota, FL: Professional Resource Exchange.

Hanson, S. (2009~2012). *Confidentiality and the school counselor*. Retrieved from www.schoolcounseling-zone.com/confidentiality.htmL

Hutchins, D. E., & Cole, C. G. (1992). *Helping relationships and strategies. Monterey*, CA: Brooks/Cole.

Ivey, A. E. (1999). *Intentional interviewing and counseling*. Pacific Grove, CA: Brooks/Cole.

Ivey, A. E., Gluckstern, N., & Ivey, M. B. (1993). *Basic attending skills*. North Amherst, MA: Microtraining Associates.

Ivey, A. E., Ivey, M. B., & Zalaquett, C. R (2010). *Intentional interviewing and counseling* (7th ed.). Belmont, CA: Brooks/Cole.

Merlone, L. (2005). *Record keeping and the school counselor*. Professional School Counseling, *8*(4), 372-376.

Norcross, J. C. (Ed.). (2002), *Psychotherapy relationships that work*. New York: Oxford University Press. Office of the Privacy Commissioner of Canada (2014, May). A basic overview of privacy legislation in Canada. Retrieved from www.priv.gc.ca/resources/fs-fi02_05_d-15-e.asp.

Remley, T. P., Jr., & Herlihy, B. (2014). *Ethical legal and professional issues in counseling* (4th ed.). Upper Saddle River, NJ: Pearson.

Rogers, C. (1951). *Client-centered therapy: Its current practice, implications and theory*. Boston: Houghton Mifflin.

Seligman, L. (2004). *Systems, strategies, and skills of counseling and psychotherapy*. Upper Saddle River, NJ: Merrill/Prentice Hall.

Sommers-Flanagan, J., & Sommers-Flanagan, R. (2003). *Clinical interviewing* (3rd ed.). New York: Wiley.

Swanson, C. D. (1983). The law and the counselor. In J. A. Brown & R. H. Pate Jr. (Eds.), *Being a counselor: Directions and challenges* (pp. 26-41). Monterey, CA: Brooks/Cole.

Wehrman, J. D., Williams, R., Field, J., & Schroeder, S. D. (2010). Accountability through documentation: What are best practices for school counselors? *Journal of School Counseling*, *8*(38), 2-21. Retrieved from www.jsc.montana.edu/articles/v8n38.pdf.

Welfel, E. (2010). *Ethics in counseling and psychotherapy* (4th ed.). Belmont, CA: Brooks/Cole, Cengage.

Wheeler, A. M. (2013). *Tick tock ... beat the HIPAA/HITECH clock*. American Counseling Association. Retrieved from www.counseling.org/docs/ethics/aca-hipaa-hitech-9-23-13-compliancedate.pdf?sfv.

Whiston, S. C. (2009). *Principles and applications of assessment in counseling* (3rd ed.). Belmont, CA: Brooks/Cole, Cengage.

Wiger, D. E. (2013). *Psychotherapy documentation primer* (3rd ed.). Hoboken, NJ: Wiley.

사정[1] 및 사례 개념화

상담자의 전문화를 위하여 적절한 사정 훈련을 수행하는 것은 전문상담에 대한 훈련에서 중점적 기술이다. 미국 상담교육프로그램인증협의회(CACREP, 2009) 표준은 모든 전문화는 핵심 교육과정의 일부로 "표준화 및 비표준화된 기본 개념 검사와 기타 표준 참고 및 준거 참조된 평가, 환경적 평가, 개인과 집단검사 및 검사 도구, 성격검사 및 행동 관찰 등의 결과 평가"와 관련한 훈련을 포함할 것을 요구한다(G. 7. b). 중독상담 및 정신건강 상담 전문화에서도 정신장애에 대한 DSM(Diagnostic and Statistical Manual) 진단 분류의 사용 훈련을 요구한다. 발의된 2016 CACREP 표준, 초안 2(CACREP)에서는 진단 및 개입 목적을 위해(G. 7. e), 학업, 진로, 개인 및 사회성 발달과 관련된 평가를 사용(G. 7. i)하고 발달적, 행동적, 정신적 장애 진단을 위해 평가 결과를 사용(G. 7. 1)하는 것을 포함한다. 중독상담, 임상재활상담, 커플 및 가족상담, 임상 정신건강상담의 전문화에서도 DSM 및 ICD(International Classification of Disorders) 진단 분류 체계에 대한 훈련이 요구될 것이다. 실습 및 수련 경험은 상담 훈련 동안 슈퍼비전하에 검사와 평가 훈련의 기회를 제공한다.

평가 과정 동안 상담자는 업무상 그것을 어떻게 획득할 수 있고 획득하려는 정보가 무엇인지 알고, 의미 있는 방식으로 통합하고 임상적인 예감을 최대로 활용할 수 있는 능력

1) 사정(assessment, 査定)은 조사하고 진단하여 정한다는 의미로 사물에 적용하여 가치와 수준을 평가(評價)하는 evaluation과 구분하여 사용하였다(역자 주).

이 요구된다. 내담자 문제에 대한 직감이나 가설은 상담자와 치료자가 계획과 치료를 위한 잠정적 아이디어를 개발하도록 한다(Cormier & Cormier, 1998). 내담자에 대한 자료 수집과 평가 활동을 준비하는 과정에서 치료자는 개입 기술과 촉진 치료 기술을 채택한다. Remley와 Herlihy(2014)는 내담자 문제를 더욱 이해할 수 있도록 획득해야 할 상담자와 내담자 사이의 협력 과정으로서 평가 과정을 기술한다. 내담자는 평가 과정에서 평가의 목적이 무엇이며, 무엇을 위해 평가가 사용될지, 평가 과정에 포함되는 것이 무엇인지 제대로 이해할 수 있다. 상담자는 초기 면접과 자료 수집 과정에서 상호작용 기술을 적절히 응용하면서 전문가적 능력 발휘에 대한 도전을 받게 된다.

면담자는 내담자와 그들의 관심사와 관련된 자료를 수집하는 첫 접촉을 통하여 자신과 다른 사람에 대한 이해를 증진할 수 있는 기술을 증명해야 한다. 모든 상담 기술과 같이 효과적인 질문(effective questioning)은 내담자로부터의 정보 흐름을 통제할 수 있는 시도로서 질문하기가 포함된 적절한 때 질문하기, 내담자의 정서 상태에 민감하기 등이 상담자에게 요구된다. 상담자의 질문하기는 정보 수집과 내담자 및 내담자의 초점을 확대하기 위한 깊은 대화를 가능하게 한다.

다음은 상담의 초기와 전 단계에서 진행되는 전형적인 평가 활동과 관련한 기술과 서식이다.

초기 사정

다수의 기관에서는 첫 회기의 상담을 시작하기 전 내담자에 관한 평가 정보를 수집한다. 때때로 내담자는 초기 상담 회기에서 자신과 관련한 사회심리학적 이력 질문지와 접수 질문지 작성을 궁금해한다. [서식 3-3]과 [서식 3-4]는 초기 면담 서식 및 심리사회적 이력 서식의 예시이다. 심리사회적 발달사는 초기 면담보다 더 많은 자료를 제공하므로 내담자의 문제가 얼마나 만성적이고 민감한지를 설명하는 데 매우 유용하다. 특히, 주목할 것은 치료에 적용 가능한 처치 전략을 암시하는 직접적인 내담자 발달사의 주요 단계나 참고할 만한 것들이다. 그 밖의 기관은 상담사에게 배당되기 전 초기 면접 평가에서 처리한다. 초기 면담은 치료 과정이라고 하기보다는 정보 수집 과정으로 볼 수 있다. 그러나 촉진적 상호작용을 형성하기 위한 기본적인 상담 기술의 사용이 우선된다. 때로는, 상담자에 의해 면담이 진행되기보다는 누군가에 의해 상담자에 관한 비판적인 정보가 전달되기도 한다. 면담을 누가 했든 간에 내담자의 현재 문제와 최근 삶의 문제를 이해하기 위해 필요한 정보를 상담자에게 제공하는 것은 자료 수집을 확실히 하기 위해 필수적이다. Cormier와 Hackney(2012)는 접수 면접에서 관심 가져야 할 내용을 살피는 데 유용한 지침을 제안하였다. 탐색 영역은 다음과 같다.

- **식별 정보**: 이름, 주소, 내담자 연락 전화번호, 나이, 성, 인종, 파트너와 관계(결혼 여부), 직업 및 교육 상태, 언어 및 시민권 여부
- **우선 및 차선으로 제시한 이슈**: 일상적 기능을 방해하는가? 얼마나 오랫동안 지속한 것인가? 내담자는 어떤 이유로 이 시점에서 상담받기를 결정하였는가?
- **내담자의 현재 생활환경**: 매일 또는 주간의 전형적인 내담자 일상, 생활환경, 최근의 주요 관계, 재정적 스트레스 요인, 최근의 직장 또는 교육 상황
- **가족 발달사**: 선택적 가족 또는 생물학적 가족의 형성, 나이, 형제의 이름과 순서 및 그들 간 관계, 가족 스트레스 또는 안정성
- **개인 발달사**
- **면담 동안의 내담자 묘사**: 외현적으로 보이는 상담사와 관계 맺는 내담자 방식, 편안하거나 불편한 영역, 친근함 또는 거리두기, 사용하는 언어, 정신 상태
- **요약 및 제안 사항**

상담에서 내담자가 당면한 문제를 이야기할 때 정서적 스트레스, 압도당하는 삶의 상황, 삶의 과도기를 복잡하게 하는 혼란, 또는 도움을 구하며 어떻게든지 정서적으로 감당해야 하는 상황과 관련된 고민일 수 있다. 내담자의 전체의 삶과 세계관적 맥락에서 이전에 제기한 걱정들이 그 본질과 상관없이 발생한다. 결론적으로 상담사는 내담자의 가족과 개인 이력 수집 및 현재 삶에서 건강한 해결책에 개입하면서 발생하는 필연적인 변화가 가져 오는 복잡하고 문제가 될 만한 선행 요인을 알아채고 도울 수 있도록 맥락적 정보를 수집해야 한다. 상담자는 이러한 정보를 검토하면서 얻어지는 이점을 가지고 내담자를 격려할 수 있어야 한다. 가족과 개인 이력에 대한 어떤 질문은 고통을 느끼게 하고, 정서적으로 불편한 기억을 떠올리게 할 수도 있다. 그것을 얼마나 개방할지의 선택권이 내담자에게 있다는 것을 알리는 것은 중요하다. 이것으로도 많은 정보를 획득할 수 있다. 상담자는 적절한 질문으로 내담자 마음을 움직일 수도 있지만 내담자가 불편할 수 있는 질문 영역에는 민감해야 한다. 상담 과정에서 상담시간 초과를 내담자에게 알리는 것이 도움 되고 내담

자는 접수 과정에서 말했던 관심 영역을 선택하여 그것을 논의할 수도 있다.

가족사 자료 수집하기

우리는 다양한 가족 형태와 다양한 사회에 살고 있음을 가족사 자료를 수집하는 동안 기억해야 한다. 거기에는 다세대 가족과 한 부모 가족, 생물학적 가족보다 선택적 가족 등 다수의 혼재된 가족(복합 가족)이 있다. 가족 자료를 모을 때 상담사는 다음과 같은 정보를 수집해야 한다.

- 가족 유형이 다양하다는 것을 내담자에게 알리는 것으로 시작하라. 그런 다음 이름, 나이를 묻고, 형제자매가 살아 있다면 형제자매의 순서와 생물학적, 혈연(blended) 또는 입양 여부를 질문하라.
- 내담자와 형제, 부모와 그들 관계에 관해 질문하라. 스트레스나 약물 남용의 이력을 질문하라.
- 가족의 안정성에 대해 질문하라. 잦은 이사, 주요한 상실 경험, 갈등이 있었는지 확인하라.
- 내담자와 가족 구성원과의 최근 관계에 대해 질문하라.

개인사 자료 수집하기

가족사를 정확히 표현하고 있는 장면을 추가적으로 수집하라. Cormier와 Hackney (2012)는 개인사와 관련 있는 자료 수집을 위하여 다음 범주에 따라 정보를 구분하여 제안하였다.

- 의료 이력: 주요 질병 또는 사고, 약물 중독 관련 처치
- 교육 이력: 고등학교 졸업과 진급 과정, 과외 활동과 친구 관계를 포함함
- 군 복무 사항
- 직업 이력: 어디에서, 언제, 어떤 직업을, 얼마나, 오랫동안 종사했었는가? 그만두었던 일은 어떤 일이며 또는 실직했었는가?
- 영성과 종교 이력: 최근의 신념과 활동은 무엇인가?

- 법률적 이력: 속도 위반 스티커, 싸움, 폭력, 파산
- 약물 사용 이력: 과거 및 현재의 알코올, 마약 사용 혹은 약물 처방. 얼마나 자주 그리고 어느 정도의 양인가?
- 관계 이력: 내담자가 성적인 정보를 접한 때는 언제인가? 데이트 이력은? 약혼 또는 결혼과 동거 관계는? 이전이나 현재 정서적으로 중요한 관계는? 이전의 관계가 끝난 이유는? 그 관계에서 자녀가 있었는가?
- 트라우마 경험: 내담자가 어떤 사람에 의해 성적, 신체적 또는 정서적 학대가 있었거나 방치된 적이 있는가? 자연재해가 있었는가? 박해(탄압)가 있었는가? 차별이 있었는가?

타인으로부터 획득한 정보

때로는 다른 사람(학부모, 치료사, 교사)으로부터 내담자 정보를 획득해야 한다. 초기 면담이나 심리사회적 이력 서식을 그러한 목적에 사용할 수 있다. 초등학교 상담 의뢰서([서식 4-1])와 중 · 고등학교 상담 의뢰서([서식 4-2])는 학습 이력 정보 이상으로 학생의 행동과 학교에서의 품행을 포함하는 경향이 있다. 초등 및 중등학교 상담 의뢰 서식은 내담자보다 다른 자원으로부터의 상담 전 자료 수집에 적절하게 설계되어 있다. 전형적인 학령 전 아동 상담이나 치료에서 전문가 의뢰는 현재의 학업 및 사회적 기능에 관한 충분한 지식과 인식을 설명하고 기술하기 위해 요구된다. 접수 평가와 초기 상담 회기가 완료되면 상담사는 제기된 문제를 요약하고 제기된 문제와 관련 있는 배경 정보를 수집하여 기록하고 어떤 관련이 있는지 작성할 수 있게 준비해야 한다. 내담자 이력에 어떤 위험 신호가 있다면 기록하거나, 당신이 문제를 어떻게 이해하고 있는지, 어떻게 진행할지 등 부가적인 평가 정보 수집을 권고받을 수 있다. 기록할 때 너무 상세한 추론은 피하고 할 수 있는 만큼 간결해야 한다. 오직 내담자와 직접 관련 있는 정보와 요구받은 상담 서비스만 포함하고 보고서에 대한 비밀 보장을 확실히 해야 한다.

사정의 목표

Howatt(2000)는 평가 및 평가 면담 목적의 이해에 도움을 주고자 평가 면담을 진행할 때 몇 가지 마음가짐을 제안하였다. 상담자는 내담자와 가족 배경 및 개인 이력에 관한 인상을 형성하며 동시에 내담자와 작업 동맹을 발달시키고 정보 및 문제 사이를 연관 지으며 개입할 수 있도록 한다. 추가로 더 세부적인 것 또는 예시를 조사하고 질문할 때는 평가 과정에서 제안한 목적과 일관성을 유지해야 한다. 이러한 목적은 다음에 요약한 내용에 포함되어 있다.

1. 일관되고 포괄적인 정보의 수집
2. 개인의 주요 강점 확인
3. 상담에서 내담자에게 일어날 수 있는 일을 확인
4. 문제의 우선순위
5. 성급하게 문제를 규정하려는 부적절함을 알림
6. 진단의 불명확성을 명료화
7. 인지적 기능을 측정
8. 치료 지시문은 달라질 수 있음
9. 라포를 발달시키며 건강한 작업 환경을 조성
10. 치료적 개입에 관한 초점

내담자 문제 사정을 위한 절차와 범주

접수 면담과 초기 평가가 끝나면, 상담자는 내담자가 제시한 문제의 정도와 범위를 충분히 이해할 수 있도록 평가를 이어 가는 데 초점을 옮긴다. Cormier와 Nurius(2003)는 내담자 문제를 충분히 평가할 때 다룰 수 있는 다양한 과정과 범주를 제안하였다. 초점은 제시된 문제의 범위를 최대한 감지하고 판단한 것을 상담자와 내담자가 용인함으로써 치료를 위한 작업의 우선순위를 정할 수 있도록 한다. 다음은 내담자 문제를 평가하기 위한 과정과 범위의 개요이다.

1. 평가의 목적을 설명: 내담자에게 제공되는 이론의 근거
2. 문제의 범위를 확인: '큰 그림(the big picture)'과 관련된 문제를 확인
3. 이슈 및 문제의 우선순위를 선택: 초점 영역을 선택
4. 당면한 문제 행동을 확인: 정서, 신체 행동, 인지, 맥락, 관계
5. 선행 요인의 확인: 선행 요인의 원천과 문제로 인한 영향의 확인
6. 결과의 확인: 결과의 원인을 확인하고 문제 행동과 관련 있는 영향의 확인
7. 2차 이득의 확인: 문제 행동을 유지하기 위해 '지불(payoffs)'하는 다양한 방법을 확인
8. 이전의 해결책(solution)을 확인: 이전의 해결책과 문제에 미친 영향을 확인
9. 내담자의 극복 기술 확인: 극복을 위한 과거와 현재의 행동을 확인
10. 문제에 관한 내담자의 인식을 확인: 문제에 대한 내담자의 이해를 묘사
11. 문제의 정도를 확인: 문제가 내담자의 삶에 미치는 영향을 확인하기 위한 내담자의 자기 모니터링

Remley와 Herlihy(2014)는 정신건강을 건강 모델 관점으로 평가할 수 있는 접근을 제안하였다. 문제의 범위가 탐색되고 명료화되면, 상담자는 내담자 삶의 주요 영역에 기능하는 내담자 수준을 어떻게 효과적으로 다룰 수 있을지를 고려하여 문제를 볼 수 있을 것이다. 이 모델의 목표는 각 사람이 가능한 수준에서 실제적인 정신건강을 성취하도록 하는 것이다. 정신건강은 연속적인 사건처럼 보인다(Smith, 2001). 건강의 결정은 삶의 주요 영역에서 정신적이고 정서적인 건강의 여러 척도를 가지고 정신건강을 바라본다. 상담자는 다음 영역에서 높은 수준의 기능(자기 실현)부터 기능 장애(지극히 정신적으로 병적인)에 이르기까지 연속 범위에 따라서 내담자의 기능을 평가한다.

- 가족과 친구 관계: 다른 관계들(직장/교회 등)
- 경력/직업
- 영성
- 여가 활동
- 물리적 건강
- 생활환경
- 재정 상태
- 성(sexuality)

상담자는 내담자가 처한 삶의 상황을 평가하고 그들의 최대 잠재력에 도달하려는 목적을 방해하는 요인이 무엇인지 판단하도록 돕는다. 대부분의 사람은 물리적인 장애 또는 바꿀 수 없는 환경 요인에 의하여 제약을 받는다. 결론적으로, 상담자는 내담자가 할 수 있는 만큼 그들의 삶에서 스스로 이룰 수 있는 것을 평가한다. 상담자가 진단에 DSM을 이용하여 내담자를 이해할 수 있을지라도 상담의 목적은 질병 치료보다는 건강하도록 돕는 것이다. 평가에 대한 또 다른 접근은 정신병리, 복잡한 문제, 저항과 같은 요소를 더욱 강조하는 것을 포함할 수 있다. Nelson(2002)은 개인 차원의 접근이 간단히 말해 현재 상담하는 모든 내담자에게 적합하지 않다고 하였고, 내담자 각각의 독특한 요구나 어려움을 존중하는 전략에서 얻는 유익을 전제로 절충주의 선택 모델을 제안하였다. 그 결과를 Nelson은 다음과 같이 제안하였다.

1. 초기 상담 목표를 확인: 내담자는 상담으로부터 어떤 유익을 얻기 원하는가? 상담 동안 상담자와 내담자의 시간 제약은 무엇인가?
2. 정신병리학의 인정 또는 제외: 내담자가 생물학적 질병을 갖고 있는가? 내담자가 임상적으로 우울하거나 의사나 정신과 의사의 자문이 요구되는 다른 장애의 증상들을 나타내고 있는가?
3. 복잡한 문제의 결정: Beutler와 Harwood(1995)는 평생 동안 적절한 지원을 받았으며, 상황에 따른 사건과 관련된 원치 않는 인지 또는 행동 증상을 해결해야 하는 내담자에게서 간단한 문제가 발견될 수 있다고 주장하였다. 복잡한 문제는 원가족(family-of-origin) 고통에서 기인하고 종종 지속적이며, 막대한 분석과 시간이 요구되는 복잡한 관계적 어려움을 포함한다.
4. 저항 수준 평가: 상담자의 제안에 내담자가 저항하는 정도는 무엇을 위한 것인가? 단순히 권위자의 영향에 대한 저항인가? 우울과 희망이 없다는 느낌이 저항을 일으키는가?
5. 통찰을 위한 능력과 욕구의 평가: 상담사는 내담자가 추구하는 것이 능력이든 열망이든 내담자의 통찰 수준을 평가해야 한다.

치료에 가져 온 내담자 문제를 해결하려 할 때 잠재적인 간섭이나 한계 요인의 평가는 상담자와 내담자 모두에게 경계, 패턴, 내담자의 삶에 깃들어 있는 문제의 명암을 이해하는 데 도움이 된다.

내담자 정신 상태 사정하기

정신건강 상담사, 상담심리학자, 전문상담사는 일상적으로 정신 상태 검사를 사용한다. 이러한 전문가는 종종 내담자의 선행 조건에 대한 통찰을 얻기 위해 내담자의 정신 상태 사정이 필요하다는 것을 발견한다. 그런 이유로 정신 상태 검사는 사람들의 정신병리학적 상태에 대한 '기능의(functional)' 본질이 자리한 지표를 치료자에게 제공하기 위해 고안되었다. 또한, 정신 상태 검사는 치료 과정과 치료 전 내담자의 정신적 능력과 결함에 대한 최근 결과를 제공받을 수 있고, 내담자의 정신 상태를 신속하게 평가할 수 있는 능력이 미흡한 신임 치료자에게 유용하다.

대부분의 서식은 내담자의 정신 상태를 알아채기 위하여 사용할 수 있다. 그러나 모든 서식은 통상적으로 평가하는 공통 영역이 있다. 다음은 상당히 전형적인 항목의 예시이며, 일반적으로 포함하는 요소를 설명하였다. 정신 상태 체크리스트([서식 4-3])는 이러한 평가의 공통 영역을 평가할 때 학생들이 사용할 수 있다.

사정을 위한 정신 상태 범주(Mental Status Categories of Assessment)

인상(appearance)과 행동(behavior): 이 범주는 면담에서 수집된 자료로 구성되며, 이야기(story)를 읽은 사람이 내담자와 면담하는 동안 '깊은 인상(photograph)'을 갖게 된다. 자료는 내담자를 직접 관찰하여 수집된다. 내담자가 보이는 행동을 평가하기 위하여, 상담자나 치료자는 다음과 같은 질문을 할 수 있다. 내담자는 나이에 적절한 행동을 합니까? 내담자는 나이에 적합해 보입니까? 내담자의 행동이 주변 상황에 부합합니까? 행동이 과하거나 혹은 저조합니까? 행동이 재빠릅니까?(agitated) 혹은 지체됩니까?(retarded) 강압적인(pressured) 말투입니까? 말을 더듬는 편입니까?(retarded) 논리적입니까? 명료합니까? 말의 내용은 무엇입니까?

인식과 경계: 내담자는 주변 환경을 자각합니까? 내담자는 치료자에게 집중할 수 있습니까? 내담자가 매우 산만한 상태입니까?(distractible) 내담자는 주변을 꼼꼼하게 탐지(scanning)합니까? 과도하게 경계(hypervigilant)합니까?

감정과 분위기: 내담자의 감정은 어떤 상태입니까? 내담자는 감정을 표현하고 있습니까? 설명하고 있습니까? 둔감합니까? 단조롭습니까? 산만합니까? 두려워하고 있습니까? 내담

자의 정서는 최근 상황에 적절합니까?

인지와 사고: 내담자는 부정확한 사고나 망상이 있습니까? 내담자는 그들 사고를 조종당하는 것으로 경험하고 있습니까? 내담자는 사람들이 자신의 머리에 사고를 주입시킨다고 경험합니까? 내담자는 그들의 생각이 회수되거나 제거되는 것 같은 사고를 경험합니까? 내담자는 사람들이 자신들을 지켜본다고 느낍니까? 그들이 자신을 해친다고 생각합니까?(Out to get him/her?) 내담자는 과장되거나 기괴한 과대망상이 있습니까?

감각 인식: 내담자는 환각이 있습니까? 내담자는 시각, 청각, 촉각, 미각을 잘못 인식하고 있습니까?

지남력(orientation): 내담자는 사람, 장소, 시간을 인식합니까? 내담자는 상대방이 누구인지 알고 있습니까? 자신이 어디에 있는지 인식하고 있습니까? 날짜와 시간을 알고 있습니까?

판단력(Judgment): 내담자는 전형적인 사회, 사람, 직업적 상황에서 적절하게 행동할 수 있습니까? 내담자는 그들의 삶에서 좋은 판단 수행을 보입니까?

주의와 집중: 내담자는 어떤 기억에 장애를 갖고 있습니까?

최근 기억: 내담자는 몇 분 전의 정보를 기억할 수 있습니까? (예: 내담자에게 3~4가지를 기억하도록 한 후 몇 분 후 반복하도록 질문한다.)

장기 기억: 내담자는 어제 있었던 일이나 정보를 기억할 수 있습니까? 어린 시절을 기억합니까? 내담자는 그들에게 주어진 사실에 집중할 수 있습니까?

추상 능력: 내담자는 유사점들을 알아보고 처리할 수 있습니까? 모순(Absurdities)을 알아봅니까? 속담(proverbs)을 알아봅니까?

통찰력: 내담자는 문제가 있다는 것을 자각합니까? 할 수 있는 만큼 원인을 알아차립니까? 가능한 해결책을 깨닫습니까?

상담에서의 진단

훈련 과정에서 상담자가 진단을 사용하는 것은 논란의 여지가 있다(Ginter, 2001; Hohenshil, 1996; Ivey & Ivey, 1998). 논쟁은 상담 전문성에 대한 신념에서 비롯되며 상담자는 발달 관련 처치를 위한 발달 모델에 따라야 하고, 위중한 사례는 다른 훈련된 전문가에게 보내야 할 뿐 아니라, 상담자에 의한 진단 사용은 모든 수용적 상담 모델에 반하는 것처럼 느낀다(예를 들면, 내담자-중심, 인본주의 등). 그러나 학교, 기관, 정신건강 부서에서 상담자 훈련을 받으며 몇몇 정신건강 문제가 있는 내담자 치료나 진단을 위해 일상적으로 요구되는 것은 여전하다. 이것은 특히 보험적용이 된다고 생각될수록 치료를 위한 진단 사용을 요구하는 환경에서 개별 훈련을 받는 상담자가 일상적으로 접하는 현실이지 새로운 것은 아니다. 상담자가 내담자를 다룰 때마다 치료적 개입을 선택하고 실행할 때 진단을 해야 한다. DSM이나, 고도로 공식화된 진단 시스템이나, 어떤 다른 시스템을 사용할지라도 진단은 상담자 훈련에서 현실이다.

상담자는, 내담자에게 직접적인 서비스를 제공할 의도로 계획, 조정, 평가하는 정신건강 서비스 팀과의 협업을 자주 요청받는다. Geroski와 Rodgers(1997)는 학교상담사는 매일 기본적으로 다수의 아동 및 청소년과 상호작용하기 때문에 주요 정신건강 문제와 관련하여 특히 우려되는 행동을 하는 학생을 식별할 수 있다고 하였다. 이러한 학생을 위해 상담자가 어떤 서비스를 제공하며 직접 개입해야 하는지를 제공할 수 있어야 한다. 학교상담사(Ekstrom, Elmore, Schafer, Trotter, & Webster, 2004)의 사정과 평가 활동에 관한 연구에서 결과적으로 학교상담사가 가장 자주 수행한 사정 관련 활동은 적절한 다른 전문가에게 학생을 보낸(referring) 것으로 조사되었다. Hohenshil(1996)은 그들의 고용 상황에 관계없이 DSM 언어에 능숙해야 할 필요가 있다는 사실을 관찰하였다. 그래서 정신건강 시스템과 협업을 하려면, 상담사는 최소한 DSM 언어에 익숙해져야 한다. Remley와 Herlihy(2014)는 오늘날 세계에서 상담사가 최근의 DSM에 대해 잘 알고 있어야 하며, 그 내용에 대해 다른 정신건강 전문가와 이야기할 수 있어야 한다는 데 동의한다.

DSM-5

DSM-5의 분류 및 코드 체계에 대한 개요와 정보이다. 학교, 기관, 대학, 진로상담사 및 정신건강 상담사는 DSM-5에 익숙해져야 한다고 믿는다. 분명한 것은, 분류와 코딩 지식이 DSM-5에 대한 정식 훈련을 대체할 수 있는 것은 아니다. 진단 결정의 첫 단계는 진단을 위한 판단 기준을 신중하게 고려하는 것이다. 특별한 훈련과 슈퍼비전이 필수적이다. 본문의 정보는 코딩 및 분류 체계의 변경 사항에 대한 자원 및 참고자료를 제공한다. DSM-5는 2013년 5월에 출판되었고, 12년간 검토되었는데 훈련된 임상가들이 정신장애를 판별할 수 있도록 가장 유용한 표현 기술을 제공하는 것과 DSM과 ICD 분류 체계의 일치가 목적이다. DSM-IV-TR의 순서는 재정열되었고 DSM-5의 구조는 재그룹화되었으며 재분류와 재구조로 ICD와의 조화를 이루게 되었다. 분류는 전 생애 발달을 고려한 순서이다. (분류 내 진단도 전 생애 발달을 고려한 순서이다.) 삶의 초기에 나타난 진단(예: 신경 발달, 정신분열 스펙트럼, 기타 심리장애)에서 청소년기와 성인 초기 진단(예: 양극성장애, 우울, 불안장애)으로 이동한 후 성인 후기와 이후 증상(예: 신경 인지 장애)이 나온다. 물론 섹션(진단상 분류)은 신경장애로 시작하여 이후 내면화 장애 그룹, 외재화 장애 그룹과 기타 장애로 재정렬된다(American Psychiatric Association, 2013).

ICD와 조화를 이루는 다른 요소는 코딩 체계이다. 미국의 「건강 보험 양도 및 책임에 관한 법(Health Insurance Portability and Accountability Act: HIPAA)」의 진단에서 ICD 코드 사용을 요구하며 보험회사도 물론 이 코드를 요구한다. ICD-9-CM 코드는 DSM-IV 코드와 밀접하게 일치한다. 하지만 ICD-10-CM 코드는 2014년 10월부터 사용하도록 하였다. 따라서 DSM-5 코드는 ICD-9-CM을 포함하고 ICD-10-CM 코드와 부합한다. ICD-10-CM 코드는 괄호 안에 표시된다(예시: [309.0 (F43.21)].[2]

DSM-5는 다음과 같이 정신장애를 정의한다.

> 정신장애는 정신 기능의 기초인 심리적, 생물학적, 발달 과정에서의 기능 장애를 반영한 개인의 인지, 정서 조절 또는 행동에서 임상적으로 주요 장애가 나타나는 증후군이다. 정신장애는 일반적으로 사회적, 직업적, 또는 기타 주요 활동에서 겪는 주된 어려움과 관련이 있다(p. 20).

다축 진단 체계의 배제(Elimination of the Multiaxial Assessment System)

DSM-IV는 개인의 생물학적 · 사회적 · 심리적 평가를 위하여 5축을 채택하였다. 처음 3개의 축은 정신 및 신체 진단 기록을 위한 것이고, 네 번째는 환경적 문제를 언급하였으며 다섯 번째는 내담자의 기능 수준 평가를 제시하였는데 DSM-5는 다축 평가 체계를 배제하였다. DSM-5는 심리사회적 및 맥락 요인과 장애가 분리된 기호법을 사용하여 진단(이전의 축 I, II, III)을 무축 분류로 변경하였다. 이전에 축 IV에 명시되었던 심리사회적 및 환경적 문제는 ICD-10-CM에서 Z 코드에 담아 선별된 집합으로 사용될 것이다. GAF(The Global Assessment of Functioning)는 DSM-5에서는 제외되었다. 장애에 대해 국제 측정을 제공하기 위하여 세계보건기구 장애 평가표(World Health Organization Disability Assessment

2) 이후 2015년에 출간된 ICD-11과 조화를 이루도록 구성되었다(역자 주).

Schedule: WHODAS)를 향후 연구를 위해 포함하였다.

임상의가 의학 조항(condition)을 계속 목록화하는 것은 개인의 정신장애 이해를 위해 중요하다.

하위 유형 및 특징 명기(Subtypes and Specifiers)

진단의 구조에서는 먼저 진단 기준이 지침으로 제공된다. 진단 기준이 충족될 경우, 장애의 하위 유형과 세분화를 적절히 적용할 수 있는 시기가 고려된다. 하위 유형과 세분화는 특이성 강화를 위해 제공된다. 하위 유형은 진단 내 상호 배타적으로 하위 그룹을 정의한다(American Psychiatric Association, 2013). 장애 하위 유형의 진단 예는 우울 정서의 적응 장애이다[309.0 (F43.21)]. 세분화는 상호 배타적이 아니므로, 하나 이상이 주어질 수 있다. 세분화는 중증도(경증, 중등도, 중도, 극도), 경과(부분 소실, 완전 소실, 재발), 특징 기술(양호/적정 통찰, 빈약한 통찰, 통찰 부재), 지침상 기타 세분화 등으로 표시할 수 있다. 하위 유형과 세분화는 진단 코드의 5번째 또는 6번째에 지정될 수 있다. 그러나 대부분의 하위 유형과 세분화는 ICD-9-CM과 ICD-10-CM 체계에서는 코드화할 수 없고, DSM-5에 포함되었다. 이들은 진단명 다음에 하위 유형을 포함하여 표시한다(예: 사회 불안 장애/사회적 공포증; [300.23 (F40.10)/performance type]로 유형이 코드화된다). 모든 장애가 경과, 중증도 또는 세분화된 특징 기술을 포함하지는 않는다.

기타 명기되었거나 명기되지 않은 명칭

DSM-5는 기존의 NOS(=not otherwise specified; 달리 분류되지 않은)를 특정 장애 및 특정하지 않은 장애 2개의 옵션으로 대체한다. '기타 특정한/특정하지 않은' 장애 옵션은 각 장의 장애 진단 기준에 정확히 부합하지 않을 때의 표현을 용인하기 위해 포함했다. '기타 특정한' 범주는 진단 분류에 부합하지 않는 진단 기준을 나타낸다. '기타 특정한'은 임상의(clinician)가 제시한 기술이 진단 기준과 부합하지 않아 특정 이유를 표시하고 싶을 때 사용된다(American Psychiatric Association, 2013). 이러한 진단의 예는 기타 특정 외상 및 스트레스 원(stressor) 관련 장애[309.89 (F43.8)]이다. 만약 임상의(clinician)가 선택한 준거의 원인이 장애와 부합하지 않는다고 구체적으로 명시하지 않으면, 특정하지 않은 트라우마 및 스트레스 원 관련 장애로 진단할 수 있다[309.9 (F43.9)].

DSM-5 코드 및 분류

다음 코드는 DSM-5에 기초한 개별 장애의 본문 설명과 연결하여 사용하기 위한 것이다.

- 개별 장애 명 앞에, ICD-9-CM 코드가 부여되고, 이어서 괄호 안에 ICD-10-CM 코드가 부여된다.
- 빈 줄은 ICD-9-CM 또는 ICD-10-CM 코드가 적합하지 않음을 나타낸다.
- ICD-9-CM 코드는 미국에서 2014년 9월 30일까지 코딩 목적으로 사용되며, ICD-10-CM 코드는 2014년 10월 1일부터 사용이 시작된다(American Psychiatric Association, 2013).

DSM-5의 마지막 부분은 '최근 평가측정 및 모형'으로 명명하고, WHODAS 2.0과, 문화적 형식의 면담 지침과 정보, 고통에 대한 문화적 개념의 해설이 포함된다.

진단 기준의 개정 및 정신장애 분류는 2013년 5월에 완료되었고, 현재 개정판 정신장애 기준을 사용할 수 있다. 이 글을 쓰는 동안에도, DSM-5의 본문 수정과 기준의 업데이트는 계속되고 있다. 임상의(clinician)는 기본적으로 DSM-5 기준으로 진단 결정을 하고, 2014년 9월까지는 적절한 ICD-9-CM 코드 결정을 위하여 교차확인을 한다. 2014년 10월에는 DSM-5 기준으로 진단 결정을 하고, ICD-10-CM 코드로 교차확인을 해야 한다. 장애에 대한 DSM-5의 명칭이 ICD-10-CM코드로 교차확인을 하면 어떤 경우에는 명칭이 다를 것이다. 새로운 DSM-5 장애는 최적의 ICD 코드가 부여되었다. DSM-5와 ICD 장애의 이름이 다를 수 있기 때문에, DSM-5 진단은 코드 목록을 부가한 의료 기록에 명칭을 항상 기록해 놓아야 한다. 미국정신의학회(The American Psychiatric Association)는 ICD-10-CM에서 새로운 DSM-5 항목을 포함하기 위해 적절한 조직화 작업을 수행하였고, 수정판을 만들 때 임상의(clinician)와 보험회사에 통보할 것이다.

훈련받고 있는 상담사는 최근의 DSM-5 기준과 분류의 개정 사항을 검토하기 위해 개정의 적용과 이해와 정보를 얻을 수 있는 훈련 기회에 참석할 것을 강조한다. 올바른 코딩은 수련을 하는 곳과 정규 전문 훈련에 들어가며 DSM-5와 ICD-10-CM를 요구한다.

내담자와 사정 정보 공유하기

평가에 관한 과정은 내담자가 상담 회기에 가져 오는 문제를 명료화하기 위해 내담자로부터 정보를 수집하는 데 중점을 둔다. 평가 활동의 결과는 상담자가 치료계획 과정에서 그들이 수집한 정보를 통합할 수 있다. 평가 활동은 기본적으로 내담자를 위한 것이며 내담자의 문제를 이해하므로 현재 삶의 고통을 극복하도록 한다. Patterson과 Welfel(2000)은 내담자에 대한 평가 논의에 따를 수 있는 평가 과정에서의 가설 검증과 자료 수집을 위한 5개의 구성 요소를 검토하여 다음과 같이 정리하였다.

1. 문제의 범위 이해하기: 상담자와 내담자는 겪고 있는 어려움의 범위와 한계를 인식하는 것이 필요하다. 문제의 이력이나 지속성만큼 현재 작동하고 있는 문제 영역을 아는 것이 중요하다.
2. 문제의 패턴과 강도의 상호성 이해하기: 문제가 항상 같은 수준으로 표출되지 않는다는 것을 상담자와 내담자가 인지하는 것은 문제의 패턴을 이해하여 원인을 밝히는 데 도움을 준다. 문제의 강도를 이해하는 것은 내담자가 감정과 결합하는 행동 측면의 감각을 명확하게 파악하도록 한다.
3. 당면한 문제가 내담자 삶의 다른 영역에 작동하는 영향의 정도 이해하기: 목표는 문제점의 어려움 정도를 제한하거나 확대하는 방법을 배우고, 내담자의 경험과 무관한 부분을 손상시키는 정도를 명확히 하는 것이다.
4. 상담받기 전에 시도하였던 내담자의 문제 해결방식 검토: 이 과정은 문제의 현재 상태와 관련 있는 문제와 관련된 발달사적 영향을 이해하도록 돕는다. 물론 그것은 변화를 위한 전략 선택에 도움이 된다.
5. 내담자의 대처 기술 및 강점 이해하기: 문제에 관한 균형 잡힌 관점의 유지와 내담자가 문제 해결에 도움이 되는 자원을 소유하고 있음을 깨닫는 것에 도움이 된다(pp. 121-123).

부가 자료 수집하기

대부분 상담자는 구조화된 평가를 추가하여 면담 정보를 보충한다. 이것은 일반적으로 내담자의 약물 남용, 우울, 불안 등 당면한 고민과 관련이 있다. 이런 정형화된 질문지나 도구를 사용하면 잠재적으로 진단 정보에 도움이 될 수 있다(Cormier & Hackney, 2012). 넓은 의미에서 사용하는 몇 가지 평가의 예로는 Beck 우울 척도(Beck Depression Inventory II: BDI-II), 융 자기보고 불안 척도, Beck 불안 척도(Beck Anxiety Inventory: BAI), 미시간 알코올 선별 검사(Michigan Alcohol Screening Test: MAST), 알코올 사용 장애 평가 검사(Alcohol Use Disorders Identification Test: AUDIT)이다. 검사를 사용할 때, 학생 상담사는 평가 과정에서 자격을 갖춘 슈퍼바이저의 감독하에서 검사 실시와 사용에 대해 공식적인 과목 이수를 해야 한다. Anastasi(1988)는 상담자의 의사 결정에 준거를 활용할 때의 윤리적 책임을 경고하였다. 상담자는 임상적 또는 교육적 결정을 위한 유일한 준거로서 한 가지 검사만 사용해서는 안 된다. 상담자는 또한 그들의 임상적 인상과 내담자가 보고한 행동에 신중해야 하고 처치 방향을 결정하기 전 진단 준거의 참고자료로만 자문해야 한다.

내담자 진전 사정하기

상담에서의 평가 활동은 다양한 형태를 취할 수 있다. 상담자가 취한 접근에도 불구하고 평가는 초기 면담으로 시작하여 상담 종결에 이르기까지 지속적인 과정으로 보는 것이 필요하다. 상담자는 너무 자주 현재 문제가 빙산의 일각일 뿐이며, 치료 과정에서 새롭거나 더 긴급한 요구가 발생하게 된다는 것을 알게 된다. 상담자가 평가를 지속적인 과정으로 보는 것은 적절한 치료계획, 치료 목적, 필요에 따른 개입 전략 수정을 가능하게 한다.

일부 이론가는 진행 상황에 대한 지속적인 평가를 생각할 때 다양한 정보와 자료원을 상담자가 고려할 것을 권장한다. Juhnke(1995)에 의하면, 지속적인 평가는 질적, 행동적 및 내담자 기록 검토 활동을 포함한다. 양적 평가 활동은 역할 활동, 모의실험, 게임을 포함할 수 있다. 이러한 방법은 내담자에서 추가 자료를 수집하기 위해 사용된다. 회기 내 질적 방법의 사용은 정보 처리와 내담자를 위한 피드백을 제공한다. 행동 평가는 뚜렷하게 드러난 내담자의 행동을 검토한다. Galassi와 Perot(1992)에 따르면, 행동적 평가는 문제 행동에 대한 선행 요인을 확인하고 빈도 감소 또는 소거 결과를 강조한다. 간접적인 행동 평가 방법에는 내담자의 문제와 문제점에 대해 중요한 타인과 이야기하는 것을 포함할 수 있다. 직접적인 행동 평가 방법은 내담자 관찰, 행동 체크리스트 관리, 내담자 스스로 하는 자신의 행동 관찰을 포함한다. 내담자 기록의 검토는 상담자가 행동 패턴을 조사할 기회를 얻게 한다. 마찬가지로, 상담자에게 현안 관련 내담자의 발달사 이해뿐 아니라 과거 치료 경험에 대한 이력을 제공 받을 수 있다. 평가는 객관화, 표준화, 측정 가능한 절차의 사용에만 제한하기보다는 오히려 면담, 행동 관찰, 기타 질적 방법을 포함해야 한다.

지속적인 평가는 상담 과정에서 사용하는 상담 전략의 효과성 평가에도 물론 도움이 된다. Cormier, Nurius, 그리고 Osborne(2009)은 개입을 위한 적절한 전략 선택의 결정적 요인으로 상담에서의 평가 기능과 역할을 인정한다. 그들은 하나의 이론적 틀이나 전략이 모든 내담자에게 적절하다는 것은 순진한 생각이라고 주장한다. Beutler와 Harwood(1995)는 그들의 연구가 '원 사이즈 맞춤(one-size-fits-all)'식 상담 접근에서 벗어나야 하는 것을 뒷받침하는 것에 주목하였다. 그들은 또한 상담자의 선호 전략보다는 특정 내담자의 필요와 문제에 기반한 중재가 더 나은 결과를 가져 오는 경향이 있다고 주장하였다. Patterson(1997)은 유용한 이론을 통해 사례가 개념화되고, 신중하게 선택된 기법이 내담자별 어려움 해결에 중점적으로 사용될 때 상담이 유익할 것이라고 주장한다. 증거 기반 치료 접근법을 적용하는 상황은 이러한 견해와 일치한다. 따라서 평가 영역은 내담자의 성과 중심 제고와 선택된 개입과의 연관 과정을 포함하는 것까지 확장된다.

치료에서 내담자를 모니터링하는 것은 내담자와 만남을 시작하고 치료 회기의 종결까지 지속하는 과정이다. 모니터링은 치료의 방향과 치료에서의 입장 이해만큼 치료사가 치료의 목적과 방식을 어떻게 이해하는지 추측할 수 있다. 평가 기술의 초석은 내담자를 정확하게 묘사하며 설명한 공식적인 관련 자료를 인식, 관찰, 자각하는 것이다. 관련 자료는 기록 검토를 통해 수집된 특정 내용, 내담자의 자기 보고, 내담자 또는 타인이 공유한 일화, 사건 및 상호작용뿐만 아니라 내담자가 이야기를 연결하는 방법과 같은 자료, 즉 어떤 종류의 영향이 드러나고 내담자가 말하는 것을 피하는 것을 처리하는 것과 연관이 있다.

상담 훈련생은 내담자의 감정을 관찰하고 개인적 역동을 이해하며 관련 정보가 무엇인지 파악해야 한다. 이를 위해 내담자의 비언어적 행동에 대한 관찰과 추론도 이루어져야 한다. 또한 내담자가 자신의 감정에 대해 이름 붙이거나 표현한 것들이나 내담자의 전반적인 감정 상태에 대해 상담자가 받은 인상도 포함된다. 상담을 진행하는 과정에서 내담자의 정서 관련 자료를 도출, 관찰, 기록하는 역량을 배양함으로써 상담 훈련생은 내담자에 대해 정확히 서술할 수 있고, 이를 바탕으로 내담자의 정서적 발달, 강점 및 장애 영역에 관한 가능한 가설과 설명을 제시할 수 있게 된다.

상담자는 내담자가 자신의 발달사와 고민을 이야기하도록 격려하므로, 그들이 세상과 관계하는 방식에서 패턴과 주제, 반복하는 행동 범위, 문제에 직면했을 때 선택하는 사고뿐 아니라 다양한 상황을 상대로 극복하는 강점을 알아채게 된다. 상담자는 상담사와의 상호작용을 어떻게 하는지 역시 주목해야 하는데, 내담자가 확장적 또는 단선적인지, 반응에 선택적 또는 회피적인지, 정서적 반응에 개방적 또는 신중하고 조심스러워하는지도 살펴보아야 한다.

이러한 논평은 평가 기법을 수립할 때 주요 요인으로 인상을 형성하기 시작할 때 관련 자료를 선별하여 인식하며, 상담 과정이 전개되며 내담자가 발전하고 정체되는 것이 관찰될 때 도드라진다. 이러한 훈련에 도움이 되는 것은 다음과 같이 상담 직후에 당신 자신에게 묻고 대답한 내담자에 관한 내용을 간단히 기록해 놓는 것이다.

1. 상담 과정을 진행하며 이 지점에서 내담자에 대해 알고 있는 것은 무엇인가? 그들이 보는 것처럼 세상을 보는 사람들을 그들은 어떻게 생각하고, 행동하고, 느끼는가?
2. 내가 내담자 입장과 같이 된다면 어떨 것 같은가?
3. 이런 상황에서 지금 내담자의 존재감에 자연스럽게 영향을 미치는 것은 무엇인가?
4. 이런 내담자를 이해하는 데 도움이 되는 기타 정보나 관찰된 것은 무엇인가?
5. 내담자가 보다 건강한 선택과 행동으로 나아갈 수 있도록 도움이 되는 것이 있다면, 추가할 개입은 무엇인가?

회기 후 기록하는 훈련은 내담자와 그들의 이슈에 대해 포괄적으로 설명할 수 있는 유용한 질문에 규칙적으로 초점을 맞추므로 상담 학생의 평가 기법 개발에 도움이 된다. 이 질문은 평가와 사례 기록을 기획하는 회기에 통합할 수 있다([서식 3-5]). 이런 기록은 개인, 집단, 또는 동료 슈퍼비전에서 사용될 수 있으며 질문은 적절하게 확장하거나 검토될 수 있다.

다음은 내담자의 발달을 평가하고 관찰하는 것에 관한 Kanfer와 Scheft(1988)의 논의를 인용하여 제시하였다.

• 회기에서 회기로 넘어갈 때마다 내담자의 행동과 환경을 관찰하고 평가하라.

- 내담자가 행동과 활동을 연결하는 데 사용하는 기술을 기록하여 대처 기술 발달을 평가하라.
- 치료의 결과로서 내담자의 상태 또는 중요한 타인과 관계 맺는 것에서의 변화를 평가하라.
- 변화 과정을 완성해 가도록 내담자의 동기를 유지하고, 획득한 것을 강화하고, 발달을 검토하는 데 유용한 자료를 이용하라.
- 그러한 변화를 위해 요구되는 것이 있다면 새로운 치료 목표, 방법의 변화, 진행 비율을 조율하라.
- 내담자의 변화로 야기된 것과 변화 노력을 증진하거나 좌절하게 하는 새로운 상황을 주시하라.

또한, Kanfer와 Schefft(1988)는 치료자가 치료 효과를 조사할 때 다음과 같이 질문할 것을 제안하였다.

- 개입된 치료는 효과가 있었는가? 치료자는 치료 시작 시 수집한 자료를 바탕으로 치료 목표에 집중하며 내담자의 발달 과정을 비교하며 기록하여야 한다(초기 평가).
- 이외의 치료 목표를 간과하지는 않았는가? 치료자는 기타 변화와 긴급 문제를 관찰하므로 치료 목표 또는 치료 방법의 재협상이 필요할 수 있다는 단서를 획득한다.
- 예정된 방향의 치료 과정인가? 사람마다 발달 속도에 차이가 있고 다양한 치료 국면에서 정체기가 발생하기도 하므로 이것을 유심히 관찰할 필요가 있다.
- 경과를 진전시키거나 새로운 긴급 문제를 처리하기 위한 보조적인 방법이 필요한가? 향상을 이루어 가는 데 필요한 내담자의 기본적인 기술 수준에 격차가 있는가?
- 내담자의 문제와 치료 프로그램이 효과적으로 구성되어 있는가? 진행 과정에서 치료자에 의한 관찰과 평가는 성공적인 치료를 위한 핵심이다. 다른 전문가와 동료의 자문을 권장한다(pp. 255-258).

치료의 진전 보고하기

훈련 중인 상담자(counselor-in-training)는 다른 전문가로부터 진단 정보 및 치료 진행 상황에 대한 보고서를 제공하고, 내담자에 대한 권고 사항(recommendations)을 작성하라는 요청을 받을 수 있다. 보고를 위한 서식은 특정 요청에 따라 다양할 것이다. 각 진행 과정의 보고서는 요구의 지속성, 내담자, 정보 개방에 따른 윤리 표준, 보고서를 보내야 할 사람에 맞추어 준비하는 것이 필요하다. 치료 진행 과정의 보고는 치료 사례에 관한 최종 재량권자에게 정보를 제공하고 내담자에게 적절한 프로그램을 제공하기 위한 치료계획을 개발했는가를 평가하는 기관 또는 연구소에서 자주 사용한다. 치료 절차 보고서([서식 4-4])는 내담자의 최근 상태와 마찬가지로 채택된 치료방식에 대하여 적절한 자료를 포함하는 것이 필요하다. 치료 권고는 특히 사례에 대한 최종 결정권자에게 유용하다.

시사점

우리는 초기 평가 지침, 진단, 지속적인 평가 권고를 검토하였는데, 기본적으로 평가와 상담 과정에서 내담자 반응에 대한 지속적인 검토 사이의 상호작용(interplay)을 강조하였다. 사려 깊고, 철저한 지속적인 평가는 상담사의 사례 개념화와 치료계획 과정 전반에서 생각할 수 있는 상담자의 능력에 도움이 되므로 내담자에게 상담 서비스를 통한 최선의 이익을 제공하게 된다.

사례 개념화

사례 개념화 과정은 초보 상담자에게는 벅찬 업무일 수 있다. 어떤 것이 최고의 사례 개념화이며, 어떻게 적절하게 치료계획을 진행해 가야 하는지를 결정할 때 상담자가 가진 전략을 숙고할 것을 요구한다. 그 과정을 돕기 위하여 다양한 사례 개념화 방법과 모델을 제공할 것이다.

사례 개념화 모델

사례 개념화(case conceptualization) 또는 사례 공식화(case formulation)는 내담자 문제에 대한 임상적 이해를 제공한다. 내담자와 함께 작업할 틀과 이론적 설명을 제공한다(Sperry, 2010). Beton과 Binder(2010)는 개념화 틀을 "임상 훈련의 핵심(linchpin of clinical practice)"이라고 생각한다(p. 43). 개념화는 상담사가 그들 자신에 대한 이해, 내담자, 치료적 상호작용, 조력 과정을 통합하고 조직하는 틀이다. 상담자는 "그들이 관찰하고, 생각하고 행동하는 개념적 틀을 기본적으로 사용한다"(Reiter, 2014, p. 4). Eels, Kendjelic, 그리고 Lucas(1998)는 사례 공식화 기술에 관한 연구에서 사례 공식화 구성을 위한 몇 가지 체계적인 방법을 논의하였다. 하나의 사례 공식화는 사람의 심리적, 대인관계에서의 행동 문제에 영향을 미치는 동기, 원인, 지속성에 대한 가설로 규정하였다. 저자는 사례 공식화의 근본적인(primary) 기능은 내담자에 대한 정보를 요약하여 기술하는 것보다 일관적이라고 추정하였고 대부분의 사례 공식화 방식에서 네 가지 정보의 범주를 발견하였다.

1. 증상 또는 문제: 여기에는 내담자[3]는 모르나 상담자에게는 명백한 문제뿐 아니라 환자가 제시하는 문제를 포함한다.
2. 스트레스 촉진 요인: 최근 증상을 촉발한 어떤 것, 문제 또는 가혹한 고통을 증가시키는 이전 문제를 포함한다(예: 이혼, 실직, 질병, 사회적 지지의 상실 등).
3. 예상할 수 있는 생애 사건: 취약성을 증가시킬 수도 있는 내담자의 과거에 발생했던 외상 사건(traumatic events) 또는 스트레스 원(stressors)을 포함한다.
4. 추론된 메커니즘(Inferred mechanisms): 이것은 처음 세 영역에서의 정보와 연결한다. 심리적 · 생물학적 또는 사회 문화적 메커니즘이 어떻게 내담자의 고통에 기여하는지에 관한 상담자의 가설이다.

우리는 학생 상담자에게 임상적 사고 기술을 개발할 수 있는 세 가지 서로 다른 개념화 모델을 제시할 것이다. 각 모델은 상담 작업을 이해하고 응용할 수 있는 서로 다른 관점을 제공한다. 첫째 모델은 '린치핀(Linchpin)' 모델로 상담자가 하나를 중심으로 주변 원인을 조직하는 것을 요구한다. 다른 하나는 역피라미드 모델(Inverted Pyramid Model)로 내담자의 고민을 넓게 늘어놓고 명료화하므로 분석을 시작하고 문제를 유지하고 부추기는 동기(이론적 관점으로부터)의 깊은 수준에 이르도록 진행할 것을 요구한다. 마지막 모델은 통합 모델(Integrative Model)로 기능하지 못하도록 영향을 미치고 유지하게 하는 사회적이고 문화적인 맥락 안에서 증상을 진단하고 이러한 요인이 선택된 개입에 의해 어느 정도로 효과를 거둘 수 있도록 고안한 모델이다.

3) 'client'와 'patient'는 '내담자'로 통일하여 번역하였다(역자 주).

'린치핀' 모델(Linchpin Model)

Bergner(1998)는 린치핀[4] 개념의 사용은 사례 개념화에 관하여 포괄적인 공식화와 경험적으로 근거 있는 구조 안에서 이상적으로 완결할 수 있다고 제시하였다. 그것은 ① 사례 주변의 설명 가능한 한 가지 원인을 핵심 요인으로 체계화하고, ② 직접 개입이 가능한 요인들로 자원의 틀을 구성하고, ③ 상당한 유익을 내담자와 공유할 수 있도록 한다. Bergner(1998)에 따르면, 임상적 사례 공식화는 다음 특성에 따라 구체화할 수 있다.

1. 린치핀 주변 사실을 조직화하라: 내담자는 일반적으로 상담자가 처음에 추구한 정보를 넘어서 자신에 대한 많은 정보를 제공하는 경향이 있다. 내담자는 제시한 불만 외에 자신의 문제에 관한 가치 있는 정보를 제공하며 정서적 상태, 개인 발달사, 목적, 기대, 자신의 문제와 관련된 이력을 포함한다. 그러나 내담자는 대부분 경우에 자신의 문제와 관련 있는 이론과 이러한 자료를 조직화해 오지 않았다. 마찬가지로 개인적 신념과 가치와 관련된 정보는 문제를 발생시킬 수 있고, 그것에 관한 논의가 남아 있는 상태이다. 린치핀 주변 정보를 조직화하는 것은 획득된 모든 정보의 조직화에 도움이 되지만 내담자의 온갖 불평에서 핵심적인 것을 파악하게도 한다. Bergner(1998)에 따르면 은유(metaphor)가 암시하듯 린치핀은 모든 것에 깃들어 있어 제거될 경우 파괴적인 결론을 가져 오게도 한다.
2. 개입 가능한 목표 정하기: 상담자는 내담자가 기능하지 못하는 상태를 최근까지 유지하게 하는 요인을 찾아 직접 개입하도록 하는 것이 핵심이다. 핵심은, 최근까지 문제가 되어 치료되어야 할 요인으로 해석된 요인이 목표가 된다는 것이다.
3. 내담자와 자료 공유하기: 사례 공식화는 ① 내담자가 자신의 문제에 대해 생각하고 조직화하며, ② 내담자를 기능하지 못하도록 하는 주요 요인을 명료화하여 변화를 위한 노력의 핵심점을 구성하며, 또는 ③ 내담자가 하는 일, 감각, 느낌을 통제하거나 과도하게 힘을 발휘하는 것에 관한 감각을 최대화한다. 결과적으로 사례 공식화는 치료자와 내담자 사이에서 협력적으로 노력하도록 하며 내담자의 문제로부터 작업을 시도하게 하는 것이다.

---

4) 마차나 자동차의 두 바퀴가 빠지지 않도록 축에 고정하는 핀을 말한다(역자 주).

역피라미드 모델(The Inverted Pyramid Model)

역피라미드 모델은 1996년 Schwitzer에 의해 제안된 것으로 수년 동안 다듬어졌다. 이 방법의 목적은 내담자 문제를 이해하고 명확히 하여 개념화 과정을 시각적으로 안내할 수 있도록 그림으로 제공하는 것이다. 이론 중립적(theory-neutral) 임상 관찰로부터 체계적으로 더 깊이 이론을 이해하기까지의 4단계를 밟아 간다(Schwitzer & Rubin, 2012; Neukrig & Schwitzer, 2006; Schwitzer 1996, 1997).

Ⅰ단계: 문제의 확인. 첫 단계는 내담자의 특정 어려움에 대한 유용한 기술 정보에 사용될 잠재적인 결론을 강조하는 것과 함께 내담자의 기능을 탐색하는 것을 포함한다. 임상의는 폭넓은 시선으로 내담자 문제를 목록화할 것을 조언한다.

Ⅱ단계: 주제별 분류. 두 번째 단계에서는 내담자 문제를 직관적으로 논리적 범주화 또는 배열하며 조직하는 과정을 포함한다. 주제별로 분류할 때 유사한 기능 또는 방식으로 작동하는 것처럼 보이는 내담자 문제들로 함께 묶는 것이 필요하다.

Ⅲ단계: 내담자 문제에 대한 이론적 추론. 이것은 주제별로 분류한 문제를 이론적으로 추정되는 영역으로 옮겨 놓는 것이다(Schwitzer & Rubin, 2012). 3단계에서는 내담자 상황에 대한 그들의 추론을 상담자가 선택한 일반적인 원리를 적용하여 추정할 것을 요구한다. 사전 확인된 증상은 상담자가 내담자 문제에 대한 관점을 심도 깊이 다루며, 역피라미드 형태가 상징하듯 정제된다. 이런 연마(honing-down) 과정은 기본적으로 중심적, 설명적, 인과적, 근원적인 몇 가지의 주제로 강조된다(Schwitzer, 1996). 결과적으로 이러한 주제가 치료의 초점이 된다.

Ⅳ단계: 내담자 문제에 대한 좁혀진 추론. 마지막으로, 이전 과정에서 추론된 통합적, 인과적 또는 해석적 주제는 삶과 죽음(자살 사고 또는 행동), 뿌리 깊은 수치심 또는 분노에 대한 실존적, 기본적 또는 근본적인 질문으로 정련된다. 이 단계는 상담자가 내담자 대부분이 겪는 위협적이거나 파괴적인 고통과 관련한 이론적 틀의 적용에 도움이 된다. 이것은 더 깊은 영역을 설명하기에는 아직은 어려운 영역의 이론적 틀로 이동하게 한다.

I단계와 II단계는 이론 중립적인 임상적 판단을 사용한 실용적인 접근법을 사용한다. III단계와 IV단계는 동일한 이론으로 I단계와 II단계에서 수집한 정보를 해석하거나 설명한다. 이 모델은 상담자가 특별히 선택한 이론 방침에 의해 응용될 수 있다.

통합 모델(The Integrative Model)

통합 모델(Sperry & Sperry, 2012; Sperry, 2005a, 2005b, 2010)은 내담자에 대한 이론적 이해를 제공하며 치료계획과 내담자의 문제를 적절하게 연결한다. 이 사례 개념화 모델의 주요 요인으로 내담자 증상과 해결책이 관련된 문화적 영향을 포함되어야 한다는 것이고, 네 가지 구성 요소가 있다.

1. **진단을 공식화(formulation)하는 것은 무엇인가?** 치료는 내담자의 현재 증상에 초점이 있다. 응급이나 입원 치료 또는 통원 치료가 요구되는지를 포함한다.
2. **임상적 공식화는 무엇인가?** 어떻게 증상이 발전되고 유지되는가? 내담자의 증상 유형을 무엇이라고 이해하는가?
3. **문화적 공식화는 무엇인가?** 내담자 문화는 증상 패턴에 어느 정도로 영향을 미치는가? 문화는 인종, 성, 사회경제적 상태, 지리 영역, 종교적 신념, 자기 지각 발달에 영향을 미치는 여러 요인의 바탕이 될 수 있다.
4. **활동 계획은 무엇인가?** 문제 공식화에 따른 치료 모델은 무엇이며 문제 해결을 위한 변화이론은 무엇인가?

치료자는 내담자에게 영향을 미치는 광범위한 체제만큼 증상이 무엇이고 어떻게 발달해 왔는지에 대한 큰 그림에서 내담자와 함께할 수 있는 행동 계획을 개발해야 한다. 행동 관점의 사례 접근은 실존적 또는 이론적 관점에서 접근하는 것과 차이가 있다.

각 모델은 이론적 접근에 따라 발달 과정을 어떻게 이해하고 변화에 개입할 수 있는지 다양하게 응용할 수 있다. 이러한 사고방식은 내담자를 위한 더욱 건강한 기능에 속하는 결과일 수도 있는 개입의 선택에 영향을 미친다.

요약

이번 장에서는 실습/수련 학생에게 평가의 지침, 진단, 몇 가지 사례 개념화 모델에 관하여 논의하였다. 내담자와 문제를 평가하고 상담자가 문제를 개념화하는 개별 방식에 따라 상담 방식을 어떻게 접근하는가가 핵심 관점이다. 내담자와 곧 작업하게 될 때, 문제 해결을 위해 애쓰고 있는 내담자의 맥락에서, 상담에 갖고 온 문제를 털어놓는 내담자를 돕고,

이해하기 위해, 더 많은 훈련을 할 것이다. 전문적인 상담사로서 이러한 문제가 어떻게 한 사람에게 일어났으며 더욱 건강하고 만족스러운 선택과 행동을 어떻게 하며, 변화를 이루어 갈 수 있는가에 대한 임상적인 이해를 바탕으로 작업의 뼈대를 구성한다. 실습 중인 상담자는 실습하는 동안 하나의 사례 개념 모델이 더 유용할 수 있다는 것을 발견할 수도 있고, 아마도 더 많은 경험을 할수록 더욱 복잡한 모델이 적절할 수도 있다. 실습 중인 상담자는 특정 이론 기반 접근 또는 하나의 입장만 고집하지 않는 식으로 상담에 대한 개인적인 이론 개발을 위해 노력해야 한다고 생각된다. 이러한 사례 개념화 모델의 적용은 전문적 상담 훈련을 하는 동안 자신의 접근 방식을 재발견하는 과정을 돕는다. 제시된 다양한 사례 개념화 모델은 상담자가 자신의 상담 관점에서 최적의 모델을 선택하도록 한다. 더불어 제시된 모델은 상담자가 내담자 문제와 내담자를 보는 관점 방식을 발달시키는 시작점을 제공해서 그들을 치료하는 최선의 과정을 결정하게 한다. 사례 개념화 과정이 완료됨에 따라서 상담자는 어떻게 목표를 정하고 내담자 치료를 위한 효과적인 계획을 세울지 연속적으로 결정해야 한다.

참고문헌

American Psychiatric Association. (2013). *Diagnostic and statistical model of mental disorders* (5th ed.) (DSM-5). Washington, DC: Author.

Anastasi, A. (1988). *Psychological testing* (6th ed.). New York: Macmillan.

Bergner, R. (1988). Characteristics of optimal clinical case formulations. *American Journal of Psychotherapy, 52*(3), 287-301.

Beton, E. J., & Binder, J. L. (2010). Clinical expertise in psychotherapy: How expert therapists use theory in generating case conceptualizations in interventions. *Journal of Contemporary Psychotherapy*, *40*, 141-152.

Beutler, L. E., & Harwood, T. M. (1995). Prescriptive psychotherapies. *Applied and Preventive Psychology*, *4*, 89-100.

Cormier, S., & Cormier, B. (1998). *Interview strategies for helpers*. Pacific Grove, CA: Brooks/Cole.

Cormier, S., & Hackney, H. (2012). *Counseling strategies and interventions* (8th ed.). Upper Saddle River, NJ: Pearson Education.

Cormier, S., & Nurius, P. S. (2003). *Interviewing and change strategies for helpers*. Belmont,

CA: Brooks/Cole.

Cormier, S., Nurius, P., & Osborne, C. (2009). *Interviewing and change strategies for helpers: Fundamental skills and cognitive behavioral interventions* (6th ed.). Belmont, CA: Brooks/Cole.

Council for Accreditation of Counseling and Related Educational Programs (CACREP). (2009). *CACREP standards*, Alexandria, VA: Author.

Council for Accreditation of Counseling and Related Educational Programs (CACREP). (2013). *Draft #2, 2016 CACREP standards*. Retrieved from www.cacrep.org/template/page/clm?id=141.

Eels, T. D., Kendjelic, E. M., & Lucas, C. P. (1998). What's in a case formulation? Development and use of a content coding manual. *Journal of Psychotherapy Practice and Research*, *7*(2), 144-153.

Ekstrom, R. B., Elmore, P. B., Schafer, W. D., Trotter, T. V., & Webster, B. (2004). A survey of assessment and evaluation activities of school counselors. *Professional School Counseling*, *8*(1), 24-34.

Galassi, J. P., & Perot, A. P. (1992). What should we know about behavioral assessment: An approach for counselors. *Journal of Counseling and Development*, *75*(5), 634-641.

Geroski, A. M., & Rodgers, K. A. (1997). Using the DSM IV to enhance collaboration among school counselors, clinical counselors and primary care physicians. *Journal of Counseling and Development, 75*(3), 231-239.

Ginter, E. J. (2001). Private practice: The professional counselor. In D. C. Locke, J. E. Myers, & E. L. Herr (Eds.), *The handbook of counseling* (pp. 355-372). Thousand Oaks, CA: Sage.

Hohenshil, T. H. (1996). Editorial: Role of assessment and diagnosis in counseling. *Journal of Counseling and Development, 75*(1), 64-68.

Howatt, W. A. (2000). *The human services counseling toolbox*. Pacific Grove, CA: Brooks/Cole.

Ivey, A., & Ivey, M. B. (1998). Refraining DSM IV: Positive strategies from developmental counseling and therapy. *Journal of Counseling and Development*, *76,* 334-350.

Juhnke, G. A. (1995). *Mental health counseling assessment: Broadening one's understanding of the client and the client's concerns.* ERIC Digest Greensboro, NC: ERIC Clearinghouse on Counseling and Student Services.

Kanfer, F. H., & Schefft, B. K. (1988). *Guiding the process of therapeutic change*. Champaign, IL: Research Press.

Nelson, M. L. (2002). An assessment based model for counseling selection strategy. *Journal of*

Counseling and Development, *84*(4), 416-422.

Neukrig, E. S., & Schwitzer, A. (2006). *Skills and tools for today's professional counselors and psychotherapists: From natural helping to professional counseling*. Belmont, CA: Brooks/Cole.

Patterson, T. (1997). Theoretical unity and technical eclecticism: Pathways to coherence in family therapy. *American Journal of Family Therapy*, *25*, 97-109.

Patterson, T., & Welfel, E. (2000). *The counseling process* (5th ed.). Pacific Grove, CA: Brooks/Cole.

Reiter, M. (2014). *Case conceptualization in family therapy*. Upper Saddle River, NJ: Pearson.

Remley, T. P., Jr., & Herlihy, B. (2014). *Ethical, legal, and professional issues in counseling* (4th ed.). Upper Saddle River, NJ: Pearson.

Schwitzer, A. M. (1996). Using the inverted pyramid heuristic. *Counselor Education and Supervision*, *35*(4), 258-268.

Schwitzer, A. M. (1997). Using the inverted pyramid framework applying self psychology constructs to conceptualizing college student psychotherapy. *Journal of College Student Psychotherapy*, *20*(2), 29-52.

Schwitzer, A. M., & Rubin, L. C. (2012). *Diagnosis and treatment skills for mental health counselors: A popular culture casebook approach*. Thousand Oaks, CA: Sage.

Smith, H. B. (2001). Counseling: Professional identity for counselors. In D. C. Locke, J. E. Myers, & E. L. Herr (Eds.), *The handbook of counseling* (pp. 569-579). Thousand Oaks, CA: Sage.

Sperry, L. (2005a). Case conceptualization: A strategy for incorporating individual, couple and family dynamics in the treatment process. *American Journal of Family Therapy*, *33*, 189-194.

Sperry, L (2005b). Case conceptualization: The missing link between theory and practice. *Family Journal: Counseling and Therapy for Couples and Families*, *13*(1), 71-76.

Sperry, L. (2010). *Core competencies in counseling and psychotherapy: Becoming a highly competent and effective therapist*. New York: Taylor and Francis.

Sperry, L., & Sperry, J. (2012). *Case conceptualizing: Mastering the competency with ease and confidence*, New York: Taylor and Francis.

목표설정, 치료계획, 치료방식

이 장은 상담 과정의 전반적인 구조 형성에서 다음 단계를 나타내는 인지 기법에 초점을 두고 있다. 목표설정, 치료계획, 치료방식은 상담사가 내담자가 보다 건강하게 기능할 수 있는 수준을 지향하도록 돕기 위한 행동 전략을 나타낸다. 여기 두 가지 과정은 상호 연관되어 있다.

상담에서의 목표설정

목표설정은 치료계획 과정의 기본 구성 요소이다. 목표를 설정하지 못하면 상담사와 내담자는 상담의 방향을 설정하고 상담의 성공 여부를 평가하고, 언제 상담을 종결할지 알 수 없게 된다. 목표설정은 상담사와 내담자에 의한 합의된 결정이다. 상담사의 훈련과 경험은 내담자의 문제에 대한 개인적 통찰과 쟁점 사항에 대한 경험이 어우러져 상담사와 내담자에게 상담의 방향 제공을 위한 목표설정을 가능하게 한다. 목표설정은 수정 및 개선이 가능한 유연한 과정임을 기억하는 것이 중요하다. 결과 목표는 상담사와 내담자가 성취를 위해 노력하는 데 동의하고 공유하는 목표이다. 제3장에서 Egan과 Ivey의 훈련 모형은 내담자가 초기에 제기한 문제에 대한 이해 너머의 진척을 강조하고, 그들이 우선시한 시나리오와 이야기를 명확히 하는 데 관심이 있다. 내담자는 선행 상황에서 그들이 필요로 하는 변화의 우선순위에 의한 목표 또는 변화의 본질을 명확히 하려는 상담사와의 작업을 통해 격려 받으며 용기를 내게 된다.

변화 모델의 목표와 전략

Prochaska와 Norcross(2010)가 제안한 변화 모델의 단계는 내담자의 변화와 목표설정에 대한 저항을 설명하는 데 유용한 모델이다. 또한 내담자가 필요한 개인적인 변화를 이루어 가는 과정에서 앞으로 나아갈 수 있도록 용기를 주는 치료전략을 계획하는 데 유용한 정보를 제공 받을 수 있다. 변화 모델 단계는 치료전략만큼 내담자가 변화에 대한 6단계를 밟아가며 과정 자체를 촉진할 수 있다. 이러한 단계의 개요와 각 단계가 치료 목표에 대해 가질 수 있는 의미와 상담 과정은 상담사에게 내담자와 작업할 때 유용한 참조 틀을 제공한다.

1. **심사숙고 전(Precontemplation)**: 내담자는 변화의 필요성을 인식하지 못하거나 변화를 원하지 않는다. 이 단계는 과정이 목표로서 내담자가 최근 행동의 제약을 인정하도록 돕고 변화를 받아들일 수 있는 요인을 명확히 하는 것이 강조된다.
2. **심사숙고(Contemplation)**: 내담자는 변화가 필요한 것을 깨닫고 변화에 대해 생각하지만 변화를 위해 할 수 있는 것이 무엇인지 결정할 수 없다. 내담자는 수년 동안 이 단계에 머물러 있을 수 있다. 양가감정이 그들을 붙잡고 있다. 이것은 직업의 변화, 관계의 변화, 학업의 변화–삶의 중요한 이슈에서의 변화일 수 있다. 상담사는 바라는 방향으로 작은 행동을 하도록 격려할 수 있다. 때로는 기대하지 않은 상황이 삶을 변화시키기도 한다. 종종 내담자는 변화를 두려워하기 때문에 고착되어 있으며, 그들은 변화를 생각할 때조차 경험하는 불안의 양을 줄이기 위해 노력해야 한다.
3. **준비(Preparation)**: 내담자는 가까운 미래에 몇 가지 조치를 취하기로 결정했으며, 일부는 실패했을 수도 있다. 이제 내담자와 행동 목표를 정할 때이다. 이전 단계에 고착된 내담자는 목표를 정하며 그 이상의 유익을 얻게 된다.
4. **행동(Action)**: 내담자는 변화를 위한 동기를 갖고 목표를 향하여 행동을 취한다. 또한 그들이 시도하는 변화를 훼손하려는 힘을 인지할 수도 있다. 어떤 내담자는 이 지점에 도달할 때 상담을 종결할 수도 있다. 내담자는 왜곡하려는 힘이 표출될 것으로 예상될 때 치료로 복귀할 것을 권고 받거나 상담사가 내담자에게 회기 수를 줄이자고 제안할 수도 있다.

5. 유지(Maintenance): 내담자는 견실한 행동 계획을 기반으로 목표에 도달하고 변화를 최소 6개월 이상 유지한다. 초점은 당장 획득한 것을 유지하고 재발을 예방하는 것이다.
6. 재발 및 순환(Relapse and Recycling): 심각한 임상적 장애가 동반되는 중독 이슈는 때때로 변화 유지가 매우 어려울 수 있고, 성취된 것을 유지하려고 이런저런 시도를 할 수 있다(Prochaska & Norcross, 2010, pp. 492-495).

변화 모델은 내담자를 발달시키는 각 단계로 옮겨 가는 것보다 변화를 거쳐 가는 나선형의 순환적 모델이라는 특징을 갖는다. 내담자가 퇴보할 때 이전 단계로 재순환될 수도 있다면 유지를 위한 과정을 다시 밟게 될 때까지 과정-유형(process-type)의 목표를 요청할 수도 있다. Prochaska와 Norcross는 "단계를 거치며 매 순간 순환을 재연하며 실수로부터 잠재적 학습을 하며 다음번에 다른 어떤 노력을 하게 된다."고 설명한다(p. 496). 내담자의 변화 과정에서의 실패 인정은 상담사와 내담자가 함께 목표를 선택하는 데 도움 되는 부분으로 내담자가 상담 과정에 충분히 몰입하며 자기 입장을 밝히는 용기를 내도록 격려하는 데 도움이 된다.

목표의 유형

조력과정에는 과정 목표와 결과 목표라는 두 가지 유형이 있다. 과정 목표는 변화가 생길 수 있는 필요조건 설정과 관련된다. 여기에는 내담자가 자신의 관심사를 드러내는 데 도움이 되는 안전한 환경을 제공하는 것과 라포 형성이 포함된다. 이러한 목표는 상담사의 책임이다. 결과 목표는 내담자마다 달라서 내담자의 변화와 직접적으로 관련 있는 목표가 된다. 목표설정은 수정 및 개선이 가능한 유연한 과정임을 기억하는 것이 중요하다. 결과 목표는 상담사와 내담자가 성취를 위해 노력하는 데 동의하고 공유하는 목표이다. 이러한 관점에서 결과 목표는 상담 치료계획의 기초를 형성한다. Cormier와 Hackney(2012, pp. 127-130)에 의해 치료 목표를 명시할 때 고려해야 할 사항으로 제안된 요소들은 상담사의 제고 사항으로 요구된다.

- 목표는 문화적으로 적절한가?(Sue & Sue, 2008)
- 목표는 변화 가능한 행동을 명시한다. 내담자가 변화하고자 하는 것은 무엇인가?

- 목표는 변화를 가져 오는 기회 조건을 명시한다. 새로운 행동에 도전하는 내담자 상황은 어떠한가?
- 목표는 변화된 행동의 양이나 수준을 명시한다. 변화를 이루었다고 볼 수 있는 실제적 수치는 무엇인가?

목표설정의 효과는 관련성이 있고, 현실적이고, 달성 가능하고, 내담자가 가지고 있는 목표를 선택함에 있어 상담사와 내담자의 능력에 의해 대부분이 결정된다.

목표설정은 해결 중심(solution-focused)의 단기치료 접근에서 핵심이다(Corey, 2013). 해결 중심의 치료사는 의미 있는 개인적 목표를 정할 수 있는 능력과 그들의 문제를 해결하기 위해 요구되는 자원을 이미 갖고 있다고 믿는 사람들이다. 해결-중심치료에서는 내담자가 그들의 상황을 개선하기 위해 해야 할 일들을 선택하고 분명히 하는 것으로 회기가 시작된다(de Shazer, 1990). Prochaska와 Norcross(2010)는 목표가 내담자에서 특별하며 보다 만족스러운 미래를 정의할 때 내담자가 구성한다고 강조한다. 내담자와 첫 접촉에서 상담사는 변화를 촉진할 수 있는 창조적인 분위기를 만들고 변화가 가능한 범위를 생각할 수 있도록 격려하는 노력을 해야 한다. 해결-중심치료에서의 강조점은 작고, 실제적이며, 부가적으로 긍정적 결과를 이끄는 도달 가능한 변화이다. 초보 상담사는 구조화된 목표설정이 목표 도달에 필요한 특정 단계로 내담자가 관심을 갖도록 이끄는 데 도움이 된다는 것을 이해하는 데 중요하다. 초보 상담사는 초기 목표가 최대한 겸손하고 내담자가 최소한의 노력으로 달성할 수 있도록 주의를 기울여야 한다.

치료계획 개발하기

치료계획은 개인 상담을 위해 지속적으로 접근법을 개발해야 하는 전체 과정에서 필수적인 부분이다. 제기된 문제(또는 문제들)는 내담자의 삶에 대한 상황 맥락에 맞추어 탐색되고 배치된다. 내담자의 강점과 한계는 평가되어 왔다. 내담자 사례를 이해하기 위한 개념적 틀은 가설로 존재해 왔다. 치료 목표는 명확해졌다. 이제 내담자를 그들의 문제(들)에서 보다 건강한 해결책에 도달할 수 있도록 돕기 위한 조정 범위를 명확히 해야 할 때이다. 치료계획은 개인 상담 과정에 특별한 개입을 포함할 수 있다. 또한 그것은 물론 약물치료를 위한 정신의학적 평가, 지지 또는 치료 집단의 구성, 종합 건강검진, 상담 회기 이외의 과제 완료 등의 개입을 포함할 수 있다. 상담에서 치료계획은 상담사와 내담자가 원점에서 해결까지 어떻게 진행할 것인지를 설명하는 로드맵을 가지고 있어 문제 및 기능 장애 증상과 패턴을 완화하고 향상된 자존감과 극복 과정을 확립하기 위하여 상담 과정을 계획하는 방법이다. Seligman(1993)은 치료계획이 상담 과정에서 얼마나 중요한지 다음과 같이 설명한다.

- 치료 효과성 연구에 근거하여 신중하게 개발된 치료계획은 성공 가능성이 높은 치료가 제공되고 있음을 보증한다.
- 서면 치료계획은 상담사가 어렵지 않게 책임을 설명하고 받아들일 수 있다.
- 치료계획은 단일 상담사 또는 기관이 수행하는 작업의 가치를 입증할 수 있으며, 자금을 확보하고 의료사고 소송 발생 시 착실한 방어를 제공하는 데 도움을 줄 수 있다.
- 목표와 과정을 지정하는 치료계획을 사용하면 상담사와 내담자가 자신의 진행 상황을 추적하고 목표가 계획내로 날싱되고 있는지 여부를 결정할 수 있으며, 그렇지 않은 경우 치료계획을 재평가할 수 있다.
- 물론 치료계획은 상담 과정에 대한 구조와 방향을 깨닫게 해서 상담사와 내담자가 과정이 진행되는 동안 실제적인 기대를 나누며 개발하는 데 도움을 줄 수 있다.

Gehart(2013)는 초기 단계(1~3회기), 작업 단계(4회기 이상), 종결 단계(종결 회기)와 같이 3단계로 이루어지는 치료계획 과정을 제안하였다. 치료 업무는 상담사의 책임으로 이루어지는 과정이다. 목표와 개입은 상담사와 내담자가 공동으로 결정한다. 물론 이 모델은 치료를 마치는 시점을 포함하고, 치료 종결에 대한 내담자의 의견과 염려와 같은 반응을 참작한다. 이 형식은 초기 치료와 관련된 과정 목표를 지정하고 치료가 종결될 수 있는 지점으로써 특정 행동과 유지 단계를 식별하는 변화 모델 단계와 함께 사용될 수 있다. Gehart의 3단계 모델은 다음을 포함한다.

- 치료 업무는 치료 모델을 가로지르는 치료 과업이 있다(치료적 관계 수립하기, 대인관계 및 대인관계 역동 평가, 업무적 관계 유지하기 등).
- 내담자 목표는 내담자와 관련된 특정 행동 목표로써 명백히 규정한다.
- 개입: 각 목표에는 특정 행동 목표와 관련 있는 2~3개의 개입이 있다.

이 치료계획 접근법에서의 목표는 치료계획의 필수 부분이며, 치료 효과성에 대한 지속적인 평가를 허용한다.

Jongsma와 Peterson(2006)은 치료계획 개발을 위한 여섯 가지 구체적인 단계를 분명히 했다. 단계별 요약은 다음과 같다.

1. 문제 선택(Problem selection): 평가를 진행하는 동안, 주요 문제가 드러난다. 2차적인 문제도 분명해진다. 문제 선택이 임상의(clinician)에게 명확해지면, 내담자(그들에게 가장 우선되는 이슈)의 의견을 주의 깊게 고려하는 것이 필수적이다. 내담자가 치료에 참여하고자 하는 동기는 내담자의 필요에 치료가 어느 정도 합치되는가에 달려 있다.
2. 문제의 정의(Problem definition): 치료의 초점에 의해 선택된 각 문제가 내담자에게 어떻게 입증되었는지에 대한 구체적인 정의가 요구된다. DSM(Diagnostic and Statistical Manual of Mental Disorders)은 상담사 개인이 전개한 진술에서 개발된 상담사의 예시로 제공되거나 그것에서부터 판별될 수 있는 특정 정의와 진술을 제공한다.
3. 목표 개발(Goal development): 이러한 목표 진술은 측정 가능한 용어로 작성할 필요는 없지만 치료 과정에서 기대되는 긍정적 결과를 시사하는 것으로 포괄적이고 장기적인 목표일 수도 있다.
4. 목표의 구성(Objective construction): 목표는 행동을 측정할 수 있는 용어로 기술되어야 한다. 각 목표는 폭넓게 치료 목표를 달성할 수 있는 정도로 개발되어야 한다. 문제별로 두 가지 목표가 있어야 하지만, 임상의는 목표 달성에 요구되는 정도로 구성할 수 있다. 목표 달성 날짜는 목표별로 목록화해야 한다.
5. 개입 설정(Intervention creation): 개입은 내담자의 목표 달성을 돕기 위해 고안되었다. 모든 목표에는 하나의 개입이 있어야 한다. 개입은 내담자의 필요(needs)와 치료 제공자의 전체 레퍼토리(repertoire, 치료 목록)를 토대로 선택된다.
6. 진단 결정(Diagnosis determination): 적합한 진단을 내리는 것은 내담자에 대한 철저한 임상적 표상을 평가한 근거로 한다. 임상의(clinician)는 DSM에 기술된 것과 마찬가지로 정신질환 조건의 진단 준거가 제시하는 내담자의 행동, 감정, 인지 및 대인관계 증상을 대조해야 한다. DSM 준거에 대한 임상의(clinician)의 지식과 내담자의 평가 데이터에 대한 철저한 이해는 가장 신뢰할 수 있고 타당한 진단(pp. 1-4)에 기여한다.

마지막으로 Cormier, Nurius 그리고 Osborne(2009)은 내담자 특성을 반영한 치료계획 준비에 활용할 수 있는 여섯 가지 원칙을 제시하였다. 이러한 원칙들은 치료계획에서 고려해야 할 주요 요소로서 내담자의 문화적 요구와 선호에 주의를 기울여야 한다.

- 치료계획이 문화적으로뿐만 아니라 임상적으로도 지식이 풍부하고 관련성이 있는지 확인해야 한다. 즉, 계획은 상담사의 것이 아닌 내담자의 문화적 정체성의 가치와 세계관을 반영해야 한다.
- 치료계획이 내담자의 내적 상태 압박을 (국한하지 않는 정도로) 포함하여 내담자뿐 아니라 사회 체계의 요구와 영향도 고려하고 있는지 확인해야 한다.
- 치료계획이 가족 구조와 외부 지지 체계와 같이, 내담자의 삶의 주요 하위 체계와 자원의 역할을 고려하는지 확인해야 한다.
- 치료계획이 내담자의 건강과 회복과 문제 해결의 방식의 관점을 반영하는지 확인해야 한다. 내담자의 영성이 이러한 역할에 해당된다.
- 내담자의 문화적 적응 수준과 언어 활용 능력 및 치료계획에 대한 선호 정도를 고려해야 한다.
- 치료 기간이 내담자가 마음에 정한 일정과 일치하는지 확인해야 한다.

치료계획을 준비하기 위해 여러 가지 다양한 형식이 제공되었다. 일부 형식은 개괄적인(broad-brush) 접근을 포함하였고, 내담자의 진전을 위한 확장된 지지를 할 수 있도록 일대일 상담 과정 이외의 개입을 포함하였다. 이러한 치료계획 유형은 내담자가 만성적인 정서 문제가 있거나 복합적인 문제가 있거나 제한적인 대처 기술과 사회적 체계가 불명확한 경우에 적합하다. 현재 삶의 상황에서 좀 더 많은 일을 해야 하는데 의지대로 되지 않아 고통을 겪고 있는 내담자의 경우 치료계획은 상담사-내담자 과정에 더 초점을 맞출 수 있다.

상담사는 앞서 언급한 치료계획 지침 중 하나를 따르거나 다양한 접근 요소를 결합하기로 결정할 수 있다. 예를 들어, 개괄적인(broad-brush) 접근 또는 상담사-내담자 과정 접근법이 적절한지 우선 결정할 수 있다. 상담사는 Gehart(2013)가 제안한 명백히 구별된 3단계로 치료 순서를 정할 수 있다. 과정 목표와 결과 목표 모두를 일치시킬 수도 있다. 목표별로 관련 있는 몇 가지 개입을 확인할 수 있고, 이 접근이 내담자의 문화적 · 사회적 세계관과 정체성에 어떻게 영향을 미칠 수 있는지 확인하고 고려할 수 있다.

개관: 철학, 이론, 이론 기반 상담 기법

초보 상담사는 자신의 훈련 프로그램의 기본 지식과 상담 방법을 조화시키려는 노력에 직면해 있다. 훈련 프로그램을 시작하자마자 학생들은 상담에 대한 다양한 이론 및 철학에 노출되기 때문에 자신의 가치관과 신념을 고찰해 보는 것이 좋다. 내담자와 작업하기 위해 자신의 '이론적 접근' 개발에 대한 필요성은 상담에 대해 심사숙고(well-thought-out)하여 구성에 필요한 것들을 알아채는 학생의 민감성을 위한 것이 목적임을 강조한다. Spruill과 Benshoff(2000)는 일련의 상담에 대한 자신만의 이론(personal theory) 개발 과정을 보여 준다. 초기 단계에서는 개인적 신념을 고찰할 것을 강조한다. 2단계는 상담 이론에 대한 지식을 증가시키며, 이 지식을 개인적 신념과 일치시키는 것을 강조한다. 3단계는 상담에 대한 자신만의 이론 개발을 강조한다.

다음 회기는 자신만의 이론을 개발하면서 이론 구성 및 기술로 훈련생을 도우며 필수 질문에 대한 개관을 제공한다. 이 요약은 사례 개념화(case conceptualizations), 목표설정 및 치료계획 기법을 더욱 구체화하기 위한 틀(framework)을 제공함으로써 훈련생에게 도움을 준다.

Murdock(1991)은 이론을 고찰할 때 숙고하기 위한 기본적인 질문을 다음과 같이 제안하였고, 이러한 질문은 자신만의 신념과 철학에 대한 질문으로 응용할 수 있다.

- 인간으로서의 실존적 핵심 동기는 무엇인가?
- 이 핵심 동기를 어떻게 건강한 방식으로 표현하는가? 건강한 성격의 특성은 무엇인가?
- 발달 과정에서 어떻게 이탈하거나 곤경에 빠지는가? 심리적으로 기능하지 못하는 요인은 무엇인가?
- 개인의 삶의 어떤 단계가 발달 과정의 핵심으로 간주되는가?
- 이론이 개인에게 초점을 한정하는가? 또는 가족, 문화, 타인을 포함하는가?
- 이론에서 정서, 인지, 행동과 관련하여 중요하게 여기는 것은 무엇인가?

학생이 이 질문에 답하면 상담 이론에서 다루어진 핵심 사안을 검토하는 데 도움이 된다. 상담 실습에서 중요한 요소는 치료계획에서 실행하기로 선택한 개입 전략과 관련하여 더 건강한 기능을 향한 변화가 어떻게 발생할 수 있는지 설명하는 방법을 갖는 것이다.

〈표 5-1〉은 상담사 및 심리치료사를 위한 몇 가지 이론에서의 핵심 요점에 대한 기본적인 개요를 제공한다. 이 요약은 개입 전략 및 목표와 앞의 질문에 대한 답변이 이러한 이론과 일치하는 방식에 초점을 맞추는 것을 강조한다.

<표 5-1> 상담 및 심리치료 이론 개요

인간의 본질	핵심 개념	개입	목표
프로이트			
• 생물학적 유기체 • 신체적 욕구 충족 추구 • 무의식에 의해 지배됨 • 성격의 배후는 충동적 본능	• 원초아, 자아, 초자아 • 의식, 전의식, 무의식 • 방어기제 • 심리성적 발달 단계 • 전이, 자유연상	• 전이의 분석 • 역전이와 저항 • 꿈 분석	• 무의식의 의식화 • 적응적 방어기제 사용
융			
• 개별화를 향한 성장 발달 추구 • 성장은 전 생애에 걸친 과정 • 온전함을 지향하는 경향성 • 대칭되는 심적 요소의 통합	• 엔트로피 원리, 등가성 원리 • 개인 무의식, 집단 무의식 • 내향성, 외향성 • 사고, 감각, 감정, 직관	• 꿈 분석 • 상징의 사용 • 단어 연상	• 개인 무의식 내용 이해 • 내적 갈등 해소 • 균형과 통합
아들러			
• 열등감 • 힘에의 의지 • 고유한 생활양식 • 완전에의 의지 • 사회적 관심	• 생활양식 • 우월성 추구 • 출생 순위 • 생애 초기 기억	• 출생 순위 분석 • 생활양식 분석	• 사회에 유용한 목표 발달 • 사회적 관심 배양
에릭슨			
• 전 생애에 걸친 성장 잠재력 • 성격에 영향을 미치는 것은 유전보다는 학습과 경험	• 심리사회적 발달 단계 • 후천적 성숙 원리 • 전 생애 발달 • 청소년기 정체감 위기	• 발달적 위기를 적절히 해소하지 못하여 야기된 취약점 분석 • 적응	• 불균형 교정 • 창의적 균형 발달 • 긍정적 자아정체감
켈리			
• 낙관적 관점 • 삶의 방향을 자유롭게 선택 • 세계관을 형성하는 구성개념 발달	• 사태 예측 • 생애 사건을 예측하는 방식인 자신의 개념에 의해 진행되는 심리적 과정	• 면담을 통한 평가 • 자기 성격 묘사 • 역할 구성 레퍼토리 검사	• 새로운 구성개념을 형성하고 과거의 구성개념을 제거함

스키너			
• 유전이 아니라 환경 요인에 의해 형성 • 강화를 통한 행동 통제 • 자신의 환경을 만들어 갈 책임이 있음	• 기능 분석 • 행동의 빈도, 발행 상황, 관련 강화 측정	• 행동의 직접 관찰 • 강화 계획 • 조작적 조건화	• 행동과 환경 수정
밴듀라			
• 행동은 개인의 인지과정과 사회적 환경에 의해 결정	• 관찰 학습과정 • 주의집중, 기억, 산출, 동기	• 행동의 직접 관찰 • 자기 보고식 면담 • 생리적 측정	• 학습된 부적절한 행동 수정
엘리스			
• 합리성과 비합리성을 동시에 가진 사고 경향 • 자신에게 유익한 사고, 감정, 행동을 개발하는 능력	• 인생에 대한 합리적 철학 개발 • 자신이 가진 전제와 신념의 정당성 확인	• 변화의 ABCD 이혼 • 인지적, 정서적, 행동적 개입	• 정서적 스트레스와 자기 파괴적 행동 감소
올포트			
• 개인 성격의 독특성 • 인간은 과거가 아니라 현재와 미래에 의해 영향 받음 • 삶의 의식적 통제	• 특질은 변하지 않으며 행동을 결정함 • 개인적 성향 • 기능적 자율성 • 발달 단계 • 고유 자아	• 개인적 자료 기법 • 가치 연구	• 개인적 특질 확인 • 현재와 미래 계획을 다룸
호나이			
• 독특하고 고유한 존재 • 자기 실현의 생래적 경향성 • 자신의 문제를 해결할 수 있는 능력	• 기본적 불안 • 신경증적 욕구 • 타인에게 순응적, 고립적, 공격적인 성격	• 자유연상 • 꿈 분석 • '당위'의 횡포	• 능력에 대한 현실적 접근 • 행동과 태도의 유연성
프롬			
• 자신의 본성과 운명을 만들어 가는 존재 • 성장, 발달, 잠재력 실현의 생래적 가능성	• 자유 vs. 안전 • 상호 관계 연결성 • 기본적 심리 욕구 • 성격 유형	• 꿈 분석, 자유연상 • 역사, 문화, 사회적 사건 해석 • 임상적 관찰	• 목적과 잠재력의 실현 • 삶의 의미 • 고립과 고독에서 벗어남
머레이			
• 욕구와 환경에 의한 성격 형성 • 성장과 발달을 통한 사회 변혁	• 인간학 • 원초아, 자아, 초자아 • 발달 단계 • 콤플렉스	• 주제 통각 검사 • 성취 욕구, 친화 욕구 • 검사 기법	• 긴장 감소 • 행동에 영향을 미치는 욕구 이해

케텔			
• 결정론 • 행동의 규칙성과 예측 가능성 • 유전과 환경의 영향 • 생래적 특질	• 생활기록법(L data), 질문지법(Q data), 성격검사(T data) • 요인분석	• 공통 특질, 고유 특질 • 에르그와 감정 • 발달 단계	• 다변량 접근을 통한 성격 연구 • 성격의 원천 특질
매슬로			
• 인본주의, 욕구 충족과 잠재력 실현 방식을 자유롭게 선택	• 욕구 위계 • 절정 경험 • 자기 실현	• 생리적 욕구, 안전 욕구, 사랑과 소속 욕구, 존중 욕구	• 잠재력, 재능, 능력의 실현
로저스			
• 낙관론 • 자기 결정, 이해, 향상을 선택할 자유 • 성장과 고양의 생래적 경향성	• 자기실현 경향성 • 유기체적 가치화 과정 • 가치 고전 • 불일치	• 무조건적 긍정적 존중 • 지지적 대화 • 무비판적 치료 환경	• 자기 실현을 향해 나아가기 • 행동에 책임지기
실존주의자			
• 낙관론, 자유의지, 선택, 자기 결정 • 의미 있는 삶의 창조	• 자기 인식, 고유성, 정체성 • 세상 속의 존재 • 삶의 실제로서의 불안	• 내담자의 현재 경험 이해 • 내담자의 인식 증진을 위한 기법 • 자기주도적 선택	• 행동의 자유와 책임 수용 • 자신만의 진정한 삶 살기

이론 및 기법에 대한 자신의 선호 확인하기

이 장의 앞 절은 가치, 신념 및 인간관에 대한 여러 질문에 답하도록 요청하였다. 마찬가지로, 상담과 심리치료에 관한 몇 가지 주요 이론에 대한 개관을 읽었다. 당신의 개관 과정을 확대하기 위해 당신이 친근해하고 그것에 대해 더 배우기를 원하는 기법을 확인하는 데 도움이 되는 상담 기법 목록(〈표 5-2〉)을 제공하고 있다. 이론에 기반한 기술을 연결하는 것은 당신이 자신만의 것을 개발하거나 이론을 안내 받기 위한 방향을 제공받을 수 있다.

상담 기법 목록(〈표 5-2〉)은 포괄적인 것은 아니지만 철학적 기반에 따라 광범위하게 사용할 수 있는 기술을 나타내는 상담 및 심리치료 기법 목록을 제공한다. 여러 상담 기법은 어떤 한 사람의 상담사에 의해 다양하게 사용된다. 상담사가 다른 여러 명의 내담자와의 몇 번의 회기 녹취를 검토한다면 자신 있게 빈번히 사용한 10~15개의 기법이 확인될 것이다. 사용 빈도가 낮거나 경우에 따라 전문 역량이 부족하게 사용되는 10개에서 15개의 추가 항목이 발견될 수 있다. 수록한 상담 기술 목록을 사용하기 위해서는 각자의 전문성 개발에 달려 있다. 하지만 학생들은 주로 두 가지 방법으로 목록을 사용해 왔다.

1. 상담 기법에 대한 지식을 확인하고 확장하기 위하여
2. 자신의 상담에 적용하는 철학적 기반과 치료적 접근에 대한 자기 성찰을 위하여

〈표 5-2〉를 완성하기 위한 지시 사항을 읽는다. 이 지시 사항은 서식 작성 전에 전체를 읽어야 한다.

<표 5-2> 상담 기법 목록

지시 사항(Directions)

1. 첫째, 첫 번째 열에 나열된 기술을 검토한다. 그다음, 하나하나의 기법에 대해 사용하고 있거나 사용 가능한 역량의 범위를 결정한다. 사용 또는 역량의 범위 표시를 두 번째 열의 적절한 문자에 동그라미를 한다. 만약 기법에 대해 알지 못한다면 기법을 모른다는 것을 나타내기 위해 'N'으로 'X'를 표시한다. 다른 기법을 추가하기 위하여 첫째 열의 기법 목록 끝에 공란을 두었다.
2. 둘째, 목록을 검토하며 사용 또는 역량의 범위를 표시하였다면, 기법 목록을 다시 읽어 보며 이론 또는 각 기법에 적절한 이론들에 동그라미를 한다. 세 번째 열은, 물론 당신에게 익숙한 기법에만 표시할 수 있다.
3. 세 번째 과업은 'X'라고 표시한 잘 모르는 기법을 알아갈 수 있도록 하는 것이다. 각 기법과 관련한 지식을 획득하므로 내담자의 유형과 어떤 상황에 놓여 있는지에 따라 그것의 사용 여부를 결정할 수 있다.
4. 마지막 과업은 두 번째와 세 번째 열을 검토하며 보유 역량이 하나 혹은 2개의 특정 이론에 속하는 기법인지 결정한다. 만일 그렇다면, 이 이론이 당신의 자기 개념을 최고로 잘 반영하는가? 이러한 기법이 관련 문헌에서와 같이 적절하며, 당신이 작업하기 원하는 내담자를 위한 것을 가장 잘 반영하는가?

활용 정도 척도			
None = 활용 안 함	Minimal = 적게 활용	A(Average) = 보통 활용	E(Extensive) = 많이 활용

관련 이론 기호	
Ad(Adierian) = 개인심리학(아들러, 드레이커스)	Ge(Gestalt) = 형태주의(펄스)
Be(Behavioral) = 행동주의(스키너, 밴듀라, 라자루스)	PC(Person centered) = 인간 중심(로저스)
CBT(Cognitive behavioral) = 인지행동(벡, 엘리스, 매켄바움)	Ps(Psychodynamic) = 정신역동(프로이트, 에릭슨)
Ex(Existential) = 실존주의(메이, 프랭클)	Re(Reality) = 현실치료(글래서, 우볼딩)
FS(Family systems) = 가족체계(보웬, 사티어, 미누친)	SF(Solution focused) = 해결중심(버그, 드세이저)

기법	활용 정도	관련 이론
ABC 모델(ABC Model)	N M A E	Ad Be CBT Ex FS Ge PC Ps Re SF
수용(Acceptance)	N M A E	Ad Be CBT Ex FS Ge PC Ps Re SF
정확한 공감적 이해(Accurate empathic understanding)	N M A E	Ad Be CBT Ex FS Ge PC Ps Re SF
저항 분석(Analysis of resistance)	N M A E	Ad Be CBT Ex FS Ge PC Ps Re SF
전이 분석(Analysis of transference)	N M A E	Ad Be CBT Ex FS Ge PC Ps Re SF
인지삼제 분석(Analyze cognitive triad)	N M A E	Ad Be CBT Ex FS Ge PC Ps Re SF
방어기제 분석(Analyze defense mechanisms)	N M A E	Ad Be CBT Ex FS Ge PC Ps Re SF
인지적 왜곡 분석(Analyzing cognitive distortions)	N M A E	Ad Be CBT Ex FS Ge PC Ps Re SF
자기주장 훈련(Assertiveness training)	N M A E	Ad Be CBT Ex FS Ge PC Ps Re SF
과제 부과(Assignment of tasks)	N M A E	Ad Be CBT Ex FS Ge PC Ps Re SF
증상에 집중하지 않기(Avoid focus on symptoms)	N M A E	Ad Be CBT Ex FS Ge PC Ps Re SF
행동 과업(Behavioral tasks)	N M A E	Ad Be CBT Ex FS Ge PC Ps Re SF
독서치료(Bibliotherapy)	N M A E	Ad Be CBT Ex FS Ge PC Ps Re SF
출생 순위(Birth order)	N M A E	Ad Be CBT Ex FS Ge PC Ps Re SF
경계 설정(Boundary setting)	N M A E	Ad Be CBT Ex FS Ge PC Ps Re SF
칭찬을 과업으로 연결하기(Bridging compliments to tasks)	N M A E	Ad Be CBT Ex FS Ge PC Ps Re SF
부적절한 동기 수정(Change faulty motivation)	N M A E	Ad Be CBT Ex FS Ge PC Ps Re SF
집중적인 질문 수정(Change focused questions)	N M A E	Ad Be CBT Ex FS Ge PC Ps Re SF
부적응적 신념 수정(Change maladaptive beliefs)	N M A E	Ad Be CBT Ex FS Ge PC Ps Re SF
언어 변경(Changing language)	N M A E	Ad Be CBT Ex FS Ge PC Ps Re SF
삶과 생활에 대한 개인적 관점 명료화(Clarify personal views on life and living)	N M A E	Ad Be CBT Ex FS Ge PC Ps Re SF
고전적 조건화(Classical conditioning)	N M A E	Ad Be CBT Ex FS Ge PC Ps Re SF
인지적 과제(Cognitive homework)	N M A E	Ad Be CBT Ex FS Ge PC Ps Re SF
인지적 재구조화(Cognitive restructuring)	N M A E	Ad Be CBT Ex FS Ge PC Ps Re SF
변화 약속(Commitment to change)	N M A E	Ad Be CBT Ex FS Ge PC Ps Re SF
의사소통 분석(Communication analysis)	N M A E	Ad Be CBT Ex FS Ge PC Ps Re SF
의사소통 훈련(Communication training)	N M A E	Ad Be CBT Ex FS Ge PC Ps Re SF
칭찬(Compliments)	N M A E	Ad Be CBT Ex FS Ge PC Ps Re SF
직면(Confrontation)	N M A E	Ad Be CBT Ex FS Ge PC Ps Re SF
공동 치료(Co-therapy)	N M A E	Ad Be CBT Ex FS Ge PC Ps Re SF

탈삼각화(Detriangulation)	N M A E	Ad Be CBT Ex FS Ge PC Ps Re SF
비합리적 신념 논박(Disputing irrational beliefs)	N M A E	Ad Be CBT Ex FS Ge PC Ps Re SF
극화(Dramatization)	N M A E	Ad Be CBT Ex FS Ge PC Ps Re SF
꿈 분석(Dream analysis)	N M A E	Ad Be CBT Ex FS Ge PC Ps Re SF
꿈 작업(Dreamwork)	N M A E	Ad Be CBT Ex FS Ge PC Ps Re SF
생애 초기 기억(Early recollections)	N M A E	Ad Be CBT Ex FS Ge PC Ps Re SF
빈 의자(Empty chair)	N M A E	Ad Be CBT Ex FS Ge PC Ps Re SF
실연(Enactments)	N M A E	Ad Be CBT Ex FS Ge PC Ps Re SF
지지(Encouragement)	N M A E	Ad Be CBT Ex FS Ge PC Ps Re SF
과장하기 훈련(Exaggeration exercise)	N M A E	Ad Be CBT Ex FS Ge PC Ps Re SF
현재 가치 체계의 근원 조사(Examine source of present value system)	N M A E	Ad Be CBT Ex FS Ge PC Ps Re SF
자동적 사고 조사(Examining automatic thoughts)	N M A E	Ad Be CBT Ex FS Ge PC Ps Re SF
예외 질문(Exception questions)	N M A E	Ad Be CBT Ex FS Ge PC Ps Re SF
경험 학습(Experiential learning)	N M A E	Ad Be CBT Ex FS Ge PC Ps Re SF
실험(Experiments)	N M A E	Ad Be CBT Ex FS Ge PC Ps Re SF
질적 세계 탐색(Explore quality world)	N M A E	Ad Be CBT Ex FS Ge PC Ps Re SF
주관적 실재 탐색(Explore subjective reality)	N M A E	Ad Be CBT Ex FS Ge PC Ps Re SF
부적절한 사고 노출(Exposing faulty thinking)	N M A E	Ad Be CBT Ex FS Ge PC Ps Re SF
가족 구도(Family constellation)	N M A E	Ad Be CBT Ex FS Ge PC Ps Re SF
가족 생활 연대기(Family−life chronology)	N M A E	Ad Be CBT Ex FS Ge PC Ps Re SF
대안 해석 찾기(Finding alternative interpretations)	N M A E	Ad Be CBT Ex FS Ge PC Ps Re SF
홍수법(Flooding)	N M A E	Ad Be CBT Ex FS Ge PC Ps Re SF
선택에 초점 맞추기(Focus on choice)	N M A E	Ad Be CBT Ex FS Ge PC Ps Re SF
개인의 책임에 초점 맞추기(Focus on personal responsibility)	N M A E	Ad Be CBT Ex FS Ge PC Ps Re SF
현재 문제에 초점 맞추기(Focus on present problems)	N M A E	Ad Be CBT Ex FS Ge PC Ps Re SF
내담자가 통제할 수 있는 것에 초점 맞추기(Focus on what client can control)	N M A E	Ad Be CBT Ex FS Ge PC Ps Re SF
첫 회기 과업 공식화(Formulate first−session task)	N M A E	Ad Be CBT Ex FS Ge PC Ps Re SF
사회적 관심 증진(Foster social interest)	N M A E	Ad Be CBT Ex FS Ge PC Ps Re SF
자유 연상(Free association)	N M A E	Ad Be CBT Ex FS Ge PC Ps Re SF
가계도(Genogram)	N M A E	Ad Be CBT Ex FS Ge PC Ps Re SF

진실성(Genuineness)	N M A E	Ad Be CBT Ex FS Ge PC Ps Re SF
유도된 심상(Guided imagery)	N M AE	Ad Be CBT Ex FS Ge PC Ps Re SF
문제의 체계적 근원에 대한 가설 수립(Hypothesizing systemic roots of problems)	N M AE	Ad Be CBT Ex FS Ge PC Ps Re SF
바람과 욕구 확인 및 정의(Identify and define wants and needs)	N M AE	Ad Be CBT Ex FS Ge PC Ps Re SF
초보적 실수 확인(Identify basic mistakes)	N M AE	Ad Be CBT Ex FS Ge PC Ps Re SF
즉시성(Immediacy)	N M AE	Ad Be CBT Ex FS Ge PC Ps Re SF
내적 대화(Internal dialogue)	N M AE	Ad Be CBT Ex FS Ge PC Ps Re SF
상호 공감(Interpersonal empathy)	N M AE	Ad Be CBT Ex FS Ge PC Ps Re SF
해석(Interpretation)	N M AE	Ad Be CBT Ex FS Ge PC Ps Re SF
실제 노출법(In vivo exposure)	N M AE	Ad Be CBT Ex FS Ge PC Ps Re SF
치료 초점을 현재에 맞추기(Keep therapy in the present)	N M AE	Ad Be CBT Ex FS Ge PC Ps Re SF
생활양식 평가(Lifestyle assessment)	N M AE	Ad Be CBT Ex FS Ge PC Ps Re SF
의미치료(Logotherapy)	N M AE	Ad Be CBT Ex FS Ge PC Ps Re SF
분석의 틀 유지하기(Maintain analytic framework)	N M AE	Ad Be CBT Ex FS Ge PC Ps Re SF
순회하기(Making the rounds)	N M AE	Ad Be CBT Ex FS Ge PC Ps Re SF
마법 질문(Miracle question)	N M AE	Ad Be CBT Ex FS Ge PC Ps Re SF
당연한 결과(Natural consequences)	N M AE	Ad Be CBT Ex FS Ge PC Ps Re SF
부적 강화(Negative reinforcement)	N M AE	Ad Be CBT Ex FS Ge PC Ps Re SF
객관적 공감(Objective empathy)	N M AE	Ad Be CBT Ex FS Ge PC Ps Re SF
객관적 면담(Objective interview)	N M AE	Ad Be CBT Ex FS Ge PC Ps Re SF
관찰 과업(Observational tasks)	N M AE	Ad Be CBT Ex FS Ge PC Ps Re SF
조작적 조건화(Operant conditioning)	N M AE	Ad Be CBT Ex FS Ge PC Ps Re SF
행동 계획(Plan for acting)	N M AE	Ad Be CBT Ex FS Ge PC Ps Re SF
정적 강화(Positive reinforcement)	N M AE	Ad Be CBT Ex FS Ge PC Ps Re SF
점진적 근육 이완법(Progressive muscle relaxation	N M AE	Ad Be CBT Ex FS Ge PC Ps Re SF
심리교육(Psychoeducation)	N M AE	Ad Be CBT Ex FS Ge PC Ps Re SF
비현실적인 부정적 사고를 인식하고 변화시키기(Recognizing & changing unrealistic negative thoughts)	N M AE	Ad Be CBT Ex FS Ge PC Ps Re SF
감정 반영(Reflection of feeling)	N M AE	Ad Be CBT Ex FS Ge PC Ps Re SF
재구성(Reframing)	N M AE	Ad Be CBT Ex FS Ge PC Ps Re SF
리허설(Rehearsal exercise)	N M AE	Ad Be CBT Ex FS Ge PC Ps Re SF

전이 거절(Reject transference)	N M AE	Ad Be CBT Ex FS Ge PC Ps Re SF
방향 전환(Reorientation)	N M AE	Ad Be CBT Ex FS Ge PC Ps Re SF
반대로 하기(Reversal exercise)	N M AE	Ad Be CBT Ex FS Ge PC Ps Re SF
척도 질문(Scaling questions)	N M AE	Ad Be CBT Ex FS Ge PC Ps Re SF
조각 기법(Sculpting)	N M AE	Ad Be CBT Ex FS Ge PC Ps Re SF
자기 평가(Self–evaluation)	N M AE	Ad Be CBT Ex FS Ge PC Ps Re SF
자기 관찰(Self–monitoring)	N M AE	Ad Be CBT Ex FS Ge PC Ps Re SF
수치심 공격하기(Shame–attacking exercises)	N M AE	Ad Be CBT Ex FS Ge PC Ps Re SF
사회 기술 훈련(Social skills training)	N M AE	Ad Be CBT Ex FS Ge PC Ps Re SF
감정에 머무르기(Staying with the feeling)	N M AE	Ad Be CBT Ex FS Ge PC Ps Re SF
스트레스 예방접종 훈련(Stress inoculation training)	N M AE	Ad Be CBT Ex FS Ge PC Ps Re SF
주관적 공감(Subjective empathy)	N M AE	Ad Be CBT Ex FS Ge PC Ps Re SF
주관적 면담(Subjective interview)	N M AE	Ad Be CBT Ex FS Ge PC Ps Re SF
체계적 둔감법(Systematic desensitization)	N M AE	Ad Be CBT Ex FS Ge PC Ps Re SF
균형 깨뜨리기(Unbalancing)	N M AE	Ad Be CBT Ex FS Ge PC Ps Re SF
무조건적 긍정적 존중(Unconditional positive regard)	N M AE	Ad Be CBT Ex FS Ge PC Ps Re SF

K. M. Dimick & F. H. Krause (Eds.), *Practicum manual in counseling and psychotherapy* (4th ed., pp. 77-80). Muncie, IN: Accelerated Development에 수록된 Mollis, Joseph W. (1980). Techniques used in counseling and psychotherapy를 활용하였으며, 허락하에 전재함. 상담 기법 목록 양식은 원문 그대로 사용하였으며, 이론 및 기법 목록은 Corey, G. (2013). *Theory and practice of counseling and psychotherapy* (9th ed.). Belmont, CA: Brooks/Cole을 활용하여 갱신함.

이론과 관련된 당신의 가치에 대해 질문과 대답 사이에 언급된 것, 〈표 5–1〉에서 선호하는 이론들 또는 이론의 관점, 〈표 5–2〉에서 확인한 기술과 이론들의 논리적 연관성에 대해 반드시 숙고해야 한다.

상담자의 이론 기반 기법 확장하기

정신건강기관의 실습/수련 학생은 종종 저비용의 양질의 정신건강 서비스를 제공할 수 있는 치료 방법을 사용해야 하는 현실에 직면한다. 상담에서 단기치료 전략을 채택해야 하는 필요성은 현재의 관리되고 있는 의료 환경 결과로서 현실에서 폭발적으로 증가했다. 대부분의 오늘날 건강관리 회사는 연간 정신건강 관련 외래 방문 숫자를 제한한다

(Remley & Herlihy, 2014). 학교상담사도 장기 상담이 필요한 학생은 일반적으로 정신건강 기관으로 위탁(refer)되기 때문에 학생에게 사용하기에 적합한 단기치료법을 찾는 것이 나을 수 있다.

다음의 내용은 상담 수련생에게 단기치료에 대한 다양한 접근 방식의 예를 제공하도록 고안되었다. 경우에 따라 수련생들은 이러한 모델에 익숙해지고 훈련을 받을 것이다. 다른 경우의 학생은, 단기치료 모델을 처음 경험하게 되는 것일 수도 있다. 어쨌든 학생은 단기치료의 개입과 전략에 익숙해지고 숙련될 필요가 있다.

해결-중심 단기치료

해결-중심 단기치료(Solution-Focused Brief Therapy)는 de Shazer와 동료(de Shazer, 1989, 1990; de Shazer & Berg, 1985)의 연구에 기초하였으며 의도적으로 설계상 치료 모델을 단기로 개발했으며 '해결책 개발에 집중된' 것을 기반으로 하였다. 해결-중심치료 지침 원리의 일부는 다음과 같다.

1. 저항의 힘이 효과적인 치료의 부분일 필요는 없지만 협력으로 대체될 수 있다는 개념
2. 해결-중심치료의 원리는 내담자가 매일 매일의 삶을 더욱더 잘 살 수 있도록 돕기 위해 고안된 것이다. 따라서 이 개념은 정상적인 행동과 행동으로부터 새로운 의미를 구축하는 것을 포함한다(Fleming, 1998).
3. 내담자-치료사 상호작용은 세 가지 규칙에 의해 유도된다는 믿음이다. ① 깨지 않으면 고칠 수 없다, ② 한번 효과를 본 것은 그것을 더 자주 하라, ③ 효과가 없다면, 다시 그것을 하지 말고, 다른 것을 하라(de Shazer, 1990).

해결-중심 단기치료는 여러 가지 면에서 전통적인 접근과 다르다. 초점은 과거가 아니라 현재와 미래이다. 행동 변화를 내담자를 돕는 가장 효과적인 접근법으로 본다. de Shazer(1989, 1990)는 문제의 원인을 알 필요가 없으며 문제의 원인이 무엇이며 문제 해결 방법 사이에 필연적인 관련성은 없다고 주장한다. 진단을 내리는 데는 거의 관심을 두지 않고, 내담자의 발달사 또는 문제로부터 발생된 것을 탐색한다(O'Hanlon & Weiner-Davis, 2003). 해결-중심치료법의 기본 가정은 사람들이 삶의 문제를 해결할 능력이 있지만 때로는 자신의 역량에 대한 방향 감각이나 의식을 잃어버렸다는 것이다.

해결-중심치료에서 치료계획은 내담자가 변화를 원해야 하고, 문제가 발생할 때 예외적인 현실이 있을 수 있다는 것에 대한 이해를 바탕으로 한다. 치료계획은 치료 적합성, 효과와 책임에 대한 기록이 자원이 된다(Fleming, 1998).

내담자-치료사 관계는 해결-중심치료법에서 치료 개입을 개발하는 데 필수적이다. 치료 과정은 내담자가 참여하게 될 때, 상담원과 긍정적 관계를 맺을 때, 내담자가 중요하다고 여겨지는 것을 상담하고 있다고 느낄 때 작업이 잘 된다(Murphy, 2008). de Shazer (1990)에 따르면, 내담자는 문제와 관련한 자기 자신에 대한 관점과 문제 해결을 위한 적극적 참여 의지에 따라 방문객, 고소인 또는 고객이 될 수 있다. 내담자는 보편적으로 그들 문제에 대해 어떤 것을 하려는 의지가 있는 개인이다. 내담자는 자신의 개선에 적극적으로 참여하며, 이에 따라 요청되는 어떤 것들을 실행해야 한다. 마찬가지로, 내담자가 예약 전화를 하고 첫 회기를 하는 사이에 상황 개선을 위해 하는 어떤 것이 문제에 대한 예외적인 것을 찾는 데 중요할 수 있다. 불만 사항을 제기하는 내담자(complainants)는 문제를 설명할 수는 있지만 해결책을 고안하는 역할을 맡을 의지가 없거나 능력이 없는 사람이다. 그들은 일반적으로 치료사가 자신이 문제의 원인이라고 생각되는 다른 사람을 바꾸어 주기를 기대한다. 방문객 내담자(visitors)는 내담자에게 문제가 있다고 다른 사람이 생각하기 때문에 치료에 온다. 일반 내담자와 방문객 내담자 모두 숙련된 질문과 개입을 기반으로 고객이 될 가능성이 있다(Corey, 2013). Fleming(1998)에 따르면, 해결-중심 모델의 기본 가정은 내담자가 불만, 문제점 또는 둘 모두를 갖고 있기 때문에 치료를 받는다는 것이다. 문제가 항상 발생하지는 않는다. 내담자가 문제를 포함하지 않는 방식으로 다른 어떤 것을 하려고 할 때, 문제 행동이 덜 발생하고 예외적인 행동이 관찰될 가능성이 더 크다(de Shazer & Berg, 1985).

내담자와 치료사는 문제가 발생하지 않을 때 일어나는 일이 무엇인지 탐색하며 예외적인 행동을 구성한다(Gingerich, de Shazer, & Weiner-Davis, 1988). Fleming(1998)에 따르면, 해결-중심치료의 다른 지침 원리는 내담자가 일상에서 보다 유능해지도록 돕는 것이다. EARS(elicit, amplify, reinforce, start again) 접근법을 사용하여 내담자가 자신과 타인에 대해 이야기하고 치료사는 예외적인 행동과 긍정적인 생각에 대한 대화로 이끌어(elicit) 간다. 이 과정은 내담자가 목표 달성을 향해 나아갈 수 있도록 도와준다. 목표를 위한 긍정적인 생각과 행동을 하므로 상황을 개선하게 된 어떤 것을 강화(reinforce)하는 것은 내담자의 행동이 차이를 만든다는 것을 깨닫게 해 준다.

de Shazer(1990)는 기적의 질문이라고 불린 것을 사용했다. "당신이 오늘 밤 자는 동안 여기로 가져 온 모든 문제가 해결되는 기적이 일어났다고 가정해 봅시다. 이 기적이 실제 일어났는지 어떻게 알 수 있습니까? 차이를 만든 것이 무엇인가요?" 치료사는 내담자가 대처하기 위한 시도들을 알아내기 위하여 내담자에게 예외적 질문과 대처하는 질문을 사용한다. 치료사는 해결-중심 질문이 내담자 자신의 자원과 강점을 더욱 깨닫도록 도와서 내담자를 위한 보다 나은 선택에 사용하게 된다고 믿는다. 마지막으로, 단기치료의 초점은 구체적이고, 공고한, 행동 목표에 집중한다. 목표를 이야기하고 목표를 이루기 위한 단계를 밟아가는 것은 긍정적 결과에 필수적이다. 내담자와 치료사는 그들이 가려는 곳과 성공적인 단기치료를 위해 어떻게 진행해야 할지에 대한 방법을 알아야 하고 5단계의 치료 과정을 포함한다.

1. 내담자가 문제를 묘사한다.
2. 치료사와 내담자는 가능한 빨리 목표를 개발한다.
3. 치료사와 내담자는 문제가 덜 나타냈던 시기를 탐색하고 이러한 예외 상황이 어떻게 일어났는지 찾는다.
4. 개별 해결 방안을 이야기한 후, 치료사는 피드백과 격려를 하고 문제 해결을 위해 다음 회기 전에 해야 할 것들을 제안한다.
5. 치료사와 내담자는 평가 척도를 사용하여 진행 상황을 평가하고 내담자는 다음 단계에 해야 할 것들이 무엇인지 확인한다(De Jong & Berg, 2008).

전략적 해결-중심치료(Strategic Solution-Focused Therapy)

"무엇이 문제인가?", "효과가 있다면 그 이상을 하라.", "효과가 없다면 더 이상하지 말고 다른 것을 하라." 이러한 것들은 전략적 해결-중심치료의 기본 원리 중 일부이다. 이 방법은 Quick(1998)이 개발했는데 단기 전략 치료 과정(Fisch, Weakland, & Segal, 1982)과 해결-중심치료(de Shazer, 1985)의 이론과 과정을 결합한다.

"무엇이 문제입니까?", "다른 어떤 것을 하라"는 원칙은 단기 전략 치료에서 파생된 것으로, 캘리포니아주 팰로앨토의 정신 연구소(Mental Research Institute)에서 개발된 모델로, 1960년대와 1970년대에 사람들이 일반적으로 의미 있는 일을 함으로써 문제 해결을 시도한다는 아이디어를 강조한 것이다. 대조적으로, "그것이 효과가 있다면 더 많이 하라"는 원칙은 1970년대와 1980년대 위스콘신주 밀워키의 단기가족치료센터(The Brief Family

Therapy Center)에서 개발된 모델에서 태동된 것이다.

전략적 해결-중심 모델은 다음과 같은 두 가지 주요 방법으로 상위 모델을 통합한다. ① 해결책을 정교화하는 것을 강조하는 해결 중심과 문제를 명료화하는 것에 초점을 둔 단기 전략의 결합, ② 작동하지 못하게 하는 방해물에 대한 전략의 강조와 효과적인 어떤 것을 유지하도록 강조하는 해결 중심을 섞는 것이다. 전략적 해결-중심치료는 항상 내담자의 요구(needs)에 맞추어져 있다. 다음은 Quick(1998)이 제시한 전략적 해결-중심치료의 주요 원리와 기술을 요약한 것이다.

전략적 해결-중심치료의 첫 단계는 내담자의 불만을 명확히 하고 최우선의 문제를 파악하는 것이다. 최우선의 문제는 내담자의 삶에서 가장 크게 긍정적 차이를 만들기 위해 해결이 필요한 문제이다. 치료사는 누가, 무엇을, 언제, 어디서 어떤 일이 일어났는지 알고 싶어 한다. 내담자의 불만으로 행동적 과잉 또는 축소가 있는가? 치료사의 초점은 이것이 직접적으로 문제가 된 특정 시점에 어떤 일이 있었는지 확인하려고 노력한다. 치료사는 치료가 어떤 도움이 될지에 대한 내담자의 기대를 확인하기 원한다. 최우선 문제의 명료화는 치료 내내 숙고하는 것이 중요하다. 그것은 치료자의 의무로 회기마다 중요하게 다루어야 할 이슈나 문제가 무엇인지 내담자로부터 찾아내는 일이다.

다음 단계는 해결책의 정교화이다. "내담자의 삶에서 달라지는 것은 무엇인가?", "올바른 방향으로의 변화를 내담자가 저절로 알게 하는 것은 무엇인가?", "변화의 첫 신호는 무엇인가?" 초점은 지속적인 변화의 결과로 획득하게 될 것이 무엇인지 다듬고 해결 시나리오를 확장하기 위해 내담자의 참여를 요청한다. 해결책이 정교할 때, 치료사는 내담자에게 긍정적인 변화를 위해 어떻게 시작해야 할지 설명하려고 내담자를 참여시킨다. 최우선 문제의 명료화가 완료되면, 초점은 특정 이슈를 해결할 때 일어나는 차이가 무엇인지로 옮겨 간다.

다음 단계는 문제 해결을 위해 이전에 시도해 보았던 제안들을 평가한다. "무엇을 해냈는가?", "어떤 노력을 했는가?" 치료사는 문제 해결을 위한 구체적인 시도에 초점을 둔다. 치료사는 다시 노력하는 것을 피하는 시도 중 특히 실패했던 해결책들의 주요 주제에 주목한다(Quick, 1998, pp. 527-529).

회기 종결 즈음, 치료사는 내담자에게 피드백이나 조언을 원하는지 묻는다. 치료사는 물론 회기에서 내담자가 이룬 현실적 성찰(realizations)에 경의를 표한다. 이 치료에서 제안 내용은 내담자가 어떤 노력을 할지 또는 하지 않을지에 의해 결정된다. 이것이 잘되면 기존 행동을 지속하거나 확장하도록 요청하게 된다. 반면 시도해 본 해결책이 효과가 없다면 행동을 중단하기 위해 계획된 제안을 할 수도 있다. 일반적인 또는 독특한 제안을 치료사가 내담자에게 요청할 수 있다.

"당신을 위한 일을 계속하거나 다른 어떤 것을 하라." 내담자의 요구와 회기는 매우 유연할 수 있다는 것을 기억하는 것이 중요하다. 종결 회기에서는 어떤 작업을 지속할지 또는 천천히 부가적인 변화를 이루어 갈지에 대한 격려를 포함할 수 있다.

인지 재구조화 단기치료(Cognitive Restructuring Brief Therapy)

이 접근법은 새로운 신념과 생각 패턴의 획득을 강조한다. 중심 개념은 내담자가 자신의 인식 구성을 위해 자신과 세상에 대한 내면의 '스키마'를 구축한다는 것이다(Goldfried, 1988, Moretti, Feldman, & Shaw, 1990). 초기 경험은 자기와 세상과 미래에 대한 한 사람의 인식에 영향을 미칠 수 있으며, 부정적인 스키마 개발로 이어질 수 있다. Beck과 동료들(Beck, Rush, Shaw, & Emery, 1979)에 따르면, 상담사는 부정적인 스키마를 위한 증거 수집에 협조적으로 도울 수 있다.

합리적 정서 단기치료(Rational Emotive Brief Therapy)

Steenbarger(1992)에 따르면, 합리적 정서 치료의 창시자인 앨버트 엘리스(Albert Ellis)는 단기치료에 다른 재구조화 접근을 취하였다. 합리적 정서치료의 초점은 비합리적 신념을 활성화시킨 사건과 정서적 및 행동적 결과 사이의 연결고리를 식별하는 데 있다. 도전하고 대결하며 비합리적 신념을 논박하는 것은 내담자의 비합리적 사고 패턴을 재구성하려는 시도이다. Beck과 달리 Ellis는 내담자의 비합리적 사고를 해결하기 위해 협조적인 도움 대신에 직면에 의존했다.

대처기술 단기치료(Coping Skills Brief Therapy)

이 방법은 내담자가 어려운 삶의 문제를 해결할 때 겪을 스트레스를 극복할 때 배워야 하는 어떤 것들을 상담을 통하여 배우며 접근하는 것을 묘사한다(Steenbarger, 1992). 단기치료 접근법의 초점은 자기효능감 증진을 위한 삶의 기술 개발에 있어 인지 및 행동 방법의 사용에 있다(Bandura, 1977). 대처기술 단기치료는 회기 내에서 진중하게 다루며 회기 사이에 연습을 하게 된다.

제3의 치료법

이 치료법들은 행동치료 연구소로부터 탄생하였다. 1세대는 전통적인 행동주의였다. 2세대는 인지행동치료였다. 현재 '제3의 물결' 세대에는 행동에 대한 맥락적 접근이 포함된다(Hayes, 2005). 세 번째 물결은 고통이 인간 삶의 기본 특성이라고 가정하는 실존적 구성 요소를 가지고 있다. 행동주의와 인지행동치료의 변화에는 수용과 마음챙김 기반 기술이 포함된다. 이 세 번째 물결에는 마음챙김 기반 치료(mindfulness-based therapy: MBT), 마음챙김 기반 스트레스 감소(mindfulness-based stress reduction: MBSR), 마음챙김 기반 인지치료(mindfulness-based cognitive therapy: MBCT), 수용전념치료(acceptance and commitment therapy: ACT) 및 변증법적 행동 요법(dialectical behavioral therapy: DBT)이 포함된다.

마음챙김 기반 치료(Mindfulness-Based Therapy: MBT)

'Mindfulness'는 개방적이고 관심을 기울이며 수용적인 상태를 고양시키는 동안 사고, 신체 상태, 의식과 환경 등의 지각을 포함하여 지금 이 순간의 경험을 무비판적으로 알아차리는 정신 상태로 이끌어 가는 과정이다(Bishop et al., 2004; Kabat-Zinn 2003). 마음챙김 훈련의 기본 전제는 과거나 미래는 우울과 불안의 감정과 관련될 수 있어 과도할 수 있기 때문에 무비판적으로 지금 이 순간(present moment)을 경험하는 것이 스트레스의 영향에 대항할 수 있다는 것이다(Hofman, Sawyer, Witt, & Oh, 2010). MBSR 및 MBCT와 같은 MBT의 일부 접근법은 치료사가 개인적으로나 치료 프로토콜의 일부로 마음챙김 명상을 수행해야 한다. 그러나 호흡을 바라보거나 감정에 제목 붙이기와 같은 마음챙김 기법 치료로 안내하기 위해서 치료사는 안정적인 지침서와 기법 시연을 위한 슈퍼바이저가 필요하다. Germer, Siegel 그리고 Fulton(2005)은 마음챙김 기법의 핵심 요소를, ① 자각(awareness), ② 지금 이 순간을(of present moment), ③ 수용적으로(with acceptance)라고 명시한다.

자각(Awareness): 자각 기법은 활동을 천천히 감소시키거나 멈추는 것을 포함한다. 예를 들어, 한번 멈추고 깊은 호흡을 인식함으로써 전화로 논쟁하는 것을 정지시킬 수 있다. 각 세부 사항에 참석하는 동안 주의 깊은 식사 또는 주의 깊은 걷기와 같이 활동을 더 자세히 관찰하기 위해 활동을 느리게 할 수 있습니다. 또는 각각의 세부 사항에 주의 집중하는 마음챙김 식사 또는 마음챙김 걷기와 같은 것은 점점 활동을 상세하게 관찰하므로 어떤 활동을 감소시키며 천천히 할 수 있게 한다. 하나는 말을 멈추면 침묵을 유지할 수 있다. 또 하나는 앉아서 눈을 감으면 안정적인 마음을 받아들일 수 있다.

자각 기법에는 관찰이 포함된다. 마음챙김 훈련으로서의 관찰은 어떤 입장에서 분리된 객관적인 관찰이 아니고 그보다 관찰에 참여하므로 '고요함을 지속하는' 것이다. 관찰할 수 있게 된 어떤 묵상(rumination)으로부터 하나에 집중하도록 돌아서는 것으로 그것은 특정 대상에 집중하는 데 효과적이다. 마음챙김에서 가장 일반적인 초점의 대상은 호흡이다. 호흡에서 주의 집중의 초점을 옮겨 가므로 자연스럽게 일어나는 지각, 감정, 생각에 주목할 수 있게 된다. 심장이 두근거리거나 의사와의 약속을 잊어버리는 것에 주목할 수 있다. 개별 정신적 사건(event)은 그것을 판단하고, 분석하고, 또는 억압하지 않고 주목하게 된다. 하나는 호흡에서 멀어지며 관심을 기울이는 것이 무엇인지에 오롯이 주목되어야 한다. 처음에는 순간에서 순간으로의 경험에 주목하는 것이 생각, 느낌, 두려움, 분노 또는 걱정과 같은 경험에 제목을 붙이는 것으로 알아차리는 데 용이하다.

자각 기법은 숨 쉬기를 자각하는 곳으로 돌아가는 것을 포함한다. 되돌아가기는 최종적으로 자각 기법이다. 주의집중할 때 생각 속으로 빠지고 마음이 산만하면 '정신 차려(wake up)' 하며 관심을 빼앗은 것이 무엇인지 주목해 보고 정중히 호흡을 자각하는 곳으로 돌아간다. 그다음 마음이 어디로 흘러가는지 지켜본다. 정신 차리기는 마음챙김의 순간이다. 필요할 때는 언제나, 호흡으로 돌아갈 수 있고 당신의 관심에 닻(anchor)을 내릴 수 있다.

지금 이 순간(Present moment): 모든 마음챙김 활동은 현재에 관심을 갖게 한다. 그러나 오류를 피하기 위해 목표 집중이 필요할 때가 있다. 예를 들어, 위험한 기계를 다루고 있는데 화가 느껴질 때이다. 감정에 관심을 갖는 것은 위험하다. 손이 작업하는 것으로 당신의 주의를 모두 집중해야 한다. 현명함이란 지금 이 순간 활동하는 것에 관심의 방향을 돌리는 것이 마음챙김 훈련의 핵심이다. 마음챙김 훈련은 현재 경험에 초점을 두고 관심을 갖는 훈련이다. 오렌지 껍질을 벗기고 있다면, 주스, 냄새, 껍질의 느낌에 주목하는 것이다. 당신의 아이와 함께 놀이를 하고 있다면, 그곳에는 순간이 가득하고, 당신의 모든 감각을 집중하게 된다. 때로는 직업 딜레마 같은 다른 것들이 계속 생각날 수 있다. 자기를 향한 질문은 "당신의 관심이 지금 어디 있는지 아는가?"이다. 지금 이 순간으로 돌아가기 위한 지시가 마음챙김 훈련이다.

수용(Acceptance): 수용은 호기심과 친절함으로 판단이나 선호 없이 경험 자체를 수용하는 것이다. 우리의 수용은 항상 불완전하며 우리가 결코 판단을 멈추지 않기 때문에 노력해야만 한다. 환자는 '긴장을 푸는 것으로' 또는 '부드러워지는' 경험으로 용기를 낼 수 있다. 누구나 고통처럼 기피 경험을 '호흡'할 수 있다. Goldstein(1993)은 "괜찮아, 한번 이것을 느껴 보겠어." 또는 "그냥 내버려 둘 거야."처럼 주문(mantra) 사용을 제안하였다.

치료사는 내담자가 호흡하며 관심의 방향을 잡고 일어나는 생각과 감정을 자각하는 것에 주의를 기울이는 활동에서 순간적으로 휴식을 지시하며 마음챙김 훈련을 설계할 수 있다. 교육 및 인증 관련 정보는 http://meditation-andpsychotherapy.org를 참조한다.

마음챙김 기반 스트레스 조절(MBSR)

MBSR(Mindfulness-Based Stress Reduction)은 존 카밧진(Jon Kabat-Zinn)이 개발한 접근 방식이다. 하타 요가뿐 아니라 공식 및 비공식 명상을 포함한 몇 가지 형식의 마음챙김 훈련으로 구성되어 있다(Kabat-Zinn, 1990). 공식 명상 훈련(formal meditation practice)은 보디스캔 기반 주의집중, 지각 서식에서 주의집중으로 옮겨 가기, 순간에서 순간 경험을 열린 자세로 관찰하기, 걷기 명상, 또는 식사 명상 등의 호흡-중심 주의 집중으로 구성되어 있다. 비공식 훈련(informal practice)은 지금 이 순간을 자각하기 위해 주의집중으로 옮겨 가는 것을 포함하여 간단한 일시 정지를 포함한다. 이것은 경험을 즉시 구성하기 위한 관찰 능력 확장을 위한 마음챙김 훈련의 종합이다(Goldin & Gross, 2000). MBSR은 8주간의 집단 수업과 마음챙김을 위한 하루를 제공한다.

마음챙김 기반 인지치료(MBCT)

MBCT(Mindfulness-Based Cognitive Therapy)는 우울증의 인지행동치료 관점과 MBSR 프로그램 구성 요소의 통합을 기반으로 하고 있다. MBCT의 초점은 내담자가 생각과 감정에 보다 깨어 있어 자기 관점 또는 현실에의 정확한 반응보다 '정신적 사건들'에 맞는 관점으로 연결할 수 있도록 교육한다(Teasdale et al., 2002). MBSR에서의 마음챙김 구성 요소는 "생각은 사실이 아니다" 그리고 "나는 나의 생각이 아니다" 등의 관점을 촉진하기 위해 설계된 인지행동치료 관점과 결합된 것이다. MBCT는 마음의 패턴을 보고 정서가 가라앉기 시작할 때를 어떻게 인지할 수 있는지 알 수 있도록 돕는다. 부정적 정서와 부정적 사고 사이의 연결을 깰 수 있도록 돕는다. 당신은 비참한 정서와 부정적인 사고로부터 자유로울 수 있는 능력을 개발하게 된다. MBCT는 3개의 주요 우울 삽화에서 벗어난 환자에게서 재발 예방에 효과적인 것으로 나타났다. MBCT는 8주의 집단 수업과 5~7주 사이에 하루 동안의 마음챙김 훈련을 제공한다. 대부분의 작업은 역시 가정과 수업에서 이루어진다.

수용전념치료(ACT)

ACT(Acceptance and Commitment Therapy)의 기본 가정은 사람이 감정을 바꾸거나 없애지 않고 먼저 행동을 취할 수 있다는 것이다. 수용 기반 접근은 단지 변화를 선택하는 대신, 수용하고 변화하기 위한 보다 효과적인 접근으로 상태에 접근한다. ACT는 행동과 정서가 동시에 독립적으로 존재할 수 있다고 제안한다. 예를 들면, 환자가 "사장이 나의 업무평가에 대해 말을 어떻게 할지에 대하여 많이 불안하기 때문에 오늘 일하러 갈 수 없다."라고 말을 할 수 있다. 하지만 불안한 감정이 있는 동안에도 작업하러 갈 수 있다. ACT의 목적은 내담자가 고통을 느끼고 있거나 파괴적인 '개인적'(인지적 또는 심리적으로) 사건 속에서도 그들이 효과적인(그들이 가치 있다고 정의할 수 있는 구체적인 행태) 행동을 선택하도록 돕는 것이다(Dewane, 2008). ACT에서 내담자는 삶의 어려움으로 인한 영향을 수용하고, 가치 지향적 선택을 하고, 행동을 한다. 이론은 우리가 심리적 병리라고 칭하는 대부분의 것들은 부정적 가치를 지닌 개인적 사건(생각하고 느끼는 어떤 것)을 피하기 위한 인간의 경향성 결과라고 알고 있다. 이것은 '심리적 경직성(psychological inflexibility)'이라고 부른다. ACT의 목표는 "심리적 유연성(의식적인 존재로서 지금 이 순간을 보다 충만하게 접촉하고 그렇게 함으로써 가치 있는 결말을 달성할 때 행동을 변화시키거나 지속할 수 있는 능력)"을 높이는 것이다(Hayes, Luoma, Bond, Misuka, & Lillis, 2006, p. 8). ACT에서 목표는 우리의 고통스러운 생각과 감정의 관계를 변형시켜서 더 이상 증상으로 인식하지 않는 것이다. 그 대신, 우리는 일시적 심리적 사건으로 편하지 않지만 무해한 것으로서 수용하는 것을 배울 수 있다(Harris, 2006). ACT는 개인, 커플, 집단에서 광범위한 임상적 대상에게 단기 또는 장기치료 방식으로 사용할 수 있다

심리적 유연성은 여섯 가지 핵심 과정을 통해 달성된다.

수용(Acceptance): 이것은 경험 회피에 대한 대안으로 교육된다. 예를 들어, 불안 환자는 불안을 감정으로, 완전히 그리고 방어하지 않고 느끼도록 훈련한다.

인지적 확산(Cognitive diffusion): ACT는 생각하기 위해 관련짓거나 상호작용하는 방식을 변경하도록 시도한다. 예를 들어, 사람은 재밌는 생각과 같은 것에 마음으로 감사하려고 하거나 사고 과정에 제목을 붙일 수 있다("나는 훌륭하지 않다는 것을 생각하고 있다.").

현재에 존재하기(Being present): ACT는 심리적, 환경적 사건이 발생할 때 무비판적 접촉을 지속하도록 권장한다. 언어는 예측 또는 판단하기 위한 것보다 사건을 묘사하고 기록하기 위한 도구로 더 많이 사용된다.

맥락으로서의 자기(Self as context): 자신에 대해 아는 지식(content)이 아니라 말로 표현할 때의 전후 사정으로 알 수 있는 것(context)이다. 사람은 우연히 경험한 것에 관심을 두거나 애착하지 않고 경험의 흐름을 자각할 수 있다. 마음챙김 연습과 은유는 이러한 과정을 돌아보기 위하여 사용된다.

가치(Values): 가치는 의도적으로 행동의 질(qualities)을 선택하는 것이다. ACT는 내담자가 가족, 직업, 영성 및 기타 영역에서 삶의 방향을 선택하도록 돕는 실습을 활용한다. 회피, 사회적 순응과 영합에 바탕을 둔 선택으로 이끄는 언어적 과정을 장려하지 않는다.

헌신된 행동(Committed action): 목표를 설정하고, 가치에 따라 행동하며, 목표 달성을 위한 효과적인 행동을 요구한다(Hayes et al., 2006, pp. 7-9).

변증법적 행동치료(DBT)

DBT(Dialectical Behavior Therapy)는 복잡하고 어려운 경계선 성격장애(Borderline Personality Disorder: BPD; Linehan, 1993a, 1993b) 치료를 위해 설계된 집단 기술 훈련과 개인치료의 조합으로, 현재는 우울하고, 자살 충동이 있는 청소년, 노인 우울증, BPT를 가진 약물 의존증과 같은 정신장애의 치료에 사용된다(Dimeff & Linehan, 2001). DBT는 "① 주요 대인 관계에서 자기 조절(감정 조절 포함)이 부족하고 관용적 기술에 어려움을 겪는 BPD를 가진 사람들과 ② 개인과 환경 요인이 결여되었거나 내담자가 역기능 행동을 강화하거나 갖고 있어 행동적 기술 사용에 저해되는 상태에 동기강화 모델을 기반으로 한다"(p. 10). DBT는 동양의 마음챙김 훈련과 기본적인 행동 전략을 결합한다. 근본적인 변증법은 내담자의 현재 역량과 행동적 기능 그리고 변화를 돕기 위한 일련의 시도에 대한 합리적 수용과 타당성 사이에 있다. 치료는 구조화된 기술 훈련 집단 회기, 동기 부여 및 기술 훈련에 맞추었고, 대처 기술 사용을 지원하는 치료사와의 정기적인 전화 연락이 포함된다.

치료사는 종종 이러한 내담자와 작업을 할 때 종종 소진(burn-out) 경험을 하게 되는데 결과적으로 이 모델에는 치료사 자문과 지지를 포함하고 있다. DBT의 수용 전략은 마음챙김(지금 이 순간에 주목, 비판 없는 자세, 효과에 초점)과 타당성을 포함한다. 변화 전략은 강화 및 처벌, 인지 수정 및 노출 기반 전략을 사용하는 기술 훈련과 같은 부적응 행동 및 문제 해결 기술에 대한 행동 분석을 포함한다. 주간 집단 회기는 대인관계 분석, 관용/현실 수용의 어려움, 정서 조절 같은 마음챙김 기법을 강조한다. 치료사는 DBT 훈련자로서 이러한 치료적 접근을 사용하는 집중 훈련과 조력을 요구한다. 더 많은 훈련과 자격 정보는 http://depts.washington.edu/brtc/dbtca/who-we-are/를 참조한다.

요약

이 장은 상담사 훈련에서 인지적 상담 기법 개발을 위한 목표설정, 치료계획 및 이론 기반 접근에 초점을 둔 자료를 검토하여 수록하였다. 이러한 인지 영역에서의 실전 훈련을 위한 몇 가지 모델과 형식은 상담 훈련을 하는 동안 자신의 이론적 접근을 개발하도록 안내하는 자기 평가 질문지 관련 이론 및 이론 기반 기법을 제공하였다.

참고문헌

Bandura, A. (1977). Self-efficacy: Toward a unifying theory of behavioral change. *Psychological Review*, *84*(2), 191-215.

Beck, A. T., Rush, A. J., Shaw, B. E., & Emery, G. (1979). *Cognitive therapy for depression*. New York: Guilford.

Bishop, S., Lau, M., Shapiro, S., Carlson, L., Anderson, N., Carmody, J., et al. (2004). *Mindfulness: A proposed operational definition. Clinical Psychology: Science and Practice*, *11*(3), 230-241.

Corey, G. (2013). *Theory and practice of counseling and psychotherapy* (9th ed.). Belmont, CA: Brooks/Cole.

Cormier, S., & Hackney, H. (2012). *Counseling strategies and interventions* (8th ed.). Upper Saddle River, NJ: Pearson.

Cormier, S., Nurius, P. S., & Osborne, C. J. (2009). *Interviewing and change strategies for helpers* (6th ed.). Belmont, CA: Brooks/Cole.

De Jong, R, & Berg, I. K. (2008). *Interviewing for solutions* (3rd ed.). Belmont, CA: Brooks/Cole.

de Shazer, S. (1985). *Keys to solution in brief therapy.* New York: Norton.

de Shazer, S. (1989). Resistance revisited. *Contemporary Family Therapy*, *11*(4), 227-233.

de Shazer, S. (1990). What is it about brief therapy that works? In J. K. Zeig & S. G. Gillian (Eds.), *Brief therapy: Myths, methods, and metaphors* (pp. 120-150). New York: Brimner/Mazel.

de Shazer, S., & Berg, I. K. (1985). A part is not apart: Working with only one of the partners present. In A. S. Gurman (Ed.), *Casebook of marital therapy* (pp. 97-110). New York: Guilford.

Dewane, C. (2008). ABC's of ACT. *Social Work Today*, *8*(5), 34.

Dimeff, L., & Linehan, M. M. (2001). Dialectical behavior therapy in a nutshell. *California Psychologist*, *34*, 10-13.

Dimick, K., & Krause, F. (Eds.). (1980). *Practicum manual for counseling and psychotherapy.* Muncie, IN: Accelerated Development.

Fisch, R., Weakland, J. H., & Segal, L. (1982). *The tactics of change.* San Francisco: Jossey/Bass.

Fleming, J. (1998). Solution focused brief therapy: One answer to managed mental health care. *Family Journal*, *6*(3), 286-295.

Gehart, D. R. (2013). *Theory and treatment planning in counseling and psychotherapy.* Belmont, CA: Brooks/Cole, Cengage.

Germer, C. K., Siegel, R. D., & Fulton, P. R. (Eds.). (2005). *Mindfulness and psychotherapy.* New York: Guilford.

Gingerich, W. J., de Shazer, S., & Weiner-Davis, D. (1988). Constructing change: A research view of interviewing. In E. Lipchik (Ed.), *Interviewing* (pp. 21-32). Rockville, MD: Aspen.

Goldfried, M. R. (1988). Application of rational restructuring to anxiety disorders. *Counseling Psychologist*, *16*, 50-68.

Goldin, P. R., & Gross, J. J. (2000). Effects of MBSR in emotion regulation in social anxiety disorder. *Emotion*, *10*(1), 83-91.

Goldstein, J. (1993). *Insight meditation: The practice of freedom.* Boston: Shambhala.

Harris, R. (2006). Embracing your demons. *Psychotherapy in Australia*, *12*(4), 1-8.

Hayes, S. C. (2005). *Get out of your mind and into your life: The new acceptance and commitment therapy.* Oakland, CA: New Harbinger Publishing.

Hayes, S. C., Luoma, J. B., Bond, F. W., Misuka, A., & Lillis, J. (2006). Acceptance and commitment therapy: Model: processes and outcomes. *Behavior Research and Therapy, 44*, 1-25.

Hofman, S. G., Sawyer, A. T., Witt, A. K., & Oh, D. (2010). The effect of mindfulness-based therapy on anxiety and depression: A meta-analytic review. *Journal of Consulting in Clinical Psychology*, *78*(2), 169-183.

Jongsma, A. E., & Peterson, M. (2006). *The complete psychotherapy treatment planner* (4th ed.). New York: Wiley.

Kabat-Zinn, J. (1990). *Full catastrophe living: Using the wisdom of your body and mind to face stress, pain and illness*. New York: Dell.

Kabat-Zinn, J. (2003). Mindfulness-based interventions in context: Past, present and future. Clinical Psychology: *Science and Practice*, *10*(2), 144-156.

Linehan, M. M. (1993a). *Cognitive behavioral therapy of borderline personality disorder*. New York: Guilford.

Linehan, M. M. (1993b). *Skills training manual for treating borderline personality disorde*r. New York: Guilford.

Moretti, M. M., Feldman, L. A., & Shaw, B. (1990). Cognitive therapy: Current issues in theory and practice. In R, A. Wells & V. J. Giametti (Eds.), *Handbook of psychotherapy* (pp. 217-238). New York: Plenum.

Murdock, N. (1991). Case conceptualization: Applying theory to individuals. *Counselor Education and Supervision*, *30*, 355-365.

Murphy, J. J. (2008). *Solution-focused counseling in schools* (2nd ed.). Alexandria, VA: American Counseling Association.

O'Hanlon, B., & Weiner-Davis, M. (2003). *In search of solutions: A new direction in psychotherapy*. New York: Norton.

Prochaska, J. O., & Norcross, J. C. (2010). *Systems of psychotherapy: A transtheoretical analysis* (7th ed.). Belmont, CA: Brooks/Cole.

Quick, E. (1998). Doing what works in brief and intermittent therapy. *Journal of Mental Health*, *7*, 527-534.

Remley, T. P., Jr., & Herlihy, B. (2014). *Ethical, legal, and professional issues in counseling* (8th ed.). Upper Saddle River, NJ: Pearson.

Seligman, L. (1993). Teaching treatment planning. *Counselor Education and Supervision*, *35*(4), 287-298.

Spruill, D. A., & Benshoff, J. M. (2000). Helping beginning counselors develop a personal theory of counseling. *Counselor Education and Supervision*, *40*(1), 70-80.

Steenbarger, B. N. (1992). Toward science-practice integration in brief counseling and therapy. *Counseling Psychologist, 20*(3), 403-451.

Sue, D. W., & Sue, D. (2008). *Counseling the culturally diverse: Theory and practice* (5th ed.). New York: Wiley.

Teasdale, J., Moore, R., Hayhurst, H., Pope, M., Williams, S., & Segal, Z. (2002). Metacognitive awareness and prevention of relapse in depression: Empirical evidence. *Journal of Consulting and Clinical Psychology, 70*(2), 275-287.

상담 및 심리치료 전문가 실습·수련 가이드북

제3부 실습·수련 슈퍼비전

집단 슈퍼비전

미국 상담교육프로그램인증협의회(The Council for Accreditation of Counseling and Related Educational Programs: CACREP)는 실습 및 수련을 위해 학생에게 현장 기반 체험(site-based experiences) 과정에서 개인 및 집단 슈퍼비전을 요구한다. 물론 이러한 슈퍼비전은 대학 기반 교직원과 현장 기반 슈퍼바이저가 함께 수행하고, 명시된 상담 기술을 적용하는 데 초점을 맞추는 것이 공통의 목표이다. 이 장에서는 실습 및 수련 기간 동안 집단 슈퍼비전 수업에 포함되는 실습과 활동에 중점을 둔다.

상담 기술 영역 확인하기

이 장에서는 전문상담자 개발에 필요한 범위와 기술에 대해 설명한다. Remley와 Herlihy(2014)는 전문상담에 관한 석사학위 프로그램에서 상담 기술 형성이 주요 핵심이라고 강조하였다. 그들은 "다른 과정을 가르치지만 모든 교육이 개인 및 집단상담에서의 능력을 강조한다"(p. 31)고 말한다. 여기에 제시된 기술 개발 틀은 Borders와 Leddick(1997) 그리고 Borders와 Brown(2005)의 연구에서 인용하였는데 4개의 기술 영역은 자기 평가, 동료 자문, 슈퍼비전 평가, 목표 확인, 평가이다.

기술 영역 1: 상담 작업 기술

상담 실행 기술은 "회기 중에 상담사가 하는 어떤 것"(Borders & Brown, 2005, p. 8) 또는 상담 행동을 말한다. 여기에는 기본적으로 사용하는 것과 심화 상담 기술, 이론 기반 기법, 절차적 기술, 그리고 전문적이고 이슈에 특화된(issue-specific) 기술의 사용이 포함된다.

기초 및 심화 기술

Egan 모델(Egan, 2013)은 거짓 없는 마음 상태 형성, 존중 및 공감, 주의집중, 능동적 경청, 탐색, 바꾸어 말하기, 감정 반영, 명료화, 요약 등을 제시하였다. 심화 기술에서는 내담자에게 더욱 도전적인 단계를 제시한다. Egan이 제시한 심화 조력 기술은 해석, 패턴과 연결 지목, 맹점과 불일치 확인, 자기 개방, 직면, 즉시성 등이다(Egan, 2013).

Ivey 미세 기술 모델에서 기본 기술 수준은 행동에 주목하는 것에서 출발하여 기본적인 경청 절차인 개방형 및 폐쇄형 질문, 내담자 관찰, 격려, 바꾸어 말하기, 요약하기, 감정 반영 등으로 진행한다. 다음 단계에서는 직면, 초점 맞추기, 의미 반영, 해석, 재구성 등이 추가된다. 최종적으로, 자기 개방, 피드백, 논리적 결론, 정보 제공 및 심리교육, 직접 지시 등 대인관계 변화를 위한 핵심 기술들을 추가한다(Ivey, Ivey, & Zalaquett, 2010).

이론 기반 기법

사례 개념화 및 치료계획에서 채택한 이론적 접근법에 따른 개입 기법과 전략 사용이다.

절차 진행 기술

상담사가 회기의 시작과 종료, 회기에서 회기로의 전환 준비를 관리하는 방식이다.

전문직 및 특정 주제 관련 기술

상담사가 위기 관련 상황에서 상담사가 대응하는 방식뿐만 아니라 전문가로서의 윤리와 법 관련 이유에 대응하고 이해하며 통합하는 방식과 관련된 것이다.

기법 영역 2: 인지적 상담 기술

인지상담 기술은 상담 회기에 대하여 생각하고 내담자와 내담자 문제에 대한 이해 및 설명을 작성하는 능력이다(Borders & Brown, 2005). 관련 기술에는 초기 면담 요약 및 사례 기록, 평가, 진단, 사례 개념화 및 목표설정, 치료계획, 이론 지향 등을 포함한다.

기술 영역 3: 자신 및 다문화 인식 기술

자기 인식은 사례 개념화와 마찬가지로 회기 내 행동에 영향을 미치는 동기, 신념, 개인적 이슈에 대한 상담자의 인식을 말한다(Borders & Brown, 2005). 유사한 것으로, 다문화 인식은 문화 다양성으로부터 내담자의 세계관과 상담자의 세계관이 어떻게 개인적 이슈, 신념, 동기에 영향을 미치는지에 대한 상담자의 인식을 말한다. 상담 과정에 이러한 이해가 영향을 미치기 때문에 다문화 인식을 기술 영역 3에 채택하였다. Corey(2013)는 상담자가 문화 차이에 대한 민감성을 개발하고 내담자가 지닌 세계관과 일치하는 결정을 할 수 있도록 돕는 윤리적 책임이 있다고 주장하였다(p. 24). 목표는 치료자가 아닌, 내담자의 문화적 가치 및 삶의 경험과 일치하도록 정의되어야 한다.

자기 인식 기술

이 기술 영역은 개인의 가치와 편견이 상담 과정에 어떻게 영향을 미치는지 인식하고 이 인식을 상담 과정에 통합하는 능력으로 나아가게 한다. 이 기술은 때로는 반영 기술(reflective skills)이라고도 하며, "자기 자신의 동기를 검토하고 고찰하는 능력, 태도와 행동 및 타인에게 미치는 영향"으로 정의된다(Hatcher & Lassiter, 2007, p. 53). 자기 인식 기술은 상담자에게 미해결된 개인적 문제가 내담자에게 어떻게 투사(projected)될 수 있는지 알게 한다. 이것을 역전이(countertransference)라고 한다. 역전이는 내담자를 이해하고 반응하는 방식에 영향을 미친다. 상담자는 감정적이고, 방어적으로 반응하며, 자신의 이슈가 복잡해서 당면한 현실에 집중할 수 없게 한다.

다문화 인식 기술

자기 인식과 다문화 인식 사이의 상호 관계는 명확하다. 그러나 이 두 가지 과정 모두 상담자로 성장하는 과정에서 지속적으로 관심을 갖고 집중하는 것이 요구된다. 상담 전문성의 성숙도가 높아질수록 다양성이 상담 관계에 어떤 영향을 미치는지 이해하는 것의 중요성을 인식해야 한다는 요구가 다문화 인식 및 역량 전반에서 점점 더 강조되고 있다. 몇 가지 예를 들면, 문화는 성에 따른 관계, 권위적 관계, 의사소통 패턴, 공식/비공식 표현, 가족 역학 및 기대, 권력과 특권에 관한 사상, 경제적 차이에 대한 사상에 영향을 미친다. Cormier와 Hackney(2012)는 문화적 역량의 성취는 하룻밤 사이에 이루어지지 않는 장기적인 과정이라고 지적한다. 다문화 인식 및 기술 개발을 위해 다음과 같은 조치를 권고한다.

- 문화가 상담 관계에 미치는 영향을 인식하라.
- 자신과 다른 사람의 문화에 참여하라.
- 자신의 경험 범위와 권력 문제, 특권, 빈곤 문제에 대하여 현실적이고 정직하라.
- 문화적 차원에 대해 자신을 훈련 하라.
- 자신의 편견과 선입관을 인식하라.
- 다양성에 대한 이슈 탐색의 의지를 갖고 내담자와 문화적 이슈를 논하라(pp. 12–13).

기술 영역 4: 발달 수준

발달 수준은 신참 상담사에서 전문상담사로 옮겨 가는 과정과 관련된 것이다. 이 수준은 슈퍼바이지가 슈퍼바이저에게 의지하는 연속선상에서 어떤 역할을 하고 슈퍼바이저와 공동 책임의 수준에서 어떤 역할을 하는지를 바탕으로 추론할 수 있다. 기술 영역은 다음의 발달 수준 요소를 다룬다.

- 슈퍼바이저와 함께 작업할 수 있는 능력
- 상담 훈련 평가에 참여할 수 있는 능력
- 방어적이지 않은 태도로 수행한 일을 검토할 수 있는 능력
- 임상적 사고를 재발견하기 위한 지속적인 훈련과 새로운 배움에 대한 개방성
- 내담자와 관련된 자신의 역동성을 검토하고 반영할 수 있는 개방성
- 상담 훈련에 필요한 다문화 이슈를 검토하고 반영할 수 있는 능력
- 상담 훈련에서 자신의 강점과 약점을 파악할 수 있는 능력
- 슈퍼비전으로부터 필요한 것이 무엇인지에 대한 이해

기술 영역에 대한 자기 사정

기술 영역 검토와 몇 가지 자기 평가 활동에 대한 훈련이 시작될 때 집단 슈퍼비전 수업이 제안된다. 이를 통해 수련생은 실습/수련을 통하여 슈퍼비전 과정의 틀을 형성할 수 있는 기술 개발 모델에 친숙해질 수 있다. 그것은 또한 형성 평가(formative evaluation)와 총합 평가(summative evaluation)의 바탕이 되는 슈퍼비전 관계 계약을 위한 슈퍼바이저와 수련생과의 특정 목표 형성 과정을 촉진한다. 〈부록〉과 [서식] 부분에 몇 가지 자기 평가 도구와 연습을 제시하였다. 〈부록 I〉에는 슈퍼바이지가 모든 기술 영역에서 자체 평가를 할 수 있는 슈퍼바이지 수행 평가 도구(Supervisee Performance Assessment Instrument)(Fall & Sutton, 2004)가 있다. 개별 기술 영역에 중점을 둔 기타 자체 평가 도구와 연습의 [서식 5-1]: 상담 기술 목록, [서식 6-1]: 상담 수행 기술에 대한 자기 평가, [서식 6-2]: 자기 인식/다문화 인식 평가 척도, [서식 6-3]: 슈퍼비전에 대한 직접적인 반응 연습이 있다.

이러한 자기 평가 과정이 끝나면, 수련생은 개별 기술 영역에서 집단과 개인 슈퍼비전의 초기 초점이 될 만한 특정 목표를 확인할 수 있어야 한다.

다음은 슈퍼비전 과정에서 초점과 방향을 제시할 수 있는 목표 진술 예시이다. 〈부록〉 다음에 수록된 [서식] 섹션의 [서식 6-4]는 실습 및 수련 동안 향상된 기술 수준을 재평가할 때마다 완성해 갈 수 있다.

슈퍼바이지 목표 서약서 견본([서식 6-4])

지시 사항: 슈퍼비전을 시작할 때 완성된 서식은 개인과 집단 슈퍼바이저에게 사본을 제공한다. 이것은 슈퍼바이저와 슈퍼비전 관계의 틀 형성에 도움이 된다.

학생 이름 ______________________

슈퍼바이저 이름 ______________________ 승인 날짜 ______________________

상담 진행 기술

1. 내담자 면담에서 도전적이고 촉진적인 기술의 적용을 설명한다.

2. 초기 회기에서 내담자의 개인 정보와 사전 동의서를 통합할 수 있다.
3. 더욱 건강한 선택, 행동 또는 감정으로 나아가고 증진하는 데 요구되는 변화와 관련 있는 목적을 형성하도록 돕는다.

인지상담 기술

1. 초기 면담 과정을 완료하고 면담을 요약하여 작성할 수 있다.
2. 내담자의 강점과 약점을 명료화해서 어떻게 도움을 줄 수 있는지 적절히 이해하고 평가할 수 있다.
3. 사례 기록 작성을 능숙하게 한다.

자기 인식/다문화 인식 기술

1. 특히 내담자의 세계관과 일치하는 목표설정을 하며 상담에 영향을 미칠 수 있는 편견이 있는지 능동적으로 탐색한다.
2. 상담 실습에 영향을 미칠 수 있는 역전이의 이해와 자각을 증진한다.
3. 익숙하지 않은 문화의 내담자와 타인과의 접촉을 늘린다.

발달 수준

1. 상담 회기의 녹음자료 검토(reviewing)에 대한 자기 중심성(self-consciousness)을 낮춘다.
2. 질문하기에 대한 자신감을 높인다(숙달돼 보이지 않을까 봐 걱정하지 마십시오.).
3. 슈퍼바이저의 제안에 개방적이다.

수련생은 실습 준비부터 실습과 수련(최종 실습) 과정을 진행하는 동안 상담 실전을 통해 더욱 능숙해지고 슈퍼비전에서의 기술 개발 초점이 이동한다. [그림 6-1]은 이러한 진행 과정을 시각적으로 보여 준다.

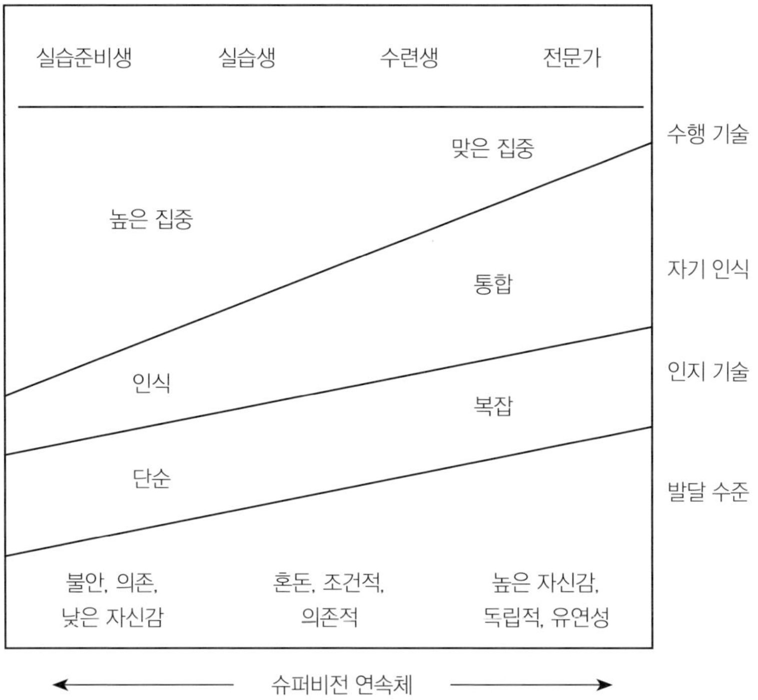

[그림 6-1] 실습 준비부터 수련 완료까지 슈퍼비전에서 강조되는 목표 체계도

집단 슈퍼비전의 개념

집단 슈퍼비전에 대한 개념은 수련생과 대학교수 사이의 교육 계약의 성격, 슈퍼비전과 자문의 상호작용 과정, 슈퍼비전 활동의 범위와 유형에 영향을 미치며 이러한 개념은 전문적 훈련을 위한 경험 구성의 기초가 된다.

본 영역에서는 실습과 수련을 시작한 학생을 위한 참고자료로 사용할 수 있도록 집단 슈퍼비전에 대한 전형적인 개념 틀을 설명한다. 어떤 개념은 논의의 시작점이 될 수 있고, 다른 면에서는 수정되거나 이의가 제기되기도 한다.

1. 상담에서 집단 슈퍼비전은 수련생의 개인 발달 수준, 지식, 경험이 주는 기술과 마주하는 지극히 개인적인 학습 경험이다. 학생은 상담 실습에 자료를 제출하고 실습과 관련하여 어떤 관심사든 공유할 책임이 있다.
2. 집단 슈퍼비전은 자기 자신의 이해, 편견, 다른 사람에게 미치는 영향에 관한 이해를 촉진

한다. 상담의 이론적 원천을 무엇으로 정하든 실습/수련생은 상담을 방해하거나 발전시킬 수 있는 자질을 스스로 점검해야 한다. 집단 슈퍼비전에서는 상담 훈련과 관련하여 개인적 자질을 검토할 수 있는 환경을 제공하여야 한다. 슈퍼비전의 핵심은 내담자의 주관적 의미와 역동을 결정하기 위한 지시뿐 아니라 수련생의 타인에 대한 관점과 타인에게 영향을 미치는 수련생의 행동과 태도는 어떠한지를 고찰하기 위한 것이다. 수련생은 내담자를 이해하고 목표를 수립하는 과정에서 자신이 알게 모르게 더해지는 문화적 편견과 가정을 점검해야 한다.

3. **실습 및 수련 슈퍼비전 집단의 각 구성원은 전문성의 성장과 발전을 촉진하기 위한 능력과 책임이 있다.** 집단 슈퍼비전은 상담 훈련의 질 증진을 위해 두 사람, 개인, 그리고 집단 활동을 포함하여 설계된다. 슈퍼비전의 집단 참여자의 개별 구성원은 학생이면서 동시에 내담자가 가지고 있을 수 있는 영향력 있는 특정 반응과 태도에 관해서 다른 사람에게 유용한 피드백을 제공한다.
4. **집단 슈퍼비전은 특정 요구, 능력, 집단 구성원이나 교수의 관심사에 의해 결정된 다양한 경험들로 구성된다.** 이것은 학생의 개인적인 관심일 수도 있고 내담자의 관심사 토론을 위해 집단 슈퍼비전 수업에 가져 온 것일 수 있다. 따라서 집단 슈퍼비전의 학습 활동 계획을 세울 때 유연하고 체계적으로 접근해야 한다.
5. **슈퍼비전과 자문은 실습/수련 경험에서 주요 핵심이 형성된다.** 집중적인 슈퍼비전과 자문은 학생의 상담 또는 치료에서 능력을 위해 더욱 빨리 숙달되도록 한다. 슈퍼바이저의 상호작용은 상담 과정에 대한 장애물을 더욱 잘 인지하도록 하므로 검토하여 수정할 수 있도록 한다. 또한 슈퍼바이저의 상호작용은 강화하기 위한 역할-모델링 과정의 기회가 된다.
6. **학생과 교수에 의한 자기 평가는 필수적이다.** 실습 및 수련에서 집단 슈퍼비전은 형식이 유연하므로 집단 슈퍼비전 경험이 학생들의 학습 욕구를 어떻게 충족할 수 있는지 정기적으로 검토하는 것이 필요하다. 학생의 자기 평가는 자신의 발달을 의식적으로 인지하며 책임을 지고 더불어 적절한 집단 슈퍼비전 활동에 관하여 협업하는 교수에게 정보를 제공한다.
7. **평가는 실습 및 수련에서 필수적이며 지속적인 부분이다.** 집단 슈퍼비전에 대한 평가는 학생과 교수의 상담 목표가 어느 정도로 성취되었는가에 대한 형식적인 정보와 요약 정보를 제공한다. 다양한 활동이 이러한 평가 과정을 지원하는데 그중에는 자기 평가, 동료 평가, 정기 피드백 활동, 현장 슈퍼바이저 평점, 오디오와 비디오테이프 검

토 등이 있다. 평가에서의 태도는 '비판적' 판단 관점보다는 '건설적인' 코칭 관점으로 특성을 묘사한다.

실습에서의 집단 슈퍼비전

집단 슈퍼비전 과정에서의 필수 요건은 학생이 기술과 지식의 기본을 서서히 발전시켜 가는 것을 지켜볼 수 있는 지지적 설계이다. 수련생은 집단 회기에서 최소 주당 1시간 반을 대학 슈퍼바이저와 함께하기를 기대한다. 이 시간에는 교육 시간과 체험 활동을 포함하고 상담 실습에 대한 어느 정도의 평가 형태를 포함하게 된다.

학생은 매주 집단 모임에 참석하는 것 외에, 몇 개의 지정된 상담 회기에 참여할 것을 요구받는데, 개입과 집단 회기가 될 수 있다. 초기 과정에서 일반적으로 요구받는 회기는 중간과 종결 단계보다 적은 수의 회기 수를 맡게 되는데 회기 중에서 특정한 최소한의 회기로서 과정 중간에 요구를 받게 된다. 내담자를 위한 단 한 번의 회기는 내담자와 함께하는 지속적인 회기만큼이나 특별하다. 인증 지침에서는 학생이 실습 동안 개인과 집단 슈퍼비전을 받아 볼 것을 요구한다. 실습 및 수련에서 요구하는 개인 슈퍼비전에 대한 지침과 참고자료는 제7장에서 검토할 것이다. 수련생은 자신의 상담 회기를 녹음/녹화(오디오와 비디오)해야 하고 역시, 회기 내담자별로 녹음/녹화에 관한 사전 승인을 취해야만 한다(〈부록〉의 [서식 3-1a], [서식 3-1b], [서식 3-2]를 보라). 실습 현장에서는 내담자에 대한 사전 동의서 보장을 위해 따라야 할 과정과 정책이 있다. 테이프는 공유 및 평가 승인을 위해 개인 슈퍼비전을 담당하는 대학의 슈퍼바이저에게 매주 제출해야 한다. 어떤 프로그램에서는 같은 대학의 슈퍼바이저가 개인과 집단 슈퍼비전 모두를 담당한다. 또 다른 경우는 학생이 집단과 개인 슈퍼비전을 다른 대학의 슈퍼바이저에게 받을 수도 있다. 녹화된 회기는 집단 또는 개인 슈퍼비전 회기에서 점검받을 수 있다. 각 녹음/녹화 자료는 제출 전 학생이 검토하고 서면이나 녹음된 비평도 함께 제출해야 한다([서식 6-5]).

상담 회기 동안 비밀 보호를 보장하기 위해 모든 노력을 해야 한다. 실습 현장에서 요청한 슈퍼비전 목적의 녹음/녹화 회기에 대한 안전 보장 및 동의, 회기 녹취에 따른 절차를 확인해야 한다. 수련생과 녹음/녹화 자료를 검토하거나 논의할 때, 상담 성과에 관한 적절한 메모는 수련생의 수련 기록이 될 수 있다. 그런 다음 녹음/녹화 자료를 삭제할 수 있다.

〈부록〉 다음의 [서식] 부분에 학생들이 녹음/녹화 기록 분석([서식 6-5])에 사용할 수 있는

Jean Smith

수련생 이름

Tom D. 회기 #3

내담자 I.D. & 회기 번호

회기 내용의 요약:

Tom은 그의 직업 상황이 행복하게 느껴지지 않기 때문에 상사를 좋아하고 자기 일을 존중하기 위한 모든 노력을 살펴보고 있다.

사전 목표:

1. 직무 상황과 관련된 모든 느낌과 기대를 탐색할 수 있도록 돕기
2. 상사보다는 자신의 틀로 일에 대한 가치와 평가를 할 수 있도록 돕기

긍정적인 상담 행동에 대한 의견:

나는 정확하게 톰의 감정을 파악했고 특정 내용과 관련 있는 감정을 명료화하였다.

개선이 필요한 상담 훈련 영역에 대한 의견:

나는 자주 어떻게 하면 상사를 만족시킬 수 있는지에 대한 톰의 생각에 낚여서 이 방식으로 문제 해결을 하려는 톰과 작업을 함께할 때가 있다.

내담자 역동에 관한 염려 또는 의견:

내담자와의 향후 상담 계획:

매주 일정: 내담자에게서 초점을 옮겨 승인(approval)에 관한 내담자의 걱정을 다루는 다른 방식을 탐색한다.

제출된 녹음/녹화 자료 ______

날짜 ______

[그림 6-2] 완성된 녹음/녹화 기록 분석 견본([서식 6-5])

서식을 포함하였다. 이 서식은 학생이 작성한 녹음/녹화 회기의 비평과 분석을 개발할 때 지침으로 사용할 수 있다. 완성된 녹음/녹화 기록 분석의 예시를 [그림 6-2]에 제시하였다.

집단 실습에서 과목 목표로 제시한 예시로서 상담자 훈련을 위한 실습 강의안에서 발췌하여 제시하였다. 학생은 실습 과정 동안 부가적이고 다양한 요구 사항이 포함될 수 있다는 것을 유념해야 한다.

집단 실습에서의 지도와 과정 목표의 예시*

수업 목표:

- 상담, 자문 및 지도 경험에 대한 전문성을 개발
- 다양한 상담 이론, 기술 및 과정에 대한 이해를 설명
- 내담자와 현장 직원과의 촉진적이고 지속적인 관계 수립
- 기록 보관과 사례 보고에 대한 기술과 역량을 입증
- 실습 경험에 관한 반응과 정보를 공유할 수 있는 안전한 장소 제공
- 상담사로서의 직업적 정체성의 정의
- 강점과 성장 지점을 관찰하고 확인하는 기술의 개발
- 내담자와의 작업에서 느끼는 개인적 이슈의 탐색과 확인
- 문화적 다양성이 상담 작업과 어떻게 상호작용하는지에 관한 이해 증진
- 상담 실무에 관한 미국상담학회(ACA) 윤리 기준에 대한 이해 입증

과제:

- 이 과정은 사례 개념화, 내담자 사정 및 평가, 구두 및 서면 사례 보고, 개인상담 개입에서의 상담 성과 평가에 초점을 둔 실습 경험을 지도한다. 각 실습 영역은 문제-기반 성장 집단 슈퍼비전 모델을 사용한다. 이 모델에서, 학생들은 상담하고 있는 현재 사례와 전문적인 문제를 공개적으로 논의하며 자신의 개인 상담 스타일을 개발하고 피드백을 주고받는 활동에 참여해야 한다. 수업 방식은 작은 강의, 시연, 집단 토의, 학생 발표가 있다.
- 사전 자기 평가: 개발하고 있는 상담사로서의 자신을 평가하는 4~5쪽 분량의 보고서를 작성하라. 보고서에는 ① 훈련 중인 상담사로서의 강점, ② 성장 지점, ③ 학기 목표, ④ 부가적으로 살펴보고 작업해야 할 역전이 문제, ⑤ 기술할 수 있는 이론적 지향점 등을 포함한다. 보고서는 APA 방식으로 작성해야 한다.

- 임상 사례 발표: 학생마다 하나의 주요 사례를 발표해야 한다. 내담자에 대한 구두 기술에는 아래 열거된 정보를 간략하게 설명해야 한다. 발표의 초점은 답할 수 없었던 질문에 관해 논의해야 한다. 사례 발표의 경우, 학생들이 보고 있는 동안 단서를 발견할 수 있는 가장 최근의 녹화 또는 녹음 회기를 볼 수 있어야 한다. 사례 발표는 20분에서 30분이 되어야 한다. 또한, 초기 면담의 요약 정보, 배경 정보, 임상적 인상, 내담자와 치료사, 치료 경과, 내담자 치료 이력, 답하지 못했던 질문 등을 요약한 사례 개념화 보고서는 8쪽에서 10쪽 정도의 분량으로 작성하여 약속한 날짜에 슈퍼바이저에게 제출한다. 보고서의 등급은 내용의 관련성, 성찰의 깊이, 글쓰기의 질에 초점을 맞추게 된다. 보고서는 APA 방식으로 작성해야 한다.
- 과정 후 자기 평가: 상담 훈련생으로서 첫 학기를 이수한 후 4쪽에서 5쪽 분량의 보고서를 다시 작성한다. 초기 평가와 비슷하거나 차이가 있는 부분을 메모한다. 보고서는 ① 강점, ② 성장 지점, ③ 향후 훈련을 위한 학습 목표, ④ 역전이 문제 ⑤ 이론적 지향점을 포함해야 한다.

★ Megan Curcianni(MS, NCC, LPC), Janet Muse-Burke(Marywood 대학 심리 및 상담학 박사)의 교육과정을 적용함. 승인받고 인쇄함.

집단 슈퍼비전 활동

집단 슈퍼비전에서의 전형적인 수업 회기는 학생의 실습에 관한 어떤 특정 관심사를 다루는 것으로 시작된다. 시급한 문제를 처리한 후 실습생은 다음 중 하나에 참여할 수 있다.

- 자기 평가 및 기술 개발 지향점에 관한 것
- 실습 현장에서 만난 내담자와의 문제 상황에 대한 롤플레잉(role-playing)
- 녹음/녹화된 상담 회기의 경청과 검토
- 수업 구성원이 이전에 녹음했던 상담 회기에 대한 복습
- 집단 구성원과 관계된 일반적인 문제와 내담자 작업과 관련 있는 기법과 이론의 토론
- 법적 · 윤리적 · 다문화적 문제를 포함하여 개인과 직업적 상호작용에 대하여 동료와 피드백 주고받기
- 동료 자문 집단 활동에 참여
- 평가, 사례 개념화, 목표설정 및 치료계획을 포함한 사례 발표 준비 및 진행

동료 자문

동료 슈퍼비전과 자문은 슈퍼비전 과정의 유익한 보조 활동이지만 사전에 몇 가지 주의해야 할 것이 있다. 동료 슈퍼비전은 실습 중 정기 슈퍼비전의 보조 활동이어야 한다. 동료 자문은 순위를 매기고 인식을 공유하는 것을 통해 기술 개발을 증진할 수 있으나 집단 슈퍼비전에서 충분한 훈련과 실습을 제공 받은 후 동료 슈퍼비전 활동을 하는 것인지 확인하는 것이 중요하다(Boyd, 1978). 집단 슈퍼비전 수업에서 동료와 일대일 대화나 소그룹 상담 활동과 수업 외부에서 동료 상담 활동을 통해서 전문상담사는 동료 상담 활동을 지속적인 업무로 통합할 수 있도록 준비한다. 문헌에서는 동료와의 협업을 여러 용어로 사용하고 있다(예를 들면, 동료 슈퍼비전, 반영 팀, 동료 자문 등). 여기에서는 동료 자문이라는 용어를 사용할 것이다. 집단 슈퍼비전에서 동료 자문을 통합할 때의 이점은 다음과 같다.

- 슈퍼비전 관계의 촉진
- 훈련 종료 후의 지속적인 동료 자문을 통한 상담 준비
- 상호 학습, 기술 향상 및 자기 평가에 대한 책임감을 증진하고 전문 슈퍼바이저 의존 정도 감소
- 평가에 초점이 있기보다는 스스로 정한 목표 달성을 위해 서로 돕는 것을 강조
- 상담자가 다른 관점을 고려할 수 있도록 도전하게 한다(Benhoff & Paisley, 1996).

동료 자문 활동에 참여할 때 동료는 지지하고, 도전을 격려하고, 냉철한 피드백 제공의 책임이 있다. 수련생은 동료 자문가로서 기능을 수행하므로 자신의 업무를 검토할 수 있는 능력을 강화하게 된다. 동료 자문의 목적은 자기 인식과 상담의 복잡성에 대한 깊은 이해이다(Granilla, Granilla, Kinsvetter, Underfer-Babulis, & Hartwood Moorhead, 2008). 다음은 동료 자문 활동에 대한 지침이다.

1. 사례에 대한 해결책이나 조언보다 의견을 제시하라.
2. 의미 또는 해석의 가능성을 가설 또는 추측성으로 말하라.
3. 질문으로 호기심을 표현하라.
4. 판단을 피하라(Winslade & Monk, 2007).

동료 자문은 녹음/녹화 자료의 검토, 목표설정, 사례 개념화, 이론적 지향성에 대해 직접 피드백할 수 있다. 이 작업은 구조화된 슈퍼비전 도구를 사용할 때 효과적이다. 특정 상담 기술을 소개하고, 시연하며, 집단 맥락의 실습을 할 수 있고 녹음/녹화 자료에 대한 동료 평가를 할 수 있다. 녹음/녹화 자료에 대한 동료 비평은 특정 기술에 대한 평가에 초점을 둔 구조여야 한다. 예를 들면, 목표 기술(target skills)인 기본 공감, 개방형 질문이나 구체적인 질문과 같은 촉진 기술이 한 번 또는 그 이상 사용되었는지 확인하는 것이다. 이 외의 목표 기술인 긍정 또는 부정 정서의 처리와 인지 또는 효과적인 탐색 여부이다. 동료 평가([서식 6-6])와 면담자 평가([서식 6-7]) 서식은 구조적인 동료 평가 활동에 사용될 수 있고 [서식] 섹션에 포함되어 있다.

기능적으로 기본 기술의 사용을 증진하기 위한 또 다른 접근 방식은 역기능적(dysfunctionl) 상담 행동을 확인하고 행동의 최소화를 위해 가르쳐 주는 것이다(Collins, 1990). 기능적인 기술을 평가하는 대신에 동료 관찰자가 상담 녹음/녹화 자료를 검토하며 과도한 질문이나 조기 문제 해결과 같은 기능을 막는 기술의 빈도를 측정(measurement)할 수 있다. 목적은 상담자가 실제 회기에서 역기능 상담 행동을 감소시키거나 하지 않는 것이다. Collins(1990)는 사회복지 수련생의 실제 내담자 면담과 역할 활동에서의 역기능적 상담 행동 발생에 관한 연구에서 다음과 같은 역기능적 행동을 확인하였다.

- 서투른 면담 시작: 집중시키는 기법보다 일상적인 대화식이나 잡담으로 회기를 시작한다.
- 말투: 상담사가 하는 응대의 말투로 '어~(uh-huh)', '예~(yeah)', '오케이~(okay)' 또는 '알겠어(sure)'와 같은 짧은 단어나 한 단어들로, 평가적으로 반응하는 말투의 두 가지 유형으로 구성된다.
- 폐쇄형 질문: 상담사는 예, 아니요 또는 나이나 자녀 수와 같은 단답식 질문을 한다.
- 왜(why) 질문: 상담사가 '왜(why)'라는 단어로 시작하는 진술을 요구한다.
- 과도한 질문: 상담사가 질문에 대한 뚜렷한 반영적 구성(reflective component) 없이 3개 또는 그 이상의 질문을 연속적으로 한다(반영적 구성이란 상담사가 내담자가 진술서에 표현한 것들에 대한 재진술을 요청하는 것이다).
- 미성숙한 조언이나 성급한 문제 해결: 상담사가 회기의 첫 10분 동안 또는 첫 면담, 판단적 진술 혹은 내담자와 작업하는 동안 문제 해결 후에 미성숙한 조언을 하게 된다.
- 최소화: 상담사가 내담자의 문제를 가볍게 여기거나, 그럴듯하게 반응하거나, "살면

서 나쁜 일만 있는 것은 아니다"와 같은 부적절한 의견을 제시한다.

또 다른 구조화된 동료 비평 과정(structured peer reviewing process)은 [서식 6-1]을 사용하여 상담 수행 기술에 대한 자기 평가를 할 수 있다. 이것을 자기 평가에 적용하는 대신, 동료 자문 집단에서 이 항목을 사용하여 집단 슈퍼비전 수업의 구성원이 제시한 상담 녹취 평가에 사용할 수 있다. 검토 중인 녹취 자료를 가진 학생은 피드백을 원하는 항목을 선택할 수 있다.

Borders(1991)는 사례 발표 접근을 기초로 구조화된 동료집단 슈퍼비전(Structured Peer Group Supervision: SPGS) 모델을 제시했다. 이 모델은 상담자가 내담자와의 치료 이슈를 간략히 요약하여 제공한다. 다음에 상담자는 상담 회기의 예시(녹음 또는 녹화 기록)를 준비한다. 상담자는 내담자나 녹음된 회기와 피드백 요구에 관한 질문을 명시한다. 동료는 역할, 관점 또는 녹음 회기 검토와 관련된 과업이 부여된다.

동료는 주로 기법을 관찰할 수 있는데, 예를 들면 직면의 수행, 회기에 대한 다른 관점, 또는 상담자가 상담자와 내담자 관계를 얼마나 잘 수행하는지와 같은 것이다. 또 다른 과업은 역할을 선택하여 수행 평가를 하는 것이다. 동료는 상담사, 내담자 또는 내담자 삶에서의 어느 주요 인물 관점에서의 수행과업을 질문할 수 있다.

마찬가지로 구조화된 학습 활동은 피드백을 요구하는 슈퍼바이지가 제기한 자기 인식 또는 문화 차이 인식 질문에 집중할 수 있다. SPGS 모델을 사용하며 포함할 수 있는 몇 개의 다른 전략을 사례 세미나에서 사용할 것을 제안할 수 있다.

집단 슈퍼비전에서 실습 평가

형성 평가(Formative Evaluation)

평가는 실습 전반에 걸쳐 여러 번 감독자에 의해 제공된다. 실습 현장과 대학 환경에서 정기적으로 매주 개인 또는 집단 슈퍼비전 회기를 통해 학생의 지속적인 업무 평가가 이루어진다. 수련생이 자신이 하는 일에 대하여 정기적으로 수행하는 피드백을 형성 평가라고 한다. 슈퍼바이저는 학생의 다양한 기술, 능력 및 인식을 계속하여 평가한다. 이러한 평가는 상담 기법에 대한 의견부터 사례 개념과 관련한 대화까지 다양하다. 일반적으로 형성 평가는 말로 이루어지며, 슈퍼바이저는 자주 슈퍼비전 내용과 과정에 대한 메모를 보관한다. 집단 슈퍼비전에서는 서면 또는 구두로 여러 과제를 배당하고 완성된 것을 평가한다. 동료 상담 및 녹음/녹화 자료의 검토와 관련한 집단의 상호작용을 관찰하고 기술 영역의 적절성에 대하여 평가한다. 개인 슈퍼비전 평가는 집단 슈퍼비전 평가와 통합하여 최종 실습 성적을 결정한다.

평가는 슈퍼바이저에 의해 실습을 하는 동안 다양한 시간에 제공된다. 수련생이 하는 일에 대한 지속적인 평가는 실습 현장과 대학에서 주마다 개인 또는 집단 슈퍼비전 회기 동안 규칙적으로 실시된다. 이와 같이 정기적으로 실습생에게 피드백해 주는 작업을 형성 평가라고 한다. 슈퍼바이저는 학생의 기법, 능력, 인지를 다각도로 지속적으로 평가한다. 이러한 평가는 사례 개념화 관련 대화부터 상담 기법에 대한 의견까지 다양할 수 있다. 일반적으로 형성 평가는 언어로 이루어지며 종종 슈퍼바이저는 슈퍼비전 과정과 내용을 기록하여 보관하기도 한다. 집단 슈퍼비전에는 기록 및 구두 발표 서너 개를 할당하고 완료까지 부과된 것을 평가한다. 동료 자문과 녹음 검토를 포함한 집단의 상호작용은 적절한 기법을 사용했는지에 대한 부분에 집중된 평가와 관찰을 한다. 개인 슈퍼비전 평가는 실습의 최종 성적 결정을 위해 집단 슈퍼비전 평가와 통합한다.

총괄 평가(Summative Evaluation)

총괄 평가는 일반적으로 실습 중간과 종결 시 제공한다. 슈퍼바이저는 학생의 발달 정도 평가를 구두로 하거나 표준화된 평가 도구를 사용할 수 있고, 슈퍼바이지 수행 평가 도구(Supervisee Performance Assessment Instrument)는 〈부록 1〉에 있다. 슈퍼비전 동안에 슈퍼바이저 간 협조를 통해 새로운 목표를 확인하거나 실습생에 대한 슈퍼바이저의 평가에 사용할 수 있다. [서식 7-5](수련생에 대한 슈퍼바이저의 최종 평가)는 수련생으로의 전환에 요구되는 기술 수준에 대한 평가이다.

수련으로의 전환

최종 평가는 실습에서 두 가지 목표를 만족시킨다. 첫째, 학생이 실습에서 수련 단계로 진입하려면 무엇이 요구되는지 알 수 있는 주요 내용을 제공한다. 학생이 내담자와 하는 상담 실습 능력이 걱정된다면, 지침에 따라 지지가 되는 진솔한 형성 평가를 받아야 한다. 학생의 집단과 개인 슈퍼바이저는 상황 개선을 위한 방식을 논의하기 위해 학생과 대면하여 협력해야 한다. 대다수 프로그램은 이러한 상황을 해결할 수 있는 절차가 있다. 둘째, 실습에서의 총괄 평가는 실습에서 추구하는 다음 수준의 기술 개발 목표를 명료화하는 수련 단계로 나아갈 기회가 된다. 집단과 개인 슈퍼비전 평가는 수련생의 최종 성적과 평가를 위한 실습의 일부이다.

수련으로의 전환을 위해 요구되는 기술 수준

각 실습 프로그램은 수련생을 위한 상담자 훈련에서 요구되는 기술 수준의 준거를 고려해야 한다. 이러한 요구 사항을 위한 지침으로 다음과 같은 기술 수준을 수련생에게 제시하고 있다.

1. 지속적인 기초 및 심화 조력 기술의 사용이 제시된다.
2. 적어도 하나의 이론적 체계와 일치하는 특정 이론 기반 기법을 적절히 사용할 수 있는 능력이 있다.
3. 시작과 종결 회기의 기술 시연과 회기의 연속성을 관리한다.
4. 윤리 지침에 관한 지식과 실천 모습을 실습에서 볼 수 있다.
5. 내담자의 역동을 설명할 수 있는 자료를 인지하고 관찰하는 등의 자각과 관련한 인지 기술이 있다.
6. 사례 기록, 면담 요약, 사례 개념을 정확하게 작성한다.
7. 어떤 개인적 역동이 내담자와 상담 회기에 영향을 미치는지 인식하고 문화적 차이에 관한 민감성이 있다.
8. 슈퍼비전 회기에서 슈퍼바이저의 지시에 대하여 보통 이하의 의존성과 낮은 불안 수준을 보인다.

수련에서의 집단 슈퍼비전

CACREP 인증 지침에서는 수련생이 직접적인 서비스 외에 다양한 전문 활동 및 자원에 익숙해지도록 기회를 제공할 것을 규정하고 있다. 또한 학생은 교직원의 감독하에 프로그램 교수 또는 수련생 슈퍼바이저에 의한 수련을 통해 집단 슈퍼비전을 한 주에 평균 1시간 반을 받아야 한다. 학생의 상담 성과와 지식 통합과 적용 능력의 부분으로서 형성 평가와 총괄 평가를 받는다(CACREP, 2009). 상담사 교육 프로그램 인가에 관한 캐나다 상담·심리치료학회의 상담자교육프로그램인증협의회 지침은 학생이 프로그램 교수진과 협력하여 유자격 현장 슈퍼바이저에 의한 정기적인 개인 슈퍼비전을 받는 곳에서 400시간 동안의 최종 실습을 완료해야 한다. 집단 슈퍼비전 경험은 규정되어 있지 않다(Canadian Counselling and Psychotherapy Association, 2003). 학생은 수련 단계(최종 실습)에서 내담자의 호소 문제를 이해하고 분석하며 적절한 상담 개입을 실행함으로써 상담 실습을 더욱 개선하고 발전시킬 것이다.

Hatcher와 Lassiter(2007)는 직업심리학에 수록한 훈련 역량 관련 논문에서 역량 개발 진보와 관련한 몇 가지 도전 단계를 다음과 같이 제안하였다.

1. 초심자(N): 초심자는 문제 분석과 개입 기술을 구현하는 지식, 이해력 및 능력이 제한적이다. 중요한 것과 그렇지 않은 것의 세세한 차이와 패턴 구별이 제한적이다. 그들은 내담자가 더 건강하게 기능하려면 어떻게 변화해야 하는지에 대한 개념 형성이 잘되어 있지 않다.
2. 중급자(I): 이 단계의 학생은 주요 패턴에 관한 인지 경험이 충분하며 제시된 문제에 반응할 수 있는 개입 방안을 선택할 수 있다. 그들은 초보자 수준의 사람들보다 피상적인 수준을 넘어 이해하고 개입하지만, 새로운 상황 및 내담자에 대하여 일반화하는 것은 제한적이며 슈퍼바이저의 지원이 필요하다.
3. 고급자(A): 이 단계의 학생은 내담자 이해 과정과 지식을 통합할 수 있고 반복 패턴 인식이 가능하여 적절한 개입 전략을 선택할 수 있다. 치료계획과 사례 개념화는 더 통합된 지식을 기반으로 하며 이러한 이해는 치료 행동 선택에 영향을 미친다. 학생은 숙련된 실무자(다음 단계의 역량)보다 유연성은 부족하나 숙달하며 극복할 수 있고 광범위한 임상 작업을 관리한다.

수련생은 실습 경험을 종료하고 자신의 기법 수준을 검토할 때 숙달 과정을 서술하며 숙고할 수 있다. 다수의 학생은 일반적인 내담자와 치료적 관계를 세우며 어느 정도의 자신감과 기법을 발달시키고 정서적이며 기능적인 삶의 상황을 더욱 건강하게 변하는 방법에 관한 개념을 구성하므로 이론 기반 기법을 광범위하게 탐색하게 된다. 인지상담 기법으로 이동하는 수련 단계에서의 집단 슈퍼비전의 핵심은 상담 과정에서 자기 인식, 문화 차이 인식, 전문적 이해를 적용하는 것이다. 수련 동안의 집단 슈퍼비전 세미나에서는 임상적 사고 기술을 어떻게 상담 실습에 적용하는지 시범을 보이는 공인된 상담사 실습 프로그램을 요구한다. 전형적으로 세미나에서는 다음과 같은 지시를 포함한다.

- 사례 개념화 발표 및 보고서: 학생은 수련 단계 실습에서 현재 사례에 대한 호소 문제의 개요, 정신과적 병력, 의학적 병력, 가족력, 교육/직업 이력, 정신 상태, 평가, 진단적 인상, 치료계획 및 목표와 사례 진행 기록을 포함하여 발표한다.
- 통합 보고서: 학생은 사례에 대한 통합적 접근 방식을 제시하는 두 줄 간격의 보고서를 작성해야 한다. 보고서는 두 부분으로 작성한다. 1부에서 학생은 ① 인간의 건강과 기능 장애, ② 상담사의 역할, ③ 치료적 변화의 목표와 방법, ④ 치료적 변화에 대한 과정과 관련한 자신의 철학적, 이론, 실습 관점을 망라해야 한다. 2부에서 학생은 수련 실습을 근거로 사례를 해석하여 발표한다. 상담 사례 발표는 (예후 진술을 포함하여) 초기 면담의 사례 설명을 포함하여 종결까지 포함한다.
- 학생은 상담 실습 점검에서 다음의 역량을 보여 줌으로써 문화적 다양성 적용 기술을 시연할 수 있다.
  내담자의 문화적 차이에 대한 자각과 존중
  필요에 따라 내담자의 문화에 대하여 더 배우려는 태도
  사례 개념화, 진단, 개입, 개입 작업 등에 문화적 다양성 역량 적용

수련에서의 집단 슈퍼비전 모델

Bernard와 Goodyear(2014)는 집단 슈퍼비전을 "서비스 대상인 내담자와 함께하는 일반적인 업무에 대하여, ① 지정된 슈퍼바이저와 함께, ② 일의 질을 관찰하고, ③ 임상가로서 자기 이해 향상을 위해 정기적으로 슈퍼바이지를 집단으로 만나는 것이라고 일반적으로 정의하였다"(p. 181). 슈퍼비전 집단원이 초보 수준에서 발전된 기술 수준으로 옮겨 가며 처음에는 전형적으로 사례 개념화와 개입에 초점을 맞추어 상호작용을 하고 서서히 개인에게 초점을 맞추는 것(personalization)에 더 많이 할애하는 쪽으로 이동하게 된다.

SPGS(Structured Peer Group Supervision Model) 모델

Borders(1991)가 제안한 이 모델은 훈련 중인 동료 자문 집단을 위한 회기에서 이미 검토되었다. 이 접근법은 수련 단계 수준에서도 유효하다. 초보 상담자가 이 모델을 사용할 때, 슈퍼바이저는 더 많은 방향과 구조를 제공한다. 상급의 슈퍼바이지와 이 모델을 사용할 때, 슈퍼바이지는 보다 많은 책임을 진다. 슈퍼바이저는 집단의 중재자로 대응하며 계속 직무를 수행하도록 한다. 그런 다음 슈퍼바이저는 과정 해설자 역할을 하며 집단 역동에 대해 피드백을 한다. 이후 슈퍼바이저는 첫 피드백과 논의 내용을 요약하고 발표 상담자에게 슈퍼비전에 기대했던 것이 있었다면 충족되었는지 질문한다.

Lassiter, Napolitano, Culbreth, 그리고 Ng(2008)는 동료 반응자에게 다문화-집중 관찰자(a multicultural-intensive observer) 역할을 포함하기 위하여 Borders의 틀을 확장할 것을 제안하였다. 이들은 회기에서 제기된 문화적 문제에 집중하였고, 문화적 차이와 가설, 특권과 힘의 차이와 관련된 이슈를 포함하였다.

또 다른 변형은 '설명적 은유(a descriptive metaphor)'를 개발하여 관찰자가 회기를 관찰할 수 있도록 질문하는 것이다. Borders는 문제가 상담사와 내담자 간의 대인관계 문제이거나 상담사가 '꼼짝 못하게 난감한(stuck)' 상태라고 느꼈을 때 그것이 유용하다는 것을 알았다. 관찰자가 전체 로드맵을 생각하고 상담자가 취할 방향을 설명하거나 영화처럼 회기를 생각하고 드라마에서 배우가 맡은 부분을 기술하도록 할 수 있다.

인지상담 기술에 초점을 맞추기 위해 상담자 질문 및 동료 과제는 다음과 관련된 이론적 관점을 따른다.

1. 내담자에 대한 평가
2. 이슈 또는 문제의 개념화
3. 상담의 목표
4. 개입의 선택
5. 과정의 평가(Borders & Brown, 2005, pp. 62-63).

상담자가 상담 회기에서 녹음/녹화 부분을 제출한 후, 집단 구성원은 그들의 이론적 관점으로 피드백을 제공한다. 발표한 상담사는 피드백을 요약한다. 이 과정은 인지상담 기술을 개발하는 데 촉진적이며 슈퍼바이저에게 요청된 이론적 관점의 복잡성과 정확성을 관찰할 기회를 제공한다.

구조화된 집단 슈퍼비전(The Structured Group Supervision: SGS) 모델

SGS 모델(Wilbur, Roberts-Wilbur, Hart, Morris, & Betz, 1994)은 슈퍼바이지의 '도움 요청(A plea for help)'에서 시작된다. 이러한 간청에는 사례에 대한 정보와 회기의 실제가 자주 포함된다. 그런 다음 슈퍼바이지는 도움이 필요한 것이 무엇인지 구체적으로 진술한다. 슈퍼비전 집단 구성원은 불완전한 가설이나 놓친 정보를 명료화하기 위해 제시된 정보에 대해 궁금한 것들을 질문한다. 이것은 정보 제공이며 질문을 명료화하는 것이기도 하다. 슈퍼바이저는 이것을 관찰하며 집단 구성원이 섣부른 피드백을 하지 않도록 한다. 집단 구성원이 요청한 도움에서 탐색한 것이 무엇이든 문제를 처리하는 방법을 생각해 볼 수 있는 몇 분의 시간을 부여한다. 그다음 순서에 따라, 각 구성원은 "만약 이 사례가 나의 내담자라면?" 또는 "내가 당신과 같은 고민이 있다면?" 할 수 있는 것이 무엇인지 질문한다. 슈퍼바이지는 계속 침묵할 수 있으나 기록은 할 수 있다. 그것은 더 이상의 피드백이 없을 때까지 지속된다. 이 피드백 과정이 종료되면 슈퍼바이지는 피드백을 생각할 수 있도록 10분에서 15분 정도 휴식을 갖는다. 집단 구성원은 이 휴식 시간 동안 슈퍼바이지와 이야기하지 않는다. 휴식 후 슈퍼바이지는 도움이 되는 피드백과 그렇지 않은 피드백과 이유가 무엇인지 구성원에게 알리는 것으로 집단에 응답한다. 이것은 피드백의 정오(正誤)를 암시하는 것이 아니라 문화적 부합, 치료방식, 또는 사례의 발달사에 중점을 두는 방식으로 제시된다. 집단의 욕구에 따라 슈퍼바이저는 요약하거나 논의하거나 문제를 재구성하여 집단이 다른 가능한 방법으로 보도록 이끌 수도 있다. 집단 과정이나 사례에 대한 의견은 '생각해 볼 만한 것'으로 제공된다. 슈퍼바이지는 개방적이라고 확신하면 자신의 약점이 드러나는 것을 승인하는 위험을 감수한다.

집단 슈퍼비전 평가

수련 단계는 현장 슈퍼바이저와 협력하는 대학 슈퍼바이저에 의해 결정되고 수련 계약서 작성이 완료되면 주어진다. 수련 시간과 관련한 문서는 현장 슈퍼바이저가 작성한다. 개인 슈퍼바이저로부터의 평가는 기술 영역의 다양한 요소를 어떻게 내담자와 실습하였는지 합산하여 반영한 것이기 때문에 최종 평가의 주요 부분이다. 몇몇 평가 도구는 현장 슈퍼바이저가 사용할 수 있도록 〈부록〉에 제공하였다. 교수 슈퍼바이저와 현장 슈퍼바이저 간 협력은 수련 단계 완료까지의 과정을 총괄 평가(summative evaluation)하기 위해 필수적이다. 교수 집단 슈퍼바이저는 매주 집단상담 참여와 인지적 상담 기술 과제에 대한 성취를 기반으로 인지적 수행 기술 평가를 하게 된다. 형성 평가(Formative evaluations)는 동료 집단과의 상호작용에 중점을 둔 4개의 명시된 기술 영역과 관련한 수행 관찰을 기반으로 한다. 수련 단계에서 학생은 중급, 고급, 또는 전문적 수준의 수행을 이행하여야 한다. 어느 기술 영역에서 초보자 수준의 수행을 보이는 학생이 있다면 통보하고 적절한 조치를 요청해야 한다.

집단 슈퍼비전 교수 슈퍼바이저는 총괄 평가를 위해 수련생의 사례 개념화 발표의 검토와 평가, 수련생이 사용한 길잡이 이론(guiding theory)이 명확히 표현된 종합 논문(integrative paper)의 검토와 평가, 그리고 세미나 훈련 과정을 통하여 자기 자각/문화 차이-인식 기술과 인지 기술을 어떻게 통합하는지 관찰한다. [서식 7-6]은 상담 실습 평가를 위해 집단 슈퍼바이저가 사용할 수 있다.

개인 현장 슈퍼바이저와 또는 개인 교수 슈퍼바이저로부터의 평가는 기술 영역의 다양한 요소를 내담자와 함께 어떻게 실습하였는지 합산하여 종합하기 때문에 중간 평가 및 최종 평가에서 중요 부분이다. 몇 개의 평가 도구는 개인 슈퍼바이저가 사용할 수 있도록 〈부록〉에 제시하였다. 집단 슈퍼바이저와 개인 슈퍼바이저 간 협력은 수련 단계 완료를 위한 과정의 총괄 평가(summative evaluation)를 위해 필수적이다. 수련 단계가 성공적으로 완결되면 수련생은 상담 수행과 전문 기술, 인지상담, 자기 자각/문화 차이-인식에서 적절한 역량을 보여 주고 초급 수준의 전문상담자로서 인증 추천을 받기 위해 슈퍼비전에 협력한다.

요약

이 장에서는 실습과 수련 동안 집단과 개인 슈퍼비전 구성에 사용할 수 있는 기술 기반 모델을 제시하였다. 상담 수행과 관련하여 개발할 영역과 전문적 기술, 인지상담 기술, 자기 자각/문화 차이-인식 기술 그리고 슈퍼비전에서의 발달 수준을 검토하였다. 자기 평가 활동은 슈퍼비전 목표와 연결하여 훈련 중인 상담자(counselors-in-training) 지침으로 제시하였다. 과정 목표와 과제의 예시는 일반적으로 집단 실습과 집단 수련 세미나에 포함하였다. 다양한 학습 활동과 동료 자문은 집단 슈퍼비전 과정에서 접근한 것들로 제시되었다. 끝으로 형성 및 총괄 평가 실습을 검토하였다.

참고문헌

Benhoff, J. M., & Paisley, P. O. (1996). The structured peer consultation model for school counselors. *Journal of Counseling and Development*, *74*(3), 304-318.

Bernard, J. M., & Goodyear, R. K. (2014). *Fundamentals of clinical supervision* (5th ed.). Upper Saddle River, NJ: Pearson.

Borders, L. D. (1991). A systematic approach to peer group supervision. *Clinical Supervision*, *10*(2), 248-252.

Borders, L. D., & Brown, L. L. (2005). *The new handbook of counseling supervision*. Mahwah, NJ: Lahaska.

Borders, L. D., & Leddick, G. R. (1997). *Handbook of counseling supervision*. Alexandria, VA: Association for Counselor Education and Supervision.

Boyd, J. (1978). *Counselor supervision: Approaches, preparation, practices*. Muncie, IN: Accelerated Development.

Canadian Counselling and Psychotherapy Association. (2003). *Accreditation manual*. Retrieved October 2013 from www.ccpa.accp.ca/en/accreditation/standards.

Collins, D. (1990). Identifying counseling dysfunctional skills and behaviors. *Clinical Supervisor*, *8*(1), 67-69.

Corey, G. (2013). *Theory and practice of counseling and therapy* (9th ed.). Belmont, CA: Brooks/Cole, Cengage Learning.

Cormier, S., & Hackney, H. (2012). *Counseling strategies and interventions* (8th ed.). Upper Saddle River, NJ: Pearson.

Council for Accreditation of Counseling and Related Educational Programs (CACREP). (2009). *CACREP standards*. Alexandria, VA: Author.

Egan, G. (2013). *The skilled helper: A problem management and opportunity development approach to helping* (10th ed.). Belmont, CA: Brooks/Cole.

Fall, M., & Sutton, J. M., Jr. (2004). *Clinical supervision: A handbook for practitioners*. Boston: Allyn and Bacon/Pearson.

Granilla, D. H., Granilla, P., Kinsvetter, A., Underfer-Babulis, J., & Hartwood Moorhead, H. J. (2008). The structured peer consulting model for school counselors. *Counselor Education and Supervision*, *48*(1), 32-47.

Hatcher, R. L., & Lassiter, K. D. (2007). Initial training in professional psychology: The practicum competencies outline. *Training & Education in Professional Psychology, 1*, 49-63.

Ivey, A. E., Ivey, M. B., & Zalaquett, C. P. (2010). *Intentional interviewing and counseling* (7th ed.). Belmont, CA: Brooks/Cole.

Lassiter, P. S., Napolitano, L., Culbreth, J. R., & Ng, K. M. (2008). Developing multicultural competence using the structured peer group supervision model. *Counselor Education and Supervision*, *47*, 164-178.

Remley, T. P., Jr., & Herlihy, B. (2014). *Ethical, legal, and professional issues in counseling* (4th ed.). Upper Saddle River, NJ: Pearson.

Wilbur, M. P., Roberts-Wilbur, J., Hart, G., Morris, J. R., & Betz, R. L. (1994). Structured group supervision (SGS): A pilot study. *Counselor Education and Supervision*, *33*, 262-279.

Winslade, J. M., & Monk, G. D. (2007). *Narrative counseling in schools.* Thousand Oaks, CA: Corwin.

개인 슈퍼비전

슈퍼바이저의 역할과 기능

미국상담학회(ACA) 윤리 규정에 따르면 "상담 슈퍼바이저의 가장 기본적인 의무는 실습 중인 상담사 또는 다른 상담사가 제공하는 서비스를 모니터하는 것이다. 상담 슈퍼바이저는 내담자의 복지와 슈퍼바이지의 임상 수행과 전문적 발달을 모니터링한다"(ACA, 2014, F1.a). 또한, 슈퍼바이저는 슈퍼비전 방식과 기술에 대한 교육을 받고 정기적으로 슈퍼비전 및 상담에 대한 지속적인 교육을 실행해야 한다. 규제 이사회는 슈퍼비전을 제공하는 상담 전문가가 슈퍼비전 교육 및 인증을 받도록 요구하기 시작했다. Bernard와 Goodyear(2014)는 2개의 슈퍼비전 목적을 명시하였다.

1. 슈퍼바이지의 전문적 발달을 촉진하기 위한 지지적 및 교육적 기능
2. 내담자의 복지 증진을 위한 모니터링 과정의 일부로서의 선별적 기능

슈퍼바이저는 실무 숙련자로서 임상 기술, 훈련, 경험을 바탕으로 실습 현장에서 상담 수련생의 전문적 활동을 관찰하고 모니터하여 인증한다. 대학 슈퍼바이저는 실무 능력을 증진하는 현장 슈퍼바이저와 유사한 역할을 하지만 실습 현장과 협력관계를 통해 간접적으로 한다(Ronnestad & Skovholt, 1993). 슈퍼바이저의 기능은 문헌에서 다양하게 기술되

어 왔다. Dye(1994)는 슈퍼비전이 높은 수준의 격려, 지지, 피드백 및 구조화를 제공해야 한다고 제안하였다. 심리치료 슈퍼바이저는 교사, 멘토, 평가자로서 다양한 수준의 책임을 맡게 된다(Whitman & Jacobs, 1998). 슈퍼바이저는 특정 이론에 입각하여 상담을 진행하는 역할 모델, 기술 습득 진전 단계에 따라 슈퍼바이지의 발달을 돕는 전문가 발달 관리자, 슈퍼비전 과정의 교사, 상담자, 컨설턴트 등 다양하게 설명된다(Bernard & Goodyear, 2014). 슈퍼바이저의 역할은 상담자의 최고 발달 수준에 대한 인식에 따라 다르게 정해진다(Pearson, 2000). 초급 수준의 상담자는 그들의 상담 효과와 기술에 대해 확신을 갖지 못하는 경향이 있어 지지 욕구가 큰 경향이 있다. 중급 수준의 상담자는 그들의 자신감 수준에서 일희일비(一喜一悲)하는 경향이 있다. 높은 수준의 상담자는 그들의 자신감과 기술 수준에서 높은 일관성이 있다. 실습생은 대체로 초급 또는 중급 수준 범위 내에서 발달 수준이 개인별로 독특하게 진행되는 경향이 있다. 어떤 경우는 다른 사람에 비해 매우 빠르게 옮겨 간다. 또 어떤 경우는 정체해 있다가 다시 진행하기도 한다. 어떤 경우는 시작 단계에 머물러 있기도 한다. 어떤 과정은, 새로운 상황이 되면 퇴보하였다가 다시 안정적으로 진행되기도 한다. 슈퍼바이저는 종종 실습생의 발달적 욕구와 조화를 이루는 방식으로 슈퍼비전을 구조화하기도 한다.

행정 및 임상 슈퍼비전

가장 논란이 되는 슈퍼비전 영역은 임상적 기능과 행정 슈퍼비전 기능으로 뚜렷한 차이를 보인다. 임상적 슈퍼비전 기능은 상담, 자문, 그리고 상담 훈련생이 내담자에게 직접 제공하는 서비스와 관련 있는 훈련을 강조한다. 행정적 기능은 업무 지시, 평가, 그리고 서비스와 프로그램의 제도적 및 전문적 책임을 강조한다. 즉, 임상적 슈퍼비전이 강조될 때는, 상담 훈련생의 임상 기술 발달을 위해 슈퍼바이저-슈퍼바이지의 상호작용에 초점을 둔다. 피드백은 전문성과 윤리적 지침 및 임상 보고서와 관련된 것들이다. 대조적으로 행정적 슈퍼비전이 강조될 때는 명시된 시간 유지하기, 마감 시한에 맞추기, 정책과 절차 준수가 강조되고 최소한의 허용 가능한 수준에서 숙달할 수 있는 업무인지를 판단하는 것이 강조된다. 피드백은 제도적 표준과 관련이 있다. 이상적으로는 동일 인물이 임상적 슈퍼비전과 행정적 슈퍼비전 양쪽을 제공하는 것을 추천한다. 현실이 항상 그런 것은 아니다. 그러므로 임상적 및 행정적 슈퍼비전을 위한 회의 일정이 분리되어야 한다.

상담 훈련생은 임상적 및 행정적 피드백 둘 다를 기대할 수 있다. 그러나 이번 장에서는 임상 슈퍼비전에 따른 지시와 임상 슈퍼비전 상황과 관련 있는 개입, 진단, 평가 기법을 강조한다. 학생은 실습 및 수련을 받으며 행정상의 슈퍼비전에서 임상 관련 비율을 반영할 수 있다.

슈퍼바이저-슈퍼바이지 관계

임상 슈퍼비전에서 슈퍼바이저와의 작업 관계 발달의 중요성은 아무리 강조해도 지나치지 않다. 슈퍼비전 관련 연구자와 이론가의 의견 일치는 "좋은 슈퍼비전은 관계에 대한 것이다"(Ellis, 2010, p. 106). 좋은 슈퍼비전은 슈퍼바이저가 진심으로, 정직하게, 그리고 슈퍼바이지와 지금 함께할 때 발생한다. 여러모로 좋은 치료로 진입하는 과정과 유사하다(Majcher & Daniluk, 2009). 그러므로 수련생은 슈퍼비전 과정을 시작할 때 자신의 태도, 편견 및 기대치를 평가해야 한다.

대체로 슈퍼바이지들은 슈퍼비전 과정에 대하여 다음과 같이 예측 가능한 불편감을 느끼는 경향이 있다.

- 슈퍼바이저가 하는 평가에 대한 불안
- 부정적인 자기 평가와 관련된 감정(즉, 나는 흠이 있어, 내가 잘못한 것이 있어.)
- 전이의 문제(즉, 실제보다 슈퍼바이저가 훨씬 비판적이거나 처벌적이라고 인식하는 부정적 전이 또는 슈퍼바이저를 이상화한 긍정적 전이)(Bernard & Goodyear, 2014)

슈퍼바이저가 하는 수행 및 평가 이상의 관심은 학생을 방어적인 태도로 이끌어 갈 수 있다. 훈련생이 슈퍼바이저를 비판하며 반응하는 것은 비상식적인 것이 아니고 그런 이유로 슈퍼바이저의 피드백과 평가에 저항할 수도 있다. Borders(2009)는 상호 존중에 기초한 안전한 환경은 슈퍼바이지가 피드백을 열린 마음으로 받아들여 배움과 변화를 기꺼이 이루어 가는 데 필수적이라고 강조하였다. 슈퍼바이저-슈퍼바이지 관계를 논의한 Kaiser(1997)는 슈퍼비전은 슈퍼바이저와 슈퍼바이지 관계의 맥락에서 발생한다고 하였다. Kaiser(1997)는 관계의 세 가지 구성 요소로, "능력과 권위의 사용, 공동의 의미 창조, 그리고 신뢰의 창조"를 인용하였다(p. 16). 상담 훈련생은 슈퍼바이저가 가장 먼저 훈련생의 업무를 평가하기 때문에 자신에 대해 통제권을 가지고 있음을 반드시 인식해야 한다. 훈련생은 효과적인 지도와 피드백을 획득하기 위해 슈퍼바이저를 대할 때 개방적이고 솔직해야 한다. 마찬가치로, 슈퍼바이저와 슈퍼바이지 간 공동의 의미 창조는 당사자 간의 상호 이해 및 합의와 관련이 있다. 이해와 동의를 얻는 정도에 따라 두 당사자가 의사소통하는 방법이 결정된다. 마지막으로, 슈퍼바이저와 슈퍼바이지 사이의 신뢰 관계는 공동의 의미를 창조하고 당사자 간 상호 이해의 확신이 커지며 발전한다. Bordin(1983)은 슈퍼바이저-슈퍼바이지 관계의 성격을 작업 동맹 또는 목표에 합의한 '변화를 위한 연합'으로 규정하고 목표 달성을 위한 필수 업무에 대한 동의, 그들 사이에 발달하는 정서적인 유대로 구성된다고 하였다. Scott(1976)은 슈퍼바이저와 슈퍼바이지의 관계를 동료 관계로 만들 것을 강조하였다. 동료 관계란 상담 과정을 이해하는 데 있어 균형과 책임 분담을 의미한다. 균형이 깨지거나 협력 관계 형성에 어려움이 있을 경우 이를 해결하기 위한 학습 문제 확인을 위해 열린 자세로 논의를 진행해야 한다. 대체로 슈퍼바이저-슈퍼바이지 관계의 문제는 모든 다른 문제의 출발점이 된다.

임상 업무에 대한 직접적인 슈퍼비전이 상담 및 심리치료 전문가 훈련에 가장 중요한 요소이다. 슈퍼비전은 교육 경험 이상이다. 그러한 관계에 포함될 수 있는 모든 잠재된 복잡성에는 강한 상호 관계 작용이 포함된다. 연구는 슈퍼바이저-슈퍼바이지 관계의 중요성을 다루었다. 몇몇 연구는 슈퍼바이저와 슈퍼바이지 사이의 관계 질을 위한 슈퍼비전 성공에 대한 연구이다(Alpher, 1991; Freeman, 1993; Ladany, Ellis, & Friedlander, 1999). 따뜻함, 수용, 신뢰, 이해의 정도는 긍정적 슈퍼비전을 위한 기본으로 규정된다. 훌륭한 슈퍼비전은 과업 및 관계 지향 행동 양쪽을 통합해야 한다. 긍정적 슈퍼비전 경험은 관계와 과업 중심 사이에 냉철한 균형감이 존재한다. 부정적 슈퍼비전 경험은 전체적인 감정 초점이 부정적 관계와 관련된 것이다. 앞서 인용 문헌에는 슈퍼비전 동안 집중해야 할 주요 영역으로 슈퍼바이저-슈퍼바이지 관계 숙고를 위한 충분한 이유와 동기를 훈련 중인 상담사에게 제공할 수 있다고 하였다. 걱정과 갈등에 대한 것들은 확실히 슈퍼비전을 통한 학습의 양을 감소시킨다.

'서투른' 슈퍼비전

슈퍼비전 관련 문헌은 훌륭한 슈퍼비전의 질과 실천에 집중한 논문들로 가득하다.

그러나 비효율적인 슈퍼비전을 다룬 정보는 미흡하다. Magnuson, Wilcoxon, 그리고 Norem(2000)은 「엉망인 슈퍼비전 프로필: 경험한 상담사의 관점에서」라는 논문을 출간하였다. 이 논문은 경험 많은 10명의 임상 슈퍼바이저가 제시한 질문(예를 들면, 귀하의 학습과 전문성 개발에 방해되는 슈퍼비전을 경험한 후 알게 된 것은 무엇인가)에 응답한 것을 연구한 결과이다. 추가적으로 연구자는 엉망인 슈퍼비전에 관한 진술 또는 특성에 관하여 질문하였다. 다음으로 연구를 개관하고 요약하였다. 저자에 따르면 데이터에서 크게 2개의 엉망인 슈퍼비전 범주가 도출되었는데, ① 엉망인 슈퍼비전에서 우선되는 주요 원리, ② 엉망인 슈퍼비전의 일반적 영역이었다. 이후 엉망인 슈퍼비전 참여자의 견해를 반영하여 제안하였다.

주요 원리

불균형: 슈퍼비전 경험의 일부 요소를 과도하게 강조하고 다른 요소들은 배제함

발달적으로 부적절한: 슈퍼바이지에 대한 변화 요구나 역동을 인지하거나 반응에 실패함

차이의 불관용: 슈퍼바이저가 조급하고, 완고하며 유연하지 못하여 슈퍼바이지가 혁신적이 될 기회 제공에 실패함

전문성 모델 또는 개인적 태도가 빈약함: 경계의 위반, 침해, 착취가 발생함

훈련되지 않음: 슈퍼바이저가 받은 교육이 미흡하고 전문적 숙련도가 부족하고 슈퍼바이저로서의 책임을 불편해함

직업적 전문성에 냉담함: 슈퍼바이저가 게으르거나 슈퍼바이지의 성장에 헌신적이지 않음

일반적 영역

조직 및 행정: 슈퍼비전 지침, 슈퍼바이지의 욕구를 명확하게 할 수 있는 초기 면접 과정에서의 태만, 회기 지속성 부족, 비효율적인 집단 슈퍼비전

기술 및 인지적으로 미숙련 참여자, 비숙련된 슈퍼바이저, 신뢰하기 어려운 자원: 치료 및 발달적 기술의 부족, 슈퍼비전 단일 모델에 의존, 상담에 대한 슈퍼바이지 접근을 존중하지 않음

합리적 · 정서적: 슈퍼비전 과정에서의 인간성 상실, 과도한 비판과 저조한 긍정적 피드

백의 제공, 슈퍼비전을 방해하는 개인적 문제를 제시하지 못하는 무능력

이러한 엉망인 슈퍼바이저의 특성은 슈퍼비전에 접근할 때 중요하다. 불행하게도, 비효율적인 슈퍼비전 방식은 슈퍼비전 과정이 시작된 후에 알게 된다. 그러나 그러한 부적절함이나 비전문적 슈퍼바이저를 경험한 슈퍼바이지는 그러한 상황을 극복할 수 있는 지침을 제공하거나 다른 슈퍼바이저에게 슈퍼바이지를 다시 배정하는 대학의 슈퍼바이저(또는 협력자)에게 자문을 받는 것이 중요하다.

개인 슈퍼비전의 접근법

훈련 중인 상담자는 종종 복잡한 감정으로 임상 슈퍼비전에 접근한다. 긍정적인 측면에서 슈퍼비전은 일부 관행을 검증하는 데 초점을 맞추어 도움이 되는 지지적 상호작용으로 간주될 수 있다. 부정적인 면에서 슈퍼비전은 부적절한 것을 노출시키는 상호작용에 주목하므로 그 이상의 무능력감으로 학생을 떠나게 할 수 있다. 학생이 슈퍼비전에 접근할 때 두 가지 기대 모두를 갖고 있다. 추세는 슈퍼비전의 초기 단계에서 특히, 상담사로서 그들에게 제공되는 업무를 담당하는 학생을 위해 부적절한 부정적 감정을 감소시키는 것이다. 일반적으로, 초기 슈퍼비전 단계는 슈퍼바이저와 슈퍼바이지 사이의 작업 동맹 수립에 사용된다. 이것은 슈퍼비전을 할 수 있는지 없는지 다양하게 접촉할 수 있도록 한다. 슈퍼비전에 대한 상담 전공생의 불안 감소와 작업 동맹을 촉진하기 위하여, 어떤 슈퍼비전 절차에 따라 진행되는지 사전 검토가 필요하다고 믿는다.

Bernard와 Goodyear(2014)는 임상 슈퍼비전 모델로 심리치료 이론 기반 모델, 발달 모델, 과정 모델 등의 3대 주요 슈퍼비전 범주를 제시하였다. 각 범주는 슈퍼비전 접근에서의 몇 가지 차이점을 내포한다. 슈퍼비전에서 그들이 만나게 될 수 있는 슈퍼비전 모델의 개관을 상담 전공 학생에게 제공하기 위하여 각 범주에서 1개의 모델을 제시할 것이다.

심리치료 이론 기반 모델: 정신역동 모델

정신역동 슈퍼비전은 심리치료 이론 기반 모델의 범주에 속한다. 이 슈퍼비전은 슈퍼바이저가 정신역동치료에서 숙고한 기본적인 핵심 관계역량을 모델로 제시하며 접근하

는 것이다(Bernard & Goodyear, 2014). 정신역동 모델은, "상담사 슈퍼비전은 내담자, 슈퍼바이저, 대학 동료, 기타 타인들과 슈퍼바이지의 관계에서의 상호 역동과 개인 내적 상호작용에 초점을 맞추는 치료적 과정이다"(Bradley & Ladany, 2001, p. 148). 이 접근에서의 목표는 상담에서 역동을 사용하므로 획득된 기술과 그 기술을 자각하도록 하는 것이다. 슈퍼바이지는 평행 과정에의 초점을 기대할 수 있고, 그 생각은 상담사-내담자 관계와 슈퍼바이저-슈퍼바이지 관계에서도 유사하게 역동이 발생할 수 있다. 다른 초점은 슈퍼바이저가 효과적으로 상호 역동을 모델링하도록 슈퍼바이지를 가르치는 곳에서 슈퍼바이지와 내담자 사이에서 상호 역동이 일어날 수도 있다. 세 번째 초점은 상담 상황에서의 상호 역동 발생에 대한 것이다. 여기에서는 슈퍼바이저가 내면화된 감정, 사고와 의미가 슈퍼바이지와 내담자의 생각과 의미에 어느 정도로 영향을 미치는지에 주목하는 것이다.

다른 심리치료 이론 기반 모델은 인지-행동, 인본주의-관계형, 또는 체계 모델이다. 이러한 이론 기반 모델의 장점은 상담 동안에 특별한 이론적 접근을 숙달하기 원하는 슈퍼바이지에게 모델링으로 제공된다(Bernard & Goodyear, 2014).

발달 모델: 통합적 발달 모델

이 모델은 모델의 발달 범주에 속한다. 이러한 모델은 그들의 전문적 발달 상태에 기초하여 슈퍼바이지 요구로 조직화한다. 통합 발달 모델(Stoltenberg, 1981; Stoltenberg & McNeill, 2010)은 4단계에 걸쳐 발달한다.

수준 1. 슈퍼바이지는 훈련 또는 경험이 제한적이어서 높은 동기와 불안을 갖고 있다.
수준 2. 슈퍼바이지는 의존적이고 모방적인 것에서 보다 독립적으로 기능하기 위한 구조와 지원을 요구하는 쪽으로 전환하고자 한다.
수준 3. 슈퍼바이지는 실습하는 동안 보다 개인적인 접근에 초점을 두려고 한다.
수준 4. 슈퍼바이지의 초점은 치료 영역, 평가, 사례 개념화를 아우르는 총합적인 실습이다.

Stoltenberg와 McNeill(2010)은 전문적 기능을 여덟 가지 영역으로 명시하였는데, 개입 기술 역량, 평가 기법, 대인관계 평가, 내담자 사례 개념화, 개인차, 이론적 근거, 치료계획 및 목표, 직업윤리이다. 상담 전공 학생은 전문성 개발을 할 때 특정한 수준에 이르도록 스스로를 파악하고 8개 영역을 아우르며 그 안에서 슈퍼비전 초점을 고려해야 한다. 슈퍼바이지가 새로운 수준을 향해 나아갈 때, 자신–타자 지각의 구조(인지 및 정서), 투입과 관심에 반응할 때의 동기, 임상 훈련 및 실제에 들이는 노력, 독립성 수준을 반영한 자율성은 슈퍼바이지가 보여 주는 변화에 따른 특성이다. 예를 들어, 수준 1에서 상담사는 자신과 자신이 경험하는 감정, 사고, 행동에 초점을 맞추고 내담자에게 덜 집중한다. 동기는 높고, 자율성은 낮다. 수준 2에서의 초점은 내담자의 역동을 향하여 옮겨 가고, 이러한 변화는 앞뒤로 움직이며, 혼돈을 일으켜 동기 수준을 다양하게 하고, 상담사는 더 많은 자율성을 보여 주지만 슈퍼바이저에게 의존하고자 후퇴하기도 한다. 수준 3에서 파동은 안정화되고, 상담사는 균형 있게 자신–타인에 초점을 맞추고, 동기를 구성하며, 더 많은 자율성을 펼치며 보다 개별화된 접근을 향해 이동한다. 4수준에서, 모든 실습 영역은 통합되고, 높은 자율성 수준에서 기초 구조는 안정된다. 슈퍼바이저는 다음 발달 단계를 위한 과정 촉진을 위해 촉진적 개입, 권위적 개입 또는 개념적 개입을 사용한다(Bernard & Goodyear, 2014, pp. 35-38).

이 외의 발달 모델로는 슈퍼바이지가 8개의 발달적 이슈를 다루며 정체, 혼란, 통합의 단계를 3개 발생시킨다는 것을 밝힌 Loganbill Hardy Delworth 모델, 반영 모델, 생애 전반 모델이 있다.

과정 모델: 차별 모델

차별 모델(Bernard, 1979, 1997)은 슈퍼비전에 널리 사용되는 모델로 슈퍼비전 과정 모델 범주에 속한다. 이 범주에 속하는 모델은 어떤 심리치료를 지향해도 사용할 수 있으며 발달 모델과 양립할 수 있다. 차별 모델에서 슈퍼바이저는 교사, 상담사, 또는 컨설턴트의 역할을 취할 수 있다. 교사 역할은 슈퍼바이지가 구조를 필요로 할 때 취할 수 있으며 구조화, 모델링, 피드백을 포함한다. 상담사 역할은 슈퍼바이저가 슈퍼바이지의 역동 반영 능력 향상을 원할 때 취할 수 있다. 컨설턴트 역할은 보다 협조적이며 그들이 하는 작업과 작업 능력에 대한 슈퍼바이지의 신뢰를 지지한다(Bernard & Goodyear, 2014). 핵심은 3개의 초점 중 어떤 하나를 취할 수 있다는 것이다.

- 개입, 즉 슈퍼바이지가 회기 중에 수행한 활동이나 활용한 기술의 수준
- 사례 개념화, 즉 회기 중 드러난 것들에 대한 슈퍼바이지의 이해 정도

• 개인화, 즉 슈퍼바이지가 자신의 개인적 이슈와 역전이가 상담에 영향을 미치지 않도록 노력하면서도 자기 나름의 상담 스타일을 형성해 가는 정도

이 모델에서는 슈퍼바이저가 개별 초점에 유연하게 접근할 수 있다. 예를 들면, 슈퍼바이저가 내담자에게 '유의사항 고지 의무'를 이행하는 윤리 규준에 대해 논의하는 상황에서는 교사 역할을 할 수 있다. 회기 중 내담자가 문제 행동을 표출하겠다고 언급한 것에 대해 슈퍼바이지가 자신의 불안감을 인식할 수 있도록 돕는 경우와 같이 초점이 슈퍼바이지의 자기 자각에 있을 경우 슈퍼바이저는 상담자로서 역할할 수 있다. 또한 상담자가 내담자에게 최적의 상담 서비스를 제공하기 위해 다양한 개입 기술들의 이점을 논의하는 경우와 같이 슈퍼바이저가 컨설턴트 역할을 취할 수도 있다. 슈퍼바이저가 컨설턴트의 역할을 맡으면, 상담자가 치료를 가장 잘 진행할 방법을 결정함에 따라 슈퍼바이저와 상담자는 다양한 개입 접근법의 이점에 대해 논의할 수 있다. 슈퍼바이저는 주어진 순간에 아홉 가지 방법 중 하나로 진행할 수 있다. 슈퍼바이저는 주로 초보 슈퍼바이지의 교사 역할을 할 가능성이 매우 높아 신참 슈퍼바이지의 슈퍼바이저는 개입이나 사례 개념화 기법에 더 많이 집중할 수 있고, 그 이상의 상급 수련생의 슈퍼바이저는 개인적 이슈에 초점을 맞출 수 있다. 기타 슈퍼비전 과정 모델에는 사건 기반 모델과 체계 접근법을 포함한다.

지금까지 살펴본 슈퍼비전 접근법들의 대부분은 상담 전공 학생이라면 이미 어느 정도 경험해 본 것들일 것이다. 훈련생은 실습/수련 현장에서 여러 슈퍼바이저와 작업하게 되는데, 대체로 인지행동적으로 슈퍼비전을 실시하는 실습 현장 슈퍼바이저와 작업하는 동시에 차별 모델에 따라 슈퍼비전에 접근하는 대학 슈퍼바이저와도 작업을 하게 될 가능성이 높다. 훈련생은 슈퍼비전의 각 유형에 따른 목표와 장점을 인식하고 다양한 슈퍼비전 접근법에 열린 자세로 임하는 것이 좋다.

3인조 슈퍼비전 모델

3인조 슈퍼비전 모델은 미국 상담교육프로그램인증협의회(CACREP)의 승인 표준에 따라 제공되는 개인 슈퍼비전으로 적합한 방식으로 추천되어 왔다(CACREP, 2009). 이 책의 저자는 피츠버그 대학에서 근무하는 동안 상담교육 프로그램으로 사용했던 3인조 슈퍼비전 모델의 변형에 대해 잘 알고 있다. 이 모델은 Gordon Spice 박사(피츠버그 대학교 교육심

리학과 명예 교수)가 제안하고 설명했다. Spice와 Spice(1976)는 3인조 슈퍼비전 모델을 상담 수련생의 동료 슈퍼비전 훈련에 사용할 것을 권고하였다. 3인조 슈퍼비전은 개인과 집단 슈퍼비전의 연결 역할로 언급이 되어 왔다. 이것은 한 사람의 슈퍼바이저와 두 사람의 슈퍼바이지가 함께 하는 슈퍼비전으로 미국 상담교육프로그램인증협의회(CACREP)에 의해 개인 슈퍼비전에 대한 수용 가능한 형식으로 승인된 이래 의미 있는 연구로 인정받고 있다(CACREP, 2001).

3인조 슈퍼비전의 3개의 역할은 슈퍼바이저 역할, 슈퍼바이지 역할, 관찰자/해석자 역할로 설계되어 있다. 실습/수련 슈퍼비전을 위해 현장 실습 또는 대학 슈퍼바이저는 슈퍼바이저 역할을 수행한다. 슈퍼바이저의 역할에서 상담 수련생의 작업 샘플을 검토한다(비디오 또는 오디오테이프, 사례 발표, 또는 테이프와 기록들). 슈퍼바이저는 슈퍼바이지에게, ① 작업 샘플에서 특별히 잘된 부분이 무엇인지, ② 보다 향상되기 위해 필요한 것이 무엇인지, ③ 작업 샘플에서 불명확하거나 혼란스러운 것이 무엇인지에 대해 피드백을 준다.

다음은 이러한 피드백의 예시이다. 슈퍼바이저로서, "기본적인 공감 기술을 사용하였고 직면 기술이 우수하였습니다. 특히, 내담자의 가치와 행동 사이의 모순을 직면할 수 있도록 한 방식이 그렇습니다. 비난받는 것처럼 들리지 않았습니다. 질문을 사용 것에 대한 검토가 필요합니다. 심문하는 것처럼 연속적으로 너무 많은 질문을 하였습니다. 이번 슈퍼비전 회기에서 확실히 초점을 두고 싶은 것은 이번 내담자와 작업하며 마음에 갖고 있는 이론적 접근이 무엇인가입니다. 보다 나은 결정과 건강한 선택을 위하여 관계 안에서 당신이 내담자의 관심사를 어떻게 보고 있는지 나에게는 명확해 보이지 않습니다." 그런 다음, 주제(topic)와 마찬가지로 내담자를 보는 가능한 방법들을 명료화하고 확장하는 것에 대해 논의한다.

슈퍼바이지는 작업 샘플을 제공하고, 동료 관찰자/해석자는 슈퍼바이지와 슈퍼바이지 사이에 지속되는 상호 역동과 의사소통에 초점을 맞춘다. 슈퍼비전 회기 종결 전에, 관찰자는 참여하며 관찰되었던 그들에 대해 의견을 공유한다. 관찰자의 의견 예시는 다음과 같다. 슈퍼바이지에게, "슈퍼바이저가 보다 나은 결정을 묘사할 때 그것이 무엇을 의미하는지 명확히 하려고 당신에게 질문할 때 약간 방어적으로 보인 것에 주목하였습니다." 또는 "두 분은 내담자의 관심사와 관련된 주제 주변으로 다가가는 것처럼 보였지만 특정 주제를 제시하지는 못했습니다."

두 명의 슈퍼바이지는 슈퍼바이지 또는 관찰자/해석자의 역할을 교대로 취할 수 있다. 그들이 한 회기에서는 슈퍼바이지 역할을 하고 다음 슈퍼비전 회기에서 관찰자/해석자의 역할을 하며 교대할 때, 이것을 단일-중심 형식(single-focus form)이라고 한다. 만약 회기가 90분이 주어졌다면, 슈퍼바이지는 회기 중간에 역할을 교대할 수 있어서 학생별로 피드백 작업 내용을 제공할 기회를 갖는다. 이것을 분할-중심 형식(split-focus form)이라고 한다(Nguyen, 2004).

분할-중심 90분 틀(frame)을 사용할 때, Stinchfield, Hill 그리고 Kleist(2010)는 동료에게 배정된 역할이 관찰자/해석자 입장에서 동료가 슈퍼바이저-슈퍼바이지 과정을 관찰하는 동안 침묵하며 숙고하고 내면과 대화하며 참여하는 과정을 설명한다. 이것은 동료를 따라간 다음 무엇을 숙고하였는지 슈퍼바이저와 객관적으로 이야기하며 참여한다. 동시에 발표하는 슈퍼바이지는 숙고하는 역할로 이동하여 듣고 그 입장에서 객관적으로 대화한 것을 숙고한다. 남은 반회기 동안에 슈퍼바이지의 역할을 바꾸어 계속한다.

이 체제의 사용에는 슈퍼비전을 위한 다양한 변형을 가질 수 있다. 예를 들어, 동료는 내담자의 관점을 적용하고 회기가 진행되는 동안 표현된 생각과 감정을 추적하기 위한 질문을 할 수 있고, 이후에 이러한 관찰을 슈퍼바이지와 공유한다. 또 동료는 슈퍼바이저가 슈퍼바이지에게 특정 개입을 사용할 수 있도록 시연할 때 내담자 역할극을 할 수 있다(Lawson, Hein, & Getz, 2009). Bernard와 Goodyear(2014)는 3인조 슈퍼비전 성공을 향상시킬 수 있는 요인들을 명시하였다.

- 매 주 90분을 할당하여 분할-초점 형식을 사용한다.
- 슈퍼바이지의 짝을 신중하게 고려한다. 모델의 성공은 함께 짝을 이룬 슈퍼바이지의 적합성에 달려 있다.
- 오지 않은 슈퍼바이지를 위한 별도의 역할을 갖게 한다.
- 모델에 슈퍼바이지를 적응시킨다.
- 개인 성장 이슈와 평가를 내릴 때 특별히 개인 슈퍼비전으로 보완한다.
- 슈퍼바이저 역할을 하는 사람이 여러 슈퍼바이지의 필요성을 알아차릴 수 있도록 고려할 수 있고, 전략 선택에서 창의적이고 유연할 수 있도록 모델을 사용하며 슈퍼바이저 훈련을 시킨다(Oliver, Nelson, & Ybanez, 2010).

3인조 모델은 슈퍼비전 과정을 심도 있게 촉진하고 상호작용 과정을 요약하도록 하는 장점이 있다. 3인조 슈퍼비전을 사용할 때의 이점은 동료와 함께 개발한 특별한 관계로서의 슈퍼바이지 가치에 대한 보고를 포함하는데, 보다 다양한 관점을 고려하고 동료가 회기의 초점일 때 대리 학습이 이루어진다는 이점이 보고된다(Lawson, Hein, & Stuart, 2009). 전문상담사 실습은 직장에서 대학생 동료 슈퍼비전을 위한 회의를 할 때 이 모델을 사용할 수 있다.

임상적 슈퍼비전 과정

우리는 이전에 임상 슈퍼비전과 상담 과정 사이의 유사성을 언급하였다. 임상 슈퍼비전은 상담 실습과 유사해서 사전 동의로 시작된다.

슈퍼비전에서의 사전 동의서

ACA 윤리 강령(2014)은 상담에서 슈퍼비전 실습에서 따라야 할 표준을 요구한다. 상담사 교육 및 슈퍼비전 협회(The Association for Counselor Education and Supervision: ACES)는 슈퍼비전 훈련에 관한 보다 상세한 지침을 위해 상담 슈퍼바이저 요구에 부응하는 것으로 '최상급의 임상 슈퍼비전 훈련'을 발굴하여 인증한다(ACES, 2011). 다수의 임상 슈퍼비전 과정에 대한 관심과 염려는 과정에 대한 공식적인 구조 제공으로 완화될 수 있다. 슈퍼바이지는 구조, 과정, 평가 실습 훈련에 대해 알 수 있도록 슈퍼바이저에게 요청해야 한다. 이러한 공식적 구조는 초기 슈퍼비전 회기에서 슈퍼바이지에게 슈퍼바이저 사전 동의서(Supervisor Informed Consent)와 개인정보 제공동의서(Disclosure Statement)를 제공함으로써 촉진된다. 사전 동의서는 슈퍼바이저와 슈퍼바이지 사이의 라포와 전문적 관계 발달을 촉진시킬 수 있다. 슈퍼바이지에게 슈퍼바이저를 이해할 수 있는 기회가 제공되고, 가능한 경우, 슈퍼바이저 사이에서 자발적으로 선택한다. 우리는 최선의 실습 지침과 일치되고, 몇 개의 자료로부터 채택된 표본 서약서를 제공할 것이다(Fall & Sutton, 2004; Haarman, 2009; Remley & Herlihy, 2014; Bernard & Goodyear, 2014; Kitchener & Anderson, 2011).

슈퍼바이저 사전 동의서 및 개인정보 제공동의서 견본

Jane Doe

학생 서비스 슈퍼바이저

교육부

목적: 이 서식의 목적은 슈퍼비전 시작에 앞서 과정에 대한 핵심 정보를 귀하에게 제공하기 위한 것이다. 제공되는 정보는 최선의 실습 지침에 부합하고 전문적 관계와 배경을 이해할 수 있게 한다.

전문성 공개

저는 CACREP 승인 대학의 학교상담 M.Ed를 받았고, 주에서 인증하는 K-12 상담사와 국가 공인 학교상담사입니다. 저는 학교상담에서 석사 후 교육 전문가 학위(Ed.S.)를 받았고, 주(state) 공인 학생 서비스 슈퍼바이저입니다. 저는 ACA, ASCA, ACES의 회원이며, 직업적 윤리 강령에 따라 훈련합니다. 위기 대응 및 해결-중심 단기치료에 대한 추가 교육을 받았습니다. 저는 20년 동안 학교상담사였습니다(10년은 초등학교 상담사였고, 최근 10년은 고등학교 상담사와 상담 슈퍼바이저). 저의 학교상담에서의 일반적 역량 영역은 위기 대응, 개입, 의뢰 및 후속, 사회적 기술 개발 집단 리더십, 학업 관련 단기 상담, 개인 및 진로 관련 문제, 심리교육적 지도 및 자문을 포함합니다.

슈퍼비전 과정

귀하의 슈퍼바이저인 저는 내담자의 복지를 보호하는 동시에 상담 수련생으로서 귀하의 전문성 발달 요구에 부응할 책임이 있습니다. 물론 슈퍼비전의 초점은 귀하와 귀하의 기술 개발에 있지만, 가장 우선되는 관심은 내담자를 돌보는 것입니다. 개인 슈퍼비전의 이점은 상담사로서 귀하의 잠재력 성장과 전문적 기술 개발입니다. 위험성은 귀하의 상담 실습과 관련된 개인적 문제 또는 어떤 부족함을 개방하는 것에서 경험할 수도 있는 불편한 감정입니다. 우리는 전문적 슈퍼바이저-슈퍼바이지 관계이고, 저는 이러한 관계성의 경계를 존중하고 중요하게 여깁니다. 우리의 관계는 동등하고 협동적일 수 있지만, 사적인 사회적 상호작용은 부적절한 것으로 간주됩니다.

귀하의 슈퍼바이저로 저는 발달적 맥락 내에서 교사, 상담사, 자문 역할을 채택한 슈퍼비전 모델을 따릅니다. 교사 역할에서, 저는 상담 기술과 기법을 배우고 실습하는 것을 도울 것입니다. 상담사 역할에서, 저는 당신의 개인적 역동과 내담자의 역동 사이에서 상호작용하는 귀하의 반영적 기술 개발에 참여할 것입니다. 귀하의 역동은 내담자 문제와 문화적 고찰 사항과 관련되어 있으므로 그것에 초점을 맞추게 될 것입니다. 윤리적으로, 저는 슈퍼비전의 일부로 치료를 제공하지 않지만 적절한 때에 치료에서 개인적 작업을 지속할 수 있도록 귀하에게 요청하거나 격려할 것입니다. 자문 역할은 불명확한 영역을 논의하거나 사례 개념화를 위한 접근에서 사용됩니다. 우리가 슈퍼비전에서 초점을 둘 영역은, ① 전문적이고 윤리적인 요소를 포함하는 상담 수행 기술, ② 귀하의 사고방식과 정보 수집에 대한 것과 사례 분석을 포함한 인지상담 기술, ③ 전이와 역전이 그리고 상담 훈련에 영향을 미칠 수 있는 개인적 가치와 편견과 같이 개인적 역동을 설명하는 데 도움이 되는 자기 자각 및 다문화 인식 기술, ④ 슈퍼비전에 대한 귀하의 반응 및 슈퍼비전에 가져 온 귀하의 요구 수준과 관련된 발달 수준입니다.

귀하는 슈퍼비전에서 검토하기 위해 귀하의 상담 회기를 녹음해야 합니다. 물론 우리는 사례 기록 검토, 실제 관찰, 롤플레잉, 사례 개념화 그리고 기타 방식을 사용하게 됩니다. 슈퍼비전은 귀하의 상담 회기, 상담사로서 자신, 그리고 상담의 전문성에 대해 반성할 것을 요구하게 됩니다.

실무적 문제

우리는 약속에 따라 정기적으로 주 1시간 만나게 됩니다. 귀하는 실습/수련 첫 2회기 후 매주 검토가 가능한 새로운 테이프를 준비해야 합니다. 만약 우리 약속이 어떤 이유로든 취소되면, 귀하는 전화로 같은 주의 다른 시간으로 일정을 다시 정해야 합니다.

저는 주간 회기에 대한 기록을 보관할 것이고, 같이 행동할 것을 제안합니다. 기록은 저의 소유이지만 언제든 귀하는 그것을 검토할 수 있습니다. 저는 귀하의 실습/수련 완료된 1개월 후에 파괴할 것입니다.

저는 귀하의 실습/수련 전반을 평가하고 형성적이고 요약적인 두 가지 피드백을 제공할 것입니다. 저는 정기적으로 상담사로서 귀하의 강점과 약점에 대한 피드백을 제공할 것입니다. 저는 귀하의 실습/수련 중간과 종결 시점에 요약 평가를 작성하여 제공할 것입니다. 평가는 귀하의 대학 프로그램 형식과 명시된 기술 영역과 일치하는 슈퍼비전 계약에서 정한 책임성, 목적과 목표에 따를 것입니다. 귀하의 실습/수련 실습 시간 자료는 대학-요구 양식으로 작성될 것입니다. 저는 귀하의 대학 슈퍼바이저로부터 받은 등급을 고려하여 귀하의 대학 슈퍼바이저에게 추천하게 됩니다.

법과 윤리적 문제

귀하의 슈퍼바이저로서 저의 서비스는 윤리적 표준에 부합하는 전문적 방식으로 제공됩니다. ACA 및 ASCA 윤리 강령에 명시된 윤리적 방식으로 행동할 것과 비밀 보장, 학대 보고하기, 경고 의무와 관련 법과 규칙에 따르는 것이 중요합니다. 귀하는 만약 이와 같은 상황으로 생각된다면 저에게 즉시 알려야 합니다. 귀하는 항상 훌륭한 태도로 행동해야 하고 그것은 위험, 상해, 또는 내담자에게 잠재적인 손상이 일어나지 않도록 한다.

귀하 자신 또는 귀하의 내담자와 관련하여 저와 공유하는 모든 정보는 몇 가지 중요한 것을 제외하고 비밀 보장을 유지합니다.

• 귀하 또는 귀하의 내담자가 타인에게 위험할 때
• 귀하 또는 자녀 부분에서 아동, 취약한 성인 또는 노인 학대로 의심되는 이유가 있을 때
• 귀하가 정보 공유를 지시했을 때
• 법원 또는 법적으로 정보 공개를 요구받았을 때
• 귀하 또는 귀하의 내담자가 나를 상대로 한 법적 행위 또는 정식 고소에 대응해야 할 때
• 귀하의 진행 사항으로 인해 대학 현장 실습 담당자에게 귀하의 이름을 알려야 할 때

만약 귀하가 슈퍼비전에 만족하지 않는다면, 저에게 알려 주십시오. 만약 우리가 귀하의 불만을 해결할 수 없다면, 귀하의 대학 현장 실습 담당자에 의해 정한 절차에 따라 처리될 수 있습니다.
전화 연락을 해야 하는 경우 ______________ 집(응급 시에만) ______________ 사무실로 연락할 수 있습니다.
만약 응급 상황이고 연락이 닿지 않으면, ______________ 박사, ______________ 학생 서비스 담당 책임자에게 연락 하십시오.
만약 이 서약서 내용 또는 슈퍼비전에 대한 기타 문의 사항이 있으면, 귀하는 언제라도 위 해당자에게 문의할 수 있습니다.
이 서식에 서명하고 날짜를 적어 주십시오.

______________________________	______________________________
슈퍼바이지 이름과 날짜	슈퍼바이저 이름과 날짜

슈퍼비전 계약서 작성

두 번째 공식적인 구조화 과정은 목표 서약서를 협의하여 작성하는 것이다. ACES의 최상급 훈련 정책(2011)은 가능한 상호 협의된 목표를 발굴할 것을 권고한다. 사전 동의서 작성 외에 Cobia와 Boes(2000)는 슈퍼비전을 위한 공식적 계획으로 두 번째 문서를 추천한다. 개인별 맞춤형 학습 계획으로 개념화한다. 거기에는 슈퍼비전을 위해 상호적으로 사인 전에 동의한 목표, 배우고 평가하기 위한 역량, 슈퍼바이저와 슈퍼바이지 양쪽의 책임감을 포함한다. 우리는 최상의 훈련 지침과 몇 가지 자료에서 추천한 것과 일치하는 슈퍼비전 계약서 샘플을 제공할 것이다(ACES, 2011; Kitchener & Anderson, 2011; Remley & Herlihy, 2014; Cobia & Boes, 2000; Haarman, 2009; Bernard & Goodyear, 2014).

슈퍼비전 계약서 견본

목적: 슈퍼비전의 목적은 슈퍼바이지가 내담자에게 제공하는 서비스를 모니터하고 슈퍼바이지의 전문성 발달을 촉진하기 위한 것이다. 이것은 내담자의 복지와 안녕을 보장하고 ______________ 대학과 학교/기관의 임상 슈퍼비전 요건을 충족한다.

슈퍼바이저의 책임

- 슈퍼바이저는 ______________ 대학에서 요구하는 가을/봄 실습/수련 학기에 슈퍼바이지에게 정기적으로 주 1시간 동안 대면 슈퍼비전을 제공할 것에 동의합니다.
- 슈퍼바이저는 슈퍼바이지의 실습/수련 관련 시간, 수료, 증명, 평가 관련 대학의 요청에 따라 양식을 작성하고 대학 담당자와 슈퍼바이지 진행 사항에 관하여 적절한 때에 연락을 취합니다.
- 슈퍼바이저는 학생의 등급과 동일하게 추천을 하지만, 최종적인 등급 부여의 책임은 대학에 있습니다.
- 슈퍼바이저는 녹음 테이프, 사례 기록, 기타 작성된 기록물을 검토하고, 실제 관찰과 슈퍼비전 형식의 부분으로 공동으로 이끄는 활동(Co-lead)을 합니다.
- 슈퍼비전 회기는 전문성 개발, 교육, 멘토링, 슈퍼바이지의 개인적 발달에 중점을 둡니다.
- 기술 영역은 상담 실무 기술과 전문적 실무, 인지상담 기술, 자기 자각/다문화 인식 그리고 슈퍼비전에서의 발달적 수준을 포함합니다.
- 슈퍼바이저는 매주 형성 평가, 문서 슈퍼비전 회기를 제공하고, 상호 동의한 슈퍼비전 목표 기반의 요약 평가를 제공합니다. 평가는 상기된 기술 범주 목록 내에서 제공되고 대학의 지침과 동일할 것입니다.
- 슈퍼바이저는 인정된 윤리 표준에 부합하는 실습을 합니다.

슈퍼바이지의 책임

- ACA 윤리 강령을 준수하십시오.
- 오디오테이프 검토 및 슈퍼비전 회기의 중점 관심사를 구상하므로 주간 슈퍼비전을 준비하십시오.
- 사례 개념화를 하고 사용한 접근법 및 기법을 규정하고 토론을 위한 준비를 하십시오.
- 개인적 역동과 회기에서 드러났던 다문화 이슈를 반영하십시오.
- 회기 안에서 중요할 수 있는 윤리적 측면을 검토하십시오.
- 취약한 성인 및 노인, 아동 학대, 자신 및 타인에 대한 상해를 포함한 위기 상황인 경우 즉시 슈퍼바

이저에게 연락하십시오.

- 슈퍼비전 회기에 관한 기록을 보관하십시오.
- 슈퍼비전 회기 전 검토를 위해 슈퍼바이저에게 비디오테이프를 제출하십시오.

슈퍼비전 목적과 목표

목적 1: 접수 회기를 하고 연속하여 회기를 할 때 기본 및 심화된 상담 기술을 확고히 한다.

목표: HIPAA 및 사전 동의서 작성을 포함하여 초기 회기 진행을 시연한다.

목표: 다음 회기로 전환하고 질문 시간을 고려하며 능숙하게 요약하며 회기를 종료한다.

목표: 사례 노트를 요약하여 작성하고 초기 접수 준비 기술을 시연한다.

목적 2: 내담자의 욕구에 대하여 임상적으로 사고하도록 도울 수 있는 사례 개념화를 위해 내담자의 이야기를 구성하고 평가 정보를 사용한다.

목표: 정확한 진단을 위해 초기 요약을 통하여 더 많은 평가 정보를 통합한다.

목표: 두 가지 사례 개념화 모델을 사례에 적용한다.

목표: 특정 내담자에 대한 개입 전략과 기법을 생각할 때 변화가 어떻게 이루어지는지 설명하기 위해 선호하는 이론적 접근을 적용한다.

목적 3: 실습에서 다문화적 측면과 개인에 대한 자각을 증진한다.

목표: 내담자 문제의 이해 방식을 복잡하게 할 수 있는 자신의 이슈가 어디에 있는지 인지한 경우 해당 상담 회기를 설명한다.

목표: 다문화적 요소에 의해 내담자가 영향 받을 수 있는 방법을 분별하기 위해 특히 주의를 기울인다.

목적 4: 슈퍼비전을 받을 때 자기 의식(self-consciousness)과 불안(anxiety) 수준을 줄인다.

목표: 불안과 자기 의식을 확인한 지점과 회기 검토를 위해 슈퍼비전 회기의 종결 시간을 고려한다.

목표: 상호 확인한 과업과 기법에 대해 중점을 두고 슈퍼바이저-슈퍼바이지 작업 동맹(working alliance)을 개발하기 위해 주의를 기울인다.

슈퍼비전 계약서는 특정 시간 또는 역량이 정해지고 새로운 목적과 목표가 적절해질 때 수정될 수 있다. 〈부록〉 다음의 [서식] 섹션에 있는 [서식 7-1] 형식은 초기와 후속 슈퍼비전 계약서로 사용될 수 있다. 네 가지 기술 영역 안에서의 슈퍼바이지 자기 평가 연습은

제6장에 있고, 마찬가지로 슈퍼바이지 목표 서약서([서식 6-4])도 제공하였다. 완성된 슈퍼바이지 목표 서약서는 슈퍼비전 계약서에 상호 동의한 목표의 확인에 도움이 되는 초기 개인 슈퍼비전 회기에 가져와야 한다.

슈퍼비전 회기 형식

슈퍼비전 회기의 형식은 슈퍼바이저 수만큼이나 많다. 그러나 대부분 회기는 다음 내용이 포함되어 있다.

- 테이프 회기의 검토
- 상담사의 실습에 대한 구체적 관점에 대한 비판적 검토
- 격려 또는 방향을 돌림으로 얻는 영역에 집중
- 사용한 기법 및 개입 관련 임상적 사고방식에 대한 논의
- 개인적 역동 또는 다문화적 요소가 필요할 수 있는 반영 영역에 집중
- 실습과 관련한 윤리적 토대에 대한 관심

Fall과 Sutton(2004)은 슈퍼비전 회기를 어떻게 준비해야 하는지 슈퍼바이지에게 지침 제공을 권고한다. 이러한 지침은 슈퍼바이지가 슈퍼비전 동안 집중해야 하는 것이 무엇인가와 같이 어떻게 슈퍼바이지를 위한 안건을 발굴할 것인지를 포함한다.

집중해야 할 내용은 무엇인가? 새로운 사례, 이전 사례, 자기 자각/다문화적 인식, 윤리 또는 위기 이슈, 개인적 이론, 그리고 기법 개발

집중해야 할 과정은 무엇인가? 내담자를 돕기 위해 어떤 행동을 하는가? 내담자에 대해 모르는 것이 무엇인가? 내담자를 돕기 위해 접근할 수 있는 자원이 있는가? 내담자와 종결 회기를 할 때 격앙되거나 안도감이 느껴지는가? 우리가 수립한 목표가 솔직히 내담자의 목표인가? 내담자에게 조언을 했기 때문에 상담을 진행하는 데 불편하다.

회기에서 다룬 최우선 주제는 무엇인가?

슈퍼바이저에게 무엇을 바라고, 어떤 방식을 사용할 것인가?(사례 기록, 오디오-녹음, 롤플레잉, 자기 보고 등)

슈퍼바이지와 진행하는 회기는 그들의 욕구 구체화를 책임져야 하고 슈퍼바이저는 관심사를 명확히 하고 적절하게 의제에 응답해야 한다. 슈퍼바이저는 의제를 추가하거나 수

정할 수 있다. 슈퍼바이저는 과정, 슈퍼바이저의 욕구, 사용한 방식과 개입(교사, 상담사, 자문가), 내용을 기록한다(〈부록〉 다음의 [서식] 섹션에 있는 [서식 7-2] 참고). 슈퍼바이지는 회기 중이나 후에 기록할 수 있다. 〈부록〉 다음의 [서식] 섹션에 있는 [서식 7-3]은 이러한 기록을 위한 형식이다. 슈퍼바이지는 특정 내담자와 작업하며 병합하거나 일반적인 상담 실습에 응용하며 새롭게 이해하거나 어떤 변화를 기록할 수 있다. [서식 7-4]는 슈퍼바이지가 제공한 녹음 회기 평가를 위해 현장 슈퍼바이저가 사용할 수 있다.

실습 · 수련 상담자 슈퍼비전하기

개인 슈퍼바이저는 초보 상담자를 상담 전문가로서의 권리와 책임을 감당할 준비가 된 전문상담자로 성장해 가도록 지도하고 촉진하는 역할을 한다. 성장은 이를 통해 초보 상담자는 상담 작업을 이해함에 있어 가르침과 지도를 필요로 하는 의존적 관계로부터 협력자로 발전해 간다. 성장 과정은 상담 작업의 복잡성 증가를 특징으로 하는데, 상담 기술 자체를 실행하는 데 초점을 맞추는 초기 단계 수준에서 점차 자기 나름의 이론적 틀로 상담 작업의 모든 요소들을 전체적으로 통합하는 수준으로 진행된다. 성장에 대한 평가는 훈련생이 중재 기술 이해가 제한적이고 내담자의 긍정적 변화를 돕는 방법에 대해 충분한 지식이 부족했던 초보 수준으로부터 중간 수준을 거쳐, 개념 및 개입의 복잡성에 대한 깊은 지식뿐 아니라 상담 작업의 여러 측면을 관리할 수 있는 능력을 확보하는 심화 수준에 도달한 여부에 따라 판단된다. 능숙한 심리학자 수준에서 훈련생은 모든 기능 영역에서 유연하게 아우를 수 있도록 하고, 작업은 치료 행동 지침이 보다 통합된 지식에 기반하도록 한다. 슈퍼비전의 목적과 과정은 물론 상담 수련생이 충분히 전문적 위치로 나아가도록 지지하는 것을 포함한다. 발달 수준과 슈퍼비전에서의 요구는 적절한 슈퍼비전 개입의 결정 요인이고 상담 수련생 평가의 한 측면이다. 예를 들면, 수련을 위한 실습 과정에서 슈퍼바이지가 2수준 또는 중간 또는 교육을 하는 동안 슈퍼바이저에게 덜 의존하려는 것과 같이 요청할 수 있다. 이것은 슈퍼비전 과정에서 슈퍼바이지의 기능 정도에 대한 슈퍼바이저의 관찰과 임상적 판단에 근거한다. 실습에서 슈퍼비전은 평가를 학습하고 적용하며, 기본 사례 개념화, 기본 및 심화된 상담 기술에 초점을 두는 경향이 있다.

상담 수련생으로서 수련 받는 과정의 하나로, 개인 슈퍼비전은 상담 훈련의 다양한 구성 요소를 통합하도록 촉진하는 독특한 기능을 제공한다. 슈퍼바이저는 다음의 구성 요소를 엮는 다양한 활동과 과정을 소개한다.

1. 치료적 관계 형성하기
2. 내담자의 건강한 정서 발달 촉진하기
3. 내담자 및 몇 가지 이론적 관점 렌즈를 통한 내담자와 상담 과정 검토하기
4. 개인화(personalization), 견해, 신념, 가치와 관련된 자기 자각, 상담 과정과 연관된 내적 촉발 요인 확인하기
5. 상담 과정의 일부가 되는 문화적 구성 요인 확인하기
6. 윤리적 원칙을 상담사로서의 전문적 정체성으로 통합하기
7. 슈퍼비전 과정을 성숙하게 조성하기
8. 상담에서의 개인적 이론 발달 장려하기
9. 발달적 그리고(또는) 내담자의 건강한 발달에 영향을 미치는 기타의 것들을 조언하므로 상담의 치료적 목표를 지원하기

슈퍼비전 맥락에서 이러한 다양한 구성 요소에 보다 강력하게 집중하게 하는 것은 인식, 이해, 통찰로서 내담자와 함께하는 상담사의 실천적 행동과 직접 관련된 것으로 조사된 것들이다. 이러한 목표(인식, 이해 및 통찰력)가 슈퍼비전 과정에서 실현되도록 슈퍼비전 과정을 관리하는 것은 매우 복잡하다. 슈퍼바이저와 상담 수련생이 전체 구성 요소 범위를 완숙하게 이해하게 되는 때는, 진단하고 상호작용하는 기술만 배우려는 것을 넘어설 때 일어나는 저항을 최소화할 때이다. 각 기술 구성 요인에 대한 상담 전공생의 자기 평가(self-assessment)는 전문적 상담 훈련의 복잡성과 세밀함을 이해할 수 있도록 준비되어 제공된다. 상담 훈련생이 준비 초기 단계(실습 전 및 실습의 임상 수준)에 있을 때 훈련생은 "많은 지원, 직접적인 교육 및 체계, 최소한의 도전 및 개인적 탐색이 가능한 환경"이 필요하다(Pearson, 2001, p. 174). 훈련생이 수련생으로 진입한다는 것은 중급 또는 심화 수준의 개발을 한다는 것과 같다. 수련생은 감정 의존적이고 자율적인 욕구 사이를 조절할 필요가 있고, 내담자 관계 역학에 대한 인식을 증진하는 동안 실습에 집중하게 된다. 슈퍼바이저는 일반적으로 직접적인 지도와 체계 정도를 줄이고, 도전을 향한 지지 관계를 제공하며 상담사의 내담자에 대한 주관적 반응을 검토하기 시작한다. 슈퍼바이지는 자기 평가에 따른 슈퍼비전으로부터의 필요와 욕구의 영향을 알아채도록 격려를 받아, 기술 영역의 특정 목표를 형성하고, 실습 문제와 관련한 의제를 만들어 슈퍼비전을 준비하게 된다. 슈퍼바이저는 오디오테이프, 실제 관찰, 공동 리더, 또는 회기와 관련하여 작성된 사례 자료에 따라 슈퍼비전을 준비한다. 슈퍼바이저는 슈퍼바이지의 발달적 수준에 적절한 전략을 사용한다.

개인 슈퍼비전 평가

평가는 실습과 수련을 통해 다양한 때에 슈퍼바이저에 의해 제공된다. 학생의 직무에 대한 지속적인 평가는 실습 현장과 대학 모두 주간 개인 슈퍼비전 동안에 정기적으로 이루어진다.

형성 평가(formative evaluatiion)는 슈퍼비전 회기 내에 수행된 직무에 대한 언어적 논평을 포함하고 강점과 진보가 필요한 영역을 확인하게 된다. 회기는 슈퍼비전 계약서에서 특별히 기술된 목적과 목표로 조직화하고, 평가는 관찰, 검토, 목적과 목표와 관련하여 향상된 증거를 기반으로 한다. 피드백은 정기적인 상담 회기(음성 녹음과 실제를 거친)에 대한 관찰과 임상 기록의 검토를 기반으로 할 것이다. 슈퍼비전 기록은 슈퍼바이지의 요청이 있을 때와 슈퍼바이저가 적절하다고 판단한 후 슈퍼바이지와 공유할 수 있다. 슈퍼바이지의 상담 실습([서식 7-4])에 대한 슈퍼바이저의 형성 평가는 슈퍼바이저가 구조화된 서식을 선택하였다면 몇 번의 회기 후 피드백을 제공하기 위해 사용될 수 있다.

총괄 평가(Summative Evaluation)는 실습 및 수련 학기의 중간과 종료 시점에서 제공될 수 있다. 이러한 평가는 교육, 규정, 자격 증명에 중대한 영향을 미치기 때문에 중요하다. 평가에 서식과 역량이 포함되어 있는지 확인하기 위하여 신중한 주의를 요구한다. 이 책에는 실습과 프로그램에서 사용할 수 있도록 고안된 예제와 서식이 포함되었고, 본문에 명시된 기술 영역에 따라 구성하였다.

실습 총괄 평가(Summative Evaluation in Practicum)

중간 평가는 학기에 따라 전반적으로 진행되는 슈퍼바이저의 평가를 반영해야 한다. 그것은 슈퍼바이지가 수련을 지속하도록 슈퍼바이지저가 추천할 때 어떤 관심사가 있는지를 확인하고 승인해야 하기 때문에 중요하다. 또한 발전하지 못하는 사람을 위해 발전 가능성을 조정하는 기회가 되기도 한다. 기대에 부응하거나 그 이상인 실습생은, 슈퍼비전 계약서의 방향을 재조정하기 위해 긍정적 요인을 점검하는 적절한 기회가 될 수 있고, 이 책은 중간 평가에 사용할 수 있는 구술 평가의 예시를 제공할 것이다.

실습생 중간 서술평가 견본

슈퍼바이저 이름 ________________________

슈퍼바이지 이름 ________________________ 날짜 ________________________

이 평가의 목적은 슈퍼비전에서 중점을 두었던 기술 영역을 시연하는 동안 전문상담사가 되기 위한 과정에 대한 피드백을 제공하기 위한 것이다. 평가는 실습에 대한 관찰, 업무와 관련한 대화, 슈퍼비전 회기 과정과 내용에 대한 기록에 기반하였다.

상담 실행 기술

기본적이고 심화된 상담의 과정과 전문적 기법의 사용은, 문제를 이해하는 측면에서 정확한 공감과 진심에서 우러난 따뜻함으로 다양한 내담자와 견고한 치료적 관계를 형성하게 한다. 회기를 순조롭게 시작하며 첫 회기에서 개인정보 제공동의서와 비밀 보장을 통합한다. 내담자가 그들의 이야기를 구성하며 변화가 필요한 영역을 인정할 수 있도록 다양한 조력 기술을 적절히 사용한다. 때때로 사고와 행동으로 인해 촉발될 수 있는 감정을 충분히 탐색하지 않고 행동을 계획하는 과정으로 넘어가기도 한다. 내담자가 제시하는 변화의 전략에 보다 주의를 집중하면 상담을 진전시키는 노력에 즉각적으로 도움이 될 수 있다. 결국, 내담자의 사고 및 행동과 관련 있는 감정을 탐색하며 그것에 머무를 수 있는 것이 다음 슈퍼비전에서 확인되어야 할 목표 영역이다. 물론 개입 가능한 범위를 확대한 이론 기반 기법을 확인할 수 있다.

인지상담 기술

슈퍼비전에서는 최대한 초기 면담 요약 작성, 임상 기록, 평가, 그리고 목표설정 영역에 중점을 두었다. 처음에는 전문적 태도로 자신 있게 관계 정보를 연결 짓는 것을 확인하기 어려웠다. 목적과 목표설정은 하였지만 이러한 능력에 대한 피드백이나 승인이 아직은 필요하다. 사례 개념화 기술을 향상시킬 수 있는 목표를 설정하고 임상적으로 사례를 보는 방식과 회기 구성 방식 그리고 작업을 지원하는 기록물의 상호 관계에 집중할 것을 권고한다.

자기 인식/다문화 인식

목표를 설정하고 내용에 대한 감정에 머무를 때 귀하의 상담 훈련에 영향을 미칠 수도 있는 개인적 배경과 가치관 그리고 검토되지 않은 편견에 어떻게 관심을 기울여야 하는지 더욱 집중해 왔다. 이러한 작업의 관점에서 지속적으로 집중할 것을 권장한다. 귀하와 매우 다른 삶의 상황과 문화적 배경을 가진 다양한 내담자가 존재한다는 측면이다. 내담자의 세계관에 대해 깨어 있고 열린 자세를 유지하는 것이 효과적으로 도움을 줄 수 있는 상담사의 중요한 부분이다.

발달 수준

슈퍼비전에서 귀하의 안정감 수준은 현저하게 향상되었다. 귀하는 정기적으로 귀하가 한 일을 검토하고, 적절한 관심으로 슈퍼비전에 참여하며, 향상에 필요한 상담 훈련에서의 노출 위험을 감당하여야 한다. 물론 개인적 이슈가 상담 과정에 어떤 영향을 미치는지 살펴보아야 한다. 귀하는 상담에 대한 자기 집중을 감소하므로 내담자의 역동에 보다 집중할 수 있다.

실습 학생에 대한 최종 평가를 위해 두 가지 평가 서식을 제공할 것이다. 첫째, 당신은 Fall과 Sutton(2004)이 개발한 슈퍼비전 수행 평가 도구(Supervisee Performance Assessment Instrument: SPAI)를 사용할 수도 있다. SPAI의 사본은 〈부록 1〉에서 찾을 수 있다. 수련이 진행되는 동안 요구된 것들은 준거기준을 제6장에서 제시한 것들로 실습 경험을 마치며 사용할 수 있도록 평가 도구를 제공하고 있다([서식 7-5] 실습 학생에 대한 슈퍼바이저의 최종 평가). 주간 일정/실습 기록([서식 3-6])과 월간 실습 기록([서식 3-7])은 현장 슈퍼바이저의 사인을 받아야 하고 최종 실습 슈퍼비전 평가와 함께 대학 슈퍼바이저에게 제출해야 한다.

수련 총괄 평가(Summative Evaluation in Internship)

우리는 실습에서의 서술적 중간 평가의 예시를 제공하였다. 마찬가지로 체계적인 서술은 중간 수련 평가를 위해 사용된다. 서술은 각 기술 영역 내에서 조직화되고 목적과 목표에 대한 관계를 표현하는 과정에서 기록된다. 논평에는 전문적 훈련에서 수련 요건을 성공적으로 완결하려고 진행하며 기대를 넘어서거나 어느 정도 도달했는지에 대한 평가를 포함한다.

대안적 평가 과정은 기업에서 직무 수행 검토 도구와 유사한 방식이 될 수 있다. 이 과정은 슈퍼바이저와 슈퍼바이지 모두 슈퍼바이지가 어떻게 목적과 목표를 슈퍼비전 계약서에 수립하고 진전시켜 가는지 각 기술 범위 기반으로 슈퍼바이지의 수행 평가를 준비한다. 각 목적과 목표는 1=전혀 진전이 없다, 2=기대에 부응하지 못했다, 3=기대에 부응하였다, 4=기대 이상이다, 5=탁월하다 등의 범주를 기반으로 평가된다. 기술 범주를 평가한 후, 전반적인 진행 과정에 대해 논평하고 새로운 목표를 제시한다. 슈퍼바이저와 슈퍼바이지가 평가를 할 때(약 30분 정도), 동의 및 의견 차이가 있는 각 영역을 검토한다. 향후 목적과 목표는 평가를 위한 관계에서 논의된다. 이렇게 하는 목적은 수용 또는 개정하고 몰입하기 위한 것이다. 기술 영역이 미진한 슈퍼바이지는 수정된 권고안을 설정한다. 현장 슈퍼바이저는 대학의 현장 연계 담당자에게 연락해야 한다. 이러한 권고안은 특정 이론 개발을 위한 질문, 그리고 개인 상담 또는 치료를 위한 반응으로서 상담과 관련한 주관적인 이론에 대해서 주로 작성하고, 대학에서의 슈퍼비전을 추가할 수 있다. 치료적 필요들은 대학 프로그램의 전반적인 정책 일부가 되고 대학 슈퍼바이저에 의해 결정되고 시행된다.

상담 수련생의 최종 총합 평가는 슈퍼바이지가 전문상담사로 훈련받으므로 진입 수준(entry-level)에 도달하였다는 슈퍼바이저의 신뢰 여부를 평가한다. 전문 보고서는 다양한 방식으로 필수 기술에 대해 묘사한다. 예를 들어, Fouad 등(2009)은 몇 가지 기술 영역 훈련을 위해 진입 준비를 확인할 수 있는 심리치료사를 위한 역량 목록을 개발하였다. 개입 기술 영역의 주요 구성 요소는, 다양한 내담자와 라포 형성 능력을 지탱해 주는 행동과 "독립된 개입 계획, 사례와 맥락에 대한 사례 개념화와 특정 개입 계획을 포함하며(S19)" 위기에 바른 판단을 하며, 효과적으로 개입하는 것이다. Engels 등(2010)은 CACREP 표준을 확장한 역량 목록을 개발하였다. 이 장은 일반적인 상담 역량뿐 아니라 특정 전문 영역(예: 병원의 정신건강상담, 학교상담)을 포괄한다. 대학이나 기타 기관에서 사용하는 대부분의 총합 평가 서식은 일반적인 상담 역량 구성을 위해 확인된 것들을 특정 범주로 묶고 유사한 역량 문항 중 대표적인 것들을 선별하여 사용하고 있다. 본문 〈부록〉 다음의 [서식] 섹션에 있는 [서식 7-6](수련생에 대한 슈퍼바이저의 최종 평가)은 각 기술 영역에 대한 준거 목록으로 5점 리커트 척도를 사용하는 평가 도구이다. 3등급은 수련생이 각 문항에서 적절한 능력을 보유하고 있음을 의미한다. 전문 영역의 상담 훈련생과 함께 작업하는 슈퍼바이저(즉, 진로상담, 결혼, 커플과 가족 상담)는 실습 현장에서 활동 수행을 근거로 축약한 최종 평가 서식을 제공한 Engels의 [서식 12-3](수련생 현장 활동 평가서)에서 특정 전문 영역 문항을 참고하여 전문성 문항을 추가할 수 있다.

수련 시간 기록

CACREP 표준은 집단 작업을 포함한 240시간의 내담자 대면 서비스를 할수 있는 환경에서 상담 훈련생(counselor-in training)은 정직원의 다양한 활동을 슈퍼비전을 받으며 해 볼 수 있는 수련 600시간을 성공적으로 이행할 것을 요구한다. 나머지 360시간은 문서정리 및 기록 보관, 평가하기, 정보화 및 추천하기, 직무 및 전문성 개발, 계획하기, 기타 실습 및 전문적 활동을 한다. 캐나다상담 · 심리치료학회(2003)는 대면 서비스 200시간(집단 40과 개인 내담자 140)과 400시간의 심화된 실습을 요구한다. 〈부록〉 다음의 [서식] 섹션에 있는 [서식 12-1]과 [서식 12-2]는 수련 종료 후 슈퍼바이저가 제공한 현장 슈퍼바이저 사인이 된 수련 기록 총합과 주간 서식이다. 수련이 종료될 때 완료되어야 할 기타 양식은 제12장에서 제공할 것이다.

요약

이 장에서는 상담 훈련(counselor-in-training)으로 경험할 수 있는 몇 가지 접근법을 기술하였다. 실제 적용할 수 있는 몇 가지 예시와 함께 3인조 슈퍼비전 모델을 제시하였다. 슈퍼바이저의 사전 동의서(informed consent)와 개인정보 제공동의서(disclosure statement) 그리고 ACES 모범 운영 지침과 일치되는 슈퍼비전 계약서가 포함되었다. 끝으로, 다양한 형성 및 총합 평가 과정, 예시 및 서식이 포함되었다. 본 장에서 검토되어야 하는 것은 실습/수련에서 개인 슈퍼비전 구성 요소로 기대하는 것이 무엇인지 이해하고 상담 훈련을 제공해야 한다는 것이다.

참고문헌

Alpher, V. (1991). Interdependence and parallel processes: A case study of structured analysis of social behavior in supervision and short term dynamic psychotherapy. *Psychotherapy*, *29*(2), 218-231.

American Counseling Association. (2014). *Code of ethics*. Alexandria, VA: Author.

Association of Counselor Education and Supervision (ACES). (2011). *Best practices in clinical supervision*. Retrieved from www.acesonline. net/wp/content/uploads/2010/10/ACES-Best-Practices -in-clinical-supervision-document-FINAL.pdf.

Bernard, J. M. (1979). Supervision training: A discrimination model. *Counselor Education and Supervision*, *19*, 60-68.

Bernard, J. M. (1997). The discrimination model. In C. E. Watkins (Ed.), *Handbook of psychotherapy supervision* (pp. 310-327). New York: Wiley.

Bernard, J. M., & Goodyear, R. K. (2014). *Fundamentals of clinical supervision* (5th ed.). Upper Saddle River, NJ: Pearson.

Borders, L. D. (2009). Subtle messages in clinical supervision. *Clinical Supervisor*, *28*, 200-209.

Bordin, E. S. (1983). The working alliance model of supervision. *Counseling Psychologist*, *11*, 35-42.

Bradley, L. J., & Ladany, N. (2001). *Counselor supervision: Process and practice*. Philadelphia, PA: Brunner/Routledge.

Canadian Counselling and Psychotherapy Association. (2003). *Accreditation manual*. Retrieved from www.ccpa.accpxa/en/accreditation standards,

Cobia, D. C., & Boes, S. R. (2000). Professional disclosure statements and formal plans for supervision: Two strategies for minimizing risk of ethical conflicts in post-master's supervision. *Journal of Counseling and Development*, *78*, 293-296.

Council for Accreditation of Counseling and Related Educational Programs (CACREP). (2001). *Accreditation manual* (2nd ed.). Alexandria, VA: Author.

Council for Accreditation of Counseling and Related Educational Programs (CACREP). (2009). *Accreditation standards*. Alexandria, VA: Author.

Dye, A. (1994). Training doctoral student supervisors at Purdue University. In J. E. Myers (Ed.), *Developing and directing counselor education laboratories* (pp. 130-131). Alexandria, VA: American Counseling Association.

Ellis, M. V. (2010). Bridging the science and practice of clinical supervision: Some discoveries, some misconceptions. *Clinical Supervisor*, *29*, 95-116.

Engels, D. W., Minton, C. A. B., Ray, D. C., Bratton, S. C., Chandler, C. K., Edwards, N. K. et al. (2010). *The professional counselor: Portfolio, competencies, performance guidelines, and assessment* (4th ed.). Alexandria, VA: American Counseling Association Press.

Fall, M., & Sutton, J. M., Jr. (2004). *Clinical supervision: A handbook for practitioners*. Upper Saddle River, NJ: Pearson.

Fouad, N., Grus, C. L., Hatcher, R. L., Kaslow, N. J., Hutchings, P. S., Madson, M. B., et al. (2009). Competency benchmarks: A model for understanding and measuring competence in professional psychology across training levels. *Training and Education in Professional Psychology*, *3*(4, Suppl), S5-S26.

Freeman, S. C. (1993). Reiteration on client centered supervision. *Counselor Education and Supervision*, *32*, 213-215.

Haarman, G. (2009). *Clinical supervision: Legal, ethical and risk management issues. Course workbook.* Brentwood, TN: Cross Country Education.

Kaiser, T. L. (1997). *Supervisory relationships*. Pacific Grove, CA: Brooks/Cole.

Kitchener, K. S., & Anderson, S. K. (2011). *Foundations of ethical practice, research, and teaching in psychology and counseling* (2nd ed.). New York: Taylor & Francis/Routledge.

Ladany, N., Ellis, M. V., & Friedlander, M. L. (1999). The supervisory working alliance, trainee self-efficacy, and satisfaction. *Journal of Counseling and Development, 77,* 447-455.

Lawson, G., Hein, S. R., & Getz, H. (2009). A model for using triadic supervision in counselor preparation programs. *Counselor Education and Supervision*, *48,* 257-270.

Lawson, G., Hein, S, F., & Stuart, C. L. (2009). A qualitative investigation of supervisees' experiences of triadic supervision. *Journal of Counseling and Development, 87,* 449-457.

Magnuson, S., Wilcoxon, S. A., & Norem, K. (2000). A profile of lousy supervision: Experienced counselors' perspectives. *Counselor Education and Supervision*, *39*, 189-202.

Majcher, J. A., & Daniluk, J. C. (2009). The process of becoming a supervisor for students in a doctoral supervision training course. *Training and Education in Professional Psychology*, *3*, 63-71.

Nguyen, T. V. (2004). A comparison of individual supervision and triadic supervision. *Dissertation Abstracts International, 64*(9), 3204A.

Oliver, M., Nelson, K., & Ybanez, K. (2010). Systemic processes in triadic supervision. *Clinical Supervisor*, *29*, 51-67.

Pearson, Q. (2000). Opportunities and challenges in the supervisory relationship. *Journal of Mental Health Counseling, 22,* 283-294.

Pearson, Q. (2001). A case in clinical supervision: A framework for putting theory into practice. *Journal of Mental Health Counseling*, *23*(2), 174-183.

Remley, T. P., Jr., & Herlihy, B. (2014). *Ethical, legal, and professional issues in counseling* (4th ed.). Upper Saddle River, NJ: Pearson.

Ronnestad, M. H., & Skovholt, T. M. (1993). Supervision of beginning and advanced graduate students of counseling and psychotherapy. *Journal of Counseling and Development*, *71,*

396-405.

Scott, J. (1976). Process supervision. In J. Scott (Ed.), *A monograph on training supervisors in the helping professions* (pp. 1-10). Retrieved from www.eric.govcontentdelivery/servlet/ERICServlet?accno-ED126398.

Spice, C. G., & Spice, W. H. (1976). A triadic method of supervision in the training of counselors and counseling supervisors. *Counselor Education and Supervision*, *15*, 251-258.

Stinchfield, T. A., Hill, N. R., & Kleist, D. M. (2010). Counselor trainees experiences in triadic supervision: A qualitative exploration of transcendent themes. *International Journal for the Advancement of Counselling*, *32*, 225-239.

Stoltenberg, C. D. (1981). Approaching supervision from a developmental perspective: The counselor complexity model. *Journal of Counseling Psychology*, *28*, 59-65.

Stoltenberg, C. D., & McNeill, B. W. (2010). *Supervision: An integrative developmental model for supervising counselors and therapists* (3rd ed.). New York: Routledge.

Whitman, S. M., & Jacobs, E. G. (1998). Responsibility of the psychotherapy supervisor. *American Journal of Psychotherapy*, *52*(2), 166-176.

상담 및 심리치료 전문가 실습·수련 가이드북

제4부 실습 및 수련을 위한 전문 주제

상담 윤리

상담 훈련을 실시하는 자격 승인 기관들은 모든 상담사 훈련에 있어 윤리 교육의 중요성을 언급한다. 상담 윤리는 교육과정에서 핵심적이고 특별한 필수 영역으로 다루어진다. 윤리 지침은 상담 및 심리학 영역의 광범위한 행동에 대해 다루고 있다. 무엇보다 중요한 것은, 상담 훈련 기관들이 상담 및 심리 분야 현장 전문가에게 요구되는 책임에 대해 교육함으로써 비윤리적 행동을 방지하여 내담자를 보호하는 것이다. Seligman(2004)은 다음과 같은 이유를 들어 윤리 표준을 배우고 익혀 준수하도록 하는 것이 견실한 임상 훈련의 핵심이라고 주장한다.

- 윤리 표준은 정신건강 전문가에게 강한 신뢰를 부여한다. 윤리 표준은 임상의가 결정할 수 있도록 돕는다.
- 다른 주요 윤리 표준과 마찬가지로, 임상의가 내담자에게 비밀 보장을 유지할 수 있을 때와 그렇게 할 수 없을 때에 대한 정보를 제공하는 것은 그들의 치료와 관련하여 정보에 근거한 선택을 할 수 있고, 예측 가능하게 하며 내담자의 안전을 제공할 수 있다.
- 제정된 윤리 표준의 실천은 과실 소송 사건이나 그들 역량에 대한 이의 제기에서 임상의를 보호할 수 있다.
- 윤리 및 법적 표준과 관련한 지식의 표현은 상담사, 심리학자 또는 사회복지사로서 면허 및 자격에서 요구되는 것들이다. Fowers(2005)도 마찬가지로 윤리 표준의 네 가

지 기능을 주장하였다.
- 도덕적으로 수용할 수 있거나 그렇지 못한 것에 대한 평가를 제공하므로 직업에 대한 신뢰를 확립한다.
- 교육적이며 역할 사회화 기능을 제공한다.
- 전문가는 표준에 부합하지 않는 행동을 설명할 수 있기 때문에 공신력을 얻는다.
- 자격 요건 및 법적 제재를 개발하여 실천의 가치를 제공한다.

정의: 윤리, 도덕, 법

윤리는 "올바른 행동에 필요한 규칙을 제공하기 위해 개인 또는 집단이 채택한 도덕적 원칙"(Corey, Corey, & Callahan, 2011, p. 14)이다. Huber와 Baruth(1987)는 "윤리는 인간의 도덕적 결정 행위에 관한 것"이라고 하였다(p. 37). 윤리는 본질상 규범적이고, 상담자-내담자 관계와 같은 개인 간의 관계를 규율하는 원리와 기준에 초점이 있다.

도덕은 선과 악 또는 옳고 그름을 구별하는 원칙과 관련이 있다. 도덕은 그것에 의해 행동이 좌우되고, 그것을 이해할 수 있는 모든 사람에게 지시 암호처럼 적용되어 규준으로 사용된다. 그 누구도 비도덕적 관념이나 도덕적 금기를 결코 요구할 수 없다(Gert, 2012).

법은 통제적 권위에 의해 구속력이 있어 인지되거나 지켜야 하는 규칙으로 기술되어 정의된다(Webster's Ninth New Collegiate Dictionary, 1988).

상담 윤리 강령

윤리 규약은 전문 정신건강 제공자를 위해 작성된 윤리 표준이다. 윤리 강령은 "직업에 따른 최대 또는 기대 목표, 또는 이상적 기준을 나타내며 전문가 협회나 국가 지정 위원회 또는 직업을 규제하는 정부 위원회가 시행한다(Corey, Corey, & Callahan, 2011, p. 14). 각 직업(심리학, 사회복지, 상담 등)은 내담자와의 관계가 특수하므로 구체적 규약을 갖고 있다. 국가와 지역 양쪽에 규약이 있다. 정신건강 전문가는 이러한 규약을 위반하지 않는 방식으로 직무에 임할 의무가 있다. 정신건강 종사자가 기준을 위반하면 자격을 잃거나 제재가 가해질 수 있다.

정신건강 전문가의 최우선적 책임은 내담자의 복리 증진인데, 윤리 규약은 이 과정에서 일관성을 보장하기 위해 개발되었다. 정신건강 분야 전문가들은 윤리 규약을 통해 해당 전문 영역 구성원들을 규율함으로써 그들에 대한 정부 규제의 필요성을 감소시킨다. 본질적으로 이러한 규약은 정신건강 전문가가 지켜야 할 것이 무엇인지 명시한다는 점에서 규범적이다. 실습이나 수련을 시작하기 전에, 다음에 제공한 윤리 규약 관련 웹 사이트 목록을 활용하여 자신이 훈련받고자 하는 상담 프로그램이 속한 전문 영역의 윤리 규약을 다시 살펴보기 바란다.

기관별 윤리 강령 및 규범 관련 웹 사이트

미국결혼 · 가족치료학회(American Association of Marriage and Family Therapy: www.aamft.org)

미국목회상담자협회(American Association of Pastoral Counselors: www.aapc.org)

미국상담학회(American Counseling Association: www.counseling.org)

미국정신건강상담자협회(American Mental Health Counselors Association: www.amhca.org)

미국심리학회(American Psychological Association: www.apa.org)

미국학교상담자협회(American School Counselors Association: www.schoolcounselor.org)

다문화상담 및 발달 협회(Association for Multicultural Counseling and Development: www.amcdada.org/amcd/default.cfm)

캐나다상담 · 심리치료학회(Canadian Counselling and Psychotherapy Association: www.ccpa.ca)

캐나다심리학회(Canadian Psychological Association: www.cpa.ca)

재활상담사를 위한 직업윤리 규약(Code of Professional Ethics for Rehabilitation Counselors: www.crccertification.com)

NAADAC(재활전문상담사협회)의 중독 전문가 협회(NAADAC-The Association for Addiction Professionals: www.naadac.org/membership/code-of-ethics)

국가 공인 상담사자격위원회(National Board for Certified Counselors: www.nbcc.org)

국가진로발달협회(National Career Development Association: www.ncda.org/aws/NCDA/asset_manager/get-file3395)

윤리 강령: 유사성

상담 전문가를 위한 윤리 규약은 미국상담학회(American Counseling Association: ACA)와 분과, 국가인증위원회(재활상담인증위원회; Council for Rehabilitation Counseling Certification, 국가인증상담사위원회; National Board of Certified Counselors), 주 면허법, ACA 전문 분야(재활, 학교, 진로, 대학, 정신건강, 지역사회, 결혼과 가족, 진로상담), 미국심리학회(American Psychological Association: APA), 캐나다상담 · 심리치료학회(Canadian Counselling and Psychotherapy Association: CCPA)와 캐나다심리학회(Canadian Psychological Association: CPA)를 포함한다. 다양한 주 심리학회와 국제 학회도 물론 윤리 강령을 공표하였다. 윤리 표준과 규약의 확산이 전문상담사에게는 잠재적 혼란을 야기할 수 있다(Herlihy & Remley, 1995). 하지만 규약 전반에 다음과 같은 유사성을 확인할 수 있다.

- 주요 전문 학회는 특정 상황에서는 내담자의 비밀 보장이 제한적이 된다는 것을 명시하고 있다. 비밀 보장의 한계는 주(州) 법, 지방 법, 전문가 윤리 규약에 근거한다. 내담자는 비밀 보장 예외 상황에 대해 상담 시작 시 통보 받을 수 있어야 한다.
- 능력 문제는 윤리 규약 전반에서 다루어지고 있다. 교육 및 인증을 받고자 하는 영역 내에서 훈련을 받아야 한다. 혼자 개입해서 곤경에 처하기 전에 슈퍼비전과 훈련을 받도록 하라. 학생상담자로서, 훈련을 통하여 새로운 기법을 통합하는 시기와 방법에 대해 슈퍼바이저와 논의하고 자문을 받아야 한다.
- 다중 관계를 수립하는 훈련은 모든 전문 협회 윤리 규약에 걸쳐 다루고 있다. 첫째, 모든 윤리 규약에는 내담자와 어떤 유형의 성적 친밀감도 금하고 있다(ALL ETHICAL CODES PROHIBIT SEXUAL INTIMACY OF ANY KIND WITH CLIENTS). 상담사가 '치료자-내담자 관계 외에 내담자와의 관계'를 가질 때 2차적 관계가 존재한다(Welfel, 2010, p. 217). 이를 2중 관계, 다중 관계 또는 비전문적 관계라고 한다. 어떤 규약에서도 비윤리(nonethical)처럼 비성적(nonsexual) 관계를 지칭하지 않지만, 그것을 주의해야 한다. 만약 그러한 관계가 시작되었다면, 동료 또는 슈퍼바이저에게 자문을 받아야 한다. 그러한 관계에서 발생할 수 있는 잠재적인 유익과 위해에 대한 자문과 논의를 문서화하고 상담사의 기록으로 적시하여야 한다. 만약 잠재적 유익을 충분히 고려할 수 있다면, 문화적으로 가치 있고 기대되는 중요한 기능 정도의 행동을 할 수 있다.

상담사는 항상 상담 관계의 고결함을 지킬 수 있도록 항상 예의를 갖추어야 한다.

- 모든 전문 규약은 문화적 이슈의 중요성을 다룬다. 잘 알고 있고, 지식이 풍부하고, 유능하며, 존중하는 방식으로 다양한 문화 및 배경을 가진 내담자와 함께 협력해야 한다. 내담자의 문화적 의미와 세계관은 모든 훈련 영역에 편입되어야 한다.
- 모든 전문 규약에서는 윤리적 딜레마에 직면하게 되었을 때 윤리적 의사 결정이 체계적으로 진행되어야 하는 것이 필수적임을 명시하고 있다(Cormier & Hackney, 2012, pp. 180-185).

윤리적 의사 결정

원칙 기반 윤리와 윤리적 의사 결정

윤리 원칙은 대부분의 건강 전문가 윤리 규약에서 표준을 제공하는 일반적 규준이다. 그것은 윤리적 의사 결정에서 항상 고려되어야 하는 의무 사항들이다(Meara, Schmidt, & Day, 1996). Kitchener와 Anderson(2011)은 미국과 캐나다에서 특히 전문적 직업의 행동을 제공하는 규준으로 윤리적 원칙을 근거로 하고 있는 것을 확인하였다. 이러한 원칙들은 다음과 같다.

- **해를 끼치지 않는(Nonmaleficence)**: 이것은 타인에게 위해를 가하는 행동에 연루되거나 해(harm)를 입히지 않아야 하는 의무와 관련된 것이다. 해를 입힌다는 것은 실질적으로 타인의 유익이나 well-being을 감소시키는 것을 의미한다. ACA의 윤리 규약(2014)에서 상담사는 피할 수 없거나 예측할 수 없는 해를 수습하고 최소화할 것을 요구한다. 위해에 의한 위험은 기타 윤리적 원칙과 균형을 이루어야 한다.
- **자선(Beneficence)**: 이것은 타인에게 좋은(good) 또는 유익한(benefitting) 행동을 하는 것을 의미한다. 이 원칙에는 두 가지 측면이 있다(Beauchamp & Childress, 2001). 첫째는 일반적인 well-being을 증가시키는 방식으로 행동하도록 하여 유익을 제공하는 것이다. 두 번째는 해가 될 수 있는 행동에 반하여 유익할 수 있는 행동과 균형을 이루도록 상담사나 심리치료사에게 복종하도록 하는 것이다.
- **개인의 자율성 존중(Respect for a person's autonomy)**: 이것은 성격 특성이나 개성을

존중하고, 그들의 선택과 욕구를 포함하여, 타인 존중이라는 도덕적 의무를 부과하는 것이다. 이것은 행동의 자유와 선택의 자유를 포함한다. 개인은 타인의 활동을 방해하지 않는 한 자기 자신의 삶에서 원하는 것들을 할 수 있다. 선택의 자유는 저마다 갖고 있는 판단 능력(making one's own judgments)을 의미한다.

- **신의(Fidelity)**: 이것은 상담사 또는 치료사와 내담자 사이에서 관계의 핵심이 되는 것이다. 이것은 인간적 신뢰의 핵심 구성 요소로 신뢰와 정직만큼이나 충성과 진실의 질을 포함한다.
- **정의(Justice)**: 정의는 차이에 부여된 비중에 따라 평등할 것은 평등하게, 불평등할 것은 불평등하게 처리하는 것을 포함한다(Beauchamp & Childress, 2001). 정의는 어떤 특정 사례를 편견 없이 대하는 것으로 특별함을 적절하게 그리고 부적절하게 판단하는 것을 의미한다. 전문적으로 조력할 때 전문가는 나이, 성, 인종, 민족, 국적, 종교, 성적 지향성, 사회적 지위 등에 근거한 차이로 인한 부당한 차별을 금지한다. 심리학자와 상담사는 최소한의 재화로 교육과 건강관리와 같은 서비스에 접근하도록 보장하고, 개인의 가치와 존엄성 증진에 동의하는 곳에서 공정하게 헌신할 의무가 있다. 실무자는 종종 제한된 자원으로 사람들을 돕기 위한 일의 일부가 되어 공헌한다(Kitchener & Anderson, 2011, pp. 25-37).

윤리적 의사 결정에서, 윤리적 원칙이 상충할 때 결정이 어떻게 내려지는지에 대한 문제가 된다. Kitchener와 Kitchener(2008)는 균형적 접근을 위한 과정을 지지한다. 모든 원칙은 가치 있고, 특정 상황에서, 최선의 총체적 조합을 얻기 위해 균형을 유지할 것을 제안한다.

미국심리학회(The American Psychological Association: APA)는 윤리 강령(2007)에서 인간의 권리와 존엄성을 위한 신의와 책임, 성실성, 정의, 존중, 해를 가하지 않음, 자선의 원칙을 명시하고 있다. 캐나다상담·심리치료학회(The Canadian Counselling and Psychotherapy Association: CCPA)의 윤리 강령(2007)은 신의, 해를 가하지 않음, 자율성, 정의, 사회적 책임, 자선의 원칙을 명시하고 있다. 캐나다심리학회(The Canadian Psychological Association, 2002)는 인간의 존엄성을 위한 존중, 책임 있는 돌봄, 관계에서의 성실성, 사회를 위한 책임의 원칙에 근거한 윤리 강령으로 가치와 표준을 체계화하였다. 미국상담협회의 윤리 강령(2014)은 자율성, 해를 가하지 않음, 자선, 정의, 신의, 진실의 원칙을 명시하고 있다. 이러한 윤리 강령에는 기본적으로 원칙을 위한 주요 유사점이 존재한다.

윤리적 규약들은 상황을 판단하며 윤리적 원칙을 채택해야 하는 실습에서 마주치게 되는 의문에 구체적이고 면밀하게 답해 줄 수는 없다. 윤리적 원칙은 특정 딜레마에 내재된 도덕적 이슈에 대한 결정을 내릴 때 사용된다. 윤리적 딜레마는 윤리적 명령이 경쟁하고 상충되는 사이에서 단 하나의 윤리적 명령을 선택해야만 하는 상황이다. Pope와 Vasquez(2011)는 윤리적 딜레마에 대한 논의에서, "윤리적 감수성은 끊임없이 질문하고 개인적으로 책임지는 것을 포함하는 지속적이고, 적극적인 과정"(p. 2)이고 "우리는 종종 명료하고 쉽게 답할 수 없는 윤리적 딜레마에 직면한다."(p. 5)고 하였다. 윤리 강령은 우리가 직면하는 딜레마의 해결책을 항상 제공할 수 없다고 하였다.

윤리적 행동은 상담사가 전문적 윤리 강령에 친근해지며 시작된다. 이것은 상담 직업이 본래부터 갖고 있는 적절한 행동과 책임이 가장 우선되는 기준이다. 강령의 윤리적 원칙에 대한 감수성을 발달시키는 것은 상담사가 윤리적 문제 상황에 직면하였을 때 보다 안전한 느낌을 갖게 한다. 윤리적 의사 결정은 상담사에게 있어 좀처럼 쉬운 과업은 아니다. 윤리적 의사 결정을 내린다는 것은 한 사람이 가진 가치와 도덕이 결합된 윤리 강령의 적용과 내담자에 대한 최선의 관심이 무엇인지에 대해 개인적 해석이 포함된다.

Corey(1996)는 전문적이며 윤리적인 책임에 대한 감각의 개발을 결코 중단해선 안 된다고 주장하였다. 전문가는 다양한 윤리적 이슈에 대해 정기적으로 검토할 것을 요구하였다. Corey에 따르면 이러한 이슈는 다음과 같다.

1. 상담사는 그들이 지닌 필요가 무엇인지, 일을 통하여 그들이 얻고자 하는 것이 무엇인지, 그들의 필요와 행동이 내담자에게 어떤 방식으로 영향을 미치는지 자각하는 것이 필요하다. 치료사의 필요로 인해 내담자가 손실을 보지 않도록 하는 것이 가장 중요하다.
2. 상담사는 필수적으로 그들이 내린 평가와 시도하는 개입에 대한 훈련과 경험을 해야 한다.
3. 상담사는 자기 능력의 한계를 인식할 수 있어야 하고, 주어진 내담자와 관련하여 자신의 한계가 인식될 때 다른 전문가에게 내담자를 보내(refer)거나 슈퍼비전 받을 수 있는 적절한 곳을 찾아야 한다. 상담사는 지역사회 자원에 정통하므로 적절한 때에 연결(refer)할 수 있어야 한다.
4. 실무자가 전문직 단체의 윤리 표준을 알고 있어도, 이러한 원칙을 특정 사례에 적용할 때 자신이 가진 판단력을 발휘해야 한다는 것을 알아야 한다. 대부분의 문제에 명

백한 정답이 없으므로 적절한 해결책을 찾아야 하는 책임감을 받아들여야 한다.

5. 상담사는 실습을 하며 그들을 이끌어 주는 행동 변화에 대한 어떤 이론 틀을 갖는 것이 중요하다.
6. 상담사는 다양한 형태의 지속적인 교육을 통하여 자신의 지식과 기법을 갱신해 가는 방법을 찾는 것이 중요하다는 것을 인식해야 한다.
7. 상담사는 명백히 치료에 해가 되는 내담자와의 어떤 관계도 피해야 한다.
8. 상담사는 관계를 맺고 있는 동안 비밀 보장에 영향을 미칠 수 있는 상황과 부정적인 영향을 미칠 수 있는 어떤 문제를 내담자에게 고지할 책임이 있다.
9. 상담사는 자신의 가치관과 태도를 자각해서, 내담자와의 관계에 작동하는 자신의 신념 체계 역할을 인지하고, 이러한 믿음이 순식간에 즉각적으로 장악하는 것을 피해야 한다.
10. 상담사는 상담의 목적과 마찬가지로 문제에 대해, 채택한 기법과 과정에 대해, 새로운 관계에 딸려 올 수 있는 위기에 대해, 치료를 시작하려는 내담자의 결정에 영향을 미칠 수 있는 요인에 대해 알리는 것이 중요하다.
11. 상담사는 모델링 과정을 통한 내담자 교육이 실제적이어야 한다. 그래서 내담자가 용기 내어 자신의 삶에서 실제 시도해 볼 수 있어야 한다.
12. 상담은 문화적 배경의 상호작용 맥락에서 일어난다. 상담사는 상담 관계에 자신의 문화로 가져 오고, 마찬가지로 내담자의 문화적 가치도 과정에서 작동한다.
13. 상담사는 윤리적 딜레마를 다루며 그것에 대한 사고 과정을 배우는 것이 필요하고, 대부분의 윤리적 이슈는 복잡해서 단순한 해결책도 무시하지 않는 것이 현실이다. 자문을 구하려는 의지는 전문가로서의 성숙한 징표이다(Corey, 1996, pp. 79-80).

윤리 강령은 윤리적 조치를 위한 일반적이고 보편적인 지침을 제공한다. 그러나 내담자마다 해결책은 독특해서 지침이 항상 정확하게 맞지는 않는다. 미국상담학회의 윤리 강령은(2014)은 "상담사가 해결이 어려운 윤리적 딜레마에 직면할 때, 윤리적 의사 결정 과정을 중요하게 여길 것을 기대한다."(p. 3)고 진술하고 있다. 윤리적 이슈를 해결하는 것은 윤리적 표준과 전문적 윤리 원칙, 전문적 가치를 숙고하는 과정으로서 강령에 기술되어 있다. 윤리적인 상담사는 윤리적 결정을 내리는 것에 대한 책임을 수용하고 윤리적 도전을 인식하며 신중한 행동을 취한다. 그리고 상담사는 결과에 대해 당연히 책임을 진다.

Kitchener과 Anderson(2011)은 도덕적 추론에 대한 비판적 평가 수준 강조를 위한 단계를 포함하는 윤리적 의사 결정 모델(최선으로 한다는 것에 대한 추론)을 명확히 하였는데 다음과 같이 제시하였다.

1. 잠시 멈추고 귀하의 반응을 생각하십시오. 귀하의 신념과 가치가 어떻게 귀하의 반응에 영향을 미쳤는지 포함하십시오.
2. 내담자 진단, 제시된 문제, 맥락 정보를 포함하여 가능한 모든 정보를 검토하십시오.
3. 가능한 선택 사항을 확인하십시오. 기타 유용한 선택 사항을 가져 올 수 있는 동료의 자문을 받으십시오.
4. 윤리 강령을 염두에 두십시오. 하나로 선택 사항을 모을 수 없다면, 계속 평가하십시오.
5. 윤리적 이슈의 본질을 평가하십시오. 윤리적 의문과 각 선택 사항에 포함된 원칙의 균형을 평가하십시오. 도덕적 관점에서 가장 타당한 선택 사항을 확인하십시오.
6. 법적 문제와 기관 정책을 확인하십시오.
7. 선택 사항을 재평가하고 계획을 확인하십시오. 개인의 권리 존중을 무시하는 이상으로 가치의 균형을 맞추려는 행동을 발견하였습니까?
8. 계획을 실행하고 과정을 기록하십시오. 이것은 관련된 사람들과 나눈 이야기도 포함할 수 있습니다(pp. 47-49).

미덕 기반 윤리와 윤리적 의사 결정

미덕 윤리(Virtue ethics)는 도덕적 행동 이상의 것을 포함하는 전문적 윤리를 포함한다는 가정에서 시작되고, 물론 성격적 기질 또는 미덕을 포함한다(Remley & Herlihy, 2014). 이러한 관점은 당신이 하려는 행동이 무엇인가 보다 당신이 어떤 사람인가를 묻는다. 원칙적으로 윤리만으로 누구든 바르게 살아야 한다는 것을 알지만 그렇게 하지 못하는 이유를 설명할 수 없다. 원칙과 법에 기반을 둔 윤리는 도덕적 성격과 관련한 질문에 답할 수 없다(Beauchamp & Childress, 2001; Fowers, 2005). Jorden과 Meara(1990)는 성격은 결정적이어서 윤리적이 되기 위하여 부족한 도덕적 성격을 가진 어떤 사람을 가르칠 수 없다고 주장한다. 미덕 윤리는 좋은 성격을 가진 상담사와 심리학자가 그들이 직면하는 도덕적 딜레마를 보다 더 잘 이해해서 선한 결정을 할 수 있다는 것을 가정한다. 미덕 윤리는 “실제 삶의 상황에서 ‘선한 사람’은 무엇을 해야 하는가”에 관한 의문을 포함 한다(Pence, 1991, p. 249).

Kitchener과 Anderson(2011)에 따르면, 다음과 같이 미덕은 상담과 심리학의 핵심으로 확인되어 왔다.

- **실천적 지혜 또는 분별력**: 분별력은 굳건한 마음으로 현실-세계의 문제의 원인을 규명하기 위해 도덕적 문제와 실천에 대해 논의가 가능하지만 유연한 태도를 요구한다(Annas, 1993). Fowers(2005)는 최선의 행동 방침이 무엇인지 선택 상황에서 분별하여, 무엇이 허용 가능한 것인지 숙고하며, 무엇이 문제가 될지 도덕적으로 인식하게 하는 구성 요소를 포함하는, 실천적 지혜라는 용어를 사용한다.
- **통합**: 이것은 "특히 도덕 또는 예술적 가치에 대한 강령의 준수"(Webster 9판, 1988)이다. 정직성을 지킨다는 것은 대중적이지 않아서 지키기 어렵고, 기타 이유들로 어려움이 있더라도 규칙을 지키는 것을 의미한다.
- **존중**: 이것은 타인의 바람 또는 관점을 검토하는 것을 의미한다. 그것은 인종적 배경, 성, 또는 장애, 또는 법이나 사회적 제도일지라도 인간에 대한 어떤 견해로서의 도덕적 인식을 제공하는 것을 포함한다.
- **신뢰**: 누군가를 믿는다는 것은 인간의 성격, 진실성, 무언가를 해낼 수 있는 능력에 따를 수 있다는 것을 의미하고 그것을 측정할 수 있다.
- **돌봄 또는 연민**: 이것은 다른 사람을 돕는 것과 공감하는 것 또는 타인의 불행이나 고통을 가볍게 여기지 않는 깊은 관심과 같은 것으로 규정된다(Beauchamp & Childress, 1994).

미덕 기반(virtue-based) 접근은 사람이 추구하는 확실한 이상이 있다고 가정한다. 미덕은 잠재력을 최대한 개발하려는 방식으로 행동하고 존재하도록 하는 성격 특징이다(Velasquez, Andre, Shanks, & Meyer, 1996). 미덕 기반 윤리적 의사 결정을 실행할 때 사람은 다음과 같은 질문을 하게 된다.

- 이러한 상황에서 나의 가치는 어떤 방식으로 내담자를 최선으로 이끄는가?(CCPA, 2007)
- 인간으로서의 나를 가장 잘 정의하는 결정은 무엇인가?(CCPA, 2007)
- 이 결정을 숙고할 때 나를 성찰하게 하는 감정과 직관은 무엇인가?
- 도덕적 가치를 개발할 수 있도록 하는 행동 절차는 무엇인가?(Velasquez, Andre, Shanks, & Meyer, 1996)
- 나와 공동체에서 발달시키려는 특성은 무엇인가?(Velasquez, Andre, Shanks, & Meyer,

1996)

• 나에 대한 내담자의 신뢰를 존중하는 행동 방침은 무엇인가?

Remley와 Herlihy(2014)는 다양한 윤리적 의사 결정 모델을 검토하고 일반적으로 대부분의 모델이 갖고 있는 윤리적 의사 결정 과정을 도출하여 제안하였다.

• 문제의 명료화와 정의하라. 시간을 내어 정보를 반영하고 수집하라. 여러 관점에서 문제를 조사하라.
• 원칙과 미덕의 숙고하라. 도덕적 원칙을 어떻게 적용할 것인가? 이러한 상황에서 가장 우선해야 하는 것들의 순위를 정한다. 미덕의 윤리와 도덕적 자기에 대한 감각에 기반한 행동의 효과를 숙고하라.
• 감정을 존중하고 조절하라. 감정이 어떤 방식으로 행동에 영향을 미치는가?
• 교수 또는 전문가의 자문을 받아라.
• 의사 결정 과정에 내담자를 참여시켜라.
• 원하는 결과를 명료화하라. 새로운 선택을 위한 브레인스토밍을 하라.
• 가능한 행동을 숙고하라. 모든 사안에 대한 각 행동이 내포하는 의미와 결과를 생각하라.
• 선택에 따른 행동을 선택하라(pp. 15-16).

Pope와 Vasquez(2011)은 17단계의 윤리적 의사 결정 과정을 제안하였는데 위의 과정이 포함되었고 통합을 고려할 수 있는 추가적인 사항은 다음과 같다.

• 역량 범위를 평가하라. 당신이 상황에 가장 적합한 인물인가?
• 개인적 감정, 편향 또는 개인적 관심이 판단에 영향을 미치는지 검토하라.

윤리적 딜레마 해결 이후의 자기 진단

체계적으로 윤리적 의사 결정 과정을 거치고 행동 계획을 실천한 후 몇 가지 자기 평가를 할 수 있다.

공정성 평가: 만약 당신이 다른 사람이었어도 이러한 상황에서 같은 방식으로 처리할지 스스로에게 질문하라(CCPA, 2007).

보편성 평가: 다른 상담사에게 이러한 행동 절차를 추천할 의향이 있는가?(CCPA, 2007)

공개성 평가: 자신의 조치 사항을 뉴스 기사로 공개할 의향이 있는가?(CCPA, 2007)

가역성 평가: 만약 당신이 내담자라면 이와 같은 선택을 하도록 할 것인가?(Remley & Herlihy, 2014)

멘토 평가: 당신이 존경하고 신뢰하는 어떤 사람을 생각하고 같은 윤리적 딜레마를 어떻게 해결할 것인지 질문하라(Strom-Gottfried, 2008).

도덕적 궤적 평가: 의심 또는 불편감에 따르는 미진한 감정이 있는가?(Remley & Herlihy, 2014)

기타 참고 자원로 윤리적 의사 결정을 위한 실무자 지침(ACA)과 상담 윤리: 이슈와 사례(CCPA)가 있다.

상담에서의 과학기술 활용

상담에서 과학기술(techonology)을 사용하는 것은 다양하다. 이 책은 ① 전화 관련 기술, ② 전자 메일, ③ 과학기술 기반 원격상담, ④ 소셜미디어, ⑤ 정신건강 전문가들을 위한 웹 기반 토론의 영역에서 관련된 지침을 제공한다.

전화와 관련 기술의 사용(자동 응답기, 자동 응답 서비스, 휴대전화, 팩스 등): 이것은 폭넓게 사용되나 종종 기술로 생각하지 않는다. 모든 전문가 강령에는 상담사가 내담자와 내담자의 개인정보를 보호하고 비밀 보장을 위한 안전장치에 대한 책임을 지도록 한다. 전화 메시지를 확인하거나 들을 때 상담사 혼자 있는지 확인하는 것을 포함하여 전화와 관련 장치를 사용할 때 안전하게 비밀 보장이 되도록 조치해야 한다. 음성 메일 또는 자동응답 서비스의 확인 코드가 부여되지 않은 사람에게는 공개되지 않아야 하고, 사무실이 아닌 곳에서는 자동 응답기의 오디오를 꺼야 한다. 전화 메시지에서 취한 어떤 기록도 비밀로 취급되어야 하고 조심스럽게 다루어야 한다. 내담자에게 연락할 때 먼저 내담자에게 메시지를 어떻게, 어디서, 언제, 만약, 누구에게 남기고 싶은지 먼저 확인해야 한다. 전화를 걸 때, 누구인지와 용건을 밝히고 내담자가 원하지 않는 것은 제3자가 알 수 없도록 해야 한다. 문자 메시지는 권한이 없는 사람이 접근할 수도 있어 피해야 한다. 팩스 전송을 할 때 내담자에게 알리고 팩스로 민감한 개인 정보는 보내지 않는다.

전자 메일의 사용: 전자 메일은 선호하는 의사소통이 되고 있다. 일반적으로 메시지 사이의 시간 간극이 있지만, 즉시 메시지를 주고받을 수 있다. 전자 메일은 양쪽이 비밀번호를 사용하기 때문에 안전해 보일지라도 실수하기 쉽고 다른 사람이나 다수에게 메시지가 전달되기도 한다. 전자 메일의 주된 문제는 기록이 노출에 취약하다는 것이다. 만약 전자 메일을 사용한다면, 비밀 정보가 노출될 수 있어 매우 조심해야 하고 비밀 유지의 위험성을 내담자에게 알려야 한다. 서면 진술서를 작성할 때 전자 메일 의사소통 지침을 포함하여 전자 메일 확인 시간과 답장 시간대를 표시하도록 한다. 전자 메일은 예약 변경 또는 예기치 않은 취소를 알릴 때만 사용한다고 명시하라(Remley & Herlihy, 2014, pp. 154-158). Wheeler와 Bertram(2008)은 상담사가 "다른 사람에게 전자 메일이 전송되고, 음성 메일이 부정확하게 들리고, 컴퓨터 기록이 잘못된 장소에 저장될 때(p.76)" 불만을 제기한다고 보고하였다.

과학기술 기반 원격 상담: 전문가 윤리 강령은 과학기술 기반 원격 상담(웹 상담)을 다루고 있다. 이러한 서비스를 제공할 때, 상담사는 내담자에게 컴퓨터 응용 프로그램을 사용한 검색, 비상시 지역 자체 지원, 비밀 보장 등에서의 위험과 유익에 대해 상담 초기에 폭넓게 정보를 제공해야 한다. 이러한 서비스를 사용하는 상담사는 내담자가 이러한 응용 프로그램 사용이 가능하다면 내담자의 욕구와 이러한 서비스를 어떻게 적절히 합치시킬지 가장 먼저 결정해야 한다(Cormier & Hackney, 2012). 웹 상담 서비스는 이메일만 사용할 수 있고, 이메일과 채팅, 전화, 비디오 서비스를 함께 사용할 수 있고, 또는 비디오만 사용할 수도 있다. 웹 상담은 내담자의 비밀 보장에서 많은 잠재적 위험이 있기 때문에 이에 대해 내담자에게 반드시 알려 주어야 한다. Pope와 Vasquez(2011)는 상담에서 전자기기를 사용하는 것에 대해 평가하는 질문을 제시하였는데, 이는 상담자의 비밀 보장 방안과 관련이 있다.

- 컴퓨터는 어디에 설치되어 있는가? 불특정인이 그것을 보고 들을 수 있는가? 무단 접근 또는 도난에 안전한가?
- 컴퓨터는 해커, 악성 코드, 바이러스 등으로부터 안전한가?
- 컴퓨터는 기밀 정보가 암호화되어 있고, 비밀번호로 보호하고 있는가?
- 비밀이 보장된 파일의 삭제와 컴퓨터 디스크의 폐기는 어떻게 하고 있는가?
- 비밀 정보를 지정 수신자만 수신하도록 하기 위하여 어떻게 하고 있는가?

상담사가 내담자의 신원을 확인할 수 있는 장치는 웹 상담에서 중요하다. 단어나 문장 코드를 사용하는 것은 장치의 예로 볼 수 있다. 웹 상담을 할 때 부가적으로 고려해야 하는 것은 내담자가 거주하는 주 또는 지방의 법규에 따라야 하는 것이다. 몇 개 주(메릴랜드, 뉴멕시코, 테네시, 버지니아)는 전문가를 위한 훈련 범위에 전자기기를 사용한 의사소통은 인정하지 않는다(Kaplan, Wade, Conteh, & Martz, 2011). 웹 상담을 훈련할 때 웹 상담 훈련에 대한 전문가 표준 경향에 맞추어 훈련해야 한다. 최근 상담사자격국가위원회(The National Board of Certified Counselors)는 원격 전문 서비스 공급에 따른 정책을 개정하였다(2012). 국제 정신건강 온라인학회(International Society of Mental Health Online)의 지침은 www.ismho.org에서 확인할 수 있다.

미국정신건강상담자협회(The American Mental Health Counselors Association, 2010)는 최근 기술 지원 상담과 관련한 훈련에서의 윤리 강령을 특정 항목에 배정하였고 그 내용은 다음과 같다.

미국정신건강상담자협회 윤리 강령*

6절

기술-지원 상담

기술-지원 상담에는 컴퓨터, 전화, 인터넷 기타 의사소통 장치를 포함하지만 이것으로 제한하지 않는다.

정신건강 상담사는 환자, 내담자, 학생, 연구 참여자, 기타 사람을 위해로부터 보호할 수 있도록 합리적인 절차를 밟아야 한다.

정신건강 상담사는 기술-지원 상담을 수행하며 본 윤리 강령에 따른 기타 모든 조항을 따라야 한다.

정신건강 상담사:

가. 내담자의 신원을 확인할 수 있는 방법을 수립하고 응급 상황에서 내담자를 접촉할 수 있는 대안을 갖고 있어야 한다.

나. 정신건강 상담사와 확인된 참여자는 주와 연방법 양쪽에 안전하게 양도되거나 수용될 수 있을 때만 확인된 제3의 참여자에게 내담자 정보를 전자적으로 전송한다.

다. 내담자는 지적 · 정서적 · 물리적으로 기술-지원 상담 서비스를 사용할 수 있는 능력을 갖출 수 있도록 보장해야 하고 그러한 서비스의 잠재적 위험이나 제한점을 이해해야 한다.

라. 자신의 전문 분야 훈련에서만 기술-지원 서비스를 제공해야 한다. 정신건강 상담사는 지역 면허법을 위반할 수 있는 주에서 내담자에게 서비스를 제공해서는 안 된다.

마. 제공하는 상담 서비스가 주나 지방법을 적용하여 위반 여부를 확인하여 제지되지 않도록 법규 또는 조례, 전문회원 조직의 강령 및 위원회 또는 주 면허 위원회의 강령을 확인하여야 한다.

* American Mental Health Counselors Association, 2010, *Code of ethics*, Alexandria, VA: Author, pp. 6-7, 승인하에 재발행.

소셜미디어(페이스북, 링크드인, 구글, 마이스페이스, 트위터, 블로그, 문자 보내기, 임시 문자 보내기 등): 소셜미디어는 밀레니얼세대[1]에 의해 광범위하게 사용되고 있으며, 선택 범위가 빠르게 증가하고 있다. 전문가 조직들은 SNS 사용과 관련한 윤리 지침을 갱신하기 위해 분투하고 있다. 내담자와 정보를 교류할 때의 소셜미디어 사용에 대해서 최근 출판된 『Policy Regarding the Provision of Distance Professional Services』에서 다루어졌다. 규칙 제13항은, "NCC는 보호되어야 하는 정보를 제공할 때는 공공 소셜미디어(트윗, 블로그 등) 사용을 피해야 한다. NCC는 안전한 정보 제공을 촉진하기 위하여, 그들과 연락할 수 있는 적절한 방식을 서면으로 제출하게 하였다"(p. 3). 규칙 제16항은 "NCC는 서비스를 시작할 때 수신자에게 제공한 실무 절차에 따라 소셜미디어 정보원(페이스북, 링크드인, 트위터 등)에 탑재된 정보의 사용을 제한하였다"(National Board of Certified Counselors, 2012, p. 3). Kaplan과 동료들(2011)은 소셜미디어를 사용하여 전문적인 대화를 하는 상담사를 위해 다음과 같은 제안을 하였다.

- 전문적 소셜미디어 계정을 분리하여 만들고 전문적으로 내담자와 상호작용할 때 항상 이 계정을 사용하라.
- 소셜미디어 메시지를 보낼 전문적인 이름(예: 제인 스미스 의사)을 등록하고 이 계정을 사용하여 전송하라.
- 개인적 계정에 대해 높은 수준의 보호 설정을 하라.
- 개인적인 계정을 무엇으로 할지 선택할 수 있다. 잠재적으로 곤경에 처할 수 있는 이름, 사진, 내용은 주의하라.
- 내담자와 트위터와 인스턴트 메시징을 하기로 하였다면 메시지에 응답 가능한 특정

1) 미국에서 1982~2000년 사이에 태어난 신세대를 일컫는 말로 이전 세대에 비해 개인적이며 소셜네트워킹서비스(SNS)에 익숙하다는 평가를 받고 있다(네이버 지식백과)(역자 주).

시간에 대한 정책을 서면으로 제공하라.

- 초대받지 않은 내담자의 소셜미디어에 초대받거나 방문하기 위해 검색하는 것을 피하라.
- 기관, 학교, 또는 공공기관이 소셜미디어 사용과 관련한 정책을 갖고 있다면, 그 정책을 위반하고 있는지 체크하라(p. 6).

소셜미디어를 사용하여 정보교류를 촉진하고자 할 때, 상담사는 전문적인 대화를 소셜미디어로 어떻게 사용하는지에 대해 명확히 정의해야 한다. 일반적으로, 내담자를 '친구'로 받아들이지 않도록 하고 이전의 친구를 내담자로 받아들이지 않도록 충고한다. 학생이 인터넷 사이트나 이러한 사이트에서 맺은 '친구'와 내담자가 되어 부적절하거나 비전문적으로 만족을 주기 때문에 징계 또는 해임을 당할 수 있다(Cormier & Hackney, 2012).

웹-기반 전문 토론 그룹: 상담사는 종종 전문적 훈련 또는 자문에 관한 생각을 나누기 위해 웹-기반 전문 토론 그룹이나 게시판을 종종 사용한다. 이러한 자문에서 내담자의 비밀보호가 가장 우선되어야 한다는 것을 유지해야 한다. 그러한 일들을 할 때 내담자 이름만 바꾸는 것은 충분하지 않다. 어떤 내담자 데이터든 충분히 가공되었는지 확인해야 한다. 만약 이것이 가능하지 않다면 내담자의 비밀 보장을 가장 우선시하기 위해 내담자에게 비밀 해제 승인을 받아야 한다(Remley & Herlihy, 2014).

요약

이 장에서 저자가 제시한 윤리적 이슈들에 대한 지식은 상담 관계의 유지와 수립을 위해 중요하다. 상담사와 심리학자에 대한 윤리 강령과 관련한 지식은 반드시 전문직 종사자가 적절한 치료 활동을 하는 동안 규칙을 잘 인식하게 해 준다. 학생이 실습과 수련 현장에서 내담자를 만나기 전 특정 전문 단체의 강령에 친숙해지도록 숙지하는 시간을 갖는 것이 필요하다. 이렇게 하므로 그들이 상담 훈련을 하며 적절한 전문가로서의 규범을 지킬 수 있게 한다. 특히, 실습과 수련 학생이 주의를 기울여야 하는 응용 영역으로 상담에서 과학기술을 사용할 때 윤리적 의사 결정에 관한 자료를 제공하였다.

추천도서

Davis, T. (1996). *A Practitioners guide to ethical decision-making*. Alexandria, VA: American Counseling Association.

Schulz, W., Sheppard, G., Lehr, R., & Shepard, B. (2006). *Counselling ethics: Issues and cases.* Ottawa, ON: Canadian Counselling and Psychotherapy Association.

참고문헌

American Counseling Association. (2014). *Code of ethics*, Alexandria, VA: Author.

American Mental Health Counselors Association. (2010). *Code of ethics*. Retrieved from www.amhca.org/assets/content/CodeofEthicsl.pdf.

American Psychological Association. (2002). *Ethical principles of psychologists and code of conduct with the 2010 amendments*. Retrieved from www.apa.org/ethics/code/index.aspx.

Annas, J. (1993). *The morality of happiness*, Oxford, England: Oxford University Press.

Beauchamp, T. L., & Childress, J. P. (1994). *Principles of biomedical ethics* (4th ed.). Oxford, England: Oxford University Press.

Beauchamp, T. L., & Childress, J. P. (2001). *Principles of biomedical ethics* (5th ed.). Oxford, England: Oxford University Press.

Canadian Counselling and Psychotherapy Association (CCPA). (2007). *Code of ethics.* Retrieved from www.ccpa-accp.ca/-documents?CodeofEthics_en_new.pdf/.

Canadian Psychological Association. (2002). *Canadian code of ethics for psychologists* (3rd ed.). Ottawa, ON: Author.

Corey, G. (1996). *Theory and practice of counseling and psychotherapy* (5th ed.). Pacific Grove, CA: Brooks/Cole.

Corey, G., Corey, M. S., & Callahan, P. (2011). *Issues and ethics in the helping professions* (8th ed.). Belmont, CA: Brooks/Cole, Cengage.

Cormier, S., & Hackney, H. (2012). *Counseling strategies and interventions* (8th ed.). Upper Saddle River, NJ: Pearson.

Fowers, B. J. (2005). *Virtue and psychology: Pursuing excellence in ordinary practice*. Washington, DC: American Psychological Association.

Gert, B. (2012). *The definition of morality*. In Edward N. Zalta (Ed.), The Stanford encyclopedia of philosophy, Retrieved from http://plato.stanford.edu/archives/fall2012/entries/morality-definition/.

Herlihy, B., & Remley, T. P. (1995). Unified ethical standards: A challenge of professionals. *Journal of Counseling and Development*, *74*(2), 130-138.

Huber, C. H., & Baruth, L. G. (1987). *Ethical, legal, and professional issues in the practice of marriage and family therapy*. Columbus, OH: Merrill.

Jorden, A. K., & Meara, N. M. (1990). Ethics and the professional practice of psychologists. *Professional Psychology: Research and Practice*, *21*, 107-114.

Kaplan, D. M., Wade, M. E., Conteh, J. A., & Martz, E. (2011). Legal and ethical issues surrounding the use of social media in counseling. *Counseling and Human Development*, *43*(8), 1-10. Retrieved September 25, 2013, from www.counseling.org/docs/ethics/title.

Kitchener, K. S., & Anderson, S. K. (2011). *Foundations of ethical practice, research, and teaching in psychology and counseling* (2nd ed.). New York: Routledge/Taylor & Francis.

Kitchener, K. S., & Kitchener, R. F. (2008). Social science research ethics: Historical and philosophical issues. In D. M. Mertens & P. E. Ginsberg (Eds.), *Handbook of social science research ethics* (pp. 5-22). Thousand Oaks, CA: Sage.

Meara, N. M., Schmidt, L. D., & Day, J. D. (1996). Principles and virtues: A foundation for ethical decisions, policies, and character. *Counseling Psychologist*, *24*(1), 4-77.

National Board of Certified Counselors. (2012). *Policy regarding the provision of distance professional services*. Retrieved from www.nbcc.org/Assets/Ethics/ NBCCPolicyRegarding PracticeDistanceCoun-selingBoard.pdf.

Pence, G. E. (1991). Virtue theory. In P. Singer (Ed.), *A companion to ethics* (pp. 249-258). Oxford, England: Blackwell.

Pope, K. S., & Vasquez, M. J. T. (2011). *Ethics in psychotherapy and counseling: A practical guide* (4th ed.). Hoboken, NJ: Wiley.

Remley, T. P., Jr., & Herlihy, B. (2014). *Ethical, legal, and professional issues in counseling* (4th ed.). Upper Saddle River, NJ: Pearson.

Seligman, L. (2004). *Diagnosis and treatment planning in counseling* (3rd ed.). New York: Springer.

Strom-Gottfried, K. (2008). *The ethics of practice with minors: High stakes, hard choices*. Chicago, IL: Lyceum Books.

Velasquez, M., Andre, C., Shanks, T. S. J., & Meyer, M. J. (1996). *Thinking morally: A framework, for moral decision making*. Issues in ethics, 7(1). Retrieved from www.scu.

edu/ethics/practicing/decision/thinking.html.

Webster's Ninth New Collegiate Dictionary. (1988). Springfield, MA: Merriam-Webster.

Welfel, E. R. (2010). *Ethics in counseling and psychotherapy: Standards, research and emerging issues* (4th ed.). Pacific Grove, CA: Brooks/Cole.

Wheeler, A. M., & Bertram, B. (2008). *The counselor and the law* (5th ed.). Alexandria, VA: American Counseling Association.

상담 관련 법규

법은 사법 체계를 통해 사회를 공정성을 유지하고, 예측할 수 있도록 보장한다. 법은 사적 행동의 대안으로서, 논쟁을 조정하는 것을 목적으로 한다. 법적 문제는 전문상담자가 하는 매일의 업무에서도 중요한 부분이다. 사전 동의 및 정보 공개, 사생활 및 비밀 보장, 내담자 권리, 상담 기록 관리, 자신과 타인에 대한 위해 및 미성년자와 사회적 소수자의 보호 관련 법령, 상담자 과실 등 거의 모든 상담 실무 영역이 법의 영향을 받는다(Remley & Herlihy, 2014). Swenson(1997)이 주장한 대로, "정신건강 전문가가 법 및 법률 전문가와 관련되는 것은 피할 수 없는 일이며, 다만 언제 어떻게 관련이 될 것인가만이 문제"(p. 32)이다. 따라서 정신건강 전문가가 법 체계를 이해하는 것이 절대적으로 필요하다. 이 장에서는 정신건강 전문가와 관련된 법률에 대한 정보(과실 요인, 비밀 보호 및 특권, 위기관리, 상담사의 기밀 위반)를 검토한다. 그리고 내담자 기록 보관에 대한 주제를 다룬다.

법령

법은 정지되어 있지 않고 역동적이다. 역사적으로 파생된 규칙을 엄격하게 고수하려는 것은 아니지만 현재 논쟁과의 관련성을 부정하지도 않는다. 법의 원칙은 사회적 상호작용으로부터 파생된다. 동시에 법은 선례를 중요하게 다루기도 한다. 법률은 법 체계를 통해 강제되므로 사람들의 사회적 복리 상태를 다루는 도구로 보여질 수 있다. 법이 가장 중요하게 여기는 것은 예측 가능성, 안정성, 공정성이고, 동시에 법 체계를 확장하고 재구성하는 민감성이다. "법은 집단이 함께 살아가기 위해 기본으로 정한 원칙으로서 사회 법규로 합의되어야 한다"(Remley & Herlihy, 2014, p. 4).

법령의 분류

법은 헌법, 입법 절차에 따라 통과된 법률, 규칙, 판례로 구분될 수 있는데, 그 차이는 다음과 같다.

- **헌법**(Constitutional laws)은 미국 헌법과 주 헌법에서 찾아볼 수 있다.
- **법률**(Statutory laws)은 입법 절차를 통해 작성된 법률이다.
- **규칙**(regulations)은 법률을 명확히 하기 위해 법률에 정해진 조항에 근거하여 행정부가 작성한다. 한번 작성되면 이것이 법이 된다. 중요한 점은, 법령이 주마다 다르다는 것이다. 전문상담자는 자신이 속한 전문 영역의 윤리 강령 및 실무 표준을 숙지할 의무와 마찬가지로 자신의 활동 영역과 관련되는 해당 주 법령에 대해 숙지할 의무가 있다.
- **판례**(case laws)는 상고 법원의 판결 결과로 만들어지는 것으로, 해당 법원의 관할 범위에 속한 사람들에게 적용된다. 법적인 문제의 해결 방법에서 다양한 입장을 보이면 1심 재판으로 갈 수 있다. 1심 재판의 판결은 법이 되거나 발표되지는 않는다. 그러나 변호사가 1심 재판(하급 법원)이 해석한 법을 완전히 믿지 않으면, 자신의 사례를 상고 법원(상급 법원)으로 가져 갈 수 있다. 상고 법원의 기능은 1심 법원이 법을 바르게 적용했는지를 판단하는 곳이다. 상고 법원의 구성원은 판결을 공포하고, 다수의 결정은 사법적 필요에 따른 법이 된다. 상고 법원은 사법적 권한을 위한 선례를 만들었다고 말할 수 있다. 판례법은 새로운 법 해석을 할 수 있는 실제 판결이 되므로 선례로서 인용될 수 있다. 미국의 모든 주(프랑스 법 전통을 적용하고 있는 루이지애나를 제외하고)에서는 영국 법(English common law) 전통을 따른다. 보통 법 전통에 따르면 법원은 법 해석에 따라 판례를 법으로 적용할 수 있고, 이전 판례의 판단 이유와 방법의 기록을 판례에 적용할 수 있다고 판단해 왔다.

법령의 유형

기능적으로, 법은 민법, 형법, 정신건강법 등 세 가지로 정의할 수 있다(Swenson, 1997).

- **민법**은 대부분 사람들 상호 관계 또는 사람 사이의 분쟁에 적용한다. 소송에서 패하는 것은 일반적으로 돈을 잃는 것을 의미한다. 어떤 사람이 민사 소송에 따른 조항을 지키지 않을 경우, 법정 모독죄로 처벌을 받을 수 있다. 예를 들어, 육아 지원비를 지불하지 않는 부모의 경우이다. 불법 행위법(Tort law)은 다른 사람의 부당한 행위로 인해 고통을 겪은 사람을 구제하기 위한 민사 절차로 법원에 의해 적용되며 권리, 의무, 배상을 구체화한 것이다(Free Dictionary, n.d.). 치료사나 상담자를 상대로 한 과실 소송에 대비하여 각 주에는 자체 법과 누적 판례법 등 기본적인 것을 제공받을 수 있다(Pope & Vasquez, 2011).
- **형법**은 주와 사람 사이의 분쟁에 적용한다. 패소한 피고인은 종종 자유의 상실에 직면한다. 민법에 비하여 형법은 더 높은 입증 기준이 있다. 각 주는 형법이 있고, 일반적으로 형법 전서에 맞추어져 있다.
- **정신건강법**은, 주정부가 정신 질병이 있는 사람을 어떻게 다루어야 할지 규정한 것이다. 이 법은 질환자 또는 그 밖의 사람을 심각한 위해로부터 보호하기 위해 주가 승인하고 제정한다. 주는 정신장애가 있는 사람을 위한 후견인과 같이 체계적인 활동을 할 수 있도록 한다. 대부분의 전문가는 정신건강법을 민법의 일부로 여긴다.

소송 진행 단계

법은 사회의 논쟁을 해결하기 위해 제정되었다. 법은 사회적 일원으로 상호작용하기 위해 제기된 것으로 질서와 정의 유지에 필요한 가치로 발전하였다. 법은 사람들의 공통적인 생각과 경험을 기반으로 한다. 그것은 옳고 그름에 관한 판단을 앞선다. 잘못된 것에서 권리를 주장하는 사람은 원고라 불리고, 잘못을 해서 기소된 사람이 피고이다. 이들 사이의 분쟁이 소송이다.

소송 과정은 정해진 단계를 거친다. 각 단계는 엄숙한 법 지위와 규칙에 따라야 한다. 대부분의 소송이 재판에 회부되지 않는 대신 이전 단계에서 확정된다는 것을 기억하는 것이 중요하다.

우선, **원고**는 적절한 관할 법원에 변호사를 통해 원고의 주장을 제출한다. 관할 법원은 지리적, 실질적인 요인에 의해 결정된다. 주장을 제출하는 것으로 법적 절차가 시작된다.

한번 주장이 제출되면, 원고는 그들의 취지를 피고에게 알리는 법적 노력을 해야 한다(법적 고지). 이 과정을 **적법 절차**라고 한다. 이 절차가 있는 이유는 피고가 고발을 반박할 수 있기 때문이다.

일단 타당하게 적법 절차가 완료되면, **조사 과정**이 진행된다. 이 지점에서 변호사는 사례와 관련한 사실 조사를 포함한다.

진술된 사실을 확인하기 위해, 변호사는 **소환장**을 사용할 수 있다. 소환장은 진술된 사실에 따라 법원 청문회에 증인으로 출석할 것을 요구한다. 이러한 정보를 바탕으로, 양측은 분쟁을 해결하거나, 제소하거나 할 수 있다.

변호사와 고객이 소송을 결정하였다면, 다음 단계는 사전 청문회를 갖게 된다. 이 단계에서는 재판관은 진술된 사실에 대해 어떤 법을 적용할지 결정한다. 소송이 이 시점에서 해결될 수도 있다. "대다수 법원의 일반적 정책은 합의를 장려하는 것이고 사실, 모든 사례의 약 90% 논쟁이 해결된다"(Swenson, 1997, p. 46).

재판 시작 단계에서, 양측은 증거를 제시하고 반대편은 상대의 증거를 의심 한다.

궁극적으로 소송은 판사나 배심원에 의해 결정된다. 만약 어느 한쪽이 판결에 만족할 수 없다면, 그들은 정확한 법 적용이 되지 않았다고 주장하며 상급 법원에 항소할 수 있다(Swenson, 1997).

위법 요소

법률 용어로, 배임은 특정 관계에서 전문인의 과실로 인해 발생한 전문성에 대한 불만을 의미한다. 배임은 법적으로 배상청구 소송이 가능한 불법이다. 민사소송으로 이어질 수 있는 불법적인 것으로 부당 행위, 상해 또는 손실(계약 위반은 포함되지 않음)이 있다. 배임은 전문가의 좋지 않은 품행을 포함하며 다음과 같이 정의된다.

> 전문가에게 부여된 권한 또는 서비스에 의지하는 대상에게 가해진 상해, 손실 및 손상

결과를 동종 직업 구성원이 신중하게 평균적 평판을 적용하였을 때 공통된 상황에서의 기술 수준과 일반적으로 터득한 기능의 수행이 전문 서비스로서 실패한 경우(Black, 2004, p. 959)

무능력의 영향에 대해서는 배임 소송에서 확인되어야 한다. 상담자가 확실히 관행에 따르지 않았다는 것을 증명하는 것은 쉽지 않다. 최근 10년 이상 동안 배임 소송은 증가했지만 전체 소송은 비교적 소수이다. 내담자는 법적으로 상담자가 해를 끼치지 않을 것이라는 합리적 믿음을 갖고 있다. 만약 내담자가 상담자에게 위해를 입었다면 배임 소송을 할 수 있다. 상담자는 재판이나 배심 전 소송에 대항하여 자신을 변호할 의무가 있다(Remley & Herlihy, 2014).

Prosser, Wade, Schwartz, Kelly 그리고 Partlett(2005)는 불법 행위나 배임 소송에서 승소하기 위해 원고가 입증해야 할 요인들을 다음과 같이 제시하였다.

- 상담자는 상담 서비스를 제공할 때 적정한 치료 의무가 있다.
- 상담자는 규정된 치료 책임을 완수하지 못하였다.
- 내담자의 감정이 손상되었다.
- 상담자의 처신과 손상 결과에는 합리적으로 밀접한 인과관계가 있다.
- 실제로 내담자에게 손실 또는 손해가 있다.

내담자가 소송을 제기하는 이유

우리는 논쟁 사회에 살고 있다. 정신건강 전문가는 정서적으로 혼란을 겪는 내담자를 치료하는 활동을 한다. 내담자와의 좋은 관계는 소송 가능성을 낮춘다. 상담자는 서비스 대상자인 내담자와 긍정적인 감정을 창출할 수 있는 기술을 사용할 수 있어야 한다. 사람들은 자기가 좋아하는 사람이나 자기의 유익을 대변해 주는 사람을 고소하길 원하지 않는다.

상담자는 내담자와의 부적절한 성적 행동으로 가장 많이 소송을 한다. 주 면허 위원회의 조사에 따르면, 두 번째로 가장 많이 신고되는 영역은 상담자의 무능력으로 내담자와의 이중관계 이후의 윤리적 불만에 대한 것이다(Neukrug, Milliken, & Walden, 2001). 내담자의 권한에 집중했을 때 해를 입었다고 주장하는 내담자에 의해 다수의 소송이 발생한다. 다음은 내담자가 자살했거나 시도한 상황을 중심으로 발생한다(Remley & Herlihy, 2014). 비난과 분노는 가족 생존자의 보편적인 반응이기 때문에 정신건강 전문가는 특히 취약할 수 있다. 소송의 기타 원인으로 부적절한 이중관계, 비효율적인 치료, 부적합한 진단, 양육권 분쟁, 비밀보호 위반 등이 포함된다(Pope & Vasquez, 2011).

기타 소송 원인으로는 계약 위반과 비방 또는 명예훼손을 포함한다. 계약 위반은 본질적으로 약속을 깨는 것과 동일하다. 상담자의 구두 또는 기록된 단어는 상담 서비스를 제공할 때 합리적인 치료를 위한 또 다른 책임이다. 만약 구두 또는 기록대로 하지 않아 손해나 손상의 원인이 되면 법에 따라 금전적인 보상을 제공해야 될 수도 있다. 화가 난 내담자는 정신건강 전문가의 과실을 증명할 필요가 없으며, 치료가 의도한 목적을 달성하지 못했을 뿐이다(Schwitzgebel & Schwitzgebel, 1980). 전형적으로 손해배상액에는 적어도 치료비용을 포함한다.

어떤 사람에 대하여 제3자가 명예훼손 또는 서면진술을 했을 때 한 사람의 평판에 해를 입힐 수 있다. 그러한 해로운 진술은 인격에 대한 명예훼손이고, 비방은 언어에 의한 명예훼손으로 불리고, 비방하는 글은 문서에 의한 명예훼손이라고 한다. 최근 미발표 사건에서 한 직업학교 상담자는 매춘부로 일하다 성병에 걸렸기 때문에 수업을 받지 못한 것에 대해 공개 발언했다. 사실, 질병은 강간의 결과였다. 소문에 따른 스트레스 때문에 그 학생은 학교를 그만두었고 치료를 받으며 학교를 고소하였다. 학교는 사건을 처리하고 상해에 따른 5만 불의 배상을 지불하였다. 학교는 물론 상담자를 해고하였다(Swenson, 1997).

정신건강 전문가는 학생에 대한 교육 기록 또는 말로 하는 충고나, 추천서의 정보를 기록하는 것에 대해 매우 주의해야 한다. 허위나 해로운 진술을 암시할 때 하는 의견이 비방 또는 명예훼손으로 판정될 수 있다(Milkovich v. Loraine Journal Inc., 1990).

상담자의 위기관리

상담도 다른 전문직처럼 권한에 따르는 위험 부담이 있다. 권한을 인식하는 것은 상담자가 치료에서의 의사 결정 과정에서 위험 수준을 주의 깊게 고찰해야 함을 반증한다. 위기관리는 주 면허 위원회나 전문직 단체에 윤리 문제가 제기되거나 기관 위원회 검토 전에 징계 조치나 배임과 관련한 소송 형식에 따라 책임에 따른 위험을 감소시킬 수 있는 실천적 행동이다. Hackney(2000, pp. 133-136)에 따르면, 많은 상담자의 조치가 권한에 따른 위험을 최소화하는 데 도움이 된다. Hackney는 이러한 행동을 주제에 따라 범주화하였고, 기타 참고자료를 추가하였다.

1. 능력: 이것은 상담자의 능력 범위를 벗어나지 않으며 훈련의 한계 영역을 자각하는 것이다(Corey, Williams, & Moline, 1995). 즉, 상담자의 기술 수준 이상의 요구나 치료를 내담자에게 행하는 것은 비윤리적이고 중대한 권한의 남용이다.
2. 의사소통하며 집중하기: 상담자가 내담자와 치료적 관계를 맺으며 소통하고 주의를 기울이는 것은 상담 과정에서의 실수나 잘못된 이해에 따른 위험을 최소화하는 데 도움이 된다. 특히 중요한 것은 치료법에 대한 내담자의 오해를 피하는 데 도움이 되고 치료에 대한 비현실적인 기대를 갖고 있는 내담자나 상담 받는 것에 대한 일반적인 불만이 있는 사람과 함께할 때 사전 동의서에 따라 지속적으로 과정을 진행해 가는 것이 중요하다. 상담자는 치료 과정 전반에 걸쳐 이러한 문제를 공개적이고 정직하게 논의할 수 있도록 열려 있어야 한다.
3. 슈퍼비전 및 자문: 동료, 슈퍼바이저, 상사로부터의 피드백은 법적이나 윤리적 본질로서 임상 문제를 보는 통찰력을 얻는 데 매우 귀중하다. 자문을 받기 전에 다른 정신건강 전문가와 관계를 수립하는 것은 중요하게 고려할 사항이다. 전문적 조직에서 적극적으로 활동하는 것은 물론 법과 윤리적 문제에서의 중요한 정보원이 될 수 있다. Knapp과 VandeCreek(2006)에 따르면 상담자가 어려운 윤리적 결정이나 법적 문제에 직면했을 때 취할 수 있는 최선의 단계가 바로 자문이다.
4. 기록 보관: 기록 보관은 위기관리를 위한 실무자의 당연한 원칙으로 그것은 기록하지 않으면 존재하지 않는다. 정신건강 실무자로서의 활동은 정확하고, 동시에 기록되어 조서나 재판에서 실무자의 증언이 된다(Woody, 2013). 상담자에 의한 과잉 기록이나 기록 축소의 함정을 이해해야 한다. 과잉 기록에는 관련성이 없거나 내담자나 다른 사람을 비방하는 것을 관찰한 것이나 민감한 자료를 포함한다. 기록 축소는 통화 기록, 주요 사건, 의사 결정에 대한 기록 실패와 사전 동의서의 폭로와 이전 기록의 검토와 획득 실패 등이다. 사례 기록에 의사 결정이나 실무 내용을 기록하는 것은 이후에 다른 사람에 의한 심문에서 당신을 보호할 수 있다(Mitchell, 2007).
5. 보험: 상담 실무에 있어 책임 보험 가입은 절대적으로 필요하다. 상담자는 보험 제외 사항, 배상 책임의 한계, 보험금 청구를 위한 필수 사항, 보험금 청구 시 발생할 수 있는 상황 등 보험 정책에 대해 숙지해야 한다.

6. 윤리와 법 관련 지식: 윤리와 법 지침에 익숙하면 책임 불만과 문제 제기를 피하는 데 도움이 된다. 미국상담학회(The American Counseling Association: ACA), 미국심리학회(American Psychological Association: APA), 캐나다 상담 전문가 실무 규범 및 심리치료 학회(Canadian Counselling Professional Practice Topics and Psychotherapy Association: CCPA), 그리고 캐나다심리학회(Canadian Psychological Association: CPA)의 웹 사이트는 윤리, 법 및 윤리적 의사 결정에 대한 정보를 자주 올리고 있다.
7. 실무자의 자기 돌봄: 법적 책임을 져야 할 수도 있는 상황에 처해 스트레스와 긴장에 시달리고 있는 상담자는 상황에 대한 조망과 균형을 유지할 수 있도록 자신의 건강과 정서적 안녕에 관심을 가져야 한다(Hackney, 2000).

책임 보험

모든 정신건강 전문가는 실무를 시작하기 전에 책임 보험에 가입해야 한다. 발생-기반 보험 상품은 계약 기간 내에 발생한 사안들에 대해 보험 청구 시점과 무관하게 보험금을 지급한다. 따라서 만약 상담자가 2년 전 발생한 것으로 추정되는 시점의 위반 행위로 오늘 고소되었다면, 2년 전에 보험이 가입되어 있었을 경우에는 현재 가입한 보험이 없더라도 보험금을 지급받게 된다. 청구-제기 보험 상품은 계약이 유지되는 동안에 제기되는 청구에 한하여 보험금을 지급한다. 상담자가 과거에 청구-제기 보험 상품을 갖고 있었을 경우, 후속-보장 보험에 가입하면 과거 보험 계약 기간 내에 발생했으나 계약이 만료된 후 제기된 사안에 대해 보험 처리를 할 수 있다.

사적 비밀, 비밀 보장, 공적 증언이 면책되는 소통

상담 관계를 시작할 때 내담자는 상담자에게 제시하는 자신의 생각, 감정, 정보가 타인에게 공개되지 않을 것이라고 기대한다. 상담 관계에서 정보의 비공개는 사적 비밀, 비밀 보장, 공적 증언이 면책되는 소통이라는 세 가지 구별된 개념의 관점에서 접근할 수 있다. 이 개념들은 상호 연관성이 있어 혼용되기도 한다.

사적 비밀: 개인이 자기 삶의 사적 영역에서 타인의 간섭을 받지 않을 권리를 갖는다는

사회적 믿음을 의미하는 포괄적인 개념으로, 미국 헌법에 구체적으로 명시되어 있지는 않지만 권리 장전의 4차 수정헌법 해석에 근거하고 있다. 이에 따라 개인은 자신과 관련된 정보 중 어떤 것을 타인과 공유할 것인지에 대한 결정권을 갖는다(Remley & Herlihy, 2014). 상담 맥락에서는 "내담자가 자신과 관련된 정보 중 어떤 부분을 언제, 어떤 상황에서 타인에게 공개할 것인지를 결정할 수 있는 자유 또는 권리"이다(Corey et al., 1995, p. 163).

비밀 보장: 상담 관계에서 상담자가 내담자의 사전 동의 없이 내담자 정보를 공개해서는 안 된다는 것은 상담자가 지켜야 하는 윤리적 책임이자 법적 의무이다. Welfel(2010)은 "비밀 보장은 내담자의 신원과 내담자가 말한 내용이 드러나지 않도록 보호해야 한다는 윤리적 의무를 의미한다"(p. 116). 상담자의 비밀 보장 서약은 신뢰의 토대가 되고, 내담자가 자신의 이야기를 개방하며 감정을 공유하기 위해 최우선되어야 하는 것이다. 비밀 보장을 약속할 때의 한계에 대하여는 첫 상담 시작 전에 확인해야 한다. Remley와 Herlihy(2014)는 비밀 보장 의무에서 제외되고 면책이 되는 의사소통 목록을 제시하였다.

- 부하 직원이나 동료 전문가와 정보를 공유할 때, 전문가와 자문할 때, 슈퍼비전 작업을 할 때, 내담자 돌봄을 위해 조정할 때, 사무 보조를 위해 사용할 때
- 위험에 처한 어떤 사람을 보호할 때, 스스로 자신을 돌볼 능력이 제한적인 아동이나 타인의 학대나 방치가 의심될 때, 내담자가 타인을 위험에 빠뜨릴 때, 내담자가 자해할 때, 내담자가 치명적인 전염병이 있어 내담자의 행동이 타인을 위험하게 할 때
- 집단상담 또는 커플이나 가족상담과 같이 다수의 내담자를 상담할 때
- 미성년자를 상담할 때
- 법에 따라 위임받은 경우

공적 증언이 면책되는 소통: 특정한 전문적 관계에서 확보된 기밀 대화가 공개되지 않도록 보호하는 관습법 및 성문법의 개념으로(Hackney, 2000), 상담 관계에도 적용된다. Wigmore(1961)는 법적으로 면책이 적용되는 관계의 조건을 다음과 같이 제시하였다.

1. 관계가 공개되지 않을 것이라는 확신에서 시작되어야 한다.
2. 비밀 보장은 당사자 사이에서 핵심이다.
3. 공동체의 의견에 따라 관계는 보살펴져야 한다.
4. 관계의 공개로 발생한 손상이 소송의 결과로 획득된 이익보다 커야 한다.

공적 증언이 면책되는 소통 관계는 법적 개념이다. 면책 관계법은 동의 없이 법정에서 비밀 보장 관계가 공개될 때 내담자를 보호한다(Shuman & Weiner, 1982). 면책 관계는 사람들이 전문가 일의 범주에 보장한 특권을 법제화하므로 부여된다. 치료에 합법적으로 내담자가 참여할 때, 그들이 한 어떤 개방이든 법적 공개로부터 보호될 수 있다. 그러한 의사소통은 충분히 고려되어야 할 특권이다. 현재의 쟁점은 명확한 정보를 알고자 공공이 원하는 것과 프라이버시를 위한 개인적 권리 사이의 갈등이다. 내담자는 특권 유지에 신중해야 하고, 그들은 권리를 포기할 수 있는 유일한 사람이다. 면책 관계는 입법 국회의원에 의해 제정된 법에 의해 인정된다. 특정 정신건강 전문가 집단과 함께한 내담자 관계는 주(州)에 따라 특권이 부여될 수도 있고 아닐 수도 있다. 물론, 법은 면책 관계에서 제외되는 범위를 광범위하게 특정할 수도 있다. 예를 들어, 아동 학대의 초기 신고까지는 모든 주에서 면책 관계법을 폐기하였다.

면책 관계는 절대적이지 않고 특권을 제외하는 범위가 넓다(Glosoff, Herlihy, & Spence, 2000). Glosoff, Herlihy, Spence의 연구에서 저자들은 50개 주(州)와 컬럼비아 지역구 법령을 연구하였는데 이러한 개념이 관할권 전역에서 다수의 다양한 예외가 있다는 결론을 내렸다. 주별로 목록을 살펴보는 동안, 15%의 관할권에서는 몇 가지 예외 범주를 포함하고 있는 것을 발견하였다(Glosoff et al., 2000 참조). 부가적으로, 법과 규정이 면책 관계를 정리하여 기록하는 것이 중요하고 그것을 제외할 때, 규정이 쉽게 눈에 띄지 않고 현재 법령이 지속적으로 수정되지 않는 법들이어서 조심스럽게 해석되어야 한다고 하였다. 이러한 사실에 입각하여 Glosoff 등(2000)은 아홉 가지 예외 범주를 제시하였다.

1. **내담자와 상담자 사이에 분쟁이 있을 때:** 가장 빈번한 예외 사항으로 내담자가 법 또는 자격위원회에 불만을 제기한 30개 관할권에서 발견되었다. 30개 관할권에서, 내담자는 그들의 상담자에 대해 과실에 대한 불만을 제기할 때 특권을 포기한 것으로 간주될 수 있다.
2. **내담자가 법 소송 과정에서 정신 상태의 문제를 제기할 때:** 21개 관할권에서 발견한 두 가지 주요 상황으로, 첫째, 개인이 형사상 책임에 대응하기 위해 정신이상을 제기할 때이고, 둘째, 법정에서 개인이 불만을 제기하는 것으로 그들이 정서적인 손상을 입었고 손상이 정신건강 처치가 필요하다고 요구할 때이다.
3. **내담자 상태가 자신과 타인에게 위험할 때:** 20개 관할권에서 발견되었다. 자신과 타인에게 위험한 태도를 보이는 내담자와 작업하는 상담자는 오로지 법령에 정한 법 지

식에 근거할 수만은 없다. 판례법은 경고 의무와 비밀보호 불이행 요건에 영향을 줄 수도 있다.

4. **아동 학대와 방임:** 20개 관할권에서 발견되었다. 모든 주와 미국의 관할권은 아동 학대와 방임은 어떤 유형의 법에서든 신고하도록 되어 있다. 법은 매우 중요한 사항이기 때문에 상담자는 그들이 속한 주의 법에 대한 정확한 언어를 알고 있어야 한다.
5. **내담자의 범죄 계획 시도를 인지:** 상담자가 내담자의 범죄 계획 시도를 알게 되었을 때 특권이 철회되는 것이 17개 관할권에서 발견되었다.
6. **법원-명령에 따른 조사:** 15개 관할권에서 발견되었다. 명령에 따른 조사가 진행되는 동안 특히 관계에서 특권이 제외된다.
7. **강제 입원:** 13개 관할권에서는 상담자가 병원에 내담자의 입원이 필요하다고 요청할 때 특권을 철회한다.
8. **내담자가 범죄의 피해자임을 인지:** 8개 주에서 특권을 폐지한다.
9. **취약한 성인에 대한 상해:** 8개 관할권에서는 상담자가 노인, 장애인, 시설 보호자 또는 스스로를 보호할 능력이 제한적이라고 추정되는 기타 성인의 학대 또는 방임이 의심될 때 특권을 폐기한다(Glosoff et al., 2000, pp. 454-462).

상담자는 자신과 내담자를 특권이나 비밀보호 불이행에서 보호하기 위해 주(州) 법에 대한 지식을 갖고 있는 것이 중요하다.

정보 공개

상담 관계의 본질은 신뢰이다. 정신건강 전문가는 내담자로부터 받게 된 정보를 보호해야 한다. 잘 정의된 예외가 적용되지 않으면 비밀보호 관계를 유지해야 한다. 비밀 보장 정보는 내담자(또는 내담자의 부모나 법적 대리인)가 공개를 위한 동의서 양식에 동의하고 사인하면 공개될 수 있다. 권리 포기 동의서는 항상 작성되지는 않지만 그렇게 하는 것이 최선이다. 내담자는 포기에 관하여 어떤 정보에 근거한 것이든 모든 영향을 알려야 한다.

상담자가 비밀 보장을 유지할 수 없는 경우

비밀 유지에 대해 이전 장에서 언급했듯이 법률에 따라 상담사가 비밀 유지를 위반해야 하는 경우가 있다. 이처럼 상담자가 어려운 결정을 내려야 할 때 가장 빈번하게 마주하는 상황에 관한 정보를 포함하였다.

보호를 위한 법과 의무: 자살하려는 내담자

상담자는 스스로를 가해하려는 내담자를 보호할 윤리적 의무가 있다. 당신은 자살 시도를 예방할 수 있는 조치를 준비하고 있어야 한다. 예방 조치는 위기 평가로 시작된다. 그런 다음 평가된 위험 수준에 따라 내담자와 함께 하고 있는 가족이나 중요한 다른 사람이 관여하여 자발적 입원을 준비하거나 비자발적 입원을 주도하는 조치가 취해진다(Remley & Herlihy, 2014). 이러한 모든 활동은 비밀 보장이 포기되며 내담자의 삶이 와해되는 결과가 포함된다. 상담자가 예방 회피를 위한 행동을 취하느라 태만하여 방치하게 되면 의료과실(malpractice)로 고발될 수 있고, 그렇게 한 행동의 근거가 없을 때 취한 행동에 대하여 배임(malpractice)으로 고소될 수 있다(Remley, Hermann, & Huey, 2003). 법은 상담자가 정보에 입각하여 위험을 평가할 것을 요구하고 유사한 상황에서 취하는 이외의 합리적인 상담자의 조치들에 상당한 태도로 행동할 것을 요구한다(Sommers-Flanagan, Sommers-Flanagan, & Lynch, 2001). 실습/수련 학생은 자살 위험 평가에 관한 문헌을 재검토하여야 한다. 이 책은 자기에게 해를 가하는 것과 관련한 내용을 검토하고 참고할 수 있도록 제10장에 포함하였다. 대부분의 실습/수련 현장에는 잠재적으로 자살하려는 내담자를 어떻게 다루어야 하는지와 관련한 지침이 마련되어 있다. 현장에서의 지침에 관한 정보를 얻을 수 있도록 당신의 실습 현장 슈퍼바이저와 이야기를 나누고, 당신의 슈퍼바이저 자문에 따라야 한다. 상담자로서 어디서 일하든, 자살 사고를 표현하는 개인과 마주치기가 쉽다. 잠재적 자살 위험을 평가해야 하는 상황에서 신중하게 기록하는 것이 중요하다. 상담자는 자살에 관한 위험성을 어떻게 평가할지 알아야 하고, 이후에 의사 결정에 대한 지지가 가능해야 한다. Remley와 Herlihy(2014)는 당신의 문서 기록에 포함해야 할 핵심 항목을 제시하였다.

- 문제의 원인은 무엇인가?(타인 또는 내담자가 말한 것을 참고)

- 당신이 내담자에게 질문한 것은 무엇이고, 그들이 대답한 것은 무엇인가?
- 당신이 자문받은 사람은 누구인가? 당신이 질문한 것은 무엇이고 그들은 어떻게 대답했는가?
- 당신이 관련되었을 때부터 상황에 따른 일을 완료하기까지, 상황과 관련한 어떤 사람이든 함께 상호작용해야 할 것은 무엇인가?

경고를 위한 법과 의무: 잠재적으로 위험한 내담자

상담자는 때때로 내담자가 다른 사람에게 해를 끼칠 가능성이 있는지를 결정해야 하는 상황에 처할 수 있다. 내담자가 타인이나 재산에 해를 입힐 위험이 있음을 예상할 수 있었다고 판단되면, 상담자는 위해를 예방할 수 있는 필요한 행동을 취해야 한다(Hermann & Finn, 2002). 윤리 지침에 따르면 심각하고 예상 가능한 위험으로부터 내담자나 관련인을 보호해야 할 경우 비밀 보장은 적용될 수 없다(ACA, 2014). 그러나 내담자가 자신이나 타인에게 해를 끼칠 것인지를 완벽하게 예측하는 것은 불가능하다. 비밀 보장 의무 파기가 필요한지를 판단해야 하는 복잡한 상황에 적절히 대처하기 위해 상담자는 여러 정신건강 전문가들에게 공식적인 평가 작업과 자문 기록을 요청해야 한다. 폭력 사태 발생이 임박했다고 판단될 경우 잠재적 위험을 평가하고, 그것에 대응하는 행동을 할 법적 의무와 윤리적 책임이 상담자에게 있다. 상담자는 내담자가 격심한 좌절과 분노를 단지 말로 표현하는 데서 그칠 것인지, 아니면 실제로 폭력을 행사할 가능성이 있는지를 판단해야 한다. 내담자가 누군가에게 해를 끼칠 것으로 판단되면 법적으로 상담자는 피해를 막기 위해 행동을 취해야 하는데, 이때 가능한 한 덜 파괴적인 행동을 선택해야 한다(Rice, 1993). 위해 예방 절차에서 요구되는 것 외에도, 대부분의 주(州에)서는 내담자에 의해 피해를 입을 것이 확실하거나 가능성이 높은 것으로 예상되는 대상에게 상담자가 위험을 고지할 것을 요구한다. 이러한 경고 의무는 "피해자가 그러한 위험을 알아채고 방어할 수 있도록 합리적인 주의 의무가 있다"라는 캘리포니아 Tarasoff 사건에서 치료자(타인에게 중대한 위험이 있다고 판단한 사례에서)에게 발생했다(McClarren, 1987, p. 273). Tarasoff 사례[1] 이후 미국 전역

---

1) Tarasoff 사건: 1969년 미국 캘리포니아 버클리대 학생상담센터의 내담자 Poddar가 상담자였던 Moor에게 여자친구 Tarasoff를 살해할 계획을 말한 것으로 시작된다. 결국 Tarasoff는 교내에서 피살됐고, 가해자는 Poddar로부터 데이트 신청을 거절당하자 13인치의 칼로 Tarasoff를 8번에 걸쳐 찔러 살해했다. Tarasoff 부모는 대학을 상대로 제대로 주의 의무를 준수하지 않아 발생한 책임을 물어 소송을 하였다. 상담자는 캠퍼스 경찰에게 이 사실을 통보하여

에서의 판결은 다양한 방식으로 사건 사례를 해석했다. Tarasoff 경고 의무를 거부한 유일한 주(州)는 텍사스이다(Remley & Herlihy, 2014).

상담자가 피해 예방을 위해 행동을 취할 때, 최소부터 최대까지의 방지책을 선택할 수 있다. 최소한의 방지 행동은 내담자가 누구에게도 해를 끼치지 않겠다는 약속을 하도록 하는 것이다. 이외의 행동으로는 내담자의 통제 유지의 책임을 가족 구성원이 지도록 주의를 주는 것이고, 내담자가 경찰에 연락하거나 정기적으로 소집에 응하는 등의 내담자 거주 지역의 돌봄에 자발적으로 참여하도록 설득하는 것이다(Remley & Herlihy, 2014). 또한 경찰이나 피해 예상자, 또는 양쪽에 경고를 해야 할지 결정하는 것이 필요하다. 자살 가능성이 있는 내담자를 관리하며 평가, 자문, 기록 단계를 거치며 확인하는 것은 잠재적으로 위험한 내담자 관리에 또한 적합하다. 제10장에서는 기타 위험 상태를 평가하는 지침을 개관하고 잠재적으로 위험한 내담자에 관하여 다루었다.

신고 의무: 목격된 아동 학대 및 방임

미국의 모든 주와 미국 법이 적용되는 지역에는 아동 학대 및 방임에 대해 관련 정부 기관에 신고하도록 하는 의무 규정이 어떤 형태로든 제정되어 있다. 방임의 경우 해당 아동 보호에 필요하다면 상담의 절대적 비밀 보장 원칙은 파기되어야 한다고 규정하고 있다. 주마다 규정을 표현하는 문구가 다양하므로 상담자는 규정에 기술된 정확한 표현을 반드시 확인한 다음 신고서를 작성해야 한다. 미국 보건복지부(The United States Department of Health and Human Services)는 각 주 및 관할 지역의 아동 학대 신고 의무 규정 관련 정보를 제공하고 있다(www.childwelfare.gov/systemwide/laws_policies/state). 신고 의무 관련 법령은 신고 당한 사람이 제기하는 법적 소송으로부터 '선의'로 신고한 상담자를 보호하기 위

Poddar를 위험 인물로 지목해 병원에 입원시키고 감시를 요청했었고 캠퍼스 경찰은 Poddar를 구금하고 심문했지만 별다른 위협 징후를 발견하지 못했다는 이유로 석방하였다. 상담자는 캠퍼스 경찰의 책임자에게 협조 요청을 하는 공식적인 편지를 발송했고, 상담자의 슈퍼바이저는 상담자에게 그 편지를 되돌려 받을 것, 편지와 상담 사례 기록을 파기할 것, 더 이상 이 상담자에 관여하지 말 것 등을 요구했다. 이러한 과정 중에 Tarasoff와 그녀의 가족에게는 아무런 사전경고가 주어지지 않았고, 약 2개월 후 Poddar는 Tarasoff를 살해했다. 6년간의 소송 끝에 캘리포니아 연방대법원은 정신보건서비스 의료인은 앞으로 발생할 의도적 피해자를 보호할 의무를 갖는다는 취지로 원고 승소 판결을 내렸다. 이 사건을 계기로 민주당 지지 주(일명 블루스테이트 지역)에서는 정신보건 서비스 의료인이 자살 및 타살사고 예방 책임을 지게 했고, 공화당 지지 주(일명 레드스테이트 지역)에서는 보다 간편하게 자살 및 타살 위험을 갖는 환자들을 강제 입원하는 진료 문화가 자리 잡았다. 이 소송의 결과로 치료자들은 자신의 환자에 의해 발생할 수 있는 폭력적 행위 또는 위협으로부터 희생자를 보호하고 관련자에게 경고할 의무를 갖게 되었다(역자 주).

한 조항이 있다.

비밀 보장이 불이행되는 여타 상황과 마찬가지로, 상담자는 각양각색의 목적에 따라 전문적 판단을 해 보는 사고방식을 경험해 보아야 한다.

a. 가능하다면, 그들이 포함된 어떤 상담 관계도 유지해야 한다.
b. 신고서가 작성되기 전과 후에 추정되는 피해자에 대한 염려를 표명하여야 한다.
c. 신고서 처리에 수반되는 과정에 관여하며 돕는다.
d. 법적 의무를 충분히 이행한다(Remley & Herlihy, 2014, p. 237).

목격된 학대를 신고하는 것이 법적으로 요구될지라도, 발생한 학대를 상담자가 목격하였을 때는 임상적 판단을 활용해야 한다. 아마도 상담자는 아동에게서 흔적을 관찰하였고, 학대로 보일 만한 행동이나, 아동이 상담 회기에 말한 어떤 것들에 주목하였을 것이다. 상담자는 추정된 피해자의 신뢰성, 지역의 징계를 위한 주요 규정, 가해자 및 피해자로 추정되는 것에 대한 알려진 정보 역시 고려해야 한다. 당신에게 학대가 일어나고 있다는 것이 의심될 때 즉시 슈퍼바이저와 상의해야 한다. 제10장에는 학대에 관한 정의와 물리적 학대, 방임, 성적 학대, 정서적 학대로 알아챌 수 있는 징후에 관한 지침을 제공하였다. 신고서 작성 전에, 슈퍼바이저나 동료와 협의하고 담당 관리자에게 알려야 한다. 어떤 과정에서든 현장 실습에서는 현장의 절차를 따라야 한다. 신고서를 작성할 때는 언제나, 구두 신고된 날짜와 시간, 신고서 작성자의 이름, 무엇을 말했고 언제 작성되었는지를 요약하여 작성하고 문서화하여야 한다.

신고 의무: 취약한 성인에 대한 위해 가능성

상담자는 취약한 성인에 대한 특정 방식의 위해가 의심될 때 개입해야 하는 윤리적 책임과 법적 의무가 있다. 상담자는 위해가 지속되는 것을 막고 내담자의 복지를 증진하기 위해 개입해야 한다. 취약한 성인에는 발달 장애인, 중증 정신질환자, 노인, 신체 장애인 등이 포함된다. 노인은 방임과 학대에 취약한 성인 집단 중 가장 큰 비중을 차지한다. 노인 학대에 물리적 학대, 성적 학대, 정서적 학대, 재정적 착취, 방임, 유기, 자기 방임 등의 유형이 있다(National Center on Elder Abuse, 2005). 노인의 자기 방임에는 약 복용 잊기, 식사 거르기, 우울감 해소를 위한 음주, 개인위생 관리 소홀 등이 해당된다. 다수의 주에서는 취약한 성인의 학대나 방임이 관찰될 경우 신고하도록 하고 있고, 모든 주에 노인 방임 감소를 위한 법률이 다양한 형태로 제정되어 있다. 이러한 법규들은 아동 학대에 관한 법률과 유사한 점이 있다. 그러나 모든 주가 학대를 관찰한 전문가에게 당국에 신고하도록 의무화하고 있지는 않다. 노인 학대 신고 규정은 당사자가 원하지 않는 경우 보호 서비스를 거절할 수 있도록 하는 경우가 많다(Welfel, Danzinger, & Santoro, 2000). 스테슨 대학 로스쿨의 노인법 탁월성 센터(Center for Excellence in Elder Law, 2014)에서는 노인 및 취약한 성인 대상 학대 신고 의무에 관한 구체적인 법령 정보를 제공한다.

사안을 면밀한 분석한 결과 신고를 해야 한다는 확신이 들면, 상담 관계를 손상하지 않는 방식으로 신고서가 작성되도록 해야 한다. 이를 위해 훈련생은 슈퍼바이저의 자문을 받을 필요가 있다. Wefel 등(2000)은 신고 과정에 내담자를 참여시키고, 가능한 비밀 보장을 하기 위해 필수 정보만 신고하고, 필요한 서비스가 제공되었는지 확인할 것을 권고하였다.

캐나다 상담자–내담자 비밀 보장 관련 법과 실제

캐나다의 경우는 Bryce와 Mahaffy(2007)의 논문을 참고하였다. 상담자의 상담자–내담자 관계에서의 면책, 비밀 보장 불이행 경우의 비밀 보호, 캐나다의 사생활 침해 방지법을 포함하여 망라하였다.

상담 보험 처리

관리형 정신건강 관련 법령은 상담자가 상담 서비스를 제공하는 방식에 심대한 영향을 미치며, 제공한 서비스에 대한 보험금 지급 여부를 결정하는 근거로 자주 사용된다. 정신건강관리의 효과에 대해 많은 논란이 있어 왔다. 관리 의료 체계에서는 사람들이 원하거나 제공자가 그들에게 주기를 원하는 모든 건강관리 서비스를 받지 못한다. 대신, 건강보험 가입자는 보험사가 적절하고 필요하다고 결정하는 서비스를 제공받는다. 관리 의료 제도의 취지는 제공하는 서비스를 관리함으로써 서비스 제공 기관의 비용을 낮추는 것이었다. 그러나 건강관리 서비스에 대한 비용이 상승함에 따라 보험회사들은 보험금 지급 대상인 정신건강 서비스에 다수의 제한 사항을 부과하게 되었다(Cooper & Gottlieb, 2004). 대부분의 관리 의료 보험사는 정신건강 전문가가 DSM 체계에 따라 진단명을 제시해야만 보험금을 지급하는데, DSM 체계에는 보험료 지급이 안 되는 진단 코드들이 다수 포함되어 있다. 대부분의 보험사는 보험금 지급 대상이 되는 진단의 범위에 제한을 둔다. 보험사들 중에는 V-코드 증상, 전형적인 발달 장애, 적응 장애, 가족 및 커플 상담 등에 대해서는 보험금 지급을 하지 않는다(Remley & Herlihy, 2014). 결과적으로, 상담자는 관리 의료 보험사가 요구하는 것을 인식하는 것과 동시에 내담자의 정신건강 요구도 다루어야 하는 어려움이 있다. DSM 코드 기반의 서비스 거부는 널리 퍼져 있다. 이러한 규정들로 인해 많은 상담자들이 보험금 지급이 안 되는 증상에 대해 보험금 지급이 되는 진단 코드로 진단을 바꾸려는 유혹에 빠지며, 실제로 부적절한 코드를 부여하여 보험금을 청구하는 상담자도 있다. 보험 처리가 되지 않으면 치료를 중단해야 하는 내담자에게 서비스를 계속 제공하기 위해 부정을 저지르는 경우도 있고, 내담자를 많이 확보하기 위해 그렇게 하는 경우도 있다. Braun과 Cox(2005)는 「관리형 정신건강 서비스: 정신장애의 의도적 오진」이라는 논문에서 이러한 부정행위의 결과에 대한 법적 · 윤리적 문제를 다루었다. 많은 상담자들이 보험금 수령을 위한 고의적인 오진에 동의하는 것이 내담자에게 최선의 이익이라고 믿고 있으나, 그러한 행위는 지위의 남용일 뿐 아니라 속이는 행동이기 때문에 내담자의 신뢰를 깨는 것이라고 저자들은 주장하였다. ACA, 미국정신건강상담자협회(AMHCA), APA 등의 윤리 강령에도 의도적 오진은 윤리적 · 법적 기준 위반으로 경우에 따라 주 및 연방 법령에 저촉될 수 있다는 사실을 강조하고 있다. 보험금 수급을 위해 정신장애를 의도적으로 오진하는 것은 건강보험 사기에 해당한다(Infanti, 2000). 미국 연방 규정 제31조 제37장 III에 구체화된 1986년 부정 청구 방지법 조항은, 정부가 다음과 같은 행위를 한 개인(즉, 상담자)을 필수 지식을 통해 조사하도록 하고 있다. ① 허위 청구서를 제출하는 행위, ② 허위 청구서를 제출하도록 사주하는 행위, ③ 허위 청구 지급을 위해 허위 계약서를 사용하거나 작성(예: 정신 장애를 의도적으로 오진하기)하는 행위, ④ 허위 계약서를 작성 또는 사용하도록 사주하는 행위(Slade, 2000; Braun & Cox, 2005에서 인용, p. 430). 보험 처리가 되지 않으면 상담료를 지불할 수 없는 내담자에게 상담을 제공하기 위한 노력이라 하더라도 그것이 보험 사기와 전문가 윤리 위반을 정당화할 수는 없다는 것을 기억하고 그런 유혹에 넘어가지 말아야 한다.

오진의 문제 외에도 법률적 · 도덕적 문제에 직면했을 때 상담자의 신중한 배려가 필요한 여러 가지 중요한 문제가 있다. Braun과 Cox(2005)는 다음과 같은 내용들을 포함하여 법과 윤리적 변화를 고심해야 한다고 하였다.

1. **사전 동의서**: 관리 의료 대상인 내담자는 자신에게 주어지는 정신건강 관련 혜택에 대해 잘 모를 수 있다.
2. **비밀 보장**: 내담자는 관리 의료 기관이 치료와 보험금 지급을 위해 내담자 정보를 요청하는 경우 상담자가 비밀 보장 의무를 지킬 수 없다는 것을 인식하지 못할 수 있다(Cooper & Gottlieb, 2000; Danzinger & Welfel, 2001).
3. **내담자의 자율성**: 관리 의료에서는 치료 제공자와 치료 유형이 보험 정책과 활용도 검토에 의해 결정되는 경우가 많다(Weinburgh, 1998).
4. **권한**: 관리 의료 기관은 단기치료 모델을 강조한다. 상담자가 단기치료 기법이나 중재에 관한 훈련을 적절히 받지 못한 상황에서 관리 의료 기관이 상담을 단지 5회기 이내로 제한하게 되는 경우 효과적인 서비스 제공이 어려울 수 있다(Cooper & Gottlieb, 2000).
5. **치료계획**: 정신건강 심리치료의 우선적 과업은 제공되는 혜택 프로그램의 치료 범위 내에서 서비스를 제공하는 것이다.
6. **종결**: 관리 의료의 제한에 따라 상담 서비스 종결이 강제될 수 있다(Cooper & Gottlieb, 2000).

상기된 바와 같이 관리 의료는 종종 치료 선택과 승인된 회기 수에 제한이 될 수 있다. 상담자는 사전 동의 부분으로서 회기 시작할 때 내담자와 이 부분을 논의해야 한다(Daniels, 2001). 또한 상담자는 관리 의료 회사가 상담자에게 공개를 요청하는 정보가 무엇인지, 또한 부여된 진단명이 암시하는 바가 있다면 무엇인지에 대해 내담자에게 알려야 한다. 회기 수 제한과 관련하여 특히 문제가 되는 것은 내담자가 버림받았다고 느낄 수 있다는 점이다. 상담자는 내담자를 버리거나 방치하지 않고, 내담자가 필요로 할 때 지속적인 치료를 위해 적절히 협의하며 도와야 하는 윤리적 의무가 있다(ACA, 2014, Standard A.12). Remley와 Herlihy(2014)는 법적 책임으로부터 상담자를 보호하기 위한 몇 가지 조치를 권고하였다.

- 필요한 서비스가 거절된 경우라면, 내담자의 입장을 대변하여 다시 서비스를 요청해야 한다. 만약 요청이 거부되면, 고충을 작성하여 보관해야 한다.
- 내담자는 추가로 서비스를 받을 수 있는 청구권이 있다는 것을 알려 주어야 한다.
- 환자가 위기에 처해 있어 지불 능력이 없다면, 돌봄을 제공받을 수 있는 다른 시설로

옮길 수 있을 때까지 서비스를 제공해야 한다.

내담자 기록

당연히, 정신건강 전문가는 개별 내담자를 위한 기록을 보관해야 한다. 기록은 내담자 관리에 있어 정신건강 전문가의 조력에 관한 정보를 잘 정리하여 제공한다. 또한 그것은 치료사의 판단, 치료 유형, 권고 사항 및 치료 결과에 대한 문서로도 사용된다. 회계 기록은 상담자 또는 내담자가 제3자에게 배상받기 위한 것에 필요하다. 기록의 내용은 기관 정책, 주 면허 법령, 또는 법률에 따라 정해질 수 있다. 기록은 공개 법정에서 낭독될 수 있기 때문에 결과적으로 내담자의 품위를 손상시키는 표현을 포함해서는 안 된다.

대다수 주의 법에서 서류는 기관에 귀속되지만 서류에 담긴 정보는 내담자에게 속하는 것으로 규정한다. 내담자는 자신에 대한 기록의 사본을 요청할 수 있다. 일부 주의 법에서는 내담자의 정신건강에 해가 된다고 판단되는 경우 기록에 대한 접근을 제한한다.

일반적인 관례로는 7년 동안 기록을 보관하지만, 일부에서는 그 이상 보관할 것을 제안하기도 한다. 상담자는 기록의 보존과 정리에 관하여 자신이 속한 지역의 관련 규제 기관으로부터 자문을 받아야 한다. 내담자 기록으로 보관해야 하는 정보 유형들은 다음과 같다.

1. 기본 식별 정보: 내담자의 이름, 주소, 전화번호, 내담자가 미성년자라면 부모 또는 법적 후견인의 이름
2. 서명된 치료를 위한 사전 동의서
3. 내담자의 이력: 관련이 있다면 의학적이고 심리적인 내담자의 이력
4. 서비스 요청 날짜와 유형
5. 치료를 행하는 사람의 직함과 서명
6. 제시된 문제의 기술
7. 평가 기법 및 결과에 관한 기술
8. 치료계획의 이행과 치료계획에서 변경된 것에 관한 서비스를 기록한 개별 날짜와 경과 기록
9. 검토된 대안, 취한 행동, 민감하거나 위험한 문제에 관한 기록
10. 명시된 목적과 관련한 치료계획

11. 다른 전문가의 자문, 내담자 삶과 관련 있는 사람들의 조언, 받았던 임상 슈퍼비전과 동료의 자문
12. 내담자가 서명한 개인정보 제공동의서
13. 책정되고 접수된 수수료

상담 사례 기록으로 보관되는 것은 상담자에게 임상적으로 각인될 만큼 내담자가 공개한 상세하고 구체적인 자신에 대한 기록을 포함하고 있으므로 내담자에게 가장 중요한 기록이다. 이것은 내담자에게 매우 민감하고 개인적인 정보이다. 상담자는 이러한 기록이 내담자, 기관, 법에 의해 어떻게 제고되어야 하는지 인식해야 한다. 상담자는 그들의 상담 기록을 다른 사람이 읽게 될지를 판단할 수 없다. 따라서 상담자는 어느 정도 지나고 나면 그들이 작성한 기록이 공공정보가 될 수 있다는 것을 감안해야 한다. 상담 사례 기록을 보관하는 기본적인 두 가지 이유는 내담자에게 질 높은 상담 서비스를 제공하기 위한 것과 상담자로서의 활동과 관련하여 결정한 사항을 기록하기 위한 것이다(Remley & Herlihy, 2014). 기록해야 할 주요 결정들은 피해 예방을 위해 행동을 취했을 때(내담자가 자신이나 타인에게 위험할 수 있다고 평가되었을 때), 다른 전문가에게 내담자의 상황에 관하여 자문을 받았을 때 또는 내담자가 마음에 내키지 않는 결정을 상담자가 하였을 때이다. 만약 내담자의 불복에 의해 상담이 중단되었다면, 그들이 받아들이기 어려운 어떤 행동에 대해 내담자에게 충고하거나 회기를 벗어나 내담자와 상호작용하는 것은 제한되어야 하고, 어떻게, 왜 그렇게 했는지에 대한 내담자의 반응을 기록하는 것이 현명한 일이다. 사례 기록에 그러한 행동 또는 결정을 기록하게 되면, 어떤 누군가 그러한 결정에 의문을 제기하였을 때 자신을 보호할 수 있는 행동이 된다(Mitchell, 2007). 확실한 기록을 요구받는 상황이란 누군가 비윤리적이거나 불법적 행동이라고 상담자를 고발한 경우, 상담자가 목격한 아동 학대를 신고하거나 자신과 타인에게 내담자가 위험한 존재라고 판단된 경우, 상담 중인 내담자가 법적 소송에 포함된 경우이다. 상담자가 취했거나 취하지 않은 행동에 대해 윤리 위원회, 자격위원회, 또는 관리자나 법적 소송에 의해서 제고될 수 있다.

요약

이 장에서 다루는 법적 문제는 상담자와 내담자 양쪽을 모두 법적 책임으로부터 보호하

는 데 필요한 주요 검토 사항을 고려하는 것이 목적이다. 모든 상담자와 치료사는 개인정보, 비밀보호, 면책 관계와 법 상황에서 전문가로서의 조력에 관한 책임과 권리의 의미에 대해 충분히 이해하는 것이 중요하다. 또한 정신건강 전문가는 소송의 절차, 불이행 문제, 그러한 소송에서 책임을 피하려고 노력할 때의 배임의 요소를 잘 알고 있어야 한다. 자신이나 타인에게 해를 끼치는 것과 관련한 사례에서 비밀 보장 불이행에 대한 법적 의무와 관련한 주요 고려 사항 또는 관찰된 아동과 취약한 성인에 대한 학대는 상세하게 설명하였다. 실습 및 수련 경험을 시작하기 전에, 학생들은 이 장에서 검토한 중요 문제들에 대해 스스로 숙지하도록 해야 한다.

참고문헌

American Counseling Association (2014). *Code of ethics*. Alexandria, VA: Author.

Black, H. C. (2004). *Black's law dictionary* (8th ed.). St. Paul, MN: West.

Braun, S., & Cox, J. (2005). Managed mental healthcare: Intentional misdiagnosis of mental disorders. *Journal of Counseling and Development*, *83*, 425-443.

Bryce, G. K., & Mahaffy, A. (2007). *How private is private: A review of the law and practice of counsellor-client confidentiality in Canada and its exceptions*. Paper presented at Connecting With Our Clients: Counseling in the 21st Century, the Canadian Counselling Association National Conference, Vancouver, BC. Retrieved from www.acadiau.ca/~rlehr/How20%Private20%is20%Private_pdf.

Cooper, C. C., & Gottlieb, M. C. (2000). Ethical issues with managed care: Challenges facing counseling psychology. *Counseling Psychologist*, *28*, 179-236.

Corey, G., Williams, G. T., & Moline, M. E. (1995). Ethical and legal issues in group counseling. *Ethics and Behavior*, *5*(2), 161-183.

Daniels, J. A. (2001). Managed care, ethics and counseling. *Journal of Counseling and Development*, *79*, 119-122.

Danzinger, P. R., & Welfel, E. R. (2001). The impact of managed care on mental health counselors: A survey of perceptions, practices, and compliance with ethical standards. *Journal of Mental Health Counseling*, *23*, 137-151.

Free Dictionary. (n.d.). Retrieved December 28, 2013, from http://legal-dictionary.thefreedictionary.com/Tort+law.

Glosoff, H. L., Herlihy, B., & Spence, E. B. (2000). Privileged communication and the counselor-client relationship. *Journal of Counseling and Development, 78*(4), 450-462.

Hackney, H. (2000). *Practice issues for beginning counselors.* Boston: Allyn & Bacon.

Hermann, M. A., & Finn, A. (2002). An ethical and legal perspective on the role of counselors in preventing violence in schools. *Professional School Counseling, 6,* 46-54.

Infanti, M. C. (2000). Malpractice may not be your biggest risk. *RN, 63*(7), 67-71.

Knapp, S., & VandeCreek, L. (2006). The ethics of advertising, billing and finances in psychotherapy. *Journal of Clinical Psychology: In Session, 64*, 613-625.

McClarren, G. M. (1987). The psychiatric duty to warn: Walking a tightrope of uncertainty. *University of Cincinnati Law Review, 56,* 269-293.

Milkovich v. Loraine Journal Inc., 497 US 1 (1990).

Mitchell, R. W. (2007). *Documentation in counseling records: An overview of ethical, legal, and clinical issues* (3rd ed.). Alexandria, VA: American Counseling Association.

National Center on Elder Abuse. (2005). *Fact sheet: Elder abuse prevalence and incidence.* Retrieved December 28,2013, from www.ncea.aoa.gov/Resources/Publication/docs/FinalStatistics050331.pdf.

Neukrug, E., Milliken, T., & Walden, S. (2001). Ethical complaints made against credentialed counselors: An updated survey of state licensing boards. *Counselor Education and Supervision, 41*, 57-70.

Pope, K. S., & Vasquez, M. J. T. (2011). *Ethics in psychotherapy and counseling* (4th ed.). Hoboken, NJ: Wiley.

Prosser, W. L., Wade, J. W., Schwartz, V. E., Kelly, K., & Partlett, D. F. (2005). *Cases and materials on torts* (11th ed.). Westbury, NY: Foundation Press.

Remley, T. P., Jr., & Herlihy, B. (2014). *Ethical, legal, and professional issues in counseling* (4th ed.). Upper Saddle River, NJ: Pearson.

Remley, T. R, Jr., Hermann, M. A., & Huey, W. C. (Eds.). (2003). *Ethical and legal issues in school counseling* (2nd ed.). Alexandria, VA: American School Counselors Association.

Rice, P. R. (1993). *Attorney-client privilege in the United States.* Rochester, NY: Lawyers Cooperative.

Schwitzgebel, R. L., & Schwitzgebel, R. K. (1980). *Law and psychological practice*. New York: Wiley.

Shuman, D. W., & Weiner, M. R. (1982). *The psychotherapist-patient privilege: A critical examination.* Springfield, IL: Charles C. Thomas.

Slade, S. R. (2000). *Health care fraud: How far does the Fake Claims Act reach?* Quackwatch.

Retrieved from www.Quackwatch.org/02consumerprotection/fac.html.

Sommers-Flanagan, R., Sommers-Flanagan, J., & Lynch, K. L. (2001). Counseling interventions with suicidal clients. In E. R. Welfel & R. E. Ingersoll (Eds.), *The mental health desk reference* (pp. 264-270). New York: Wiley.

Stetson University School of Law Center for Excellence in Elder Law (2014). *Guide to U.S. state and mandatory reporting status and statutes.* Retrieved June 15, 2014 from www.stetson.edu/law/academics/elder/ecpp/statutory-updates.php.

Swenson, L. C. (1997). *Psychology and law for the helping professions.* Pacific Grove, CA: Brooks/Cole.

Tarasoff v. Regents of the University of California, 13 Cal. 3d 177, 529 R2d 533, vacated, 17 Cal.3d 425, 551 P.2d 334 (1976).

United States Department of Health and Human Services. (n.d.). The child welfare information gateway. Retrieved June 15, 2014 from www.childwelfare.gov/systemwide/laws_policies/state.

Weinburgh, M. (1998). Ethics, managed care and outpatient psychotherapy. *Clinical Social Work Journal, 26*(4), 433-443.

Welfel, E. R. (2010). *Ethics in counseling and psychotherapy: Standards, research and emerging issues* (4th ed.). Pacific Grove, CA: Brooks/Cole.

Welfel, E. R., Danzinger, P. R., & Santoro, S. (2000). Mandated reporting of abuse/maltreatment or older adults: A primer for counselors. *Journal of Counseling and Development*, *78*, 284-293.

Wigmore, J. H. (1961). *Evidence in trials of common law* (vol. 8). Reviewed by John McNaughton. Boston: Little Brown.

Woody, R. (2013). *Legal self-defense for mental health practitioners: Quality care and risk management strategy.* New York: Springer.

위기 상황 및 특정 집단 소속 내담자

이 장은 학생들이 소수 집단과 작업하는 동안 종종 마주치는 위기와 관련된 정보를 제공하기 위해 계획되었다. 타인에게 위해를 가하는 내담자, 자신에게 해를 끼칠 수 있는 내담자, 학대받은 아동, 성 학대 피해자, 약물 남용 내담자가 되어 포함하여 논의되었다. 먼저 기본적인 위기 개입 정보에 대해 검토하였고, 이러한 내담자에게 활용하는 양식은 학생이 참고하여 사용할 수 있도록 포함되었다.

위기와 트라우마 이해하기

James와 Gilliland(2013)는 위기를 "개인의 자원 및 극복 가능한 심리 구조를 넘어서는 견딜 수 없는 어려운 사건이나 상황에 대한 인식"으로 정의하였다. 사람이 자신의 능력으로 감당하지 못한다면, 위기는 심각한 정서적 · 인지적 · 행동적 오작동을 일으킬 가능성이 있다. 그러나 버팀목이 있는 대부분의 사람은 위기를 유발하는 사건이 발생한 후 다시 일어날 능력이 있다.

위기는 다양한 방식으로 전개될 수 있는데, Myer와 Cogdal(2007)는 위기를 초래하는 사건으로 발달상 위기, 실존적 위기, 상황적 위기, 구조적 위기로 구분하여 4개의 유형을 제시하였다. 발달상 위기는 특기할 만한 순간이나 생애 전환기에 발생하는 경향이 있고, 전형적으로 생활 사건의 흐름을 방해한다. 예를 들면, 대학을 갓 졸업한 사람이나 은퇴 시점에 있는 사람은 어떻게 인생을 이끌고 나갈지 모르는 것과 같은 위기를 경험할 수 있다. 실존적 위기는 자신의 삶을 반추하며 발생하는데, 어떻게 삶에 의미를 부여하고 어느 정도로 자기 가치(self-worth)를 평가하는가와 관련이 있다. 실존적 위기는 일과 진로에서 자신의 꿈이나 욕망이 충족되지 못했다고 느낄 때 나타나거나 사람들은 늘 가족을 원했지만 아이를 가질 수 없다는 것을 깨닫게 될 때 위기를 경험할 수 있다. 상황적 위기는 전형적인 생활사건에서 벗어나는 우연히 발생한 어떤 상황이 인간의 대응 심리 체계를 압도하는 것과 관련이 있다. 여기에는 아동의 생명을 위협하는 정도의 진단을 받는 것과 심각한 교통사고를 당하거나 직장에서 정리 해고 대상이 된 것을 포함한다. 마지막으로 구조적 위기는, 위기의 영향이 개인에게 직접적으로 영향을 미칠 뿐 아니라 지역과 전 세계 공동체까지 그 영향이 미치는 대규모 사건이다(Myer & Moore, 2006). 구조적 위기의 예는 9 · 11 테러 공격, 허리케인, 학교 총격 사건, 토네이도와 같은 것이 있다.

트라우마는 인간의 성장과 기능에 영향을 미치는 심각함이 위기와 다르다. 이는 종종 신체나 심리적 위협에 직면했을 때 압도되어 어쩔 줄 몰라 하는 감정을 느낄 때의 상황(한번 또는 연속적)에 대한 특성이며, 정상적인 인간 발달 과정에 잠재적으로 혼란을 야기한다(Murray, Cohen, & Mannarino, 2013; Myer & Cogdal, 2007). 트라우마 피해자는 세상에 대한 자신의 믿음이 끊임없이 변질되고(예: 대부분의 상황, 중립적인 사람조차도 위험할 수 있다), 건강한 관계를 만들어 갈 수 있는 능력의 손상, 신경학적 회로의 변질, 플래시백(flashbacks), 악몽, 복잡한 감정의 처리와 조절에 어려움을 경험할 수 있다(Curtois & Ford, 2013; Lawson, Davis, & Brandon, 2013; Murray et al., 2013). 트라우마 피해자는 중독이나 자해 행동과 같은 심리적 문제를 야기할 수도 있다. 이곳에서 트라우마에 대한 정의 확장을 위해 더 자세히 다룰 수는 없지만, 학생은 트라우마와 관련한 지식을 넓힐 수 있도록 최근 문헌을 검토할 것을 적극 권장한다. 그것은 가족 역동의 악용, 지역사회 학대의 폭로, 전시 폭력과 같은 수많은 상황에서의 외상 생존자와 작업할 때 증거 기반 훈련과 관련한 주요 연구로 넓히고 확장하는 것이다. 개입(interventions)은 성인에게 지속적으로 가해진 불안정 애착 양상, 성폭력과 학대에 따른 손상에서 내담자가 늦지 않게 회복할 수 있고, 상담을 지속할 수 있도록 동기화하며(Lawson et al., 2013), 세상이 항상(또는 거의 항상) 위험한 곳이라는 신념체계를 바꿀 수 있도록 돕는 인지행동적 방법을 적용하고(Murray et al., 2013), 내담자가 위험을 느낄 때 구체적이고 특히 안전한 계획을 짤 수 있도록 돕는(Murray et al., 2013) 활동을 포함한다.

다음 절에서는 위기 개입의 과업과 중점을 두어야 할 결정적 단계와 관련한 위기 개입의 2개 모델을 검토하였다. 첫 번 모델은 Kanel(2010)이 제안하였고, 두 번째 모델은 James와 Gilliland(2013)이 개발하였다. 두 모형 모두 지역사회 기반(community-based) 설정에서 작업하는 상담자에게 유용하다.

Kanel의 위기 개입 모델

위기 개입의 ABC 모델(Kanel, 2010)은 심리사회적 스트레스인에 따라 기능 수준이 감소하는 내담자와 단기 정신건강 면담을 구조화하는 방법이다. 이 모델은 문제-중심 접근으로 4주에서 6주 내에 스트레스인에 효과적으로 적용한다. Kanel 모델은 ① 접점 발굴 및 유지하기, ② 문제 확인하기, ③ 내담자를 위한 대처 전략 개발하기의 3단계로 설계되었다. 다음에 ABC 모델의 핵심을 요약하였다.

A. **접점 발굴 및 유지하기**: 위기 개입 전략 수립의 핵심은 내담자와 라포를 발달시키는 것이다. 그러려면, 상담자는 훈련 프로그램에서 배웠던 기본적인 집중 기술(attending skills)을 채택하여 효과적으로 다가가는 것이 필요하다. 이러한 기술은 시선 집중(sye contact), 태도 취하기(body posture), 온화한 음성(vocal style), 공감과 진솔성이 포함된다. 열린 질문과 닫힌 질문을 사용하며 명료화하고, 반영하고, 요약하는 것은 위기에 처한 사람에게서 접점을 찾아 유지하는 데 모두 사용된다.

B. **문제 확인과 치료적 개입하기**: 촉발시키는 사건을 확인하므로, 상담자는 내담자의 위기를 촉발하는 것과 관련된 정보를 획득할 수 있다. 위기의 실제 원인은 몇 주나 몇 달 전 발생한 사건에서 최근 사건까지 다양하다. 사건 시점은 결정을 위해 중요하다. Kandel은 위기 공식화 과정을 설명하기 위한 다음의 도식을 사용한다.

촉발사건-인식-주관적인 마음-고통-낮은 기능

- **사건의 인식**: 이것은 개인이 스트레스가 많은 상황을 보는 방식이 위기의 발달에 원인이 된다는 것을 암시한다. 사람들이 위기 사건에 대해 만들어 낸 의미와 추정은 내담자에 관한 의미를 채색하고 과장하게 한다. 촉발된 사건을 철저히 숙고하기 위하여 내담자의 관점으로 조심스럽게 견해를 살펴야 한다.

- **주관적인 고통**: 이것은 내담자가 겪었던 고통의 수준과 관련 있다. 증상은 학업, 행동, 직업, 사회와 가족의 기능에 영향을 미칠 수 있다. 영향을 받은 기능 영역과 결정적인 위기 사건의 영향 정도에 동의하는지에 관하여 논의하여야 한다(Kandel, 2010).
- **낮은 기능**: 상담자가 사람들에게 내담자의 격렬한 고통과 현실적인 대처 수준을 확인시켜 줄 수 있도록 기능의 전후 수준을 이해하는 것이 중요하다.

C. **내담자를 위한 대처 전략 개발하기**: 상담자는 내담자의 과거, 현재, 미래의 대처 행동을 평가한다. 그러한 평가에는 내담자의 실패했던 대처 전략이 포함되어 있어 대안적인 대처 전략을 개발할 수 있어야 한다. 내담자는 상담자가 제안한 대안적이고 새로운 전략을 학습하는 것 외에도 대처 전략을 제안하는 것에 용기를 내야 한다.

James와 Gilliland의 위기 개입 모델

다음은 James와 Gilliland(2013)가 개발한 위기 개입을 위한 7개의 과업 모델을 요약한 것이다.

1. **접점으로 유도하며 시작하기**: 상담자는 내담자가 갖고 있는 의미와 위기를 촉발한 사건에 대한 이해를 발전시키는 것이 필요하다. 그것은 관계를 만들어 가는 것의 핵심이다. 상담자의 조용하고 직접적인 접근과 함께 기본적인 집중 기술을 사용하는 것은 내담자가 문제로 인한 고통을 완화할 수 있는 어떤 것을 볼 수 있도록 도울 수 있다.
2. **문제의 탐색과 위기의 정의**: 내담자가 위기 개입에서 자신이나 타인에게 얼마나 위험한지 평가하는 것은 첫 관심사의 하나이다(Aguilera, 1998). 내담자가 상담을 받고자 온 무수한 이유를 탐색하는 것이 필요하다. 자살 충동, 살인 충동, 제3자로부터의 위험과 해를 입을 것이라는 두려움은 내담자의 물리적·심리적 안정에 심각한 위험을 초래하는 잠재적인 이유이다(Myer, Lewis, & James, 2013). 직접적인 질문은 가능한 동기에 집중하게 하는 것이 핵심이다. 안전을 확인하기 위하여 상담자가 필요한 경우 다른 사람을 참여시키고, 최근의 위해 탐색이 위해로 인한 내담자의 손상 판단을 포함하여 가족이나 친구의 지지를 찾고, 입원을 권고하거나 심각한 위험에서 보호해야 한다. 평가를 진행하며, 상담자는 위기를 촉발한 사건, 그것이 내담자에게 갖는 의미, 내담자를 위한 가능한 지지 체계, 위기에 대처하기 위해 이전에 기능하였던 수준에

대해 질문하여야 한다(Aguilera, 1998). Aguilera는 나아가 "오늘 어떤 일이 있었나요?" 그리고 "왜 오늘인가요?"와 같은 상담에 오게 된 내담자의 이유를 이끌어 내는 직접 질문으로 시작하는 평가 과정을 제안하였다. 상담자는 내담자를 위한 '마지막 지푸라기'[1]가 될 수도 있는 무엇을 판단하는 것이 필요하다. 구체적이고, 유력하고, 구조화된, 질문 기법으로 진행하는 것은 상담자가 촉발한 사건으로 초점을 좁힐 수 있게 한다. 상담자는 내담자가 느낀 것들(분노, 혼란, 화, 절망)로 위기 사건이 갖는 의미를 이해할 수 있다. Roberts(2005)에 의하면 한 번이라도 의미가 이해되었을 때 인지 왜곡, 과잉 일반화, 오해, 비합리적 신념에 경청하고 주목해야 한다. 내담자의 물리적인 겉모습, 행동, 분위기, 스트레스의 징조에 주의를 집중해야 한다. 또한 상담자는 내담자의 대처 메커니즘, 의사 결정 기술, 스트레스 관리 기술을 평가해야 한다.

3. **지원 제공**: 내담자의 지원 체계를 평가하는 것은 중요하다. 부적응 요인을 갖고 있는 내담자가 상담자를 포함하여 그들을 돌봐 줄 수 있는 누군가로부터의 지원이 필요하다. 우선 상담자는 가장 먼저 내담자가 처한 상황 너머의 고통에 공감을 표현하므로 위기 처한 사람을 위한 심리적 지원을 요청할 수 있다. 아울러 상담자는 내담자의 심리적이고 사회적인 필요에 대응하며 내담자를 위한 실제적 실행계획과 사회적 지원을 요청할 수 있다.
4. **대안 검토**: 특히 내담자는 가능한 선택지가 없다고 느낄 수 있기 때문에, 상담자는 내담자가 다양한 선택 가능한 것들을 탐색할 수 있도록 돕는다. 그것이 합리적이고, 적절하며, 현실적인 선택인지 논의하는 데 더욱 효과적이다.
5. **통제력 회복을 위한 계획 수립**: 상담자는 이번 실천 단계에서, 내담자가 평형을 되찾을 수 있는 조절력을 한 문제에 집중하며 끈기 있게 유지할 수 있도록 해야 한다. 상담자는 가능한 대안이나 해결책을 찾아서 시도한다. 물론 당시 수정할 수 있었던 내담자의 위기 이전 대처 전략으로부터 도출하는 것이 도움이 된다. 특히 상담자는 위기와 관련하여 내담자에게 도움이 되는 내담자의 구체적인 자원(예: 사람, 조직 등)을 확인하도록 돕고, 위기에서 기댈 수 있는 것이 무엇인지에 대한 심리교육 형식과 같은 대처 체계를 제공한다. 종결 회기 전, 상담자는 내담자가 이해하고 발전시켜 온 행동 계획의 묘사 수준을 평가하여야 한다. 그것은 계획의 주체가 내담자라는 것을 기억할

1) 마지막 임계점을 말한다. 한계에 다다르면 가벼운 짚 한 줄기에도 쓰러지듯이 도저히 참을 수 없는 한계 상황을 의미한다(역자 주).

수 있도록 하는 것에서 매우 중요하며 결정적이다.

6. **실천하기**: 상담자는 행동 계획을 실천하는 것이 필요하다는 것을 설명한다. 만약 이전 단계가 성공적이었다면 약속대로 잘 진행되어야 한다. 내담자를 상대로 후속 조치를 하거나 전화 연락을 하는 것은, 행동 계획이 이행되고 있는지 내담자의 결심에 따라 진전된 수준이 어떤지 내담자의 상태 판단에 도움이 될 것이다.
7. **추수 지도**: 최종적으로, 위기 개입을 하는 상담자는 단기간에 내담자의 행동 계획과 대처 기술에 대해 추수 지도를 한다. 추수 지도는 위기 이후 몇 시간 또는 며칠 동안 할 수 있고 상담자는 위기 사건의 경중에 따른 조치라는 것을 내담자에게 알린다.

두 모델을 검토하며 Kanel(2010)과 James, Gilliland(2013) 모델 모두에 포함된 위기 대응 과정에서 상담자가 취해야 하는 유사한 업무를 확인할 수 있었다. Myer 등(2010)은 위기 상담과 관련한 다양한 접근에서 유사점과 차이점을 밝히며 위기 개입의 아홉 가지 다른 모델을 제고하였다. 거의 모든 모델은, 첫째 대응 개입을 적절하게 할 수 있는 방법을 획득하기 위한 감각적인 위기 상황의 평가, 둘째 안전의 보장, 셋째 자원 제공 등의 지속적인 활동을 상담자에게 요청한다고 결론지었다. 마찬가지로 모든 모델은 최소한 네 가지에 초점을 두어야 한다고 기술하였는데, 첫째, 내담자와 연합하기, 둘째, 당면한 문제(예: 위기의 핵심이 무엇인가?)를 규정하기, 셋째 통제 감각을 되찾도록 내담자를 돕기, 넷째, 개입이 결정된 후 조치하기 등이다. James와 Gilliland 모델(2013)과 같은 선에서, Myer와 동료들(2013)도 역시 정적인 활동보다 동시다발적이고 반복적으로—특히 지속적인 작업처럼 보이는—전개될 수 있는 임상 작업으로 묶는 것이 최고의 사례 개념화라고 지적하였다. 상담자가 이를 염두에 두고 단계별 체크리스트보다는 역동적이고 유연한 과정으로 위기 대응 사례 개념화를 할 것을 강조하였다.

학교에서의 위기 개입

이번 장에서는 학교상담자가 다양한 유형의 위기와 폭력을 어떻게 예방하고 개입하는지 다루기 위해 학교 장면의 위기 대응에 대해 살펴보고자 한다. 이어지는 장에서는 학교에서의 자살 예방 및 개입을 위한 구체적인 대응 방안을 제안할 것이다. 학교상담자는 앞에서 다룬 Kanel(2010) 모델과 James와 Gilliland(2013) 모델의 과업들을 학교 장면에서 잘 활용할 수 있다. 그러나 학교상담자는 학교 내에서 독특한 입장에 있고, 모든 학생을 대상으로 일대일 상담을 진행하는 역할을 해야 하기보다는 학생 전체의 이익을 감안하여 활동하기 때문에 학교상담자의 위기 대응에 대한 초점과 역할은 정신건강 상담자와 다소 차이가 있다.

Riley와 McDaniel(2000)은 학교상담자가 위기 상황에서 활용할 수 있는 일련의 과업과 역할을 제시하였다. 과업에는 상담자가 학생, 학부모, 교사 및 교육청과 상호작용하는 것이 포함된다. Riley와 McDaniel(2000)은 아이다호 학교상담자협회의 모범 사례를 인용하여 학교상담자가 위기 대응을 위해 학생과 작업할 때 위기에 처한 학생(예: 왕따의 표적이 되는 학생)을 개별적으로 개입할 수도 있고 학생들을 집단으로 묶어 상대할 수도 있다는 점을 명확히 하였다. 집단 수준으로 작업할 경우 학교상담자는 멘토링을 격려하고 학교 폭력을 방지하는 교실 수업과 학교 프로그램을 통해 위기 예방 및 개입을 실시할 수 있다. 또한 학교상담자는 집단상담을 통해 교내 위기 상황과 관련된 학생들의 분노와 정서를 효과적으로 다룰 수도 있다. 학교상담자는 학부모들을 대상으로 적절한 양육 및 훈육 기법에 관한 정보나 훈련을 제공할 수 있고, 학생들을 대상으로는 공부를 잘하고 친구들과 잘 지내는 방법에 대해 자문하는 역할을 할 수 있다. 또한 교사, 직원, 교감, 교장 등이 수행하는 학생 훈육 업무를 지원할 수 있고, 교육청의 위기 대응팀에 참여할 수 있다(Riley & McDaniel, 2000).

Riley와 McDaniel(2000)은 학교상담자가 예방, 개입 및 위기 대응 전문가로서 앞에서 언급한 과업들을 성공적으로 수행하는 방법에 대해서도 제시하였다. 학교상담자는 교내에서 다양한 역할을 수행하지만, 기본적인 역할은 위기 상황에 대해 전문적인 예방 활동을 하는 것이다. 교내에서 위기와 폭력이 발생할 가능성을 줄이기 위해 학교상담자는 지지하고 화합하는 학교 환경을 조성하기 위해 노력해야 한다. 이러한 노력에는 폭력의 가해자나 피해자가 될 위험성이 높아 보이는 학생과 개인적 관계를 형성하는 것이 포함된다. 학교상담자는 지역 치안 당국과 협력하여 학교 내에 경찰을 배치하도록 할 수도 있다. 학교에 배치된 경찰은 교내에서 위기와 폭력 상황에 대비하여 순찰 활동을 할 수 있고, 교직원들이 위기 및 폭력 상황에 대응하는 상황에서 의지할 수 있는 자원이 될 수 있다. 마지막으로, 학교상담자는 학교나 교육청 소속 위기 대응팀에 지원할 수 있다. 학교상담자가 교육청 단위의 대응 계획을 잘 알게 되면 그에 대해 자신이 속한 학교의 학생과 교사에게 잘 전달할 수 있다.

Riley와 McDaniel(2000)에 의하면 학교상담자는 위기에 대한 개입자이기도 하다. 개입은 위기나 응급 상황이 본격적으로 전개되기 전에 조기에 이루어질 때 가장 효과적이다. 그러므로 학교상담자는 교사가 폭력이나 기타 위기 발생의 초기 징후를 보인다고 인지한 학생에 대해 욕구나 위험의 수준을 확인할 필요가 있다. 학교상담자는 청소년들에게서 나타나는 폭력의 징후에 대해 잘 알아야 한다. 폭력을 감소시키기 위해 학교상담자는 부모와 교사들을 대상으로 학생들이 폭력에 연루되게 되는 위험 요인과 더불어 학생들의 사회 · 정서적 필요에 대해 교육할 필요가 있다.

결과적으로, 상담자는 위기 대응팀의 활동에서 중심 역할을 하게 된다는 것이 Riley와 McDaniel(2000)의 주장이다. 특히, 학교 내외에서 총격, 자살 등과 같은 인재 또는 자연재해의 발생이 증가하고 있는 상황에서 학교는 교사, 상담자, 교직원들이 위기 상황에 어떻게 대처할 것인지에 대한 계획을 반드시 가지고 있어야 한다. 위기 대응팀에서 상담자에게 맡겨지는 책임은 도움이 필요한 학생에 대한 상담 서비스 조직 및 제공, 교사 및 행정가와 연결 및 의사소통, 부모 연락 및 사회적 지지 제공, 필요시 활동 취소, 위기 발생 시 피더스쿨(feeder school)[2]과의 연계 결정, 위기 이후 후속 돌봄 조정 등을 포함한다. 때로는 위기 사건이 일어난 학교 교내에 학생이 이용 가능한 추가 상담자를 확실히 정하는 것이 필요하다(Riley & McDaniel, 2000).

위기 방지 자문가로서의 학교상담자

앞에서 언급한 바와 같이, 학교상담자는 위기 개입에서 예방과 대응하는 역할 모두를 담당한다. 상담자에게 맡겨지는 예방 관련 업무로 위기 개입에 관한 교육과 자문이 포함된다. 위기 대응과 관련된 교육은 특히 학생과 하루 종일 가깝게 지내며 폭력의 피해자가 되거나 연루될 경향이 있는 아동의 위험 징후를 주시하고 정보를 수집할 수 있는 독특한 위치에 있는 교사와 학교 직원에게 유익하고 중요하다. 그렇기 때문에 학교상담자는 학교 폭력을 감소시킬 수 있는 작업을 교사와 학교 직원과 함께 협업해야 한다. Callahan(1998)은 어떤 학교 직원에게도 적합하며 교사에게 도움이 되는 위기 대응 모델을 제시하였다. 보다 중요한 것은, 대응 모델이 학교에서 위기 개입 교육을 준비하는 상담자를 위한 유용한 자원이 될 수 있다. 교사와 학교 직원을 위한 위기 관련 교육 모임에 함께 참석하는 학교상담자를 돕기 위해 Callahan 모델에서 가장 흥미로운 것들을 이곳에 제시하였다.

2) 특정 목적으로 운영되는 지역 학교를 말한다(역자 주).

학교 기반 위기 대응 훈련을 위한 제안

Callahan(1998)은 위기가 임박했다는 정보를 입수한 교사와 교직원은 그 정보를 다른 교사들과 상담자, 교감, 교장 등에게 전달하여 폭력 사태 발생을 관찰하고 필요한 행동을 취하도록 해야 한다고 주장하였다. 교직원은 공격적인 행동에 대처하는 방법에 대해 잘 알고 있어야 하며, 교사와 교직원은 학생이 판단력과 통제력의 부족으로 인한 불안정 상태에 빠지게 되면 그 학생은 신체적으로 공격-도주 반응을 준비하는 방어 상태가 된다는 것을 인식해야 한다. 그럴 경우 학생은 상대방의 말을 듣고, 논리적으로 생각하고, 통상적으로 반응하는 등의 정상적 과정을 제대로 진행할 수 없다. 분노의 강도가 강할수록 상대방에게 정상적으로 반응할 가능성은 낮아진다. 학생이 위기 상황에서 놀라 저항하는 단계로 들어가면 행동화(acting out)가 나타날 가능성이 높아지므로 학생의 상태와 상황을 파악하는 작업을 신속하게 진행하는 것이 중요하다. Greenstone과 Leviton(Callahan, 1998에서 인용)은 학생의 위기 상태 평가와 관련하여 다음과 같은 제안점을 제시하였다.

1. 교직원은 먼저 무슨 일이 일어났는지, 무엇이 지금의 위기를 초래했는지 등에 대해 학생과 대화를 시도하도록 한다. 이때 최대한 차분하게 잘 조절된 상태를 유지하는 것이 중요하다.
2. 가장 시급한 필요가 무엇인지를 위기를 겪는 학생의 입장에서 판단하고, 학생이 제기한 어떤 문제도 과소평가하지 않도록 한다.
3. 즉시 처리할 수 있는 문제는 무엇이며 위기관리 절차에 방해가 될 수 있는 요인들은 어떤 것들인지 파악한다.
4. 위기 상황을 효과적으로 신속하게 해소할 수 있는 대안들의 우선순위를 정한다.
5. 현재 상황과 이전의 스트레스 사건 사이의 유사점을 파악한다.

Callahan(1998)은 위기가 교실 밖에서 발생하면, 학교의 성인은 다음을 포함하여 안전지침에 따를 것을 제안하였다.

1. 특히 위기에 개입된 사람이 1명 이상인 경우 동료와 함께 개입하라.
2. 천천히 사려 깊게 위기 상황에 접근하라.
3. 위기에 처한 학생을 외면하지 않도록 주의하라.

4. 사용 가능한 무기가 있는지 육안으로 확인하라.
5. 무기가 될 수 있는 물건에 주목하라.
6. 예기치 않은 행동에 대비하라.
7. 상황이 폭력적으로 변할 경우 다른 학생들의 대피를 도울 수 있도록 현장의 출입구를 확인하라.
8. 가능하다면 청중들을 폭력이 고조되는 상황으로부터 떨어지도록 하라.
9. 지원 요청할 곳을 알아두라(Callahan, 1998, pp. 226-227).

위기의 징후와 폭력 행동에 어떻게 대처해야 하는지 학교 직원과 교직원을 준비시키는 것 외에도 상담자는 위기를 다루는 데 지원이 필요한 학생을 대신하여 대변할 수 있는 좋은 위치이다. 미국 외상 스트레스 전문가 아카데미(The American Academy of Experts in Traumatic Stress, 2003)는 학교 장면이나 주변에서 발생하는 위기 사건에 대응하기 위해 다음 사항을 권고하였다.

- 위기와 관련한 사실을 수집하고 교장의 동의 후에, 학생들이 이해할 수 있는 방식으로 위기 사건을 설명하라.
- 학생들이 위기에 감정적으로 반응할 수 있음을 알 수 있도록 감정 표현을 적절하게 모델링한다.
- 위기가 개인을 압도할 때와 아동의 요구에 주목할 수 있는 능력을 방해할 때를 자각하여야 한다.
- 학생들을 위한 정상적인 감정 반응 범위를 설명하고 비판적으로 평가하지 않는 방식으로 반응하는지 확인하라.
- 시간이 더 걸리는 경우에 대해 세심하게 다루어야 하지만, 학생들은 대체로 위기를 겪은 후 6주 이내에 회복된다는 점을 인식하라.
- 위기 후 재조정을 더욱 어려워하는 것처럼 보이는 학생에게 주목하고 그들을 상담자나 심리학자와 같은 훈련된 전문가에게 의뢰하라.
- 학생들이 그들의 반응을 집단에서 나눌 수 있도록 기회를 제공하라.
- 학생들이 위기 사건을 처리할 수 있는 비언어적 방식을 고안하라(예: 미술, 그림 및 글쓰기 등을 통하여).
- 학생들이 위기에 대한 자신의 감정을 해결하는 데 도움이 되는 교훈을 개발하라.

- 위기 개입이 진행 중이며 일부 학생은 지속적으로 또는 개별적인 관심이 필요하다는 것을 인식하라.

앞에서 마지막으로 제시한 권고 사항은 상담자가 다른 학생들에 비해 위기로부터 쉽게 벗어나지 못하는 학생들에게 관심을 기울여야 한다는 것이다. 이런 학생들은 위기에서 벗어나 심리적 안정을 되찾은 학생들에 비해 감정 과잉, 우울, 고립 등의 상태를 보이거나 학업 수행에 어려움을 겪는 경우가 많다. 고학년인 경우 자살 또는 살인 충동, 음주, 마약 사용 등의 징후를 보일 수 있고, 위생 관리에 신경 쓰지 않을 수도 있다. 이러한 행동들을 보이거나 위기에서 벗어나는 데 시간이 오래 걸리는 학생의 경우에는 개별적인 관심과 도움을 받을 수 있도록 외부 전문가에게 의뢰하는 것이 좋다. 저학년 학생들에게서 나타나는 위기 후 반응은 다음과 같다.

위기 이후: 아동의 반응 이해

미국 외상 스트레스 전문가 아카데미(The American Academy of Experts in Traumatic Stress, 2003)는 위기가 어린이에게 어떤 영향을 미치는지, 어린이가 외상 사건에 노출된 것을 목격했거나 알게 된 경우 상담자는 어떻게 해야 하는지에 관한 정보를 제공하였다. 다음은 학교상담자가 아동에게서 관찰되었고, 위기 중이나 이후에 부모로부터 간접적으로 배우는 행동 반응을 요약하였다.

- **행동의 퇴행**: 아동은 자신보다 어린 아이들과 더 유사한 방식으로 행동할 수 있다[예: 얼마 동안은 편하기 위해 사용한 적이 없는 엄지손가락 빨기, 야뇨증(wetting the bed), 신뢰할 수 있는 성인과 부모와 어울리려는 행동].
- **두려움과 불안의 증가**: 아동은 혼자 학교에 가거나 혼자 잠들거나 어둠 속 같은, 불안 때문에 평소처럼 행동할 수 없는 상황을 과도하게 두려워하거나 걱정하며 위기에 반응할 수 있다.
- **감소된 학업 수행과 취약한 집중력**: 특히 위기 사건이나 사건으로 야기된 두려움에 사로잡혀 있다면, 아동은 평상시보다 학업 수행이나 집중하는 것에 어려움을 겪을 수 있다.
- **불만스러움에 대한 관용의 감소와 반항 행동과 퇴행의 증가**: 일부 아동은 어울리지 않는 공격적인 행동이 증가하거나, 청소년들에서 반항적이거나 무례한 행동의 증가가 나

타날 수 있다.

- **과민함, 정서적 불안정, 우울 감정의 증가**: 아동은 우울 정서의 징후를 보일 수 있고, 이전에 즐겼던 활동에 흥미 부족, 전반적으로 과민함이 보일 수 있다.
- **부정(denial)**: 아동은 부모, 좋아했던 교사 또는 친했던 친구의 죽음과 같은 외상 사건을 부인하거나 마치 일어나지 않은 것처럼 행동할 수 있다. 부정 반응이 성인에게서와 같이 아동에게서도 흔하게 나타나는 현상이지만, 아동이 위기의 실체를 받아들일 수 있도록 온화하지만 분명한 태도로 도움을 제공하는 것이 필요하다.

앞에 기술한 반응들은 위기를 겪은 아동과 청소년에게서 나타나는 전형적인 모습이므로 심리적인 질병의 징후로 판단해서는 안 되고, 그들이 경험한 위기의 맥락에서 평가되어야 한다.

고위험 내담자: 자해의 이해와 사정

정신건강 전문가가 훈련받는 동안 가장 스트레스가 많은 경험 중 하나는 자신의 안전과 안녕에 위험을 초래하는 사람들을 돕는 일이다. 수련생들은 자살을 원하는 내담자를 어떻게 대해야 하는지에 대해 종종 질문을 한다. Meichenbaum(2005)은 상담자가 자신의 경력 과정 전반에서 자살하려는 내담자와 일하는 것이 드문 일은 아니라고 지적했다. 마찬가지로, 높은 스트레스, 만성 우울, 빈약한 자원 등의 문제를 가진 내담자를 돕는 기관이나 입원 병동에 배치된 수련생은 자살 경향이 있는 내담자를 상대하게 될 가능성이 상당히 높다. 이번 섹션의 첫 부분에서는 자살, 자살 성향 내담자, 그리고 그들을 대상으로 하는 위험 평가에 대한 기초 정보를 다룬다.

자살을 규정하고 신화를 깨뜨리기

이 절은 자살에 관해 간단히 정의하는 것으로 시작한다. Beauchamp(1985)는 자살에 대해 다음과 같이 말했다.

- 그는 의도적으로 자신을 죽음으로 몰았다.

• 그가 그런 행동을 한 것은 다른 사람에 의해 강요된 것이 아니다.
• 죽음은 자신의 죽음을 자초하는 특정 목적을 위해 자신이 짜놓은 상황이 원인이다.

어쩌면 자살은, 매우 어려운 상황에서도 버티고 극복하려는 인간의 본성적인 동기에 반하기 때문에(Joiner, 2010), 자살한 사람만큼이나 자살하려는 행동에 대해 많은 오해를 한다. 이러한 신화를 다소라도 아는 것은 자살하려는 내담자와의 논의를 잘 이끌어 갈 수 있어 상담자에게 도움이 된다. 상대적으로 정신건강 전문가는 내담자에게 최대의 유익을 제공하고 자신의 전문적 책무를 주시하며 부주의한 행동을 하지 않기 위하여 자살에 관한 일반적인 오해가 반영된 임상적 개입을 구조화하지 않는 것이 중요하다. 다음은 Fujimura, Weis와 Cochran(1985) 그리고 Joiner(2010)가 제시한 이러한 신화의 예시이다.

• 자살을 이야기하는 것은 내담자가 그쪽으로 행동하게 되는 원인이 된다.
• 자살로 위협하는 내담자는 그렇게 하지 않는다
• 자살은 비합리적이고 이기적인 행동이다.
• 자살하려는 사람은 비상식적인 사람이다.
• 가족 내에서 자살이 일어나는 것은 유전되는 경향이 있다.
• 한번 자살 사고가 시작되면 항상 자살 사고를 한다.
• 자살을 시도했고 자살에서 손을 뗐을 땐, 위험이 끝난 것이다.
• 자살은 언제나 충동적인 감정에 끌린 행동이다.
• 자살은 자신을 향한 분노나 공격성과 관련한 행동이다.

아울러 Greene(1994)은 아동 자살을 둘러싼 다섯 가지 신화를 확인하였다.

• 6세 미만 아동은 자살하지 않는다.
• 잠재 연령(latency years)[3]에는 자살이 극히 희박하다.
• 정신역동적 또는 발달적으로 진정한 우울증이 아동기에 발생할 가능성은 없다.
• 아동은 인지적이고 신체적으로 성공적인 자살 계획을 수행하는 것이 불가능하다.

3) 잠재적 연령(latency stage, 潛伏期)은 프로이트(S. Freud)가 설명한 심리성적 발달 단계이고, 오이디푸스 콤플렉스가 해소된 이후 사춘기 전까지의 시기로 성적 욕동이 상대적으로 활발하게 나타나지 않은 시기이며, 7~8세부터 12~13세까지의 연령이 이에 해당한다(역자 주).

이렇게 대부분의 신화를 대면하면, 다수의 자살 시도는 극단적인 스트레스의 표현이지 주의를 끌기 위한 것이 아니라는 것을 마음에 새기는 것이 중요하다(Captain, 2006; Joiner, 2010). 그러므로 Captain(2006)은 상담자는 자살 사고에 대하여 내담자에게 질문하는 것을 두려워하지 않아야 된다는 것을 정확하게 지적하였다. 자살 사고가 있는 대부분의 내담자는 이런 식으로 생각하는 것이 평범하지 않다는 것을 확신하게 되고, 자신의 감정에 대해 말하며 안도하였다. 실제로, 치료를 받지 않는 3분 1의 사람들은 자살하려는 사고를 하고 있었다(Meichenbaum, 2005).

자살 위험 요인*

자살 위험이 높은 내담자와 효과적으로 작업하는 것은 수련생이 자살하려는 사람이 공통적으로 표출하는 특성이나 징후에 대한 지식 전반을 수집하는 것에 따른 결과이다. 위험 요인을 아는 것은 내담자의 치사율 수준에 대한 평가를 수행하고 가장 적합한 임상적 대응 체계를 위한 관리에 직접적인 도움이 된다. 자살과 관련한 위험 요인은 자신의 삶을 살아 내려고 노력하는 사람의 기회를 증가시키는 조건이고 특성이다. 자살 위험은 몇 가지 위험 요인을 동시에 갖고 있는 사람에게서 가장 높은 경향을 보인다.

가장 최근에 인용된 자살과 관련한 위험 요인

- 특정 정신장애
  - 우울증 또는 양극성(조울증)장애
  - 알코올 또는 약물 남용 또는 의존
  - 조현병
  - 경계선 또는 반사회적 인격장애
  - 품행장애(청소년기)
  - 정신장애: 어떤 장애의 맥락에서 정신병적 증상
  - 불안장애
  - 특히 정신장애 이상의 맥락에서 충동과 공격
- 이전의 자살 시도
- 자살을 시도하거나 성공하였던 가족력
- 심각한 건강 상태 및 통증

정신장애 또는 기타 자살 위험 요인이 있는 대다수의 사람은 자살 행동에 관여하지 않는다는 점을 명심하는 것이 중요하다.

자살 위험을 높이는 환경 요인

위의 주요 위험 요인을 하나 이상 갖고 있는 사람은 그러한 환경에서 위험 요인에 직면하면 자살하려는 충동으로 진전시킬 수 있다.

- 가까웠던 사람의 상실, 재정 손실, 법 관련 문제와 같이 매우 높은 스트레스를 받는 삶의 문제
- 실직, 심각한 관계 갈등, 괴롭힘과 갑질 피해와 같은 불운에 속한 스트레스
- 자살과 관련한 선정적인 소문 또는 그래픽 또는 다른 사람의 자살 노출
- 위험이 증가되는 동안 치명적인 자살 방식에 접근

다시 말하지만, 이러한 요인이 기존 정신장애 또는 기타 주요 위험 요인으로 인해 아직 취약하지 않은 사람들의 자살 위험을 증가시키지는 않는다는 점을 기억하는 것이 중요하다. 그러나 극심하거나 지속적인 환경 스트레스에 노출되면 우울, 불안, 기타 장애로 이어질 수 있으며, 자살과 위험을 증가시킬 수 있다.

자살 방지 요인

자살 방지 요인은 자살 위험을 감소시킬 수 있도록 돕는 조건이나 특성이다. 이러한 요인은 자살 가능성을 제거하지는 않지만, 특히 위험 요인이 있는 사람들이 위험을 감소시킬 수 있도록 도울 수 있다. 자살 방지 요인은 위험 요인만큼 충분히 연구되지 않았기 때문에, 이에 대해 알려진 바가 적다.

자살 방지 요인

- 효과적인 정신건강 돌봄 받기
- 회복력을 키울 수 있는 가족, 동료, 지역사회 및 결혼 및 종교 관련 사회기관과의 긍정적인 연결
- 문제 해결을 할 수 있는 기술 및 능력

방지 요인은 사건이 일정 기간 지속되더라도, 사람들이 부정적인 생애 사건을 극복할 수 있도록 도와 자살 위험을 감소시킬 수 있다. 문제를 해결하거나 극복할 수 있는 능력은 사람이 압도되고, 우울해지며, 불안해지는 것을 감소시킨다. 방지 요인은 완전히 위험을 제거해 주지는 않는다. 특히, 우울이나 기타 정신장애와 관련한 가족력이 있거나 개인인 경우가 그러하다.

자살 경고 신호

장기적인 위험 및 예방 요인과는 상대적으로, 경고 신호는 보다 심각한 지표이다. 심장병을 생각해 보면 이런 것을 명확히 하는 데 도움이 된다. 심장병의 위험 요인에는 흡연, 비만 및 고콜레스테롤이 포함된다. 이러한 요인을 갖고 있다는 것은 어떤 사람이 지금 심장 마비가 왔다는 의미보다 언젠가 심장 마비가 올 가능성이 증가되었다는 의미이다. 심장 마비의 경고 신호는 가슴 통증, 호흡 곤란, 메스꺼움이다.

이러한 신호는 그 사람이 곧 심장 마비가 일어날 수 있으니 즉시 도움이 필요하다는 의미이다. 심장 마비와 마찬가지로, 자살로 죽으려는 사람은 일반적으로 죽기 전에 어떤 직접적인 위험 신호를 나타낸다. 자살하려는 경고 징후를 인식하는 것은 생명을 살릴 수 있는 개입에 도움이 된다. 자살에 대해 생각하는 사람은 직접적으로 "나는 자살하려고 해"라고 말할 수 있다. 더 일반적으로, 그들은 어떤 경우에 더욱 직접적으로 "고통을 끝내고 싶어", 또는 "어떤 길도 찾을 수 없어"라는 식으로 보다 간접적으로 말을 할 수도 있다. 대부분의 경우, 자살하려는 사람들은 행동을 취하기 전에 하나 이상의 경고 신호를 보낸다.

- 자신 또는 다른 누군가가 죽기를 바란다고 이야기한다.
- 약을 사 모으거나 총기 구입 같이 자살할 수 있는 방법을 찾는다.
- 특정 자살 계획에 대해 이야기한다.
- 희망이 없거나 살 이유가 없다고 느낀다.
- 갇혀 있거나 절망적인 상황에서 벗어나고 싶은 욕구를 느낀다.
- 타인에게 부담스러운 존재라는 느낌을 받는다.
- 굴욕감을 느낀다.
- 강렬한 불안 및 공황 발작을 경험한다.
- 사물에 대한 관심 또는 즐거움을 경험할 수 있는 능력이 줄어든다.
- 불면증에 시달린다.
- 친구, 가족 및 다른 사람들로부터 사회적으로 고립되고 관계를 회피한다.
- 성마르거나 쉽게 흥분한다.
- 사실 여부와 상관없이, 피해당했거나 거부당했던 것에 대해 격노하거나 복수하겠다고 이야기한다.

*미국 자살 예방 재단(the American Foundation for Suicide Prevention)의 승인하에 본 자료를 사용하였다.

자살 위험 사정

불행히도, 자살에 대한 평가는 표면적으로만 이루어지고 개인의 치사율 등 관련 정보에 대하여 충분히 고려되지 않는 경향이 있다. 상담자가 자살 위험에 대한 표면적으로만 평가하지 않으려면, 고위험 내담자 평가에 필요한 요인들을 다룬 자살 관련 학술 논문과 임상 자료들을 살펴보는 것이 좋다. Joiner 등(2007)은 자살과 관련하여 반복적으로 확인되는 요인으로, ① 죽음에 대한 갈망, ② 자살 실행 능력, ③ 자신을 해치고자 하는 의지, ④ 자해를 막는 완충장치 등을 제시하였다. 자살 위험을 효과적으로 평가하기 위한 지표로 이들을 사용할 수 있다.

사정 포인트 1: 죽음에 대한 욕구

죽음을 갈망하는 내담자는 삶이 무가치하다고 느껴 죽는 것이 낫겠다고 생각하는 경향이 있다. 이 요인은 자신의 존재가 남들에게 짐이 되고, 자신이 처한 상황이 절망적이며, 자신이 그에 대해 할 수 있는 것이 아무것도 없다는 내담자의 인식 등 심리적 요소와의 연관성이 크다. 죽음에 대한 내담자의 갈망을 평가하기 위해 상담자는 다음 사항들에 대해 질문해야 한다(Joiner et al., 2007).

- 죽음을 갈망한다는 내담자의 분명한 언급
- 자신의 삶이 다른 사람에게 짐이 된다는 내담자의 인식
- 절망감과 무력감에 대한 내담자의 느낌(이와 관련하여 우울증 선별검사가 도움이 됨)
- 철저하게 혼자라는 내담자의 느낌
- 탈출구가 없는 삶의 환경에 빠져 있다는 내담자의 느낌

Joiner 등(2007)은 죽고자 하는 마음이 있는 동안 내담자에게는 자살 사고가 항상 현실 문제이고, 이 요인이 내담자의 죽음에서 고위험 요인인지의 여부 결정에서 가장 중요한 것은 아니라고 서술하였다. 저자는 많은 사람이 죽고 싶다는 마음을 갖고 있지만 그것이 모든 사람이 실제 행동으로 옮길 가능성은 아니라고 지적하였다. 따라서 위험에 대한 세계적 평가에서 죽기를 원하지만 죽을 능력이나 의도가 없는 내담자는 다음의 두 가지 요인이 있는 내담자만큼 위험이 높지 않다.

사정 포인트 2: 자살 실현 능력

두 번째 영역은 자살하려는 사람의 자살 실행 능력 평가에 관한 것이다(Joiner, 2005; Joiner et al., 2007; Rudd et al., 2006). 사람이 삶을 살아낸다는 것은 쉽지 않은 과업이며 죽음과 죽어 가는 것에 대한 둔감화와 용기를 포함한다(Joiner, 2005). Joiner(2005)는 자살 시도를 용감한 일로 추켜세우거나 모방의 대상으로 삼기보다는 살고자 하는 자연스럽고 선천적인 본능을 압도하기가 힘들다고 표현하는 것이 적절하다고 보았다. 폭력이나 죽음을 직접 경험하거나 간접적으로 목격하는 등 반복적으로 노출되면 삶의 본능이 점차 쇠퇴해 갈 수 있다. Joiner 등(2007)은 내담자의 자살 실행 능력을 평가하기 위해 다음 질문을 사용할 것을 권고하였다.

- 과거 자살 시도 이력
- 다른 사람의 자살 시도에 노출된 경험
- 이전이나 최근에 다른 사람에게 가한 폭력에 가담한 경험
- 자살하기 위해 사용할 만한 방식
- 최근의 약물 사용 및 중독 수준
- 정신병적 증상의 활성화 수준
- 내담자의 불안 및 분노의 표출

앞의 내용 중 자신에게 해당되는 것이 많은 내담자일수록 자살 가능성이 증가한다.

사정 포인트 3: 자살 의도

자살과 관련하여 평가해야 할 가장 핵심적인 영역 중의 하나는 행동으로 옮길 의지이다(McGlothlin, Rainey, & Kindsvatter, 2005). 내담자는 살고 싶은 마음과 자살 가능성 모두 갖고 있지만, 죽기 위한 구체적인 계획이나 의지가 없다면, 그들이 죽음을 추구하고 있다는 자살 잠재력은 약할 것이다(Joiner et al., 2007). 그러므로 상담자가 내담자의 자살 의지를 평가할 때, 다음 사항을 검토하여야 한다.

- 자살 시도 중에 있거나 언제 어떻게 죽을지에 대한 확실한 계획
- 살아온 삶의 의미 확인
- 타인에게 남긴 자신의 중요한 자산
- 죽고자 하는 의지의 표현

사정 포인트 4: 자살에 대항하는 완충 요인

자살 평가는 죽으려는 의지, 자살 잠재력, 자살 욕망이 만들어지는 취약점만 포함해서는 안 되고, 자살 시도를 누그러뜨리는 반대 요인의 평가도 역시 포함해야 한다. 자살 대응 완충제는 죽음에 반하여 인간을 보호하는 요소이고, 희망 지점을 제공하며 삶을 지속하려는 의지를 나타낸다. 사람이 살아가는 이유와 연결될 수 없을 때, 자살 의지의 이행을 감소시킬 수는 있으나 직접적으로 자살 위험 수준을 감소시키지는 않는다. Joiner 등(2007)은 상담자가 자살 평가를 할 때 다음의 내용을 완충제에 포함할 것을 주장하였다.

- 즉시 지원 받을 수 있는 자원(상담자, 가족, 친구들의 제외)의 이해
- 삶의 이유와 미래 계획의 지속적인 확인과 명료화
- 내담자가 갖고 있는 핵심 가치로서의 강인함
- 삶의 목적을 인식하는 것
- 내담자가 상담 회기에서 대화에 참여할 가능성

자살 위험 평가: 모든 것을 포함하기

위험 평가 모델은 Joiner 등(2007)에 의해 요약되었고 고위험, 중위험에서 고위험, 중위험에서 저위험 등 세 가지 평가 수준을 사용하여 전술하였다.

- **고위험**: 고위험으로 간주된 내담자는 우선 세 가지 평가 지점에 둘 수 있는데, 즉 그 사람은 죽고자 하는 마음이 있고, 자살 행동을 이행할 가능성이 있으며, 죽고자 하는 의도 또는 계획이 있다. 이 경우에 완충제가 있더라도 위험을 감소시키지 않는 경향이 있고, 이와 같은 표현을 드러낸 내담자는 즉시 안전을 찾도록 도움을 주어야 한다.
- **중위험 수준에서 고위험 수준까지**: 중위험에서 고위험 수준의 내담자는 죽고자 하는 마음이 있고 역시 죽고자 하는 의지나 잠재성을 갖고 있다. 이 경우 안전을 위한 완충제는 전반적으로 위험 수준을 감소시킬 수 있고, 반대로 어떤 완충제도 없는 경우는 위험 수준을 증가시킬 수 있다. 자살에 대응할 수 있는 완충제가 마련되었을 때, 상담자는 즉시 내담자의 안전을 위하여 보호 행동을 요청할 필요는 없지만 아마도 위험성이나 전반적인 웰빙 상태를 관찰하며 후속 조치가 필요할 수 있다. 만약 완충제가 마련되어 있지 않다면, 내담자의 안전을 확보하기 위해 즉시 행동하는 것이 필요할 수 있다.
- **중위험 수준에서 저위험 수준까지**: 내담자가 현재 세 가지 핵심 요인 중 어떤 한 가지 위험 요인을 갖고 있다면, 안전과 관련한 완충제의 유무에 따라 위험 수준을 감소시키거나 증가시킬 수 있다.

자살에 대한 위험 평가를 충실히 수행하는 것은 임상 훈련의 일부이다. 하지만 Granello (2010)는 자살 평가가 자살의 위험 요인과 특정 경고 신호를 아는 것 못지않게 위험 평가 수행 과정도 현명하게 해야 한다고 주장하였고, 자살 평가 이행에 관한 지침으로 다수의 원칙을 명시하였다. 특히, 치료자가 자살 위험 평가를 할 때 평가 대상을 고유한 존재로 대해야 한다는 점, 지속적이고 협력적이며 복잡한 과정이라는 점, 경고 신호에 민감해야 한

다는 점, 문화적 이슈에 민감해야 한다는 점, 임상적 판단을 신뢰해야 한다는 점, 기록으로 남겨야 한다는 점, 지나칠 정도로 조심스럽게 진행해야 한다는 점, 난감한 질문일지라도 제시해야 한다는 점, 평가 자체가 치료의 한 형태일 수 있다는 점 등을 명심해야 한다고 강조하였다.

자살 위험 평가 도구

경험적 평가를 사용하는 것은 자살 위험 평가 상황에서 도움이 된다. 자살 척도, 점검표(checklist), 기타 심리검사 도구는 자살 위험 판단에 도움이 될 수 있다(Granello, 2010; Klott, 2012). 경험적 도구는 자살을 다루어 본 경험이 없는 사람에게 훌륭한 자원이다. 또한, 경험이 많은 슈퍼바이저, 치료사, 치료 팀에게 자문을 받으며 함께 검토하는 것은 결함이 발견된 치료적 개입에서 자살 가능성을 감소시키고 다면적 접근 방식의 증진에 도움이 된다(Granello, 2010).

약물 남용 및 정신건강 서비스 관리국은 자살 평가 5단계 평가 및 선별(SAFE-T) 모델[4]로 알려진 자살 평가 5단계 절차를 권고하였다. SAFE-T는 미국정신의학회(The American Psychiatric Association)가 제정한 모범 실제 지침을 기반으로 하였다. 이 평가 도구를 사용하여, 상담자는 가장 먼저 자살과 관련한 최근의 위험 요인을 명확히 해야 하는데, 학대의 이력, 자신과 가족의 자살 시도 이력, 위험 요인의 진단, 높은 수준의 충동성 등을 포함한다. 둘째, 임상의는 자살 행동을 누그러뜨릴 수 있는 종교적 신념, 긍정적 관계, 자녀에 대한 책임 등과 같이 자살 행동에 반하는 내담자가 갖고 있는 잠재적인 보호 요인을 조사한다. 셋째, 상담자는 자살 사고, 계획, 행동, 전반적인 의지 등에 대해 질문한다. 넷째, 임상의는 내담자가 자살과 관련하여 직면하고 있는 위험 수준을 판단하기 위해 임상적 면담과 아울러 경험과 지식을 사용하며 내담자와 함께 치료적 결정을 해야 한다. 마지막으로, 모든 임상의는 면담의 구체적 내용, 위험의 특성, 파악된 위험에 사용한 중재들을 기록해야 한다. Fowler(2012)는 임상의가 이 평가 도구를 사용하거나 내담자와 함께 공동으로 다른 평가 도구를 사용하며 관심 있는 태도(권한보다는)로 문제 처리를 하는 과정에서 합의된 노력을 만들어 낼 것을 권고하였다. 협력적 태도는 내담자가 평가 동안 보다 편하게 느끼게 하고 자살 사고와 의지에 대해 궁극적으로 보다 솔직하게 되는 데 도움이 된다.

4) http://store.samhsa. gov/product/Suicide-Assessment-Five-Step-Evaluation-and-Triage-SAFE-T-/SMA09-4432에서 무료 사본을 다운로드하거나 요청할 수 있다.

개입과 계획

다음의 목록은 자살 사고를 하고 있는 내담자를 위한 상담 과정에서 치료자가 촉진을 위해 일반적으로 인식하고 있는 기법들이다.

- 내담자를 이해하고, 민감하고 조심스럽게 경청한다.
- 내담자의 입장에서 자살하려는 생각을 이해하고 수용한다.
- "모두 잘될 거야!"와 같은 잘못된 확신을 주지 않는다.
- 지지가 되도록 한다.
- 내담자가 당신이 유용한 사람이라고 확신하도록 한다.
- 동시에 단호함과 돌봄을 수행할 수 있다.
- 완곡어법을 사용하지 말고, 애매모호한 표현을 사용하는 것보다 "자신을 죽이고 싶습니까?"와 같은 직접적인 질문으로 물어본다.
- 내담자가 갖고 있는 어떤 양가감정을 이끌어 낸다. 그들의 선택을 늘릴 수 있도록 노력한다.
- 내담자가 위기에 처했다면, 그들을 홀로 두지 않는다.
- 내담자가 갖고 있는 어떤 무기가 있다면 처분하도록 개입한다.
- 다른 사람들, 특히 관심 갖고 도움이 될 수 있는 사람들에게 말한다. (이미 상담자가 내담자에게 비밀유지의 제한 내용에 대한 사전 동의 고지를 한 상태이다.)
- 내담자가 특히 위기에 처해 있다면, 지지 체계를 확인하고 조성하도록 돕는다.
- 나(상담자)의 판단을 신뢰한다.
- 자살 예방 긴급전화 번호[5]를 알고 있다.
- 해당 분야(또는 지역)의 실행 절차를 숙지하고 있다.

앞에 제안한 내용은 자살하려는 내담자를 위해 상담자가 전반적으로 안전한 계획을 세우는 데 도움이 된다. 보다 포괄적인 논제와 활동적인 개입에 대해 검토하기 원한다면 Meichenbaum(2005)의 자료를 참고하라.

마지막으로, 학생은 자살 사고가 있는 내담자와 작업하는 과정에서의 역할이나 자살 계

5) 한국의 경우 중앙자살예방센터 자살예방상담전화 1393, 생명의 전화 1588-9191(역자 주).

획서 사용에 대한 의문을 가질 수 있다. 과거 대다수의 임상의는 자신의 내담자와 습관적으로 자살 계약을 하였지만(자살하려는 내담자는 자해하지 않는다는 동의서에 약속을 하고, 내담자와 상담자는 서명을 한다.), 이런 계약서는 오늘날 강력하게 장려되지는 않는다(Rudd et al., 2006). 대신, 상담자는 치료에 함께 참여하는 것(Rudd et al., 2006) 또는 내담자가 자살에 이끌리는 행동을 하게 되는 사건이 있을 때 최우선으로 행동해야 하는 것과 내담자와 상담자의 책임 목록을 포함하는 안전한 계획(Klott, 2012)을 역설한다. 하나의 안전한 계획으로는 스트레스 유발 상황에서 피하고, 감정 조절에 활용할 수 있는 의미로서, 가족 구성원에게 연락하도록 내담자에게 용기를 줄 수 있다(Klott, 2012). 그러나 가장 최선의 안전한 계획일지라도 일부 내담자는 자살하려는 의도로 행동하려는 열망이 있을 수 있으며 계획에 응하거나 입원 동의서대로 따르지 않을 수도 있다. 이렇게 심각한 경우, 상담자는 치료센터로 비자발적 입원을 심각하게 고려해야 할 입장이 될 수도 있다. 자발적이든 비자발적이든 입원을 위한 절차는 이쪽 지역(분야)에서 저쪽 지역(분야)까지 매우 크게 다루기 때문에 입원 절차와 관련된 법은 주마다 다르다. 정신건강 전문가는 자기 영역의 입원에 대한 법적 관점에 익숙해야 한다. 자살 관련 자문 양식([서식 10-1])은 이 책의 [서식] 섹션에 포함되어 있다. 학생은 슈퍼바이저에게 자문을 받을 때 잠재적으로 자해 가능성이 있는 내담자와 수월하게 상담하기 위하여 이 양식을 사용할 수 있다.

자해 관련 윤리 및 법적 의무

자살하려는 사람과 작업하는 동안 상담자에게 윤리 및 법적 영향을 미친다. 잘 수립된 정신건강 전문가 협회의 모든 윤리 강령은 임상 과정에서 최우선으로 하는 것은 내담자의 복지임을 명확히 하고 있다. 다음은 자신에게 해를 가하려는 내담자와 관련된 사례에서 전문 학교상담자와 임상상담자에게 기대되는 대응 유형에서 강조되는 것을 발췌하였다.

학교 전문상담자

a. 학생이 자신이나 타인을 해치려 할 때 관련 기관 및 부모나 보호자에게 알린다. 사안에 대해 진지하게 심사숙고하고 다른 상담 전문가들에게 세심한 자문을 구한 다음 알리는 것이 적절하다.
b. 위험한 아동을 대신하여 행동해야 할 필요가 강조될 때 부모에게 위험 평가 결과를 알려 준다. 더욱이 학생들은 조사받고 양육자에게 통지되는 것을 피하기 위해 거짓

말을 하는 경우가 있기 때문에 위해의 위험성을 결코 부정해서는 안 된다.

c. 학생에 대한 적정의 필요한 지원 없이 자신이나 다른 사람에게 위험한 학생을 풀어 줄 때의 법 및 윤리적 책임을 이해해야 한다(American School Counselors Association, 2010, Standard A.7.a–c).

전문상담자(사)

심각하고 예견된 위해로부터 내담자나 위해 대상자를 보호해야 하는 경우 또는 개인 정보를 공개하라는 법원의 요구가 있을 경우에는 상담자에게 요구되는 일반적인 개인정보 보호 의무는 적용되지 않는다. 비밀 보장의 예외가 적절한지에 대해 확신이 서지 않을 경우 상담자는 다른 전문가에게 자문을 받는 것이 좋다. 또 한 가지 고려해야 할 것은 죽음과 관련된 사안이다(American Counseling Association, 2005, B.2.a.).

자해 가능성이 있는 경우에 신체적인 복지를 보호함으로써 내담자에게 선을 행해야 하는 윤리적 책임과 아울러, 상담자도 마찬가지로 내담자의 자살 경향성과 연관된 법적 책임에 직면한다. 잠재적으로 자살하려는 사람에 대한 배임에서 법적 책임과 관련한 맥락이 내담자와 정신건강 전문가의 특별한 관계를 만든다. 치료사는 일반인보다 우수한 지식과 기술을 보유하고 있다고 추정하므로 자기 내담자의 자살에 책임이 있다고 법정에서 간주될 수도 있다. 상담자에 대한 내담자의 신뢰 정도만이 내담자 행동에 따르는 정신건강 전문가의 책임감 경중을 결정하기에 충분하다.

항상 그렇지 않다는 예시도 있다. 19세기 후반 영국에서의 자살은 자기 살인(self-murder)으로 간주되었고, 당국은 자살한 사람의 심장에 말뚝을 박아 길가에 매장하였다(Bednar, Bednar, Lambert, & Waite, 1991).[6] 반면, 오늘날 자살 예방에 적절한 행동을 취하지 못한 정신건강 전문가는 책임을 져야 한다. 동시에 협조적인 내담자가 갑자기 자살 시도(Carlino v. State. 1968. Dalton V. State, 1970)를 했거나 자살에 적극적이었던 내담자가 그 어떤 자살 징후도 나타내지 않았다는 것이 근거가 될 수 없다(Paridies v. Benedictine Hospital, 1980). 책임을 결정할 때, 법정 역시 정신건강 전문가로서 권고 사항을 준수했는지 여부로 결정해야 한다(Comiskey v. State of New York, 1979).

치료자가 내담자 치료에 태만했던 것으로 판단되면 책임이 부과될 수 있다. 태만은 정신건강 전문가가 전문 영역의 행동 규정에 따라 돌봄의 의무를 이행하지 않을 경우를 의

6) 사람이나 동물의 피를 빨아먹는 마귀인 vampire는 낮에는 무덤에 잠들어 있다가 주로 밤에 활동을 하는데 19세기 낭만주의 문학에 다수 등장하였고 vampire의 심장에 나무못을 박아야 죽일 수 있다는 속설이 있었다(역자 주).

미한다. 결론적으로, 정신건강 전문가는 내담자 면담, 내담자의 행동 관찰, 내담자의 병력 검토를 기반으로 할 수 있는 만큼 위험에 대한 정확한 평가를 할 수 있어야 한다. 합리적인 행동이 무엇인지, 보다 심층적일 수 있는 치료가 어떤 것인지, 내담자에게 약물 검사 요청하기, 자발적인 입원을 조언하기, 또는 비자발적 입원 허가하기 등을 결정해야 하고, 권고 사항을 준수해야 한다.

학교에서의 자살 위험 사정 및 예방

청소년들이 자신의 삶을 살 수 있도록 가능성을 확장해 주어야 하는 상담자에게 미국 청소년의 자살 문제는 고민의 원인이다. Gould, Shaffer, 그리고 Greenberg(2003)는 10세에서 14세 사이 아동의 사망 중 5.8%가 자살로 인한 것이라고 지적한다. 미국자살학회(The American Association of Suicidology, 2007)는 15세에서 19세 사이의 청소년 사망 주요 원인 3위이고, 매년 4,100명 이상이 목숨을 잃는다고 보고하였다. 더 큰 문제는 실제 사례가 보고되지 않았을 수 있다는 것이다(Barrio, 2007). 미국자살학회(2007)도 자살로 완결된 모든 청소년의 경우 약 100번에서 200번의 자살 시도가 있었다고 보고하였다. 자살의 비극은 예방할 수 있었다는 강력한 가능성 때문에 더욱 복잡해진다(Barrio, 2007). 대부분의 잠재적 자살 희생자들은 구조받기를 원하거나 종종 도움을 청하는 신호를 보낸다는 것이 전문가들의 의견이다. 이러한 문제의 중대성을 고려하면, 학교는 자살 예방 프로그램을 개발할 도덕적 의무가 있다(Joe & Bryant, 2007).

학교 자살 예방 프로그램의 기초

학교상담자는 소속 학교의 학생 안전과 복지에 대한 책임이 있기 때문에 실제적인 학교 기반 자살 예방 계획을 만들고 갱신하는 과정에 참여할 수 있어야 한다. 학생의 복지에 대해 총체적으로 생각해야 하는 것은 동시에 수백 명의 학생을 대신하여 활동하는 상담자에게 필수적이고, 이러한 이유로 프로그램 기반 예방적 접근은 학교 장면에서 가장 접근하기에 효과적이다. 학교 기반 프로그램은 자살 예방, 중재, 완결된 자살의 사후 개입에 대한 전략을 포함하는 등 광범위하고 체계적이어야 효과적이다(Miller, Eckert, & Mazza, 2009). 프로그램은 또한 지속적으로 진행되어야 하고, 계속 갱신되어야 한다. 학교 기반 프로그램 모형을 개발한 많은 연구자들이 이러한 입장을 공유하고 있다. 최근 연구(예: Doan, LeBlanc, Roggenbaum, & Lazear, 2012)들을 검토한 결과, 학교 기반 청소년 자살 예방 및 개입 프로그램에서 자주 요청한 구성 요소들은 다음과 같다.

- 자살 및 자살 사고에 대한 반응, 사후 처리를 포함한 추수 지도 등에 관한 공식 지침서
- 위험에 처한 학생을 인지하기 위한 직원 훈련 및 적응 교육, 위험 수준의 판단, 학생을 위탁할 부서 및 기관 파악
- 자살 위험 및 위험 평가에 대한 최신 정보를 유지할 수 있도록 교사와 교직원을 대상으로 2~3년 주기로 보수 교육 실시
- 정신건강 전문가 배치
- 정신건강 팀 구성
- 학부모에게 프로그램 및 예방 자료 정보 제공
- 학생 대상 자살 관련 과목 및 교육의 통합
- 위기에 처한 학생을 식별하기 위한 심리검사 프로그램
- 예방 중심의 교실 토론
- 위험에 처한 학생을 위한 정신건강상담
- 위험에 처한 학생을 위한 동료 지원 그룹 발굴
- 학교상담자를 위한 자살 예방 및 개입 훈련
- 실제 자살이 발생한 경우 사후 조치
- 서면으로 작성된 진술서는 잠재적 자살의 치명성 평가와 관련하여 상담자를 위해 특정 준거를 기술
- 프로그램을 어떻게 평가하고 기술하는지를 설명하는 정책

잠재적으로 자살 의도가 있는 학생을 이해하고 대응하기

학교 기반 정신건강 전문가는 적어도 세 가지 다른 방식으로 자살 관련 위기 상황에 직면할 수 있고, 각각 특정 지침이 요청된다. 첫째, 학생은 교내에서 자살을 시도할 수 있다. 이런 경우, 상담자는 이런 경우의 개입과 관련한 학교 정책을 참조해야 한다. 둘째, 학생은 자살 시도를 하지 않고 상담자에게 직접적으로 자살하려는 생각을 밝힐 수 있다. 이런 일이 일어났을 때, 상담자는 첫 대응 수준으로 치명성을 평가하고(위험 평가 단계는 다음 장에 요약함) 학교의 예방과 개입 계획을 자문 받는다. 셋째, 친구가 자살 사고가 있는 학생을 상담자에게 알릴 수 있다. 10명의 학생 중 7명은 다른 사람에게 말하기 전에 자살 생각에 대하여 친구에게 이야기한다. 이러한 정보를 신중하게 받아들이고 특히 중요한 것은, 위험 평

가를 수행하고 학생이 적절한 돌봄을 받고 부주의한 행동을 피할 수 있는 도움을 주기 위해 학생의 부모에게 알린다(Pate, 1992). 다음은 각 상황에서 행동할 수 있는 추가 지침이다.

1. **교내에서 자살 시도가 있었다면**, 적절한 학교 구성원을 포함하고, 그런 다음 경찰과 구급 서비스에 알린다. 또한 부모(또는 보호자)에게 알린다. 그들의 자녀를 데려갈 곳을 알려 준다. 만약 부모(또는 보호자)가 그렇게 할 수 없다면, 다음으로 가까운 관계자에게 알린다. 학생이 적절한 의료적 및 심리적 돌봄을 받을 수 있는 것들을 찾는다.
2. **만약 학생이 자살하려는 생각을 밝혔다면**, 우선 슈퍼바이저나 다른 정신건강 전문가에게 자문을 받는다. 학생과 치명성에 대한 평가를 점검한다. 이러한 과정은 돌봄을 위한 규정을 수립하는 데 도움이 된다. 부모(또는 보호자)에게 전화하여 적절한 정신과 시설로 갈 것을 이야기한다. 평가나 진단이 반드시 입원을 의미하는 것은 아니라고 부모와 학생에게 설명한다. 부모가 이러한 과정을 거절한다면, 지역 아동 및 청소년 지원 서비스와의 연계가 필요할 수도 있다. '여러 가지 의견들'에 의한 혼선을 없애기 위해 아동이 있는 자리에서 반드시 부모에게 인계해야 한다.
3. **학생이 다른 학생의 자살 의지에 대하여 이야기를 하였다면**, 학생을 대면한다. 학생이 자살하려는 생각을 인정하면, 위에 요약한 절차에 따른다. 학생이 그러한 생각을 부인하면, 부모(또는 보호자)에게 알린다. 물론, 이러한 절차에 대하여 학생에게 고지해야 한다.

학생 자살 위험 평가

자살 개입 프로그램의 요소 중 하나는, 앞서 언급한 것처럼 학생이 자살을 시도할 위험이 있는지 또는 없는지에 대한 판단하는 것이다. 적절한 개입은 치명성이 판단될 때까지는 이행될 수 없다. 다음의 절차는 학교 교사, 상담자, 기타 구성원이 학생의 자살사고를 목격하였을 때 취할 수 있는 행동으로 제안하였다(Pate, 1992).

1. **회기 동안에 직접 물어본다.** 자신을 죽이는 것에 대해 생각하고 있다면, 망설임 없이 학생에게 질문한다. 학생이 자살하려는 생각을 갖고 있는 것에 불만이 있다면, 의지를 견고하게 하여 판단하도록 한다. 질문을 지속한다.
2. **전에 시도했던 자살을 물어본다.** 그렇다면 얼마나 여러 번 시도했는지, 언제 했는지 물어본다. 많은 시도와 최근의 시도는 보다 심각한 상황이 될 수 있다.

3. **전에는 어떤 시도를 했었는지 물어본다.** 학생이 아스피린을 먹었다면, 예를 들어 얼마나 많았는지 질문한다. 1개? 여섯 개? 열두 개? 그런 다음 시도한 결과에 대해 질문한다. 예를 들어, "의료적 개입이 있었는가?"
4. **이유를 질문한다.** 학생이 전에 자살을 시도한 이유를 질문한다. "왜 지금 자살하려는가?"
5. **학생이 계획을 갖고 있는가?** 구체적인 것에 대해 질문한다. 보다 상세한 계획일수록 더욱 치명적이다. 학생이 언제, 어떻게 시도하려는지 알 수 있는가? 방법의 치명성을 평가한다. 이런 평가가 매우 중요하다. 학생이 무기를 갖고 있거나 접근할 수 있는가? 총을 사용하거나 목을 매면 의학적 도움을 받을 시간이 거의 없다.
6. **학생의 자살에 대한 선입관을 물어본다.** 집에서나 특정한 일이 있을 때만 또는 모든 기타 활동 너머로 그것에 대해 생각하는가?
7. **약물 사용에 대해 물어본다.** 사람들은 약물의 영향 아래 있을 때는 덜 억제되는 경향이 있기 때문에 약물이 상황의 심각성을 복잡하게 만들 수 있다. 학생이 약물 사용을 부인하더라도 가능한 많은 정보를 획득할 수 있도록 노력하라.
8. **비언어적 행동을 관찰하라.** "학생이 흥분하여 긴장하거나 슬퍼합니까?", "취해 있습니까?" 학생이 평온해졌다면 주의해야 한다. 이러한 평온한 상태는 다음 단계에 완료하려는 것으로 자살 계획을 구체적으로 정리한 결과일 수 있다.
9. **우울 수준을 측정할 수 있도록 노력하라.** 학생은 계획을 완수하는 것에 대한 불안 때문에 우울한 것이 아닐 수 있다.

이 과정에서 개략적으로 점수를 사용하는 것이 학생에 대한 자살 위험 수준 판단에 도움이 된다. 자살을 생각하기는 하지만 실제로 자살을 시도했던 적은 없고, 시도할 계획도 없고, 마약을 사용하지 않고, 자살 사고에 빠져 있지 않은 경우에는 위험 수준이 낮은 학생이라고 볼 수 있다. 위험 수준이 낮은 학생들은 대체로 치료자가 부모와 접촉해야 하는 상황에서 그에 동의할 것이다. 하지만 위험 수준이 급속하게 상승할 수 있기 때문에 위험 수준이 낮은 학생의 평가서에 대해서도 면밀한 검토가 이루어져야 한다.

고위험 학생은 계획이 있지만 과거에 자살을 시도했을 수도 있고 그렇지 않을 수도 있다. 물론, 이전의 시도는 치명성 평가에 중요한 요인이고, 최근에 시도가 있었다면 특히 그러하다(Joiner, 2005). 그러나 상담자는 다수의 첫 시도가 성공했다는 것을 기억해야만 한다. 결코 최근의 상황을 최소화하면 안 된다. 고위험 학생의 계획은 일반적으로 상세하고, 생각이 빈번하다. 이런 점에서 이외의 사람들이 참여하는 것이 필요할 수 있고, 상담자의 슈퍼바이저, 교장, 학교 간호사가 포함된다.

학교가 어떤 형태로든 자살 개입 정책을 가지고 있는 것이 바람직하다. 고위험 상황에서는 학생이 원하든 원하지 않든 가능한 빨리 정신의학적 평가를 받도록 해야 하며, 부모에게 상황을 알려야 한다. 비밀 보장의 한계에 대해 사전에 설명하고 서면 동의를 받았다면 비밀 보장 의무 위반이 문제가 되지는 않는다. 주별로 비밀 보장 관련 법에 일부 차이는 있지만 일반적으로 내담자가 자신이나 타인에게 해를 가하려 하는 경우 상담자는 비밀 보장 의무를 면제받는다(Moyer & Sullivan, 2008). 그렇다고 하더라도 학교상담자가 접수 면접 단계에서 내담자에게 비밀 보장의 한계에 대해 논의하는 것은 필수 요건이다.

고위험 내담자: 타인에 대한 잠재적 위해

상담 훈련생뿐 아니라 노련한 상담자도 자신이나 타인을 해칠 가능성이 높은 내담자와 상담을 진행할 때 불안감을 느끼게 된다. 그러한 상황에서 정신건강 전문가는 자신의 법적 책임을 민감하게 인식하여 전문가로서의 책무에 대한 이해, 내담자가 타인을 해칠 가능성에 대한 파악, 위험 정도 평가 능력 개발 및 대응 계획 수립 등의 영역에서 잘 준비되어 있어야 한다. 이번 장에서는 Tarasoff 사례를 통해 전문가의 책무에 대해 먼저 다룬 다음 위험 평가에 대해 다루도록 하겠다.

Tarasoff 사례: 사건

캘리포니아 대학 버클리 캠퍼스의 대학원생이었던 Prosenjit Poddar는 1968년 댄스 수업을 수강할 때 Tarasoff라는 여학생을 만났다. Poddar는 일방적으로 Tarasoff에게 집착하여 계속 전화를 걸고 치근덕거리는 방식으로 학대를 가했고, Tarasoff는 그의 접근을 계속 거부했다. 1969년 여름 Tarasoff가 브라질 여행을 다녀온 후 Poddar는 그녀의 집에 찾아가 만나 달라고 했다가 또다시 거절당했다. 그러자 Poddar는 공기총을 꺼내 Tarasoff를 향해 쏘았고, 달아나는 그녀를 뒤쫓아 가서 부엌칼로 찔러 살해하였다. 이 비극적인 사건은 정신건강 전문가들에게 예상치 못한 충격적인 결과를 불러왔다. Tarasoff가 브라질에 있는 동안 Poddar는 캘리포니아 대학 부속병원인 Cowell Memorial Hospital에서 우울증으로 상담을 받았다. 정신건강의학과 전문의인 Stuart Gold 박사가 접수 면접을 실시했고, 치료는 상담 전문가인 Lawrence Moore 박사가 진행하였다. 1969년 8월 Poddar는 상담자에게 Tarasoff가 브라질에서 돌아오면 죽여 버리겠다고 언급하였다. 상담자는 즉시 슈퍼바이저에게 자문을 구하여 Poddar를 강제 입원시키기로 하였다. 상담자가 Poddar의 구금을 경찰에 요청하였으나 출동한 경찰관은 Poddar에게 심리적으로 문제가 없다고 보고 그를 풀어 주었다. Poddar는 석방되자마자 Tarasoff를 찾아가 살해하였다.

Tarasoff 사례의 시사점

1974년 말 캘리포니아 대법원은 경계에 실패한 경찰, 대학, 치료사의 부실한 대처를 원인으로 판결하였다(Tarasoff v. Regents of the University of California, 1974). 이 사례는 Tarasoff Ⅰ로 명명되었다. 다양한 전문가 집단의 압력을 받은 법원은 1976년 이 사건을 다시 심리하였는데(Tarasoff v. Regents of the University of California, 1976), 이 사례를 Tarasoff Ⅱ로 부르고 있다.

이 책 전체에서 Tarasoff 사례로 언급되는 것은 1976년 7월 1일 당시 법원의 최종 결정이 있었던 Tarasoff Ⅱ를 인용한 것으로, 이것이 치료사를 위한 새로운 강령이 되었다. 그 판결의 주문은 명확했는데, "식별 가능한 제3자에 의한 환자의 위험을 알고 있거나 알아야 하는 치료자는 잠재적 피해자를 보호하는 데 필요한 모든 합리적인 조치를 취할 의무가 있다"(Applebaum, 1985, p. 425).

Tarasoff 사례를 다룬 여러 기사에서 치료자의 범주에 심리학자, 상담자, 아동 · 결혼 · 가족치료사, 지역사회 정신건강 상담자를 포함시켰다. Stone(Waldo & Malley, 1992에서 인용)에 따르면,

> 사회복지사, 정신보건 사회복지사(psychiatric social workers), 정신보건 간호사(psychiatric nurses), 작업치료사, 목회상담사, 생활지도 상담사(guidance counselors)를 포함한 수많은 정신건강 분야 전문가 및 준전문가들이 일종의 치료를 제공한다……. 이렇게 수백만의 치료사-환자는 매년 모호한 법원 판결을 마주하게 된다(p. 59).

Tarasoff가 요청하지 않은 것

연구자들은 Tarasoff 판결이 요구한 것과 정신건강 전문가가 요구하지 않은 것이 무엇인지 심층적으로 탐구하였다. VandeCreek와 Knapp(1993)는 이러한 이슈를 중점적으로 건의하였다.

Tarasoff 판결은 너무나 많은 오해의 소지가 있기 때문에, Tarasoff 재판에서 언급되지 않은 것이 무엇인지 아는 것이 중요하다. 법원은 내담자가 누군가를 해치려는 환상이나 주장을 할 때마다 경고하라고 심리치료사에게 권고하지 않았다. 오히려 법원은 "위협의 대상이 되는 사람이 위험에서 피하도록 하는 데 꼭 필요한 것이 아니라면 내담자가 표현하는 위협을 습관적으로 공개하도록 상담자를 부추겨서는 안 된다"(Tarasoff, p. 347)고 주장하였다. 또한 법원은 위협이 표현되었을 때 위협 대상에게 알리는 것만이 치료자의 유일한 필수 대응이라고 하지 않았고, 오히려 그런 상황에서 치료자가 자신의 책무를 다하기 위해서는 여러 가지 다양한 조치들를 취해야 한다고 주장하였다(p. 6).

Tarasoff 이후

Tarasoff 재판 이후 다른 법원은 피해자가 확인되지 않은 경우, 치료사에게 책임을 부과해서는 안 된다고 판결했다(Thommpson v. County of Alameda, 1980). 그러나 또 다른 법원은 잠재적 피해자가 미리 확인할 수 있어 알아차리는 것(Jablonski v. United States, 1983) 또는 그것이 위험하다는 것을 미리 알아차리는 것(Hedlund v. Superior Court of Orange County, 1983; Lipari v. Sears Roebuck, 1980)이 필요할 뿐이라고 판결하였다. 정신건강 전문가는 폭력을 예측하기 위해 이전의 내담자 기록을 사용하지 않고(Jablonski v. United States, 1983) 불충분한 기록을 유지하는 것에 책임이 있는 것이 밝혀졌다(Peck v. The Counseling Service of Addison County의 상담 서비스, 1985). 플로리다 항소 법원은 치료 과정에 필수적인 확신과 신뢰의 관계 때문에, 정신건강 전문가가 잠재적인 피해자에게 경고할 것을 권고했다면 피해를 입을 수도 있기 때문에 Tarasoff 사례가 남용되어서는 안 된다고 판결하였다(Boynton v. Burglass, 1991). Walcott, Cerundolo, 그리고 Beck(2001)에 따르면, 최근 몇 년간 법원의 일반적인 자세는 Tarasoff 사례를 확장하기보다는 제한하는 것이었다.

위협적인 내담자의 위험 평가

Walcott와 동료들(2001)은 타인을 보호하고 경고할 의무를 담당해야 할 상담자를 가르치기 위해 내담자의 위험 평가를 위한 두 가지 기본적인 지침을 제공하였다. 첫째, 상담자는 내담자가 위해를 가하고 싶어 하는 특정 개인이 있는지 판단해야 하고, 둘째, 상담자는 내담자의 폭력 이력을 평가하는 것이 필요하다. 특정 개인의 이름과 폭력의 이력이 둘 다 있다면, 상담자는 경고와 보호와 관련하여 큰 책임감을 가져야 할 것으로 보인다.

Applebaum(1985) 역시 잠재적으로 위험한 내담자를 치료하는 임상의가 위험 평가와 조치를 위한 3단계 과정을 수행하는 것이 Tarasoff 의무 이행을 위한 충분한 모델이라고 주장하였다.

1. 첫 번째 작업으로, 내담자 평가의 두 가지 구성 요소가 있다.
   a. 우선, 치료사는 위험 수준 평가를 위해 데이터를 수집해야 한다.
   b. 둘째, 그 데이터를 기본으로 위험성을 판단해야 한다.
2. 두 번째 작업은 내담자가 위험할 수도 있다고 판단되었을 때 잠재적 피해자 보호를 위한 조치 절차를 선택하는 것이다.
3. 세 번째 작업에는 치료사가 자신의 결정을 적절하게 이행하기 위한 두 가지 구성 요소가 있다.
   a. 첫째 치료사는 잠재적 피해자 보호를 위한 조치를 취해야 한다.
   b. 둘째 초기 대응의 성공 또는 실패, 내담자의 폭력 가능성과 추가 조치의 필요성 평가를 위해 지속적으로 상황을 모니터링해야 한다(Applebaum, 1985, p. 426).

과업 1: 위험 평가

위험 수준 평가를 위해 필요한 정보는 내담자의 과거와 최근 행동의 이력, 인구학적 요인, 심리학적 진단, 폭력의 가능성 증가 요인으로 여겨지는 다양한 위험 영역에서 찾을 수 있다. 철저한 위험 평가는 임상적 상담 인터뷰에서 수집되어야 한다. Otto(2000)는 위험 평가에는 다양한 방법이 있는데 평가 도구 이외에도 구조화된 임상적 인터뷰가 포함된다고 지적하였다. Webster, Douglas, Eaves 그리고 Hart(1997)는 HCR-20의 저자로, HCR-20은 내담자의 폭력 행동 평가를 할 때 구조화된 인터뷰 진행을 위한 도구이다. HCR-20은 내담자의 폭력 가능성을 증가시키는 위험성 관련 요인, 임상적 요인, 생애사적 요인에 대한 상담자의 평가에 도움이 된다. Otto(2000)는 상담자가 임상적 위험 평가를 실행할 때 주의해야 할 부분에 대해 우수한 개요를 제공하였다. 거기에는 폭력의 가능성을 증가시키는 인구학적 요인이 있다고 지적하였다. 예를 들면, 40대 초반에서 10대 후반의 사람들이 그보다 젊거나 나이 든 사람들 보다 폭력에 가담하는 경향이 있다고 하였다. 또한 남성은 여성보다 폭력 범죄와 행동을 더 많이 행하는 경향이 있다. 더불어 Otto(2000)는 위험을 증가시키는 요인을 배열하는 형식으로서 다음 영역의 평가를 권장하였다.

- 과거의 폭력 또는 범죄 행위(미래의 폭력을 예측할 수 있는 가장 확실한 예측 요인 중 하나임)와 어린 나이에 폭력 행동을 시작한 이력
- 최근의 약물 사용과 사용한 이력
- 아동 학대, 방임, 유기의 이력
- 정신 질환 여부 및 폭력 행위 명령을 듣는 것 같은 환각 여부
- 타인 또는 외부 세력에게 위협을 받고 있는 사람이라고 인식
- 생활 스트레스 요인을 다루는 데 어려움
- 선택권에 대한 사고 없이 스트레스 요인에 대해 충동적 또는 분노로 반응하는 성향
- 재정적 스트레스 요인, 실업, 관계적 어려움 등과 같은 중대한 생활 스트레스 요인의 여부
- 개인적 지지 체계의 부족

상담자는 다음의 질문과 지침에 따라, 앞에 언급한 타인에게 해를 끼치는 위험성 증가 영역을 바탕으로 폭력 행동의 가능성을 판단하는 데 도움이 되는 것을 사용할 수 있다.

1. 내담자는 폭력 행동의 이력을 갖고 있는가? 과거 폭력은 미래 폭력의 최고 예측 요인이다.
2. 내담자는 이전에 정신질환의 진단 또는 평가를 받은 적이 있는가?
3. 내담자는 폭력 행위로 체포된 이력이 있는가?
4. 내담자는 폭력적인 갈등에 연루되어 위협을 한 이력이 있는가?
5. 내담자는 폭력이 일반적인 증상인 정신장애 진단을 받은 적이 있는가?
6. 내담자는 자발적 또는 비자발적이든 위험성 처리와 연관되어 한 번 이상 입원했던 적이 있었는가?
7. 내담자는 뚜렷한 이유나 스트레스와 관련 없이 위험한 행동을 한 이력이 있는가?
8. 내담자가 위험한 행동을 한 이력이 있다면, 얼마나 오랫동안 일어났는지? 위험한 행동이 최근의 일일수록 행동이 반복될 가능성이 많다.
9. 내담자가 사람들에게 위험하게 보인다면, 어떤 위협인지 기록하고, 위험과 관련 있는 임상적 관찰을 포함하여, 피해를 입을 수 있는 사람에게 주의를 준다. 그러한 행동이 의도적이거나 강도가 높을수록 재발 가능성이 많다.
10. 다른 사람을 향한 심각한 위협, 시도 또는 위험한 행동이 있었다면 약물이나 알코올

중독과 관련이 있는지 판단한다.

11. "지금까지 했던 가장 폭력적인 것은 무엇입니까?", "어떻게 폭력을 가까이 하게 되었습니까?"와 같이 직접적이고 초점이 있는 논제를 가지고 질문하라(Monahan, 1993, p. 244).
12. 중요한 타인에 대한 보고서를 사용하라. 때로는 가족 구성원이 내담자의 폭력 가능성에 대한 가치 있는 정보를 제공할 수 있다. 다시, "당신이 사랑하는 사람이 누군가를 해칠 수 있을 것 같아 걱정됩니까?"와 같은 직접적인 논제를 질문하라(Monahan, 1993, p. 244).
13. 내담자가 다른 사람을 위협하였는가?
14. 내담자는 무기에 접근할 수 있는가?
15. 지목된 피해자와 내담자는 어떤 관계인가?
16. 내담자는 폭력에 너그러운 사회적 지지 집단에 속해 있는가?

과업 II: 행동 경로 선택

정신건강 전문가는 내담자가 다른 사람에게 위험할 수 있다고 판단한 후에 무엇을 할 것인지 결정해야 한다. 다음의 지침을 활용하여 행동 계획을 세우도록 한다.

1. **위험이 임박하지 않아 보인다면 심층 치료를 유지한다.** 치료의 일부로 내담자의 공격성을 다룬다. 하지만 내담자가 치료계획을 준수하지 않아 치료를 지속할 수 없다면, 위험 수준을 더 높게 고려해야 한다.
2. **내담자를 공개 결정에 참여하도록 초대한다.** 이 과정에서 내담자는 자신에게 결정권이 있다는 느낌을 가질 수 있다. 그러나 내담자 앞에서 제3자에게 연락하는 것은 조심해야 한다. 그렇게 함으로써 그동안 상담자가 이야기했던 것에 대해 내담자가 의심하게 되는 상황을 줄일 수 있다.
3. **환경을 바로잡는다.** 약물치료의 시작, 변경, 증가를 할 수 있다. 내담자는 치명적인 어떤 무기든 제거해야 한다.
4. **주의해서 기록하는 것을 유지한다.** 위험 관련 정보를 기록할 때, 정보의 출처(예: 배우자의 이름), 내용(예: 치료의 특징과 공개된 상황), 정보 공개 날짜. 마지막으로 결정을 한 것에 대한 합리성을 포함하라.
5. **제3자가 경고하는 것을 피할 수 없다면 공익이나 피해자 보호를 위해 필요한 최소한의 양**

만 공개를 한다. 특정 위협을 구체적으로 주장하지만, 어느 정도의 의견이나 예측은 유보한다.

6. 슈퍼바이저의 자문을 받는다. 기관이나 학교는 지역 경찰, 지역의 정신과, 정보통 변호사의 자문을 받아 도출된 문제의 발생 가능성에 따른 계획을 세워야 한다(Bernes & Bardick, 2007).

과업 III: 상황 모니터링

상담자는 초기 수행 목표가 확실히 충족되도록 어느 정도 행동 과정을 지속적으로 모니터링해야 한다. 후속조치(follow-up) 절차는 철저히 준수되고 문서화해야 한다. 타인 위해 경향 내담자 사례 자문서([서식 10-2])는 모니터링 과정과 평가의 촉진에 사용될 수 있고, 이 책의 서식 장에 포함되어 있다.

내담자의 과거 범죄 경력

잠재적으로 범죄 의도와 관련한 행동 가능성이 있는 내담자와 작업할 때 상담자와 정신건강 전문가가 무엇을 해야 할지를 다룬 풍부한 문헌이 있다. 하지만 다른 사람을 상대로 과거 범죄에 연루된 사례로 밝혀진 경우 무엇을 했는지에 관한 문제는 적어도 제시되어야 한다. Applebaum과 Meisel(1986)은 과거의 범죄 행위를 치료사가 신고하도록 한 법적 의무는 연방 및 주법에 따라 차이가 있다고 신고하였다. 연방 법에 따르면, 치료사는 '중범 은닉죄(misprision of a felony)'에 관한 법령에 따라 의무가 부여된다. Applebaum과 Meisel(1986)는 중범 은닉죄에 관한 죄책감을 갖도록 하는 것이 필요조건이라고 언급하였다.

1. 주범은 추정된 중범죄를 저지르고 완수하였다.
2. 피고는 사실을 충분히 알고 있다.
3. 피고는 당국에 알리는 데 실패하였다.
4. 피고는 범죄 은폐 단계를 밟았다.

단지 범죄 신고를 하지 않은 것만으로는 확인된 은폐의 준거로 볼 수 없다. 정신건강 전문가가 법 집행관에게 질문을 받았다면, 충분한 답변을 해야 하지만 비밀보호를 파기해야 할 의무는 없고, 정신건강 전문가는 모든 것에서 어떤 것도 말해야 할 의무가 있다고 볼 수 없다. 어떤 주에도 중범 은닉죄를 다루는 법령을 갖고 있지 않다. 대부분은 총상, 아동 학대나 기타 특정 범죄에 따르는 구체적인 증거 제시를 요구하고 있다. Walfish, Barnett, Marlyere, 그리고 Zielke(2010)는 과거 범죄를 치료사에게 말한 내담자의 빈도를 조사한 결과 드문 일이 아니라는 것을 발견하였고, 과거에 기소되었던 범죄의 공개와 관련한 주(州) 법과 유사하여 상담자에게 좋은 이유를 제공한다고 하였다.

학대받고 있는 내담자: 반응, 신고, 면담

학대 피해를 입는 사람은 나이, 인종, 민족, 교육 수준 및 사회 경제적 지위를 가리지 않는다. 학대당한 사람을 대신하여 개입하는 것은 모든 경우에 비판적이다. 하지만 방임, 유기나 학대 받은 아동을 대신하여 개입하는 것은 정상적인 인간 발달에서 아동기 학대가 해로운 영향을 미치는 것으로 알려졌기 때문에 중요하다. 이번 장에서는 아동 학대의 징후와 증상을 강조하고, 아동 학대 신고를 위한 행동 절차를 권고하고, 또한 아동기 학대에서 생존한 성인과 작업하기 위해 제안한 치료적 접근 목록을 제공한다.

미국 보건복지부 아동국에 따르면 2011년 한 해 동안 미국의 아동보호기관에 보고된 아동 학대 사례는 약 340만 건이다(미국 보건복지부, 2011). 또한 어림잡아 계산하여도 미국의 일반 교실에서 매년 최소 5명의 학생이 학대를 당할 가능성이 있다고 보고되었다. 안타깝게도 아동국은 2011년에 약 1,570명의 아동이 학대와 방임으로 사망했다고 보고하였다.

아동 학대는 "18세 미만 아동에게 의도적으로 위해나 위험의 원인이 되는 부작위적(omission) 또는 작위적(commission) 행동"이다(Bryant & Milsom, 2005, p. 63). 학대는 태만뿐 아니라, 성적 · 신체적 · 정서적 위해를 포함하여 이해된다. 상담자가 경고해야 하는 학대는 성인이 자신의 성적 만족을 위하여 아동을 이용하고, 의도적으로 신체적 상해를 가하거나 아동의 자존감(self-esteem)에 해를 입히는 방식으로 아동을 위협하거나 협박하는 것이다. 방임(neglect)은 필요한 음식, 돌봄, 의복, 안식처(shelter), 지도나 아동을 위한 의료적 관심[예: 영양실조, 헐벗은 의복(ill-clad dirty), 편안한 안식처나 잠자리 제공 외면, 적절한 의료적 돌봄의 부족, 무관심, 적정한 지도의 부재, 질병 및 필수적인 의료적 관심 부재, 학교에 부정기적 또는 불법적 결석, 노동력 착취, 규정 외 근무, 필수적인 심리적 양육 부재, 유기]을 제공하지 못하는 것을 포함하여 정의할 수 있다.

아동 학대 알아채기*

아동

아동기의 학대 가능성을 살펴보아야 한다.

- 갑자기 학업 수행이나 행동의 변화를 보인다.
- 부모의 관심을 끌기 위해 신체적 또는 의학적 문제에 도움을 받지 않는다.
- 특정 신체적 또는 심리적 원인으로 추정할 수 없는 학습 문제가 있다.
- 어떤 일이 일어날까 봐 준비를 하면서도 항상 경계한다.
- 어른의 지도가 부족하다.
- 과잉성취자(overachiever)의 과도한 순응성(compliant), 또는 지나친 책임감이 있다.
- 일찍 등교하고 늦게까지 있으며 집에 가고 싶어 하지 않는다.

부모

부모의 학대 가능성을 살펴보아야 한다.

- 학교의 정보 요청, 회의, 가정 방문에 좀처럼 반응하지 않고, 아동에 관한 걱정이 거의 없어 보인다.
- 학교나 집에서 아동의 문제에 대해 아동을 비난하거나 존재를 부인한다.
- 아동이 잘못을 할 경우 담임교사에게 가혹한 신체적 규율을 요청한다.
- 아동이 전적으로 못됐고, 무가치하거나 번거롭게 여긴다.
- 아동이 성취할 수 없는 신체적 또는 학업 수행 수준이나 완벽성을 요구한다.
- 아동을 돌봄, 관심, 정서적 욕구의 만족을 위한 대상으로만 본다.

부모와 아동

부모와 아동에게 학대 가능성이 있는지 살펴보아야 한다.

- 서로 접촉이나 마주 보는 일이 거의 없다.
- 관계가 완전히 부정적인 관계인지 고려한다.
- 서로 좋아하지 않는 상태이다.

이들 중 어느 것 하나는 어느 부모-자녀 관계에서 발견될 수 있지만, 이러한 징후가 반복적이거나 맞물려 나타낼 때, 아동 학대 가능성을 고려하고 상담자가 상황을 파악할 수 있어야 한다. 그다음 주시할 것은 학대에 따른 증상 또는 아동 학대의 특정 유형에 따른 증상으로 진전되어 나타나는 것들이다.

신체적 학대 징후

아동의 신체적 학대 가능성을 살펴보아야 한다.

- 예상할 수 없었던 화상, 자상, 타박상, 골절 또는 실명이 있었다.
- 학교에 결석한 이후 희미해지는 타박상 또는 눈에 띄는 멍 자국이 있다.
- 학교에서 집으로 귀가할 때 울거나 부모와 보호자를 무서워하는 것처럼 보인다.
- 부모나 다른 성인 양육자에 의한 상처를 이야기한다.

부모나 다른 양육자는 신체적 학대 가능성을 살펴보아야 한다.

- 아동의 부상에 대해 아무런 설명이 없거나 서로 상충하고, 설득력이 없다.
- 아동을 '악(evil)' 또는 다른 부정적인 것으로 묘사한다.
- 아동 또는 다른 이에 대한 난폭한 신체적 학대 기록을 활용한다.
- 아동이었을 때 학대의 이력이 있다.

방임의 징후

아동에게 방치 가능성이 있는지 살펴보아야 한다.

- 학교에 자주 결석한다.
- 학교 친구의 돈을 훔치거나 돈을 구걸한다.
- 필수적인 의학적 또는 치과 치료, 예방 접종 또는 안경이 부족하다.
- 지속적으로 불결하고 심하게 몸 냄새가 난다.
- 날씨에 맞는 옷이 부족하다.
- 알코올 또는 기타 약물 남용
- 집에 돌봄을 제공해 줄 누군가가 없는 형편이다.

부모나 양육자가 방치하고 있을 가능성에 대해 살펴보아야 한다.

- 아동에게 무관심하게 보인다.
- 냉담하거나 우울해 보인다.
- 비이성적이거나 기괴한 방식의 태도로 행동한다.
- 알코올이나 다른 약물을 남용하고 있다.

성적인 학대의 징후

아동이 성적인 학대 가능성이 있는지 살펴보아야 한다.

- 고통스럽게 자리에 앉거나 걸음을 걷는다.
- 갑자기 체육관을 변경하거나 체육 활동에 참여하는 것을 거부한다.
- 기괴하고 정교하거나 일반적이지 않은 특이한 성적 지식이나 행동을 보여 준다.
- 특히 14세 미만인 경우, 임신하였고 성병에 걸렸다.

- 가출
- 부모나 다른 성인 양육자가 성적인 학대를 신고하였다.

부모 또는 양육자의 성적인 학대 가능성이 있는지 살펴보아야 한다.

- 아동을 과도하게 보호하며 다른 아동, 특히 이성과의 접촉을 심각하게 제한한다.
- 비밀스럽고 고립되어 있다.
- 가족 간의 권력 다툼이나 성적 관계가 포함된 결혼생활의 어려움을 묘사한다.

정서적 방임의 징후

아이의 정서적 학대 가능성을 살펴보아야 한다.

- 과도하게 고분고분하거나 행동이 까다롭고, 극도의 수동적이거나 공격적인 극단적 행동을 보인다.
- 부적절하게 성숙함(예: 다른 집 자녀의 양육에서) 또는 부적절하게 아이 같음(예: 자주 몸을 흔들거나 머리를 까딱거림)
- 신체적 또는 정서적 발달이 지연되고 있다.
- 자살을 시도한 적이 있다.
- 부모와의 애착이 부족하다고 보고하였다.

부모 또는 다른 성인 양육자의 정서적 방임 가능성을 살펴보아야 한다.

- 아동을 지속적으로 비난하고, 무시하며, 꾸짖는다.
- 아동에게 관심이 없고 아동의 학교 문제와 관련한 도움 요청을 거절한다.
- 지나치게 아동을 거절한다.

아동 학대 신고 관련 법적 문제

의무 신고자는 일반적으로 자신의 일과 관련된 과정에서 아동과 접촉하는 전문가들이다. 「연방 아동 학대 예방 및 처리법(The federal Child Abuse Prevention and Treatment Act)」(미국 보건복지부, 2003)에서는 아동을 대상으로 한 성적·신체적·심리적 착취를 의무적으로 신고하도록 규정하고 있다. 아동의 안녕에 심각한 위해나 위협이 가해졌다는 정황이 발견될 경우 반드시 신고해야 한다. 아동 학대 금지 관련 법규가 비밀 보장이나 면책 특권 관련 법규에 우선한다. 아동 학대에 관한 법은 비밀보호에 관한 윤리적 의무와 면책 법을 대신한다(Lambie, 2005). 그렇기 때문에 상담자는 아동 학대 대응을 관장하는 법을 숙지하는 것이 중요하다. 주법에는 아동 보호 서비스 기관에 신고하도록 유인하는 출발점은 다양하다(Marshall, 2012). 예를 들어, 어떤 주는 상담자가 학대가 발생한 것을 목격하였다면 신고하도록 요구하고, 다른 주법은 임상의가 학대 발생이나 학대 가능성을 목격하였다면 신고할 의무가 있다고 명시되어 있다(Marshall, 2012). 또한 주는 학대의 구성 요소가 무엇인지 다양한 정의를 하고 있고, 학대의 범위가 어디까지인지 다르게 규정되고 있다. 예를 들어, 조지아와 워싱턴주는 아동에 학대와 관한 법령에 심리적 학대를 포함하지 않는 유일한 곳이(미국 보건복지부, 2003). 학대가 선의였다고 확인되면 대부분의 주에서는 징벌을 승인하지 않는다는 것을 알고 있는 것이 도움이 된다. 그것은 정신건강 전문가의 학대 신고가 사실무근일지라도 신분상 명예훼손으로 고소할 수 없다. 이전에 학대가 신고되고 고소가 기각되었더라도, 대부분의 주는 아동 학대 사례에 관하여는 제한 규정이 없다. 이것은 정신건강 전문가가 수년 전에 발생한 학대를 신고해야 함을 시사한다. 이것과 관련하여 상담자를 상대로 형사 사건으로 처리되지는 않지만, 목격한 학대를 신고하지 않는 것에 대하여는 민사 소송에 책임을 질 수 있다(Lambie, 2005).

아동 학대 신고 절차

아동 학대 신고서를 정리하기로 결정한 치료사는 일반적으로 적절한 사회복지기관의 요청에 의하여 제출한다. 요청에 따라 작성한 신고서는 정리해 두어야 한다. 아동 보호 서비스 기관이 사례 담당자를 사례에 배정한다. 사례 담당자가 방임이나 학대가 발생했다는 증거를 발견하면 법 집행 기관에 사례를 회부한다. 그 시점에서, 국가는 형사 기소를 시작하거나 민사 소송을 한다. 부모나 보호자 이외의 어떤 사람이 아동을 성적으로 학대한 부모를 고소하였다면, 담당기관은 형사 및 민사 소송을 동시에 시작할 수 있다(Bryant & Milsom, 2005). 아동 학대가 의심될 때 신고해야 하는 것의 한 가지 어려움은 아동이 신고를 원하지 않거나 정신건강 전문가는 그렇게 하는 것이 아동에게 최선의 이익이라고 느끼지 않는 경우에도 임상의가 의무를 이행해야 한다는 것이다(Sikes, Remley, & Hays, 2010). Marshall(2012)은 신고와 관련한 의사 결정 과정이 다루기 쉽지 않을 수 있어 미묘한 차이를 고려한 임상적 기술을 개발하는 것이 요구된다고 지적하였다. 예를 들어, 임상의가 정서적 학대가 발생한 경우, 발생한 학대의 수준을 결정하고, 신고 여부를 결정할 때 평가 결과를 고려해서 판단해야 한다는 것을 지적하였다. 치료자는 부모나 양육자의 행동이 미흡하고 미숙하지만 악의적이지는 않은 양육 방식에 기인한 것이기 때문에 상담을 통해 개선될 여지가 있는지, 아니면 아동과의 상호작용 양식이 학대로 규정할 수 있을 정도로 지속적으로 해를 끼치는 파괴적인 것인지 평가해야 한다. 아동 학대 신고서 양식은 [서식] 섹션([서식 10-3])에 제시하였다. 이 양식을 활용하면 관련 당국에 신고 전화를 하고 공식 신고서를 제출하기 위해 치료사가 확보해야 하는 기본 정보를 정리할 수 있다. 아동 학대 신고서 서식(The Child Abuse Reporting Form)을 보면 상담자가 아동 학대 신고서를 제출하기 위해 사전에 확보해야 하는 정보가 무엇인지 알 수 있다.

아동 성 학대 피해 내담자 면담

치료사는 성적인 학대 가능성이 있는 어린 아동과 작업을 할 때 언어, 인지, 논리 체계가 성인과는 다르다는 것을 깨달아야 한다. 다시 말해서, 아동은 성인의 축소판이 아니다. 아동의 어휘는 훨씬 더 많이 제한적이다. 아동은 그들이 말할 수 있는 것보다 훨씬 더 많이 이해하고 있다는 의미이다. 상담자는 어린 아동과 작업하기 위한 특별한 면담 기법과 임상적 기술을 배워야 한다(Mart, 2010). 예를 들어, 대명사, 이중 부정, 복합 문장은 면담에서 사용하면 안 된다. 대신 상담자는 친숙한 사건에 초점을 맞추어야 한다. 예를 들면, "이런 일이 생일 전에 있었니? 생일 후에 있었니?"

아동은 무슨 일이 있었는지 기억하지만 그것의 인과 관계는 어른의 그것과 같지 않다. 성적으로 학대가 있었다면, 그들 자신이 학대의 원인이라고 생각(참으로! 가장 자주 그렇게 한다)할 수 있다. 그렇기 때문에 상담자는 어린 내담자와 면담하기 전에 그들의 능력과 발달 수준을 조심스럽게 평가해야 한다. 예를 들어, Berliner와 Lieb(2001)은 구체적인 예시와 질문을 사용하여 정직한 말과 거짓말을 구별할 수 있는 어린 아동의 인지적 능력을 평가할 것을 제안하였다. 또한 아동은 자주 그들이 오랫동안 사랑받지 못할 것을 두려워하여 죄책감, 수치심으로 곤경에 처하게 될 것을 두려워하고, 만약 성적 학대가 폭로되면 자신이나 다른 사람이 죽거나 해를 입게 될까 봐 두려워하기도 한다.

면담 전

면담을 얼마나 길게 해야 하는지 결정할 수 없다. 이상적인 시간은 그 자체가 정화되기 위하여 문제에 대해 정직하기로 하는 것이 유일하다. 치료사는 면담을 시작하기 전에 사례의 이력에 관한 정보를 갖고 있어야 한다. 아동의 이름, 별명, 가족의 이름, 언제 어디서 공개되었는지 등의 정보는 면담 전과 후에 효과적으로 상담하는 데 기여하도록 한다.

면담 진행

면담의 정확성을 위해 가장 중요한 것은 지지와 라포로의 초대이다(Mart, 2010). Berliner와 Lieb(2001)는 학대 피해자일 수 있는 아동과의 임상적 면담은 관계 형성을 위한 선한 마음에서 시작되어야 한다고 제안하였다. 상담자는 그들의 취미, 숙제, 아동이 좋아하는 것들, 좋아하는 선생님이나 학교 과목과 같은 것들을 물어보며 아동에 대해 알아가는 어느 정도의 시간을 가져야 한다. 또한 치료사가 아동과 같은 수준으로 보이는 것이 중요하다. 이것은 편안한 분위기를 필요로 한다. 상담자는 바닥에 앉거나 베개에 기울일 수 있어야 하고 아동에게 눈을 맞춘다. 눈맞춤은 아동의 잘못이 아니고 일어난 일이 얼마나 아픈 일일지에 대해 아동과 이야기할 때 아주 핵심적인 것이다. 성적 학대의 영향은 아동의 남은 삶 동안에 침투해 있어 정서적으로 매우 고통스럽다는 것을 기억하는 것이 중요하다. 어느 정도 라포를 형성한 후 면담자는 삽화적 기억(또는 일화적 기억, episodic memory)과 관련된 아동의 발달 수준, 또는 그들 삶에서 있었던 것들에서 사건에 관한 기억을 얻고 싶을 수 있다. 최근 학교에서 있었던 일이나 휴일에 대한 이야기를 물어볼 수 있는데, 예를 들어 상담자는 생애 사건을 구체적으로 정확하게 기억해 내는 아동의 능력이 어떻게 개발되었는지에 대한 통찰력을 느끼게 할 수 있다. 면담 과정에서 상담자는 민감한 학대 문제로 대화를 전환하기 원할 수 있다. 면담자는 아동의 가정환경(예: 집에서는 누가 너와 함께 살았니?)을 말할 수 있도록 질문으로 시작할 수 있고 그런 다음 아동이 이런 면담을 왜 하는지 알고 있는지 질문한다. 결국에는 문제가 되는 사건에 대하여 초점을 두고 열린 질문으로 말을 걸어야 한다. 예를 들어, 면담자는 "나는 너에게 어떤 일이 있었는지 들었어. 시작부터 끝까지 어떤 일이 있었는지 이야기해 볼래?"라고 말할 수 있어야 한다. 아동을 정서적으로 지원하며 고통을 표현할 때 반응하는 것이 면담 동안 최고로 중요한 것이다(Berliner & Lieb, 2001).

면담자는 아동의 어떤 진술을 하든 지나친 반응을 해서는 안 된다. 일부 면담은 제3자가 포함될 수 있다. 제3자는 아동이 비밀을 지키고 있는 사람이거나 나쁜 짓을 한 가해자일 수 있다. 제3자는 면담에 직접 개입되지 않는 방 쪽으로 가도록 지시해야 한다. 치료사는 아동과 성인이 눈을 마주칠 수 없도록 당사자를 배치해야 한다. 무엇보다, 제3자는 면담에 참여하지 않도록 교육해야 한다.

치료자는 유도 질문을 하지 않도록 조심해야 한다. Brainer, Reyna 그리고 Brandse(1996)는 5세에서 8세 사이의 아동에게 결코 일어나선 안 되었던 사건에 대해 기억하도록 제안하는 것이 얼마나 쉽게 되는지 제시하였다. 더욱이, 실제 기억보다 더 상세하게 기억하는 것이 각인된 거짓 기억이었다. 잠재된 성적 학대를 조사할 때 가장 위험한 것이 유도 질문을 하는 면담자이다. 질문은 구체적이어야 하고, 가장 중요한 것은 정해진 답을 묻는 것이다. "너에게 이렇게 한 것이 요한 삼촌이라는 것이 사실이니?"와 같은 질문은 유도된 답을 확인하려고 아동에게 압력을 가하게 될 수 있다. 마찬가지로, "요한 삼촌이 나를 만졌다."라고 아동이 말했다면, "요한 삼촌이 너의 어디를 만졌니?"가 적절히 반응하는 것이다. "그가 너의 비밀스런 부분을 만졌니?"라고 묻는 것은 다시, 아동을 유도하는 것이다. 마지막으로, 상담자는 성적 학대로 개념화한 것은 아동이 그런 방식으로 경험하지 않았을 수 있다는 점을 기억하고 신중해야 하고, 따라서 아동의 일부로서 고통을 추정하는 질문이 아동의 성적인 이해나 학대와 꼭 들어맞지 않을 수 있다(Mart, 2010; Freidrich et al., 2001). 아동을 면담하는 것은 임상에서의 예술이다. 이러한 면담을 수행하는 정신건강 전문가는 이 분야에 대해서 상당한 지도를 받아야 한다.

성학대 피해자 상담

유년기 성학대의 이력이 있는 사람의 상담을 위해 접근하는 방법은 여러 가지가 있는데, Martsolf와 Draucker(2005)가 메타 분석한 치료법 중 가장 효과적인 방법은 없는 것으로 밝혀졌다. 가장 중요하다고 본 것은 안전한 치료적 환경을 만들고 학대 사건에 대해 폭로할 수 있도록 하는 것이다. 인간 중심 접근 방식을 옹호하는 Edwards와 Lambie(2009)는 상담 과정에서 안정감을 느끼도록 생존자를 돕는 핵심적인 열쇠로서 공감과 진솔성, 긍정적인 존중을 강조하였다. 다른 접근법으로는 외상 평가와 인지 행동 요법을 통합하였다. Harrison(2001, pp. 91-92)은 성학대 생존자 치료를 위한 일반적인 고려 사항을 논의했다.

1. 통계에 근거하여, 아마도 성 학대 생존자는 진실을 말하기 때문에 상담자는 이 가정을 채택하여 개별 내담자 치료를 시작한다.
2. 어떤 식으로든 생존자의 잘못이 아니다. 폭행이나 학대의 책임은 전적으로 가해자에게 있다.
3. 상담자의 초기 목표는 생존자가 통제력에 대한 감각을 회복하도록 돕는 것이다. 그들은 정서적 · 신체적 · 영적으로 영향을 받는 방식으로 개인의 힘을 빼앗겼다.
4. 치료의 2차 목표는 자존감 구축, 자율성으로의 이동, 극복 기술의 훈련, 분노 관리, 장

래의 성학대 예방에 도움이 되는 자기주장 기술을 포함한다.

Harrison(2001)은 치료에서 하지 말아야 할 것과 광범위한 치료 목록을 제안했다. 이 목록은 미네소타 성폭력 반대 연합(Minnesota Coalition Against Sexual Assault: MNCASA, 1994)과 Slavik, Carlson, 그리고 Sperry(1993) 등을 포함하여 다양한 자원에서 수집하여 편집한 것이다.

1. 회기에서 안전한 환경과 자리를 보장하라. 학대가 진행 중이면, 적절한 사회복지기관의 도움을 받아 치료를 시작할 수 있도록 내담자에게서 학대 환경을 제거하라.
2. 문제를 해결하고, 새로운 선택을 이끌어 낼 수 있도록 내담자를 격려하므로 통제 감각을 회복하라. 그런 다음 성학대가 있는 동안 느꼈던 무력감과 지금의 느낌을 구분하도록 한다.
3. 내담자의 경험을 최소화하지 않는다. 내담자는 이전에 치료사의 반응이 "자, 적어도 그가 당신을 성폭행할 때 때리지는 않았다."라고 말했던 적이 있다고 하였다.
4. 감정의 정당성을 인정하고, 지지하기 위해 경청한다.
5. 보호자나 구원자가 되지 않는다.
6. 성학대 피해자도 성적 학대에 대해 일말의 책임이 있다는 등의 신화를 언급해서 내담자를 재교육하지 않는다.
7. 치료와 지원 과정을 신뢰하고, 각 개인마다 시간 틀이 다양할 수 있음을 내담자에게 상기시켜 달라고 요청하라.
8. 경계를 설정하는 모델을 제시한다. 회기를 시작하고 종료할 때 정해진 시간을 정확하게 지키는 것도 하나의 예가 될 수 있다.
9. 자신의 맹점을 인식하고 자신이 가정하고 있는 것들에 의문을 제기하라. 가해자가 피해자와 반대 성을 가진 사람일 것이라거나 성기 삽입이 있었을 것이라고 가정하지 않도록 하라.
10. 내담자를 판단하거나 깔보지 않는다. 성적 학대를 받았던 다수의 내담자가 후에 성적으로 매우 활동적이 되기도 하고, 일부는 집단 섹스, 음란물 및 매춘에 관여한다. 자신과 내담자를 동급으로 생각하면 내담자를 깔보지 않게 된다. 많은 내담자들은 자신이 성을 거의 또는 전혀 즐기지 않는다고 말하지만, 성적인 행위를 해야만 한다는 의무감을 갖고 있다. 이러한 과잉 성행동은 자기 만족을 추구하는 데서 비롯되는

것이 아니라 생각의 오류에 기인한다는 점을 분명히 인식해야 한다.

11. 동료와 상의하고 자기 돌봄(self-card)을 훈련한다.
12. 내담자가 논의할 준비가 되었을 때 학대나 성 폭력에 대해 온화한 호기심으로 듣는다.
13. 학대를 논의하는 것에 대한 내담자의 모호한 감정을 무조건 수용한다.
14. 내담자가 과거에 일어났던 어떤 일에서 생존한 자신을 보며 현재 자신의 목적을 향해 전진하는 것이 가능하다는 것을 보는 것이 중요하기 때문에 학대의 폭로를 위기로 처리하지 않는다.
15. 내담자가 새로운 방식으로 생각하고, 느끼고, 행동하므로 능력 있고 창의적이 될 수 있다고 기대하게 한다.
16. 내담자처럼 행동할 수 있을지라도 내담자를 무너지기 쉽다고 여기지 않는다.
17. 내담자가 표현되지 않은 분노에 직면하였을 때 우울과 대적하고 파괴적인 것보다 건설적으로 자신의 분노를 사용하는 것에 관하여 어떤 선택을 만들어 갈지 가르친다.
18. 내담자가 자신의 역할 관계에서 벗어나 자신을 재정의하고 가능한 역할 변화에 관한 두려움을 탐색하도록 돕는다.
19. 내담자가 자신을 양육하는 것을 격려하고 이것이 치유에 필수적인 자기 중심(self-focus)으로의 재구성하는 것이지 이기적인 것은 아니다.
20. 긍정적인 피드백을 구체적으로 제공한다. 특히, 해리 상태나 플래시백을 경험하는 내담자는 현재에 머물 수 있는 방법(grounding skills)을 얼마간 증진할 수 있도록 주시한다. 다른 예로는 '목표 토론하기'로 내담자를 발전시켜 직업, 신체적인 자각, 상호작용 기술, 사회적 지지 유지하기, 직무 기술, 양육 기술과 관련한 주제 결정하기를 포함할 수 있다(Slavik et al., 1993, pp. 113-114).

중독 문제 내담자

마지막 장에서 다룰 것은 특별히 중독치료 시설로 고안된 곳에서 일하는지의 여부와 상관없이 거의 모든 정신건강 전문가 업무 가까이 있는 주제일 것이다. 다음에 제공된 중독 관련 정보는 물질 중독(예: 알코올 또는 약물)에서의 회복과 관련이 있다. 그러나 도박 중독, 성 중독 등과 같이 상담자가 준비해야 하는 중독 과정으로 보이는 징후들이 증가하고 있다.

중독의 이해

최근까지 약물 남용은 일반적으로 사용, 남용 및 의존의 범주를 적용하여 중독이 있거나 그렇지 않은 것으로 개념화하였다. 남용은 경미한 중독의 형태로 개념화되었지만 의존성은 보다 심각한 중독의 발생으로 개념화하였다(American Psychiatric Association, 2013b). 약물 중독의 최근 개념은, 정신장애의 진단 및 통계 매뉴얼(5th ed.; DSM-5)에 있어서 미국정신의학회(American Psychiatric Association, 2013a)가 주장하는 견해를 따른다. 약물을 사용하는 모든 사람이 중독에 빠지지는 않는다. 치료자들은 중독 현상에 발달적 측면이 존재한다는 점을 점점 더 분명하게 인식하기 시작했다. 물질이나 행동의 사용이 지속적으로 부정적인 결과를 초래하는 경우에는, 중독에 빠졌나 안 빠졌나를 판단하는 것보다는 물질이나 행동을 부적절하게 사용하는 경향이 점점 심해지는 것으로 보는 것이 좋다. 또한 알코올 및 약물 중독을 질병으로 인식하여, 시간이 갈수록 몸, 마음, 행동을 변화시켜 해로운 결과를 초래함에도 불구하고 물질 남용을 통제하지 못하도록 하는 것이라고 설명할 수 있다. 질병이 만성화 되고 재발한다는 점에서 중독도 생애 전반에 걸쳐 지속되거나 다시 나타난다고 볼 수 있다(Breshears, Yeh, & Young, 2004).

알코올 및 약물 사용 진단

미국정신의학회의 DSM-5(2013a)는 검증된 실무자와 수련을 받고 있는 수련생이 중독을 진단할 수 있는 약물에 대한 열 가지 분류를 승인하고 있다. 또한 약물 사용과 관련된 증상이 도박을 지나치게 할 때와 유사하고, 어느 정도 같은 행동 패턴의 신체 증상으로 발전해 가므로, 도박 중독을 진단하기 위한 준거를 포함하고 있다.

DSM-5에서는 물질 관련 중독을 다루는 두 가지 범주로, 물질유발장애(substance-induced disorders)와 물질사용장애(substance use disorders)가 있다. 물질유발장애(substance-induced disorders)는 물질의 사용의 결과로 나타나는 장애로 중독 금단 그리고 우울증, 불안, 정신병 및 수면장애를 포함하는 물질로 인한 정신 질환이다.

물질사용장애(Substance use disorders)는 물질을 사용하므로 행동, 인지, 정서적, 사회적, 심리적 및 생리적 반응 장면에서 사용자에게 문제가 되는 것이다. 또한 이러한 증상은 음성이더라도 지속되는 경향이 있다. 예를 들어, 내담자는 그들이 선택한 약물의 사용을 중단하고 싶은 욕망이 있지만, 그렇게 할 수 없고, 자신이 선택한 약을 갈망하는 것과 동시에 만족을 위해 점점 더 약물을 필요로 하게 되고, 약물을 획득하기 위한 노력이나 생각으로 상담한 시간을 소비하고, 약물을 취하려다 위험한 행동에 연루되거나 이혼이나 실직 같은 다수의 사회적 결말을 경험할 수 있다.

DSM-5(American Psychiatric Association, 2013a)에서는 물질 사용을 연속선상의 한 부분으로 간주한다는 점을 기억할 필요가 있다. DSM 4판에서는 약물 남용과 의존을 구분하여 두 가지 진단 범주를 제시하였으나 DSM-5에서는 약물사용장애라는 단일 장애에 대해 임상적 진단을 실시한 후 중독의 정도를 경미한 정도, 중간 정도 등으로 표시한다(American Psychiatric Association, 2013b). 미국정신의학회(2013b)에 따르면, 이전의 남용과 의존 범주가 임상의와 내담자에게 항상 명확하지 않았고 약물사용장애 범주의 단일 진단 범주가 내담자의 경험을 보다 더 반영한다(American Psychiatric Association, 2013b). 훈련생들은 DSM-5에 제시된 진단 기준과 범주를 잘 살펴보고 물질 관련 장애를 진단하고 치료하는 활동에 들어가기 전에 슈퍼비전을 받아야 한다.

치료의 의미

다수의 알코올 및 약물 치료 모델이 성공적으로 사용되고 있으며, 치료에는 다양한 서비스와 활동이 포함된다. 치료 수준은 외래 환자, 주간 치료, 단기 및 장기 주거 프로그램부터 입원 환자를 위한 병원 기반 프로그램에 이르기까지 여러 가지이다. 치료 전 누군가는 해독과 안정화가 필요하다. 또 어떤 사람은 치료에서의 장벽을 극복하기 위해 적극적인 봉사 서비스가 필요할 수 있다. 치료는 단일 서비스 또는 치료와 서비스가 혼합된 것이 될 수 있다. 다음 목록은 치료 서비스의 일부이다.

- 평가와 치료계획
- 알코올 의존에 대한 안타부스(Antabuse)[7] 또는 헤로인 중독에 대한 메타돈(methadone)[8] 및 부프레노르핀(buprenorphine)[9]과 같은 특정 약물의 처방(Arias & Kranzler, 2008)
- 위기 개입
- 치료 제공자들 사이의 조정을 위한 사례 관리
- 개인 및 집단상담과 심리치료

---

7) 알코올 중독 치료제(상표명)(역자 주).

8) 진통제(역자 주).

9) 오피오이드 중독, 급성 통증, 만성 통증을 치료하기 위해 사용되는 마약성 진통제(역자 주).

- 알코올 및 약물 남용 회복 프로그램
- 의학적 평가 및 관리
- 식이요법, 체육 및 기타 비전통 프로그램
- 자조 집단 또는 12단계 프로그램
- 외상별 서비스 또는 이외의 정신건강 서비스

치료 기간은 몇 주에서 몇 년까지 다양하다. 치료의 유형, 기간과 강도는 중독된 사람의 중독의 심각성, 사용된 약물의 유형, 이용 가능한 지원 시스템, 성격(personality), 기타 행동이나 신체적 또는 사회적 문제 특성에 의해 결정된다. 치료는 다리가 부러졌을 때의 응급 처치와 같은 위기 개입보다는 당뇨병이나 고혈압과 같이 평생 관리해야 하는 질병으로 생각하는 것이 중요하다. Breshears와 그의 동료들(2004)은 치료계획은 약물 남용 평가 과정에서 수집한 정보를 바탕으로 개발되어야 한다고 하였다.

국립 약물 남용 연구소[10](National Institute on Drug Abuse: NIDA, 2012)는 회복 과정에서 중요한 여러 연구 기반 치료 원칙을 개발하였다.

- 단일치료가 모든 개인에게 적합한 것은 아니다. 치료와 서비스는 환자의 문제와 요구가 맞아야 한다.
- 치료를 쉽게 받을 수 있어야 한다.
- 효과적인 치료는 약물 사용뿐만 아니라 개인의 다양한 요구에도 부응해야 한다.
- 약물 중독과 더불어 의학적 · 심리적 · 사회적 · 직업적 · 법적 문제를 해결해야 한다.
- 충분히 시간을 갖고 치료하는 것이 효과를 위해 중요하다.
- 치료의 효과를 위해 자발적이어야만 하는 것은 아니다. 법원의 치료 명령, 입원 명령 또는 가족의 주장은 치료 참여 유지와 성공을 증가시킬 수 있다.
- 치료하는 동안 약물 사용에 대한 지속적인 모니터링이 가능해야 한다. 모니터링은 과실이나 퇴보가 발생하면 약물을 사용하고자 하는 욕망의 감소에 도움이 되고 조기 경보를 제공한다.
- 약물 중독에서의 회복은 장기적인 과정이고 종종 다수의 치료적 삽화를 요구한다.

---

10) 미국 보건복지부(Department of Health and Human Services) 산하 기관으로 Addiction Research Center가 1992년 현재의 기관명으로 변경되었다(역자 주).

회복의 의미

치료는 회복과 다르다. 치료는 회복의 중요한 일부이지만, 회복은 절제할 수 있는 것 이상이다. 회복은 치유를 지원하기 위하여 삶의 양식을 바꾸기로 결정하는 과정이고 자기 삶의 통제력을 회복하는 것이다. 회복은 자기 행동에 대한 책임감을 수용하고 책임을 감당하는 것이다. 그것은 건강한 생활 패턴을 확립하고 회복하는 과정이다. 과거 중독자는, 회복은 지속적인 과정으로 보기 때문에 '회복되었다'보다 어느 정도 '회복하는 중'이라고 할 것을 충고하였다.

회복의 단계

회복의 단계는 다양하다. 일주일 동안 약물을 사용하지 않은 사람과 1년 동안 약물을 사용하지 않은 사람은 다른 문제를 경험한다. 회복은 복잡하다. 회복을 발달 과정으로 보는 것이 도움이 될 수 있다. 회복의 발달적 모형은 회복의 단계와 부분으로서의 과업을 설명한다.

- **전환**: 물질 사용을 하지 않으려고 통제를 시도하는 것을 인식한다.
- **안정화**: 신체적 금단 현상을 겪으며 자신의 생각과 행동에 대한 통제력을 회복하기 시작한다.
- **조기 회복**: 중독적인 행동을 바꾸고 절제와 회복을 지지하는 관계를 발달시킨다.
- **중간 회복 단계**: 보다 효과적인 생활 방식을 구축하고 물질 남용을 하며 발생한 손상된 생활 방식을 되찾는다.
- **마지막 회복 단계**: 역기능적(dysfunctional)인 생활방식을 지지하는 자신의 어린 시절, 가족 패턴, 신념을 조사하고, 아동기와 성인기 외상으로부터 성장하고 회복하는 법을 배운다.
- **유지 관리 단계**: 물질 사용으로 돌아가는 방식이 아니라 생산적이고 책임지는 방식으로 극복하는 법을 배운다.

중독 문제 내담자 상담을 위한 조언

물질사용장애가 있는 내담자와 작업을 하는 상담자는 평가 면담을 할 때 객관적이고 사실적인 접근을 하는 것이 중요하다. 대부분의 내담자는 외부 압력(가족, 고용주와 같은 법 체계)에 의해 물질 관련 문제를 다루게 되었기 때문에, 상담자는 그들의 문제를 처리할 때 협력자라는 인상을 전달할 수 있어야 한다(Burrow-Sanchez, 2006). 문제 사정을 위한 질문을 할 때 상담자는 비판단적(nonjudgmental)이며, 감정을 배제한 사실(matter-of-fact) 중심의 지침에 따르며 객관적 준거를 사용하여야 한다. 또한, 특히 임상 관계를 시작할 때 당장 물질 사용 문제를 직면하도록 하는 것보다 내담자의 저항을 다루는 작업이 도움이 된다. 초기 면담의 목표는 내담자의 치료 동기 수준이 개방적이고 순순히 정보 제공을 하도록 해서 면담의 인상으로 객관적인 공식화를 하는 데 필요한 정보를 획득하는 것을 포함한다. 상담자는 같은 방식으로 내담자에게 면담 평가 결과를 전하고 평가는 내담자가 제공한 것과 평가 도구로부터 도출된 자료를 기반으로 했다는 것을 강조한다. 이 과정은 치료 동맹을 강화할 수 있는 만큼 저항이 있을 수도 있으나 내담자의 작업에 도움이 될 수 있다. 다음은 약물 남용 내담자와 작업할 때의 일반적 지침이다.

1. **내담자가 선택한 행동에 내포된 중독의 정서적 역할의 이해.** 상담자에게 있어 주요 도전 과제는 기분 전환(mood-altering) 약물에 대한 내담자의 근거 이유를 명료화하는 것이다. 대부분 근거 이유가 정서를 기반(예: 부정적 상황 탈출이나 회피를 위해 사용하거나 욕망하는 정서 상태 획득을 위한 물질)으로 한다는 것에는 변함이 없다. 일단 정서적 동기가 설정되면, 상담자는 적합한 극복 반응을 개발하기 위한 치료에 착수할 수 있다. 치료사는 내담자가 단지 절제기간을 단기로 하였다거나 억양이 약하게 보이거나 허용적인 정서라면 즉각 외상 주제를 설정하는 것을 주의해야 한다.
2. **물질에 갈망하고 충동적이 되게 하는 내적이고 외적인 촉발 사건의 파악.** 물질 사용 충동은 종종 내담자에게 뚜렷하거나 뚜렷하지 않을 수도 있는 사건에 의해 유인된다. 상담자는 충동적으로 갈망하여 사용하는 내담자의 물질에 대한 내적(예: 생각, 감정, 기억, 태도 등)이고 외적(예: 관계 갈등, 사회적 고립, 상호적/존재적 상실)인 선행 사건을 감지할 필요가 있다. 그들이 물질-회피 행동을 할 기회를 허용할 때 이러한 유인물(triggers)을 확인하도록 도와야 한다. 한번 물질 유인물을 확인했다면, 그들이 극복할 수 있는 구체적인 계획을 구조화할 수 있다.
3. **물질 남용 행동과 관련한 외부 대(對) 내부 통제 소재의 직면.** 대부분 물질-학대 내담자는 조절에 대한 책임을 포기("나는 그것을 도울 수 없어.")하거나 그들 행위 전반의 통제를 외면화("너무나 많은 요구를 하는 상사 때문에 그럴 수밖에 없었어.")하는 것으로 합리화한다. 상담자는 상황과 상관없이 궁극적으로 그들 자신이 물질 남용을 선택하였음을 반영적으로 직면하도록 한다. 내담자가 이러한 현실을 일단 받아들이면, 남용과

관련한 충동이 치료의 핵심이 된다.

4. **물질 의존-강화 인식(예: 신념, 사고 양식)에 도전.** 대부분 약물 남용 내담자는 약품 의존성을 강화하는 신념 체계를 제시한다("아픔 없이 삶을 다룰 수 없어." 또는 "나를 통제하려면 술이 필요해."). 상담자는 그러한 부적응적 인식에 도전해야 한다.
5. **내담자에게 호의적인 행동 절제를 조력.** 갈망과 충동성을 극복하는 것은 매우 중요한 치료적 목표이다. 유용한 저항 기술은 이전에 그들이 갈망이나 충동 경험을 할 때 물질을 사용하므로 부정적 결말이 있었던 것에 초점을 맞추는 것이다. 이 기법은 감정적으로 부정적인 사건과 약물을 결합하여 즉각적으로 기분 전환 효과를 기대하므로 욕망하는 것으로부터 심리적 초점을 옮기는 것이다. 이러한 내담자의 '갈망을 직시하며 생각하기' 기법은 충동에서 벗어나 적응적인 선택을 인식하게 한다. 상담자는 사고, 감정, 행동(물리적 행동)의 차이점을 분별하고 검토해야 한다.
6. **적대적 직면보다 치료에 도움 되는 것의 실천.** 내담자 입장에서 치료 참여에 대해 비판적이기 때문에 상담자는 불관용과 직면을 혼동하지 않도록 조심해야 한다. 치료적 직면은 상담자가 장애로 대표되는 임상적으로 의미 있는 구체적 예시를 진술할 때 발생한다. 치료적 직면은 내담자가 진술한 것 중에서 주관적 가치에 관한 갈등이 아니라 객관적 자료나 행동에 근거한 것이어야 하며, 내담자의 죄책감이나 수치심을 부과하기 위한 시도는 치료 중단의 가능성을 증가시킨다.
7. **건강한 발달적 목표의 수립.** 약물 남용 내담자 상담에서 중요한 부분은 약물 사용과 수반하는 부적응 패턴인 잦은 발달적 장애물들을 주시하는 것이다(학업의 중단, 직장에서의 해고, 가족 와해 경험 등). 치료계획의 일부는 정상적이고 생산적인 기능을 서서히 회복하게 하는 것을 포함해야 한다. 좌절과 불안에 관용적인 것이 심리사회적 장애의 심각성과 기간에 따라 중점 치료가 될 수 있다.

약물 남용 평가서([서식 10-4])는 [서식] 섹션에 포함하였다. 이 서식은 약물 남용 내담자와 일할 때 사용할 수 있는 수련생을 위한 질문지로 제공된다.

재발 방지

사용하지 않다가 약물이나 알코올을 본격적으로 사용하거나 재발하는 것은 장기간의 회복기간에 전형적으로 경험되는 것이며 기타 만성 질환이나 질병 관리 기간에 발생되는 것과 같은 식이라고 고려되어야 한다(Burrow-Sanchez, 2006; NIDA, 2012). 행동의 재발 예방은 조작된 목표 행동을 이행하도록 하는 설정이 있고, 다른 하나는 원치 않는 목표 행동을 계속하지 않는 기간을 지속적으로 연장하는 설정으로 볼 수 있다. 다음은 향정신성 약물 재발 예방 프로그램 구성을 위한 일반적인 제안이다.

1. **내담자가 고위험 상황을 분별하는 것을 돕는다.** 고위험 상황은 약물 남용이 현저한 곳에서 사회적 행사에 참여하거나 약물을 쉽게 구할 수 있는 장소에서 시간을 보내는 것을 포함할 수 있다. 고위험 상황을 자각하므로 내담자는 절제 유지를 위한 통제력을 증가시키기 위한 특정 행동 계획을 적용하거나 회피를 검토하도록 경고한다(Witkiewitz & Marlatt, 2004).
2. **내담자가 생활양식을 바꾸고 관계를 수정하도록 돕는다.** 내담자는 특별한 약물 사용 패턴과 관련 있는 독특한 생활 행동(도둑질, 매춘, 약물 판매 등)에 관한 자각 능력을 개발해야 한다. 내담자는 금욕하는 동안 예후를 극대화하기 위하여 그러한 행동 패턴을 변화시켜야 한다. 마찬가지로, 약물 사용을 강화하는 특정 관계는 내담자의 약물 사용을 변호하는 사람들의 영향을 견딜 수 있는 충분한 행동과 충동 통제력을 키울 수 있을 때까지 직면하고, 재조정하고, 중단되어야 한다.
3. **향정신성 약물의 접근을 감소시킨다.** 재발 방지를 위한 전략적인 구성 요소는 향정신성 약물에 접근할 수 있는 것들을 감소시키는 것이다. 이것은 약물을 쉽게 구하거나 생각나게 하는 특정 장소(고위험 상황)를 분별하거나 정기적인 약물(알코올) 구매를 무시하거나, 주거지에서 향정신성 약물을 제거하는 것이 기회가 될 수 있다.
4. **근원적인 정신병리에 주목한다.** 치료되지 않은 심리장애(또는 정신병리)는 향정신성 약물 재발의 가장 흔한 원인 중 하나이다(NIDA, 2012). 금욕 기간 동안에도 지속되는 기분, 불안, 또는 성격장애나 기타 정신병리는 정식으로 평가해서 치료해야 한다. 병행치료(심리치료, 약물치료, 가족치료, 자조집단)가 가장 유익할 수 있다.
5. **재발에서 회복되는 것을 돕는다.** 예를 들면, 중증 성격장애, 치료되지 않는 정서나 불안장애와 같은 특정 환자에게서 자주 재발이 일어난다. 상담자는 재발과 관련하여 임상적인 준비를 해야 하며 재발이 치명적이지는 않지만 최근 치료에 집중하면서 놓친 부분이 있었는지 만큼은 확인해야 한다. 치료적 참여가 유지되고 있는 상태라면 재발이 치료의 재시작 지점으로 사용될 수 있다.

요약

이번 장에서는 자신이나 타인을 학대하는 내담자, 성 학대 생존자, 약물을 남용하는 내담자, 위기 피해자를 상대하기 위해 필요한 중요한 문제들을 다루었다. 이러한 내담자 집단은 일반적인 치료 장면에서 통상적으로 접하게 되므로 학생들은 수련 기간에 그들과 함께 작업하게 될 가능성이 크다. 따라서 상담 과정에서 발생할 수 있는 문제들과, 적절한 개입을 결정할 때 특별히 고려해야 할 사안들에 대해 숙지해야 한다. 상담 작업에 도움이 될 수 있는 개입 전략들을 다루었고, 중요한 내담자 자료를 신고하는 데 도움이 되도록 임상 양식들을 제공하였다.

참고문헌

Aguilera, D. C. (1998). *Crisis intervention: Theory and methodology* (8th ed.). St. Louis, MO: Mosby.

American Academy of Experts in Traumatic Stress. (2003). *Teacher guidelines for crisis response*. Retrieved from www.schoolcrisisresponse.com/teacherguidelines.pdf.

American Association of Suicidology. (2007). *Youth suicide fact sheet*. Retrieved from http://211bigbend.net/PDFs/YouthSuicideFactSheet.pdf.

American Counseling Association. (2005). *Code of ethics*. Alexandria, VA: Author.

American Psychiatric Association. (2003). *American Psychiatric Association Practice Guideline for the assessment and treatment of suicidal behaviors*. Arlington, VA: Author.

American Psychiatric Association. (2013a). *Diagnostic and statistical manual of mental disorders* (5th ed.). Washington, DC: Author.

American Psychiatric Association. (2013b). *Substance-related and addictive disorders*. Washington, DC: Author. Retrieved from www.psychiatry.org/practice/dsm/dsm5.

American School Counselors Association. (2010). *Ethical standards for school counselors*. Alexandria, VA: Author.

Applebaum, P. S. (1985). *Tarasoff* and the clinician: Problems in fulfilling the duty to protect. *American Journal of Psychiatry, 142*(4), 425–429.

Applebaum, P. S., & Meisel, M. A. (1986). Therapists' obligations to report their patients' criminal acts. *Bulletin of the American Academy of Psychiatry and the Law*, *14*(3), 221-229.

Arias, A. J., & Kranzler, H. R. (2008). Treatment of co-occurring alcohol and other drug use disorders. *Alcohol Research & Health, 31,* 155-167.

Barrio, C. A. (2007). Assessing suicide risk in children: Guidelines for developmentally appropriate interviewing. *Journal of Mental Health Counseling*, *29*, 50-66.

Beauchamp, T. L. (1985). Suicide: Matters of life and death. *Suicide and Life-Threatening Behavior, 24*(2), 190-195.

Bednar, R. L., Bednar, S. C., Lambert, M. J., & Waite, D. R. (1991). *Psychology with high-risk clients: Legal and professional standards.* Pacific Grove, CA: Brooks/Cole.

Berliner, L., & Lieb, R. (2001). *Child sexual abuse investigation: Testing documentation methods,* Olympia, WA: Washington State Institute for Public Policy. Retrieved from www.wsipp.wa.gov/ptfiles/PilotProjects.pdf.

Bernes, K. B., & Bardick, A. D. (2007). Conducting adolescent violence risk assessments: A frame work for school counselors. *Professional School Counselor, 10,* 419-427.

Boynton v. Burglass, No. 89-1409, Fla. Ct. App., 3d Dist. (September 24, 1991).

Brainer, C. J., Reyna, C. F., & Brandse, E. (1996). Are children's false memories more persistent than their true memories? *Psychological Science, 6*(6), 359-364.

Breshears, E. M., Yeh, S., & Young, N. K. (2004). *Understanding substance abuse and facilitating recovery: A guide for child welfare workers.* Rockville, MD: US Department of Health and Human Services, Substance Abuse and Mental Health Services Administration.

Bryant, J., & Milsom, A. (2005). Child abuse reporting by school counselors. *Professional School Counselor*, *9*, 63-71.

Burrow-Sanchez, J. (2006). Understanding adolescent substance abuse: Prevalence, risk factors, and clinical implications. *Journal of Counseling & Development, 84,* 283-290.

Callahan, C. J. (1998). Crisis intervention model for teachers. *Journal of Instructional Psychology, 25,* 226-235.

Captain, C. (2006). Is your patient a suicide risk. *Nursing, 36*(8), 43-47.

Carlino v. State, 294 N.Y.S.2d 30 (1968).

Comiskey v. State of New York, 418 N.Y.S.2d 233 (1979).

Curtois, C. A., & Ford, J. D. (2013). *Treatment of complex trauma: A sequenced, relationship-based approach.* New York: Guilford.

Dalton V. State, 308 N.Y.S.Zd 441 (App. Div. 1970).

Doan, J., LeBlanc, A., Roggenbaum, S., & Lazear, K. A. (2012). *Suicide prevention guidelines: Issue briefs.* Tampa, FL: University of South Florida, College of Behavioral and Community

Sciences, Louis de la Parte Florida Mental Health Institute, Department of Child & Family Studies (FMHI Series Publication #218-5 Rev 2012).

Edwards, N., & Lambie, G. (2009). A person-centered counseling approach as a primary therapeutic support for women with a history of childhood sexual abuse. *Journal of Humanistic Counseling, Education, and Development, 48,* 23-45.

Fowler, J. C. (2012). Suicide risk assessment in clinical practice: Pragmatic guidelines for imperfect assessments. *Psychotherapy, 49,* 81-90.

Freidrich, W. N., Fisher, J. L., Dittner, C. A., Acton, R., Berliner, L., Butler, J., et al. (2001). Child sexual behavior inventory: Normative, psychiatric, and sexual abuse comparisons. *Child Maltreatment, 6,* 37-49.

Fujimura, L. E., Weis, D. M., & Cochran, F. R. (1985). Suicide; Dynamics and implications for counseling. *Journal of Counseling and Development, 63,* 612-615.

Gould, M. S., Shaffer, D., & Greenberg, T. (2003). The epidemiology of youth suicide. In R. King & A. Apter (Eds.), *Suicide in children and adolescents* (pp. 1-40). New York: Cambridge University Press.

Granello, D. H. (2010). The process of suicide risk assessment: Twelve core principles. *Journal of Counseling & Development, 88,* 363-370.

Greene, D. B. (1994). Childhood suicide and myths surrounding it. *Social Work, 39,* 230-233.

Greenstone, J. L., & Leviton, S. C. (1993). *Elements of crisis intervention.* Pacific Grove, CA: Brooks/Cole.

Harrison, R. (2001). Application of Adlerian principles in counseling survivors of sexual abuse. *Journal of Individual Psychology, 57*(1), 91-101.

Hedlund v. Superior Court of Orange County, 669 P.2d 41, 191 Cal. Rptr. 805 (1983).

Jablonski v. United States, 712 R2d 391 (9th Cir. 1983).

James, R. K., & Gilliland, B. E. (2013). *Crisis intervention strategies* (7th ed.). Belmont, CA: Brooks/Cole.

Joe, S., & Bryant, H. (2007). Evidence-based suicide prevention screening in schools. *Children & Schools, 29,* 219-227.

Joiner, T. E. (2005). *Why people die by suicide.* Cambridge, MA: Harvard University Press.

Joiner, T. E. (2010). *Myths about suicide.* Cambridge, MA: Harvard University Press.

Joiner, T., Kalafat, J., Draper, J., Stokes, H., Knudson, M., Berman, A., et al. (2007). Establishing standards for the assessment of suicide risk among callers to the national suicide prevention lifeline. *Suicide and Life-Threatening Behavior, 37,* 353-365.

Kanel, K. (2010). *A guide to crisis intervention.* Belmont, CA: Brooks/Cole.

Klott, J. (2012). *Suicide and psychological pain: Prevention that works*. Eau Claire, WI: Premier Publication and Media.

Lambie, G. W. (2005). Child abuse and neglect: A practical guide for professional school counselors. *Professional School Counseling, 8,* 249-258.

Lawson, D. M., Davis, D., & Brandon, S. (2013). Treating complex trauma: Critical interventions with adults who experienced ongoing trauma in childhood. *Psychotherapy, 50,* 331-335.

Lipari v. Sears Roebuck, 497 R Supp. 185 (D. Neb. 1980).

Marshall, N. A. (2012). A clinician's guide to recognizing and reporting parental psychological maltreatment of children. *Professional Psychology: Research and Practice, 43,* 73-79.

Mart, E. G. (2010). Common errors in the assessment of allegations of child abuse. *Journal of Psychiatry and Law, 38,* 325-343.

Martsolf, D. S., & Draucker, C. B. (2005). Psychotherapy approaches for adult survivors of childhood sexual abuse: An integrative review of outcomes research. *Issues in Mental Health Nursing, 26,* 801-825.

McGlothlin, J. M., Rainey, S., & Kindsvatter, A. (2005). Suicidal clients and supervisees: A model for considering supervisor roles. *Counselor Education and Supervision, 45,* 134-146.

Meichenbaum, D. (2005). 35 years of working with suicidal patients: Lessons learned. *Canadian Psychology, 46,* 64-72.

Miller, D. N., Eckert, T. L., & Mazza, J. J. (2009). Suicide prevention programs in the school: A review and public health perspective. *School Psychology Review, 38,* 168-188.

Minnesota Coalition Against Sexual Assault. (1994). *Training manual.* Edina, MN: Author.

Monahan, J. (1993). Limiting therapist exposure to *Tarasoff* liability: Guidelines for risk containment. *American Psychologist, 48*, 242-250.

Moyer, M., & Sullivan, J. (2008). Student risk taking behaviors: When do school counselors break confidentiality? *Professional School Counselor, 11*, 236-245.

Murray, L. K., Cohen, J. A., & Mannarino, A. P. (2013). Trauma-focused cognitive behavioral therapy for youth who experience continuous traumatic exposure. Peace and Conflict: *Journal of Peace Psychology, 19,* 180-195.

Myer, R. A., & Cogdal, P. (2007). Crisis intervention in counseling. In J. Gregoire & C. M. Jungers (Eds.), *The counselor's companion: What every beginning counselor needs to know* (pp. 550-566). Mahwah, NJ: Erlbaum.

Myer, R. A., Lewis, J. S., & James, R. K. (2013). The introduction of a task model for crisis intervention. *Journal of Mental Health Counseling, 35*, 95-107.

Myer, R. K., & Moore, H. B. (2006). Crisis in context theory: An ecological model. *Journal of Counseling & Development, 84,* 139–147.

National Institute on Drug Abuse (NIDA). (2012). *Principles of drug addiction treatment: A research based guide.* Retrieved from www.drugabuse.gov/sites/default/files/podat_l.pdf.

Otto, R. (2000). Assessing and managing violence risk in outpatient settings. *Journal of Clinical Psychology*, *56*, 1239–1262.

Paridies v. Benedictine Hospital, 431 N.Y.S.2d 175 (App. Div. 1980).

Pate, R. H. (1992, Summer). Are you liable? *American Counselor*, *10,* 23–26.

Peck V. The Counseling Service of Addison County, 499 A.2d 422 (Vt. 1985).

Riley, P. L., & McDaniel, J. (2000). School violence, prevention, intervention, and crisis response. *Professional School Counselor*, *4,* 120–125.

Roberts, A. R. (Ed.). (2005). *Crisis intervention handbook: Assessment, treatment and research.* New York: Oxford University Press.

Rudd, M. D., Berman, A. L., Joiner, T. E.. Jr., Nock, M. K., Silverman, M. M., Mandrusiak, M., et al. (2006). Warning signs for suicide: Theory, research. and clinical implications. *Suicide and Life-Threatening Behavior*, *36,* 255–262.

Sikes, A., Remley, T. P., & Hays, D. G. (2010). Experiences of school counselors during and after making suspected child abuse reports. *Journal of School Counseling*, *8,* 30.

Slavik, S., Carlson, J., & Sperry, L. (1993). An Adlerian treatment of adults with a history of childhood sexual abuse. *Individual Psychology, 49*(2), 111–131.

Stone, A. A. (1976). The Tarasoff decisions: Suing psychotherapists to safeguard society. *Harvard Law Review, 90,* 358–378.

Tarasoff v. Regents of the University of California, 113 Cal. Rptr. 14, 551 P.2d 334 (Cal. 1976).

Tarasoff v. Regents of the University of California, 13 Cal. 3d 177, 529 P.2d 533 (1974), vacated, 17 CaL 3d 425, 551 P.2d 334 (1976).

Thompson v. County of Alameda, 614 R2d 728 (CaL 1980).

US Department of Health and Human Services. (2003). *The child abuse prevention and treatment act.* Retrieved from www.acf.hhs,gov/sites/default/files/cb/capta2003.pdf.

US Department of Health and Human Services, Administration for Children and Families, Administration on Children, Youth and Families, Children's Bureau. (2009). *Definitions of child abuse and neglect: Summary of state laws.* Washington, DC: US Government Printing Office.

US Department of Health and Human Services, Administration for Children and Families, Administration on Children, Youth and Families, Children's Bureau. (2011). *Child maltreatment*. Retrieved from www.acf.hhs.gov/sites/default/files/cb/cml l.pdf#page=69.

Vande Creek, L., & Knapp, S. (1993). *Tarasoff and beyond: Legal considerations in the treatment of life endangering patients* (rev. ed.), Sarasota, FL: Professional Resource Press.

Walcott, D. M., Cerundolo, R., & Beck, J. C. (2001). Current analysis of the Tarasoff duty: An evolution towards the limitation of the duty to protect. *Behavioral Sciences and the Law, 19,* 325-343.

Waldo, S., & Malley, P. B. (1992). Tarasoff and its progeny: Implications for school counselors. *School Counselor, 40,* 56-63.

Walfish, S., Barnett, J. E., Marlyere, K., & Zielke, R. (2010). "Doc, there's something I have to tell you": Patient disclosure to their psychotherapist of unprosecuted murder and other violence. *Ethics & Behavior, 20*, 311-323.

Webster, C. D., Douglas, K. S., Eaves, D., & Hart, S. D. (1997). HCR-20: *Assessing risk for violence* (Version 2), Burnaby, BC: Mental Health, Law, and Policy Institute, Simon Fraser University.

Witkiewitz, K., & Marlatt, G. A. (2004). Relapse prevention for alcohol and drug problems: That was Zen this is Tao. *American Psychologist, 59*, 224-235.

학교 및 정신건강 관련 기관의 자문 활동: 모델과 방법

자문은 정신건강기관 및 학교에서 심리학자와 상담자가 제공하는 가장 인기 있는 서비스 중 하나가 되었다. 1962년 「정신건강법」이 제정되고, Gerald Caplan(1970)의 걸작인 『정신건강 자문의 이론과 실제』가 정신건강 자문을 이해하고 실행하는 데 탄탄한 기초를 제공하였다. 학교 체계에서 상담자를 위한 공식적인 자문 역할은 1970년대 후반에 다른 조력 전문가들이 일대일 관계에서 벗어나 관리자와 일하기 시작하면서 그리고 내담자와 함께 일하면서 발생했다(Baker, 2000). 자문은 상담자가 자신의 기술을 사용하여 다른 전문가에게 영향을 주어 내담자나 학생의 정서적 · 심리적 · 학습 및 진로 발달을 촉진할 수 있는 방법이다. 이 장은 정신건강 임상의의 업무 범위에서 상담의 중요성을 고려하여 학생들에게 학교 및 정신건강기관의 자문에 대한 기본적인 이해를 제공하기 위해 포함되었다.

자문의 정의

자문의 성장과 함께, 자문의 정의에 따른 다양한 의견이 개진되었다(Gravois, 2012; Gregoire & Slagel, 2007). 자문에 관한 첫 시각을 제공한 Caplan(1970)은 자문을 "개별 전문 영역을 갖고 있는 두 전문가 사이의 협업 과정"으로 보았다. Ohlsen(1983)은 자문을 "제3자 또는 관계자로서 다른 사람을 돕는 전문 활동"으로 정의하였다. Kirby(1985)는 자문 관계의 조건으로 다음 네 가지를 제시하였다. 첫째, 자문 관계는 자발적이어야 한다, 둘째, 자문의 초점은 자문 요청자(consultantee)가 제시한 문제 상황에 맞추어져야 한다, 셋째, 자문 제공자는 위계 구조 내의 상사처럼 기능해서는 안 된다. 넷째, 자문 제공자의 전문성만이 변화를 촉진하는 동력이어야 한다. Moe와 Perera-Diltz(2009)는 "조직 소속 컨설턴트는 구성원 개인이나 내담자의 행동 또는 태도에만 초점을 맞추기보다는, 조직 구성원들을 연결 짓고 조직의 목적 달성을 돕기 위해 구성원 간의 관계에 초점을 맞춘다"(p. 29). 이번 장에서는 자문의 의미를 명확히 하기 위해 Dougherty(2005)가 제시한 정의를 사용할 것이다.

> [자문은] 휴먼 서비스 전문가들이 자문 요청자의 내담자 조력과 관련된 업무(또는 돌봄) 상의 문제에 대해 자문 요청자와 내담자 양측을 특정 방식으로 돕기 위한 과정이다(p. 11).

초기 저자들(Alpert, 1977; Caplan, 1970)은 자문에 대한 정의뿐 아니라 자문의 초점과 특성에 대해 의견 일치를 보지 못했다. 불일치의 핵심은 자문의 제공이 직접적이어야 하는가 간접적이어야 하는가의 문제였다. 전통적으로 상담자나 심리학자는 내담자를 대상으로 직접 서비스를 제공해 왔다. 그러나 1980년대에 들어서면서 전문가들은 내담자를 위한 예방적 조력에 주목하기 시작하였다(Erchul, 2011; Neukrug, 2012). 이런 보다 간접적인 서비스는 내담자나 학생의 복지에 직접 책임을 지는 다른 전문가를 지원하기 위한 상담자를 요구하였다. 오늘날 자문은 예방을 위한 독특하고 간접적인 접근으로 여겨지고 있는 것이 분명하다(Crothers, Hughes, & Morine, 2008). 자문의 가장 뚜렷한 강조점의 하나는 상담과 자문을 하는 동안 서비스 제공의 방해물이 되지 않는 역할을 분명히 해야 한다는 것이다. 일반적으로 자문은 최종 결과물을 전부 책임지지 않는 것이 치료와 다른 점이다. 내담자의 개인적 증진(improvement)에 초점이 있는 상담과 대조적으로 자문은 자문을 요청자의 역할(role)을 개발하고 향상시키기 위한 것이다. 본질적으로 자문은 치료를 우선시하여 설정되었다는 것을 분명히 기억해야 한다. 오히려 자문은 보다 생산적이고 효과적인 태도로 자신의 의무를 수행하도록 자문 요청자를 돕는 촉진자 및 협력자의 역할을 한다(Sears, Rudisill, & Mason-Sears, 2006).

정신건강 자문의 종류

정신건강 자문을 정의하며 상담과 구별하는 것은 특별한 목적과 독특한 특성을 파악하는 데 도움이 된다. Caplan(1970)은 『정신건강 자문의 이론과 실제』에서 규율이 처음 생성될 때 자문과 관련하여 고려해야 할 점과 오늘날 여전히 유용한 정신건강 환경에서의 자문 유형 네 가지를 제시하였다.

- **내담자 중심 사례 자문**: 자문 요청자는 특정 내담자의 정신건강 측면을 처리하는 데 어려움을 겪고 있으며, 전문가에게 문의하여 어려움의 본질과 자문 요청자의 업무 어려움이 특정 사례 또는 사례 집단의 관리와 어떻게 관련되는지에 대해 조언한다. 컨설턴트는 내담자의 문제를 평가하고 행동 순서를 권고하게 된다.
- **프로그램 중심 행정 자문**: 컨설턴트는 프로그램 개발을 위한 현안, 기관의 조직 내 어떤 특정 상황, 인사 정책을 포함하는 조직 정책을 계획하고 실행하는 것을 돕는 행정가에 의해 초대되었다. 컨설턴트는 서면 보고서 양식으로 조직에 피드백해 줄 것을 요청받는다.
- **자문 요청자 중심 사례 자문**: 자문 요청자의 업무상의 문제는 특정 내담자 관리와 관련된 것으로, 사례를 잘 다루어 가기 위해 컨설턴트의 도움을 필요로 한다. 컨설턴트는 자문을 요청받은 사례에서 문제를 야기하는 자문 요청자의 전문적 기능의 한계를 명확히 하고 교정하는 것에 초점을 맞춘다. 이런 유형의 자문은 슈퍼비전과 유사해 보이지만 분명한 차이가 있는데, 그것은 자문 요청자와 컨설턴트가 슈퍼비전에서처럼 장기간에 걸쳐 지속적으로 관계를 맺지 않는다는 것이다.
- **자문 요청자 중심의 행정적 자문**: 컨설턴트는 조직의 정책 현안을 다루는 관리자들을 돕는다. 자문 요청자의 업무 고충에 집중하여 그에 대한 문제 해결 기술 향상에 자문의 초점을 맞춘다(Caplan, 1970).

1970년대 이후 Caplan의 자문 요청자 중심 자문은 다수의 현장 전문가에 의해 적용되고 갱신되어 왔다(예: Caplan & Caplan, 1993; Hylander, 2012; Lambert, Hylander, & Sandoval, 2003). Knotek과 Sandoval(2003)은 자문 요청자 중심 모델에 관한 컨설턴트의 이해를 다음과 같이 요약하였다.

1. 자문 요청자 중심 자문은 컨설턴트와 제3자(내담자)가 관련된 업무 문제에 대해 전문적인 도움을 구하는 개인 또는 집단(컨설턴트) 간의 비계층적 역할 관계를 강조한다.
2. 업무상 문제란 내담자의 학습, 발달, 적응을 돕는 것과 관련된 자문 요청자의 관심 주제를 말한다.
3. 컨설턴트의 주요 과업은 자문 요청자가 자신이 일하는 업무 환경에서 필요한 복지, 발전, 인간관계, 개인 및 조직의 효과성 증진에 필요한 핵심 정보를 포착하고, 그에 대한 다양한 관점을 고려하도록 돕는 것이다. 컨설턴트는 궁극적으로 자문 요청자가 업무상 문제에 대한 자신의 기존 개념을 재구성하도록 돕고자 노력한다.
4. 자문 과정의 목표는 업무 문제 개념화를 새로운 방식으로 함께 개발하므로 자문 요청자의 능력 범위가 확장되어 자문 요청자와 내담자 사이의 전문적 관계가 회복되고 향상되는 것이다. 문제를 함께 재검토하므로, 문제에 접근하는 새로운 방식이 업무 딜레마에 임하는 태도에 새로운 의미를 부여하도록 이끌 수 있다(Knotek & Sandoval, 2003).

정신건강 자문의 특성

Caplan(1970)은 정신건강 자문의 특징을 설명하였으며, 그 특징에 대한 요약은 학생들이 정신건강 환경에서 상담 모델을 명확하게 이해할 수 있도록 제공되었다.

1. 정신건강 자문은 일반적인 내담자 또는 그러한 내담자를 위한 프로그램에 관한 두 전문가 사이의 사용 방식이다.
2. 자문 요청자의 업무상 문제에 해당되는 영역은 내담자의 정신장애 또는 성격적 결함, 정신건강 증진, 작업 상황에서의 인간관계 등이다.
3. 컨설턴트는 내담자 사례의 성과와 관련하여 자문 요청자의 업무 또는 전문성 책임에 관하여 행정적 책임을 갖지 않는다.
4. 자문 요청자는 컨설턴트의 아이디어 또는 제안을 수용해야 할 의무는 없다.
5. 둘 사이는 기본적으로 조화를 이루는 관계이므로 위계적 권위가 조성하는 긴장이 존재해서는 안 된다.

6. 동등한 관계는 보통 다른 전문가의 구성원이 외부에서 자문 요청자의 기관으로 들어옴으로써 컨설턴트에 의해 조성된다.
7. 일반적으로 자문은 업무 문제에 대한 도움이 현재 필요하다는 자문 요청자의 응답으로 이루어지는 일련의 짧은 면담을 제공한다.
8. 자문은 막연히 지속될 것으로 기대되지 않는다.
9. 한 컨설턴트가 개별 자문 요청자에게 알려 주기 위한 방대한 양의 정보를 미리 결정하지 않는다.
10. 자문의 목적은 자문 요청자가 현재 업무 고충을 처리하거나 이해할 수 있도록 돕는 것과 미래에 유사한 유형의 문제를 능숙히 다룰 수 있는 능력을 향상시키는 것이다.
11. 목표는 자문 요청자의 직무 수행능력 향상이지 well-bing이 아니다.
12. 자문은 자문 요청자의 개인적 문제와 감정을 명백히 하는 것에 초점을 두지 않는다.
13. 이것은 컨설턴트가 자문 요청자의 감정에 주의를 기울이지 않는 다는 것을 의미한다. 컨설턴트는 개인적 문제로 발생된 과업 수행 능력에 장애가 되는 이러한 것들에 대해 특히 민감하다.
14. 자문을 해 주는 사람을 의례적으로 '컨설턴트'라고 부르기는 하지만 자문 활동은 정신건강 전문가의 전문 기능 중 하나일 뿐이다.
15. 결국, 정신건강 자문은 정신건강 전문가와 다른 전문가 사이의 의사소통 방식이다 (Caplan, 1970).

내부 및 외부 차원의 자문

지난 40년 동안 Caplan 모델은 시간이 지남에 따라 실행이 거듭되면서 변형되어 왔는데, 적어도 두 가지 현저한 변화가 있었다. 초기에 Caplan(1970)은 컨설턴트가 자문 요청자의 소속 기관 밖에 존재하면서 자문을 하는 것으로 개념화하였다. 그러나 실제로 정신건강 컨설턴트는 조직 차원에서 해결을 고심하는 문제에 대해 집중하도록 특별히 훈련받은 기관 소속 직원인 경우가 많다(즉, Caplan, Caplan, & Erchul, 1994; Crothers et al., 2008; Erchul, 2011). 학생을 위한 보다 나은 해법을 찾고 있는 교사 및 학교 관리자들과 상호작용하며 컨설턴트 역할을 담당하는 학교상담자의 경우가 특히 그렇다. 학교상담자는 또한 위기 대응 훈련 및 실행, 자살 예방 계획 및 개입 방침 등의 주제에 관해 동료들을 자문하는 역할을 한다. Caplan 등(1994)에 따르면 학교 내 컨설턴트가 교내의 업무상 위계에서 여러 잠재적 자문 요청자들의 상급자일 경우, 그리고 교실 수업 등 학교에서 수행되는 핵심 업무에 대해 자문 요청자들에 버금가는 지식을 가지고 있을 경우 학교 컨설턴트는 어려움을 겪게 된다고 하였다. 기관 내 자문의 실행과 관련하여 Caplan의 초기 모형은 또 다른 변화를 겪게 된다. 내부 컨설턴트의 활동이 늘어나면서, 체계 내 자문 요청자가 그들의 조언이나 권고를 거부할 만큼 자유로울 수 없다는 것이 명확해졌다(Caplan et al., 1994). 조직의 일원으로서 자신이 속한 조직에 대해 자문을 실시하고 그 결과에 대해 책임을 져야 하는 위치에 있는 컨설턴트는 자문 요청자가 자신의 '전문적 견해'를 거부할 자유를 허용하기가 쉽지 않을 수 있다(Caplan et al., 1994).

자문과 협력의 구분

기관 내에서 컨설턴트를 활용하는 것이 어려움이 없는 것은 아니다. 특히, 컨설턴트의 조언을 거부하거나 수용할 자문 요청자의 자유와 관련하여 Caplan과 그의 동료들(1994)은 자문에 관한 이야기가 더 이상 적절하지 않은 상황에서는 협력(collaboration)할 것을 제안하였다. 협력 상황에서는, 전문가-협력자와 자문 요청자는 내담자의 일반적인 성과에 관한 책임을 공유하고 전문가-협력자는 사례에 대한 정신건강 관련 요인에 대해 기본적으로 책임을 지게 된다. 전문가-협력자는 임상의 또는 조언자로 직접 참여하는 팀 구성원으로서 간주되어 사례의 정신건강 결과를 증진하기 위해 특정한 진단과 치료상 기술을 최대한 활용한다. 컨설턴트는 긍정적인 결과를 이끌어 내기 위하여 자문 요청자의 관심이 사례의 특출한 양상으로 향하게 한다. 또한, 협력 상황에서, 자문 요청자-협력자가 외부 컨설턴트를 활용하였을 때 뜻밖에도 컨설턴트의 조언을 수용하거나 거부할 자유가 없다. 오히려, 자문 요청자는 내담자 상황을 증진할 수 있는 가능한 최선의 행동 절차를 따라야 할 의무가 있다(Brown, Pryzwansky, & Schulte, 2011).

Cook과 Friend(2010)는 학교 환경에서 협력적인 협력(또는 단순히 협력)의 개념은 교사, 특히 장애를 가진 아동의 요구를 대변하는 특수교육 교사에게 권한을 이양하는 방식으로 1980년대에 등장하기 시작하였다고 지적하였다. 본 저자들은 협력이 자문과 비슷하지만, 아동의 요구 사항을 충족한다는 동일한 목표를 가진 동료로서 전문가적 활동을 훨씬 더 강조한다고 지적한다. 예를 들면, 학생들의 행동적, 학업적, 심리적 요구를 보다 더 이해하고 학교 환경에서 전반적인 성공을 증진할 수 있도록 교사를 돕는 방식으로 종종 상담자, 심리학자, 사회복지사는 위계적이지 않은 상황에서 컨설턴트 역할을 수행할 수 있다(Crothers et al., 2008).

자문에 대한 은유와 가정

정신건강 자문은 어느 정도 자문 관계의 일부 측면을 갖는다고 설명했다. 이것은 자문에 관한 관례와 관련된 비유와 가정을 일정 정도 강조하는 것에 기반한다. Schein(1969, 1990, 1997)은 자문 관계에서 가져 온 가정을 이해하기 위한 컨설턴트나 조력자를 위한 필요에 초점을 두었다. Rockwood(1993)는 문제를 구성하는 과정에 대비되는 내용을 고찰하며 문제를 해결하는 것으로 Schein의 자문 모형을 논의하였다. 다음은 전문가 의견 구매 모델(the purchase-of-Expertise Model), 의사-환자 모델(Doctor-Patient Model), 과정 자문 모델(Process Consultation Model)의 기본 구성과 주요 가정의 개요이다.

전문가 의견 구매 모델

전문가 의견 구매 모델은 일반적으로 자신의 특별한 전문 지식이나 지식에 대한 컨설턴트를 찾고, 자문을 통해 그 지식에 대해 기꺼이 지불할 의사가 있음을 시사하는 것으로 가설은 다음과 같다.

1. 내담자는 현재 문제가 무엇인지 정확하게 진단할 수 있어야 한다.
2. 내담자는 문제를 해결할 수 있는 컨설턴트의 능력을 확인하였다.
3. 내담자는 문제가 무엇인지 전달해야 한다.
4. 내담자는 도움과 연관되어 취할 모든 입장을 용인하고 생각한다(Rockwood, 1993).

전문가 의견 구매 모델은 문제를 개선하기 위한 컨설턴트의 전문적 의견과 기술을 신뢰하며, 문제에서 벗어나는 것이 가능하다.

의사–환자 모델

의사–환자 모델 역시 내용에 초점을 맞추며, 문제 해결에 필요한 진단과 처방이 전적으로 컨설턴트에 의해 이루어지는데, 이 모델의 특징은 다음과 같다.

1. 내담자는 '병든 부분'이 어디인지 알고, 조직 내의 가정들을 맞게 해석하고 있다.
2. 내담자는 진단을 신뢰할 수 있다.
3. 정의된 개인 또는 집단은 진단에 필요한 정보를 제공할 것이다.
4. 내담자는 진단을 이해하고 수용하며, 처방을 수행하고, 예상되는 모든 결과를 수용할 것이다.
5. 내담자는 컨설턴트가 떠난 후에도 건전성을 유지하는 것이 가능할 것이다.

과정 자문 모델

과정 자문 모델은 공동의 노력으로 문제를 어떻게 해결할 것인가에 초점을 두며 특징은 다음과 같다.

1. 문제의 본질은 내담자가 진단을 할 때 도움이 필요할 뿐 아니라 진단에 참여하는 것이 유익해야 한다.
2. 내담자는 건설적인 목적과 문제 해결 능력을 갖고 있다.
3. 궁극적으로, 내담자는 조직 내에서 가장 일이 잘될 수 있는 해결책이나 개입 형태가 무엇인지 아는 사람이다.
4. 내담자가 진단에 참여하고 선택한 중재를 이행할 때, 그때 향후 문제 해결 능력이 향상될 것이다.

과정 자문은 조직 체계 범위에 부합하는 해결책을 함께 찾으려는 가치와 목적을 갖고 내담자와 작업하기를 시도하고 지속적으로 조직의 목표와 가치를 수용한다는 점에서 체계적이다(Rockwood, 1993). 최종적으로, Schein(1997)은 내담자와의 모든 접촉을 유용하게 하도록 돕고, 내담자와 체계에 관한 정보를 발굴하여 내담자와 상호작용할 때마다 사용하고, 내담자나 체계에 대해 모르는 것에 솔직해지므로 내담자가 보다 직접적이고 충분히 배우도록 하는 것을 포함하여 내담자와 작업하는 자문 과정에서 지도할 수 있는 여덟 가지 원칙을 소개하였다.

자문에서의 문화 관련 이슈

자문을 포함한 모든 특정 조력 전문가를 돕는 것은 그들의 관행에 대한 문화적 다양성에 점점 더 영향을 미치게 되었다(Kirmayer, Guzder, & Rousseau, 2014). Behring과 Ingraham(1998)은 자문에 관심을 갖고 문화적 인식과 실천을 구체화하기 위하여 자문 분야의 관심을 촉구하였다. 그들은 다문화 자문을 "컨설턴트가 자문 요청자 또는 내담자, 혹은 양쪽 모두에게 문화적 가치(values)와 필요(needs)에 대응하도록 자문 서비스를 조정하는 문화적으로 민감하고 직접적인 서비스"라고 정의하였다(Behring & Ingraham, 1998, p. 58). 모든 유형의 자문을 하는 동안, Behring과 Ingraham은 그들이 가진 문화적 가치와 편견을 자각하고 자문 대상자와 차이를 다루는 방식을 권고하였다. 나아가 다문화 자문에서 컨설턴트는 그들 자신과 자문 대상자(consultees) 양쪽의 의사소통 스타일을 고려하고 직접적으로 자문의 과정과 성과에 영향을 미친다. 학교 환경에서 Olivos, Gallagher, 그리고 Aguilar(2010)는 자문과 협력에 문화적 영향과 언어적 다양성이 미치는 영향을 논의하였다. 그들은 주류(예: 백인, 유럽인, 중산층) 문화의 일부가 아닌 가족과 특별한 요구를 하는 자녀가 있는 가족은 지배적 문화의 구성원으로서의 가족이 찾는 서비스에 동등하게 접근할 수 없다고 언급하였다. Olivos 등(2010)은 컨설턴트나 협력자가 문화적으로 다양한 가족을 위해 보장할 것들을 제안하였다. 첫째, 학생 조력자(예: 교사, 행정가, 상담사 등)와 학교가 충분히 접근 가능해야 하고, 둘째, 협력 과정에서 격려를 받아 자녀와 관련된 관심사를 누구에게 어떻게 표현할지 알게 되고, 셋째, 자녀들 편에서 결정할 수 있는 적절한 정보를 일체 알고 있어 의사 결정 과정에서 의견을 자유롭게 제시할 수 있고, 넷째, 부모는 특수 교사뿐 아니라 일반 교사와도 친근하여 자녀의 요구(needs)에 관한 자문을 받을 수 있다. 복잡성을 감안하면 컨설턴트는 문화적으로 적절히 대응하는 것을 포함하여, 자문 요청자의 문화적 배경에 대한 지식이 풍부해서 문화적 차이를 검토하는 방식의 탐색을 권장하였다.

학교 자문

정신건강 자문에서의 자문 모델은 업무 문제에 중점을 두고 자문 관계는 문제 해결 과정을 촉진한다. 학교에서의 자문에 관하여 Schmidt(2003)는 "학교상담자는 교육, 정보, 문제 해결 관계를 포함하여 광범위한 맥락에서 자문을 활용한다."고 하였다(p. 176). 그는 상담자-컨설턴트, 자문 요청자(학생, 교사, 부모 등), 제3자 또는 외부 상황(예방, 발달, 교정) 사이의 삼각관계로 학교 자문 과정 틀에 관하여 언급하였다. 마찬가지로 Crothers 등(2008)은 학교에서 교장과 교사와 같은 전문적 인사와 함께 일하는 컨설턴트는 그들의 기술이 나아지도록 도와서 그들의 학생과 가족을 최대한 가능한 방식으로 돕도록 한다고 기술하였다.

자문의 초점이 학교의 문제 예방 조력에 있을 때, 교육적 또는 정보를 제공하는 자문을 진행한다. 상담자는 종종 부모, 학생, 교사에게 정보를 주거나 새로운 기술을 가르치기 위해 대규모 집단 지도를 사용하기도 한다. 이러한 교육적 자문 유형은 평가를 포함하지 않기 때문에 궁금한 것을 질문하고 의견을 공유하는 것을 목표로 한다. 이러한 자문 활동은 컨설턴트와 자문 요청자와의 관계를 통해 외부 상황을 개선하는 것이 목적이기 때문에 지시적 상담과 차이가 있다. 정보를 제공하는 자문 상황은 학생, 부모, 교사가 지역사회 및 학교 자원, 진로 및 교육적 자원, 또는 기타 요청과 관련하여 필요가 발생된다. 다시 말하면, 상담자는 자문 요청자가 부족한 정보를 취할 수 있는 자원의 위치에 관한 지식과 지역사회를 연결한다.

Kurpius과 Fuqua(1993)는 학교에서 자문 역할을 수행할 때 상담자가 취하는 서로 다른 역할을 확인할 수 있는 네 가지 일반적 자문 형식(modes)에 관한 개요를 정리하였다. 첫째는 '전문가(expert)' 역할이다. 이 역할은 상담자가 부모, 학생, 교사에게 전문 정보를 제공하며 문제에 관한 답을 제공하거나 문제 개선을 위해 직접 기술을 사용하는 역할이다. 두 번째 역할은 상담자가 정보를 수집해서 진단하고 해결책을 권고하는 '처방적(prescriptive)' 역할이다. 세 번째 역할은 외부 상황의 개선 또는 변화를 위해 문제를 정의하고 전략 개발을 위해 자문 요청자와 제휴하며 상담자와 작업하는 '협력자(collaborator)'이다. 협력자의 자문 역할은 변화 촉진을 위한 참여자 가운데 한 사람으로서 동등한 관계로 설정된다. 이러한 역할은 종종 행정가와 다른 전문가뿐 아니라 학생, 부모, 교사와 함께 자문할 때 활용되었다. 협력자 역할은 교육, 의료, 그리고 학교 구성원에게 보조 서비스를 제공하는 기타 전문직과 다양한 학내 관계를 만들고 형성하는 것을 포함할 때 보다 폭넓게 정의될 수 있다. 이러한 연합은 아동의 건강한 발달을 촉진하는 환경을 만들기 위해 노력하는 것과 마찬가지로 관련된 모든 당사자들에게 유익하다. 또한 물론 학교상담자와 상호작용하는 학생, 부모, 교사를 위한 외부 서비스의 유용성을 강조한다(Schmidt, 2003). Kurpius와 Fuqua(1993) 틀에서의 네 번째는 '중재자(mediator)'이다. 중재자로서 상담자는 둘 또는 그 이상의 사람 사이 또는 사람과 외부 환경 사이에서의 갈등 해결책을 촉진하는 것이고, 목적은 공통된 근거와 절충점을 찾아내는 것이다.

Baker(2000)는 문제 해결 상담을 위한 Egan(2010)의 3단계 조력 패러다임에서 제안한 것과 동일한 단계를 거치는 과정과 마찬가지로 학교상담자를 위한 기본 자문 역량을 제안하였다. Egan의 패러다임은 자문 활동을 위해 재구성되어 왔고, 자문 요청자라는 말은 전통적인 상담 모델에서 내담자라는 용어로 사용되었다.

Baker(2000)는 확인(identification)/명료화(clarification), 목표설정(goal setting)/몰입(commitment), 그리고 행동(action)이라는 3단계의 맥락에서 포괄적 자문 모델의 기본 기술을 제안하였다. 자문의 확인/명료화 단계에서 첫 인터뷰가 행해진다. 이 면담에서 사용된 기술은 상담자가 초기 내담자 면담에서 사용하는 동일한 기술로, 정보를 공유하고, 확인하고, 명료화하도록 격려하는 전략이다. 다음으로, 상담자-컨설턴트는 자문 요청자를 초대하여 단계별로 목표가 된(tier-targeted) 문제를 공유하고 촉진 작업을 위한 동맹을 구축한다. 문제를 명료화하는 만큼, 컨설턴트는 전문가, 권위자, 협력자, 중재자 등 문제에 적합한 자문 형식을 결정한다. 컨설턴트는 이해한 만큼 문제를 명료화하고, 그들이 이해한 자문 요청자의 동기를 설명하고, 컨설턴트가 취할 역할을 협상한다.

두 번째 목표설정/몰입으로 이어지는 단계이다. 이 단계를 진행하며 암시하는 것은 자문을 위한 의사 결정이다. 의사 결정이 되었다고 추측되면, 문제의 이슈를 탐색하고 가능한 해결책을 도출한다. 정보 공유(information sharing), 즉시성(immediacy), 직면(confrontation) 등의 기본적이고 도전적인 기술은 이 단계에서 사용된다. 만약 컨설턴트가 협업 형식을 사용한다면, 가설에 관한 브레인스토밍(brainstorming)과 해결책을 이어 간다. 할 수 있는 만큼 많은 가설과 해결책을 분석 없이 확인한다. 처방적 모드에서 컨설턴트는 그들의 처치 계획을 설명하고 나서 그것을 수행할 사람을 브레인스토밍한다. 해결책이 분명해졌을 때, 준거로서 대안의 실현 가능성(workability), 합리성(reasonability), 동기(motivation)를 사용하여 평가한다. 때로는 문제에 관한 보다 많은 정보가 최종 목표가 수립되기 전에 필요할 수도 있다. 자문 요청자의 목표를 위한 몰입과 목표에 대한 이해를 위해 컨설턴트가 격려하고 지지하는 만큼 변화가 일어난다.

<표 11-1> 간단한 자문 단계와 목표

단계	목표
I	자문 요청자의 문제 상황을 기회로 활용하지 못했던 것을 확인하고 명료화한다.
II	미래에 대한 희망이 자문 요청자가 몰입할 수 있는 현실적 목표가 되도록 한다.
III	도달할 수 있는 전략이 도출되고 실행된다.

자문 과정의 최종 단계는 행동 전략이다. 자문 요청자는 최종 의사 결정에 도움을 바랄 수 있다. 자문 형식에 따라 합리적 사고를 위한 상담을 적용하거나 아동과 청소년 발달에 따른 능력 향상 또는 교실 관리 기술의 훈련이 적절하다고 판단한다. 중재의 적절한 형식이 선택되었을 때, 상담자는 두 가지 이상의 상호 협약이나 조정을 촉진하기 위해 두 번 이상의 모임에서 질의응답 시간을 갖는다. 기본적인 상담 기술은, 도전적인 기술과 상호 소통에 관한 인식이 중재에 꼭 필요한 기술이어야 한다. 중재는 교육에 헌신적으로 참여하는 양 당사자인 학생과 부모, 학생과 학생, 학생과 교사, 교사와 관리자 사이에서 이루어진다. 이 과정에서 나타나는 주저함이나 저항은 상담 기술을 활용하여 다룰 수 있다(Baker, 2000).

자문 과정은 당연히 종결 단계를 포함한다. 수립된 자문 목표는 기대하는 결과를 획득하였는지 알 수 있는 준거를 제공한다. 물론 자문 요청자는 자문 과정 동안 만족 정도에 대한 피드백을 제공할 수 있고, 반영에 따라 어떤 방식이 보다 더 도움이 되는지에 대한 제안이 될 수 있다(Baker, 2000).

자문 형식에 관한 Kurpius과 Fuqua(1993), Baker(2000), Gravois(2012)의 제안은 초점, 기능, 형식으로 학교 자문의 세 가지 주요 차원이라고 하였다. 학교 기반 자문에서 가장 먼저 해야 할 일은 자문 서비스를 받는 사람을 정의하는 것이다. 즉, 서비스의 대상을 누구로 정의할 것인가이다. Gravois(2012)는 학교 상황에서의 초점을 교사, 학생 또는 학교 시스템 자체에 두는 경향이 있다고 지적하였다. 학교 기반 자문의 기능을 정의할 때 Gravois(2012)는 자문이 1차, 2차, 3차 예방을 목표로 할 수 있고, 자문을 어느 영역에 적용할지 명확히 하는 것이 필요하다고 제안하였다. 마지막으로, 이 방법은 자문 서비스가 제공한 방식으로 형식을 고찰하는 것이다. 자문의 방식은 밝혀진 자문 핵심과 이슈에 영향을 받는 개인, 집단 또는 팀에게 제공하는 조항을 포함한다.

21세기에 들어서 학교상담자의 직무와 관련 책임은 지속적으로 증가하고 있다. 위험에 처한 학생, 특정 학생의 회복, 학교와 지역사회를 조화롭게 하는 일들은 학교상담자 책임의 일부분에 불과하다. 미국학교상담자협회(The American School Counselors Association, 2003)의 전국 단위 모델은 학교상담 프로그램이 학업 발달, 성격 발달, 진로 발달에 초점을 맞춤으로써 학교의 교육 목적에 통합된 요소로 자리매김해야 한다고 주창한다. 앨라배마주의 포괄적 학교상담 프로그램 개요에는 자문을 공감 서비스와 체계 지원을 통한 생활지도 교육과정 실행과 관련된 상담자의 역할이라고 규정하고 있다(Alabama Department of Education, 2003). 또한 상담자의 교육적 자문 역할을 동료 촉진자 훈련, 생활지도 교육과정의 개발과 실행을 위한 상담자–교사 자문, 교사 자문 프로그램 등을 위한 훈련과 조정 등에까지 확장할 것을 제안한 문건들도 있다(Dahir, Sheldon, & Valiza, 1998; Myrick, 1997). 많은 학교들이 미국학교상담자협회 모델을 채택해 감에 따라 학교상담자의 자문 역할이 상담 업무 역할과 동등한 수준으로까지 확장될 것으로 보인다.

학교에서의 자문 모델과 실천

우리는 학교 환경에서 사용할 수 있는 자문 모델을 제안하고 검토하고 있다. 첫 번 모델(Clemens, 2007)은 개념적 틀(conceptual framework)로 발달적 상담과 치료를 사용하고 학교 환경에서 학생, 부모, 교사와 함께 하는 상담자를 돕는 방식이다. 두 번째 모델은 Kahn(2000)이 개발한 것으로, 해결–중심 치료를 배경으로 한다. 세 번째 모델은 Truscott 등(2012)에 의한 것으로 명백한 자문 요청자 중심(예: 교사 중심) 학교 기반 모델이고, 자기 결정성과 긍정심리학 이론을 기반으로 한다.

Clemens(2007)의 학교상담 자문 모델은 Ivey, Ivey, Myers, Sweeney(2005)의 연구 결과를 바탕으로 묘사되고, 발달적 상담과 치료(Developmental Counseling and Therapy: DCT)로 알려져 있는 상담을 위한 발달적 접근을 권고하였다. DCT는 상담자가 내담자의 세상에 대한 의미 형성과 지각 방식의 평가를 돕기 위하여 인지 발달을 통한 피아제의 통찰을 사용한다. DCT에 따른 4개의 인지 양식은 감각 운동적, 구체적, 형식적, 논리적/체계적 등이다. 감각 운동 방식이 작동되는 내담자나 자문 요청자는 상담자나 컨설턴트에게 자신의 경험을 전달할 때 정서적인 요소에 집중하는 경향이 있다. 구체적 방식으로 사고하는 내담자나 자문 요청자는 대체로 인과적 요소를 강조하는 선형 방식으로 자신의 경험을 표현하 한다. 형식적 조작 방식으로 사고하는 사람은 자신의 욕구에 대한 근거가 되는 사고 및 행동 패턴을 강조하는 경향이 있다. 마지막 유형인 논리적/체계적 사고를 하는 사람도 패턴에 대해 이야기를 하기는 하지만, 이야기의 초점이 체계 및 집단 간의 전형적인 상호작용에 있다(Clemens, 2007). Clemens(2007)는 각 인지 양식이 그 나름의 장단점이 있으므로 자문을 필요로 하는 주제에 대해 자문 요청자(예: 스트레스를 받고 있는 교사)가 사고하는 방식을 다양하게 확장하도록 돕는 것이 컨설턴트의 일이라고 제안하였다. 따라서 DCT를 사용하는 자문 과정의 목적 중 하나는 하나 이상의 인지 양식을 사용하여 자문 요청자를 돕는 것이고 그렇게 하므로 자문 요청자는 보다 도움이 되는 관점으로 다르게 문제 상황을 인지할 수 있게 된다. Clemens(2007)는 DCT 자문에서 확인된 4개의 인지 양식으로 사고하기 위해 다음 질문을 사용할 것을 권유하였다.

감각운동성

- 무엇을 보고 듣고 있습니까?
- 교실은 어떻게 보입니까? 자세히 묘사하십시오.
- 또 누가 있습니까?
- 그들은 무엇을 하고 있습니까?
- 방의 어디에 있습니까?
- 무엇을 느꼈습니까?
- 몸에서 ~를 느끼는 곳은 어디입니까?(Clemens, 2007, p. 355)

구체성

- 구체적인 예시를 생각할 수 있습니까?
- 학생이 ~를 하기 직전에 일어난 일이 무엇인지 얘기해 주십시오.
- 학생이 ~를 한 바로 다음에 무슨 일이 있었습니까?
- 어떻게 행동하고 어떤 말을 했습니까?
- 당신은 어떻게 느꼈습니까?
- 당신이 Y를 했을 때, 그다음에 학생이 X를 하였고, 당신은 Z를 느꼈습니까?(Clemens, 2007, pp. 355-356)

형식적-조작성

- 학생/교사를 위한 패턴입니까?
- 교실에서 이런 일이 자주 일어납니까?

- 이 패턴에서 예외적인 것은 무엇입니까?
- 당신은 이런 상황이 발생했을 때 자신에게 무엇이라고 말을 합니까?
- 당신은 어떻게 행동하고 반응합니까?(Clemens, 2007, p. 356)

변증성/체계성

- 학생의 행동을 대하는 당신의 생각은 어떤 목적에 도움이 됩니까?
- 학생은 교실에서 이런 행동 방식을 어떻게 배웠다고 생각하십니까?
- 이런 행동 패턴에 반응하는 방식을 어떻게 배웠습니까?
- 이런 특정 상황에 반응하도록 당신에게 영향을 줄 만한 것은 무엇입니까?
- 당신의 반응에 지침이 되는 규범이나 인지는 무엇입니까?
- 규칙의 한계는 무엇입니까?(Clemens, 2007, p. 356)

앞의 질문을 제안하며, Clemens(2007)는 학생 문제로 상담자가 접근할 때 교사가 스스로 자문을 구했는지 그렇지 않았는지를 학교상담자가 명확히 해야 한다고 경고하였다. 또한 상담자의 도움을 받으려면 교사의 인지 양식을 정확하게 평가할 수 있어야 하는 것에 주목하였다.

학교에서의 두 번째 자문 모델은 Kahn(2000)의 해결-중심 자문 접근이다. Kahn에 따르면, 해결-중심 모델은 교육의 목표인 목표 지향적, 긍정적, 미래 지향적 경향이라는 자문 접근과 같기 때문에 학교 환경에 적합하다. Kahn(2000) 모델은 각 단계마다 특성이 있는데, 컨설턴트와 자문 요청자는 현안 해결을 위해 노력하는 협력자라는 가설을 기반으로 하고 있다. 자문 과정은 컨설턴트(일반적으로 학교상담자)가 자문 요청자(교사, 부모, 또는 관리자)에게 자문 관계에 강점이 될 수 있는 것들을 확인하는 질문으로 시작된다. 자문 요청자에게 강점과 회복 탄력성을 검토하도록 지시하는 것은 언어가 문제 해결 과정에 도움이 되는 역할들을 구성해 간다는 해결-중심 컨설턴트의 신념을 반영한다(Kahn, 2000). 자문 요청자가 과정 전반에 걸쳐 긍정적인 언어를 사용하도록 격려한 후, 양쪽 당사자가 목표설정에 참여하는 전형적인 과정에서는 관계 초기에 발생하므로 짧은 시간에 문제를 검토하게 된다. 컨설턴트는 자문 요청자로 하여금 일어나서는 안 되는 행동이 아니라 일어나기 바라는 행동들을 묘사하도록 돕고, 자문 요청자가 그저 자문을 구하는 것 자체에 안주하는 것 같아 보이면 자문받은 내용을 충실히 실행하도록 동기를 부여하여야 한다.

자문 관계를 위한 목표를 수립한 후에, 컨설턴트와 자문 요청자는 그들이 자각한 어떤 문제를 제외하거나 또는 그 이슈의 해결을 위해 필요한 것을 사용하여 이전의 적용 가능했던 해결책을 반영한다. 이것의 초점은 자문 요청자가 해결할 수 있는 능력이 있고, 그 이슈를 성공적으로 다루고 관리할 수 있다는 해결-중심 컨설턴트의 신념을 강조한다. 제외된 문제를 살피는 것은 컨설턴트와 자문 요청자가 과정의 다음 단계를 위해 자기 스스로 준비하는 데 도움이 되고, 이것은 자문 이슈와 관련하여 표면적으로는 적용 가능한 해결책이 된다. Kahn(2000)은 컨설턴트가 "학생, 학생의 가족, 학교 등 활용 가능한 최선의 기존 자원은 무엇일까요?", "해결책은 누가, 어떤 것을 언제, 어디서 실행할까요?"와 같은 상세하고 구체적인 질문을 하도록 하였다. 마지막으로 Kahn(2000)은, 학교 기반 컨설턴트는 자문 요청자의 변화를 위한 동기와 헌신을 강조하며 경의를 표하도록 하였다.

학교 기반 자문의 세 번째 모델은 Truscott과 그의 동료들(2012)에 의해 개발되었고, 특수 전문직 학습법(Exceptional Professional Learning: EPL)으로 알려졌다. 이 모델은 자문 요청자를 위한 집중에 초점이 있고, 일반적으로 그것은 교사를 돕기 위한 것이 초점이라는 의미이다. EPL 모델은 생산적 학습 환경을 조성하고 효과적인 학습 활동을 실시하려는 교사를 돕는 것을 가정한다. 컨설턴트는 서비스의 수혜자로 보이는 학생을 간접적으로 돕는다. EPL 접근은 긍정심리학 이론(Seligman & Csikszentmihalyi, 2000)과 자기 결정 이론(Ryan & Deci, 2000)이 기반이다. EPL 자문의 주요 목표를 요약하면 다음과 같다.

- 강점을 육성하는 사회적 분위기 개발하기
- 교사가 초점을 부진한 학생에게 고정시키지 않고 향상된 자신의 교수 활동에 대해 인식하고 자신감을 기르는 것에 맞추도록 하기
- 할 수 있고, 해야 하고, 선택 훈련 등의 적극적 의사 결정(active decision-makers)을 하는 교사로 개념화하기
- 가르치고 배우는 것의 지속적인 적용을 위하여 진정성 있는 사회적 맥락과 구성의 힘을 사용하기(Truscott et al., 2012, p. 68).

실전에서는, 다음 과업에 따라 EPL 모델을 시작한다(Truscott et al., 2012).

- **체계 안으로 진입하기**: 일반적으로 학교 체계에서 컨설턴트가 가장 먼저 자문 요청자와 진정성 있는 관계를 개발하는 것을 의미한다.
- **프로젝트를 선택하고 실행하기**: 컨설턴트와 자문 요청자가 효과적으로 일을 하려면 가

장 능력이 필요한 핵심 영역이 무엇인지 함께 결정하고, 기본적으로 컨설턴트는 욕구 평가(needs assessment)를 진행한다.

- **자문 요청자의 역량 명료화하기**: 컨설턴트는 언급된 욕구와 마찬가지의 강점과 역량이 존재하는 영역을 확인하도록 자문 요청자를 돕는다.
- **지식 구축하기**: 컨설턴트는 프레젠테이션을 이끌고, 새로운 기술을 실행하고, 자문 요청자와 함께 연습하며 핵심적인 자문 영역에 관한 지식을 자문 요청자가 형성할 수 있도록 돕는다.
- **평가와 반응**: 컨설턴트와 자문 요청자는 자문 프로젝트와 상호작용의 효과성을 평가한다.

자문을 위한 일반 지침

다수의 저자(예: Kurpius & Fuqua, 1993)에 의해 자문의 단계는 자문 계획을 개발하기 위한 지침을 채택하여 이곳에 적용하였다. 이 지침의 어느 정도는 다수의 자문 모델에 반영되었다(예를 들면, 이러한 단계는 위에 간단히 기술하였던 EPL 학교 자문에서 보았다.). 마찬가지로, Tindal, Parker, 그리고 Hasbrouck(1992)은 자문 단계에 관한 서술이 반드시 자문을 실행할 때 모든 경우에 반영되지 않고 유연하게 적용해야 된다는 것을 발견하였다.

사전 준비

진입 전 단계는 컨설턴트가 자문 상황에 적합한 정도를 평가할 수 있는 기회가 되므로 자문 과정의 일부로 볼 수 있다. 진입 전 단계에서는 자기 평가 과정을 통해 어디서부터 작업을 할지 개념의 기초를 형성하는 준비 단계이고, 자신과 다른 사람에게 자신이 누구인지 어떤 서비스를 제공할 수 있는지 명확히 할 수 있는 단계이다(Neukrug, 2012; Truscott et al., 2012). Kurpius와 Fuqua(1993)는 컨설턴트가 이러한 자기 평가와 성찰 과정을 통해 어떻게 개인, 가족, 프로그램, 조직 또는 체계가 문제를 유발하거나 해결하거나 회피하는지 이해함으로써 자신의 신념과 가치를 인식할 것을 제안하였다. 나아가 Kurpius와 Fuqua(1993)는 진입 전 단계에서 컨설턴트가 자신이 가진 자문의 의미와 활동을 개념화하는 작업을 진행할 뿐 아니라 자문 요청자 개인과 자문 요청자가 속한 체계도 같은 방식으로 작업하도록 준비하는 것이 핵심적인 과업이라고 주장하였다. 이것을 위해 다음 질문이 도움이 될 수 있다.

- 당신의 조력 모델을 개념화하기 위해 어떤 모델, 과정, 이론, 패러다임을 사용하는가?
- 당신은 자문 요청자나 자문 요청자 체계에게 자문을 어떻게 설명하는가?
- 당신은 자문 과정에 3자(컨설턴트, 자문 요청자, 내담자)가 관여한다고 보는가? 2자(컨설턴트와 내담자)가 관여한다고 보는가?
- 인과관계를 따져 문제를 해결하는 데서 벗어나 비전을 갖고 미래를 보며 더 나은 개입을 계획해야 하는 때는 언제인가?

체계로의 진입

체계로 컨설턴트가 들어가는 것은 자문 노력에 대한 성공과 실패를 결정하는 매우 중요한 단계이며, 정식으로 여러 과업이 체계 안으로 진입하는 것이 특징이다. 일반적으로, 외부 컨설턴트의 입장에서 진입은 조직의 요구와 컨설턴트의 기술 간 조화를 탐색하는 것에서 시작한다. 컨설턴트와 조직 구성원 사이에서 논의는 조직과 필요들과 바라던 성과에 대해 기술한 여러 정보를 중심으로 한다. 컨설턴트의 기술, 자문 스타일, 주어진 환경에서 어느 정도로 자문에 노력을 기울일 수 있는지에 관한 이행 계획은 협의하여 조정한다. 당사자가 전문가의 실제적인 요구에 동의하는 것으로, 절차는 공식 또는 비공식으로 조정되며 진행된다. 계약의 형식은 컨설턴트가 체계 내의 역할과 기능을 정의한 것을 따른다. 컨설턴트의 특정 의무와 기능에 관한 값진 이해는 자문 결과에 포함하여 개인에게 제공되어야 한다(Truscott et al., 2012; Brown et al., 2011). 핵심 직원과 계약을 협의한 것은 고위 관리자가 자문 과정에 참여하여 자연스럽게 체계로 전환되어 촉진을 돕는 것을 확보하기 위해 제공된다. 다음은 계약에서 공식적으로 논의되는 것들이다.

- 자문의 목표 또는 의도하는 성과
- 자문 요청자의 신분(identity)
- 서비스의 비밀 보호(confidentiality)와 비밀 보호의 한계
- 기간(얼마 동안 조직에 서비스를 제공할 수 있는가? 자문 요청자 개인별로 제공할 수 있는가?)
- 컨설턴트가 그들과 만날 수 있는 방식과 가능한 시간

- 컨설턴트와의 작업 요청을 위한 절차
- 변경이 필요한 경우 계약 변경의 가능 여부
- 수수료(관련된 경우)
- 컨설턴트가 접근할 수 있는 조직 내 정보 유형과 각종 자원
- 컨설턴트가 책임지는 사람(Brown et al., 2011).

자문 오리엔테이션

자문에 대한 오리엔테이션은 체계 내 핵심 인물과 직접적으로 소통하기 위해 컨설턴트가 요청한다. 초기에 컨설턴트는 작업 관계를 수립하며 자문 진행 과정에서의 컨설턴트와 자문 요청자의 역할을 논의해야 한다. 이것으로 참가자가 자신의 욕구와 선호를 표현할 수 있는 개방적인 소통 분위기를 조성하여 공유하는 것을 가능하게 한다. 다음은 자문의 방향을 결정하기 위한 일반적인 질문이다.

- 자문에 대한 컨설턴트의 기대는 무엇인가?
- 자문 활동을 할 때 맡게 된 컨설턴트와 자문 요청자의 역할은 무엇인가?
- 컨설턴트가 개입할 수 있는 범위는 어디까지인가?
- 자문 요청자의 윤리적 관심사는 무엇인가?
- 비밀 보장을 위한 지침은 무엇인가?
- 자문 활동 기간은 언제까지인가?
- 데이터를 수집하고 관리하는 절차는 어떻게 되는가?
- 피드백을 주고받기 위한 지침은 무엇인가?
- 자문 계획의 평가에 어떤 절차를 사용했는가?

문제 확인

일단 컨설턴트와 자문 요청자가 자문의 과정을 스스로 정하면, 컨설턴트는 주어진 문제들을 명확히 하는 것이 필요하다(Neukrug, 2012). 문제를 명확히 하는 첫 단계는 적절한 데이터를 수집하기 위해 자문 요청자를 만나는 것이다. 문제의 명확화는 자문을 통해 달성하려는 목적과 목표를 수립하며 시작된다. 기대되는 성과와 성과 평가를 위한 형식이 논

의된다. 예를 들면, 다음을 포함하여 고려해야 할 질문은 다음과 같다.

- 문제와 관련하여 당신의 전반적인 관심사는 무엇인가?
- 문제를 극복하기 위해 달성해야 할 것은 무엇인가?
- 문제를 극복할 때 자문 요청자가 담당할 역할은 무엇인가?
- 자문 요청자가 제시한 문제의 어떤 점이 가장 염려되는가?

자문 개입

자문 요청자와 문제를 정의하고 수집한 자료를 검토하는 것은, 컨설턴트가 구체적인 개입 계획을 발달시키기 위한 과정이다. 계획에는 목표의 수립, 실행을 위한 전략의 선택, 후속 처리를 위한 평가 과정이 포함될 것이다(Neukrug, 2012). Bergan과 Kratochwill(1990)는 자문 계획의 실행 부문과 네 가지 지침을 다음에 제시하였다.

1. **자문 요청자와 컨설턴트가 문제의 본질에 동의하는지 확실히 하기:** 자문을 진행하는 동안 문제를 명확히 하는 것은 자문 전체의 성공을 위한 핵심이고, 컨설턴트-자문 요청자 관계 설정의 발판이 된다. 과정 동안, 컨설턴트의 최우선 과제는 자문 요청자가 주요 문제를 명료화하고 판별하도록 돕는 것으로 그것은 내담자가 경험한 것이다. Baker(2000)에 따르면 초점 맞추기를 위한 기술과 기법, 바꿔 말하기, 목표설정, 공감하기, 진실성은 이러한 문제를 명료화하고 판별하는 데 특히 유용하다고 하였다. 이러한 기술은 컨설턴트와 자문 요청자 사이에 협력적인 참여와 책임감을 기반으로 계획을 진전시키는 데 도움 되는 기술이다.
2. **환경과 개인 내적 분석 또는 기술 분석을 완료하기:** 컨설턴트의 역할 중 하나는 성과를 향한 자기효능감 기대를 개발하는 것만큼 상황의 중요성을 정확하게 예측하도록 자문 요청자를 돕는 것이다. 생산적인 행동의 실천을 한차례 완성하면, 합리적인 기준을 기반으로 자기 평가를 하도록 한다. 이러한 과정은 자문 요청자를 위한 모방과 피드백을 촉진할 수 있게 한다. 동기는 자문에 따르는 가능성 있는 긍정적 성과를 상기시키므로 향상시킬 수 있고, 자문 요청자가 획득한 기준에 부합하는 목표설정을 돕고 상황을 개발하는 것은 자신감을 수립하여 문제 해결에 필요한 기술을 수행할 수 있게 한다(Brown et al., 2011).

3. **명료화한 문제를 다루기 위해 계획을 설계하기:** 일단 문제가 판별되면, 컨설턴트와 자문 요청자는 연합하여 노력할 궁극적 목적을 현실적인 목표로 세우기 위해 작업한다. 자문의 성과를 현실적인 기대로 설정하는 것은 자문 요청자를 압박하는 환경에 대한 지식과 그에 대한 소통을 암시한다. 나아가 성공적인 자문은 컨설팅 과정에 관해 자문 요청자가 잘 알고 있어야 할 것을 요구한다. 이러한 이해가 없이는, 컨설턴트와 자문 요청자 사이의 불확실한 기대는 자주 저항으로 이어지게 된다(Kilburg, 2010). 자문이 이루어지는 동안 자문 요청자의 적극적인 기여가 부족하면, 그들은 자주 권고 사항에 의해 혼란을 겪고 자신의 사고와 조화되지 못하고 치료계획에 대한 심리적 소유권을 하찮게 느끼게 되어, 그들의 전문적 기술의 확장에 실패하게 된다. 이것은 자문 계획의 목표와 관련한 동의와 수용이 자문 개입 이전에 계획될 수 있도록 보장해야 한다.

   개입 전략의 선택은 자문 요청자의 결정에 따라야 한다(Cook & Friend, 2010). 선택 과정에서 자문 요청자의 참여는 문제에 관한 내담자의 자각을 일깨워서 목표설정과 평가에 참여하도록 동기를 강화하도록 한다. 개입 전략 선택에서의 주요 이슈는 전략을 모니터할 수 있는 소요 시간과 환경이 적절해야 한다.

4. **자문 요청자와 함께하는 추수지도 약속 정하기:** 자문의 성공적인 종료는 컨설턴트가 제시하는 문제 이외의 것을 다시 자문 요청자와 작업할 수 있도록 개방하는 표현을 일부로 요구하는 것을 포함한다. 더불어, 변화 노력의 성과에 관해 자문 요청자로부터 자료를 수집하는 것은 효과적인 자문 기록이 될 수 있고, 전문적 업무의 근거로 사용될 수 있다(Neukrug, 2012).

자문 효과 평가하기

자문 개입의 성공과 실패는 결과가 구체적인 목표와 연관하여 일치하는 정도를 평가함으로써 결정된다. 이러한 결정을 위한 자료는 진입 과정부터 시작하여 자문 과정 내내 지속되는 관찰로부터 입수된다. Brown과 그의 동료들(2011)은 평가과정 단계를 다음과 같이 제안하였다.

1. **평가의 목적을 결정하기.** 이 지점에서 자문 요청자가 자료를 제공하거나 수집하는 정

도는 그들의 참여에 영향을 미친다. 선택을 결정하기 위한 기회는 정보의 유형뿐 아니라 평가 방향을 정하는 데 필요한 시간에 영향을 미치고 평가의 소유권에 기여하려는 마음을 가다듬게 한다. 검토해야 할 주요 이슈는 제공받는 정보에 관한 비밀보호이다.

2. **결정을 위한 측정에 동의하기.** 컨설턴트와 자문 요청자는 측정의 과정과 방법에 동의해야 한다. 측정은 개입 계획에 관한 목적과 목표가 구체적으로 제시되어야 한다.
3. **자료 수집 일정 정하기.** 컨설턴트와 자문 요청자는 자료 수집에 관한 일정을 정하는 데 동의해야 한다. 수집의 절차는 개별 당사자에게 과업을 배정하고, 자료의 요약과 보고 방식을 검토한다.
4. **보급 계획 개발하기.** 보급 계획은 자료의 보고, 양 당사자에 의해 신중하게 검토된 요구의 형식을 포함한다. 자료 보고를 둘러싼 이슈로서, 자료를 보고한 개인과 자료에 관한 비밀 보장은 사전 결정된 행동 계획에 따라 합의된다.
5. **자문 종결하기.** 자문 과정의 종결은 처음 체계에 진입하는 것만큼 중요하다. 필수적인 단계로 자문 요청자에게 필요가 발생했을 때 도움을 요청할 수 있도록 열린 제안을 제공하는 것뿐 아니라 컨설턴트가 분리과정과 관련하여 문화적으로 적절한 방식의 행동을 하기 위한 것이다(Dougherty, Tack, Fullam, & Hammer, 1996). 자문 활동의 후속처리(follow-up)는 컨설턴트와 자문 요청자가 과정 전반의 영향을 측정하기 위한 기회를 보증하는 것이다. 종결 과정으로 자연스럽게 전환되는 것을 인식하는 수준이 향후의 자문 서비스 요구 여부를 결정하게 한다.

자문에 대한 저항

다른 인간관계에서와 마찬가지로 자문 관계에서도 저항이 발생할 수 있다. Kilburg (2010)는 자문을 통해 긍정적 성과를 얻고 자문 과정에서 저항이 나타날 가능성을 감소시키기 위해 컨설턴트는 자문 요청자와 함께 신뢰를 개발하기 위한 구체적인 노력을 기울여야 한다고 주장하였다. 조직 차원에서 저항을 표출하는 여러 가지 형태 중 대표적인 것으로 다음과 같은 것들이 있다.

1. **체제를 유지하고자 하는 욕구:** 컨설턴트를 체계 안에 받아들이게 되면 에너지를 소진

시키고 체계를 위협하는 자문 내용을 수용해야 한다(Crothers et al., 2008; Gilman & Gabriel, 2004). 이러한 함정을 피하기 위해 컨설턴트는 기존의 역할을 위협하거나 타인의 업무 및 역할 정의에 이의를 제기하지 않도록 조심해야 한다. 컨설턴트는 진입을 최대한 단순화하고, 자문에 따른 구조, 분위기, 과정 및 결과의 변화를 최소화함으로써 체제 유지를 위한 저항을 피하는 것이 수월해질 수 있다.

2. **외부인으로서의 컨설턴트**: 컨설턴트는 조직에서 이방인처럼 대해지고 의심의 대상이 된다. 컨설턴트는 기관의 역사, 사명, 철학, 절차를 익히고, 조직 구성원들과 많이 접촉하며, 그들이 쉽게 도움을 청할 수 있도록 노력함으로써 외부인이라는 인상을 줄여가야 한다.
3. **새로운 것을 잘못된 것으로 보고 거부하고자 하는 욕구**: 사람들에게는 대체로 조직 내에 존재하는 규범에 따라 현재 상태를 그대로 유지하고자 하는 욕구가 있다. 컨설턴트는 조직 내에서 잘 유지되어 온 프로그램, 과정, 절차 등을 함부로 변경하지 않도록 조심해야 한다. 이를 위해 조직의 취약성에 대한 컨설턴트의 민감성을 높이는 것이 필수이다.
4. **자신의 영역이나 기득권을 보호하려는 욕구**: 컨설턴트는 자신의 존재가 자문 요청자의 관심 분야나 전문적 업무에 대한 침해로 간주될 가능성이 높다는 점을 인식해야 한다. 자문 요청자를 과정에 포함시킴으로써 이러한 저항을 줄일 수 있다(Crothers et al., 2008).
5. **문제에 너무 가까이 있어 관점을 잃음**: 자문 요청자는 자신이 내담자나 학생을 위해 이미 많은 노력을 기울였기 때문에 더 이상 새로운 접근이 있을 수 없다고 생각하거나, 내담자 또는 학생과 지속적이고 친밀한 접촉을 지속하는 과정에서 그들에 대해 왜곡된 인식을 갖게 된 결과 자문 받는 것을 주저할 수 있다(Hylander, 2012).

마찬가지로, 어떤 특정 변수는 자문에 대해 저항을 증가시킬 수 있다. 예를 들면, 개입을 실행하기 위해 필요한 자원과 시간이 적을수록, 수용력은 커진다. Gonzales, Nelson, Gutkin, 그리고 Shwery(2004)은 자문의 비용과 잠재적으로 요구되는 성과가 인식된 이익보다 부담이 될 때, 자문 요청자(특히, 교사)는 과정에 저항할 수 있다고 하였다. 컨설턴트와 자문 요청자 사이에서 조화롭지 못한 기대는 자주 저항을 끌어낼 수 있다. 결론적으로, Maital(1996)은 자녀에 관한 자문을 구하는 부모, 객관성을 잃고 컨설턴트가 만든 행동 계획의 실행을 어려워하는 것이 발견되는 것과 같은 자문 요청자일 때 나타나게 되는 저항을 논의하였다.

자문 계약과 조직 내 변화 동력

Kurpius와 Fuqua(1993)는 변화의 사이클과 조직 내 변화의 힘을 이해하는 것은 보다 더 문제를 이해하고 조직 내 문제를 둘러싼 문화를 이해하도록 하는 데 도움이 된다고 하였다. 변화의 단계는 다음과 같다.

1. **발달**: 도움은 새로운 문제나 프로그램의 초기 단계에 필요하다.
2. **유지**: 문제는 정체되고 뒤처지는 것으로 개선을 위한 도움이 필요하다. 이 단계는 자문 요청자의 욕구와 변화를 위한 동기와 관련한 징후를 지시한다.
3. **퇴보**: 문제는 악화되는 것이다. 그리고 자문 요청자는 그들이 문제를 해결할 수 없다는 것을 인식한다. 자문 요청자는 빨리 개선되길 원해서 컨설턴트에 대해 높은 기대를 갖는다.
4. **위기**: 자문 요청자들 또는 자문 요청자 체계는 도움에 필사적이다. 컨설턴트는 가장 먼저 의존하기 위해 찾을 수 있지만 자문 요청자는 그들의 상황과 가치 있는 것들이 안정 상태로 돌아가길 원한다는 것을 이해하는 것이 중요하다.

자문을 진행하기 위해서는 체계 내적 변화에 대한 힘을 이해하는 것이 필요하다. 체계가 변화에 폐쇄적일 때 그리고 내부의 힘이 변화에 찬성하거나 반대하는 사이에서 변화를 가할 때, 그곳이 일반적으로 변화가 일어날 수 있는 작은 기회가 된다. 체계가 변화의 필요를 인식하지만 변화에 대해 찬성과 반대가 균형 잡힐 때, 나아갈 수는 있으나 천천히 움직인다. 변하려는 힘이 변화를 좋아하지 않는 구성원이 외부에 있을 때, 그 사람은 갈등 수준이 높고 천천히 변화하기를 기대할 수 있다. 결과적으로, 구성원이 도움을 필요로 하고 모두가 개선을 위한 도움을 원한다고 인식할 때, 그때 성공적으로 도움을 받을 수 있는 최상의 기회가 된다(Kurpius & Fuqua, 1993).

이러한 모델은 컨설턴트 노력의 실행 가능성과 컨설턴트의 실행 계약 유형을 검사할 수 있는 서비스를 제공할 수 있다. 컨설턴트와 자문 요청자 사이의 계약에 관한 공식적인 논의는 계약이 개발되어 이행되기 전에 답변할 수 있는 여러 개의 핵심적인 질문이 포함되어야 한다. Remley(1993)에 따르면, 자문 계약서는 다음을 따라야 한다.

1. 컨설턴트에 의해 수행되어야 할 작업을 구체화한다.
2. 컨설턴트로부터 기대되는 어떤 작업 성과도 구체적으로 기술한다.
3. 작업을 완료하기 위한 일정표를 설정한다.
4. 컨설턴트가 책임질 수 있는 사람들과 권한의 선을 설정한다.
5. 보상 방식과 컨설턴트에 대한 배상 계획을 기술한다.
6. 당사자가 동의한 어떤 특정 동의서나 보상 계획을 구체화한다.

Remley(1993)는 일부 개인의 불만은 작성한 계약서가 너무 법적이고 컨설턴트와 자문 요청자 사이의 불신을 의미한다고 하였다. 자문은 사업적 협의이므로 사업과 같은 방식으로 임해야 한다. 작성한 동의서 양식을 축약하는 것은 당사자 간 접근할 수 있게 하므로, 향후 문제 발생 전에 해결되거나 오해를 확인할 수 있다.

요약

학교와 정신건강 기관에서의 자문은 매우 수요가 높은 기술로, 상담 및 심리치료 수련생과 함께하는 사람은 잘 알고 있어야 한다. 이번 장에서, 자문의 모델과 방식은 자문 관계의 수립과 조직적인 방식으로 검토하기 위해 학생에게 제공하기 위해 제시하였다. 정신건강 자문과 학교 자문 사이의 차이는 저항과 같은 핵심 이슈를 따라 논의하였다. 체계와 자문을 위한 통합적 접근은 학교가 제시한 자문을 위한 지침과 자문 전략에 관한 대표적 예시와 같은 것을 채택하였다.

참고문헌

Alabama Department of Education. (2003). *The revised comprehensive counseling and guidance model of Alabama public schools.* In D. C. Cobia & D. A. Hendeson, *Handbook of school counseling* (p. 48). Upper Saddle River, NJ: Pearson Education.

Alpert, J. L. (1977). Some guidelines for school consultation. *Journal of School Psychology, 15,* 308-319.

American School Counselors Association. (2003). ASCA national model; A framework for school counseling programs. *Professional School Counseling*, *6*(3), 54-58.

Baker, S. B. (2000). *School counseling for the twentieth century* (3rd ed.). Upper Saddle River, NJ: Prentice Hall.

Behring, S. T., & Ingraham, C. L. (1998). Culture as a central component of consultation: A call to the field. *Journal of Educational and Psychological Consultation*, *9,* 57-72.

Bergan, J. R., & Kratochwill, T. R. (1990). *Behavior consultation and therapy*. New York: Plenum.

Brown, D., Pryzwansky, W. B., & Schulte, A. C. (2011). *Psychological consultation and collaboration: Introduction to theory and practice.* Upper Saddle River, NJ: Pearson.

Caplan, G. (1970). *The theory and practice of mental health consultation*. New York: Basic Books.

Caplan, G., & Caplan, R. B. (1993). *Mental health consultation and collaboration*. San Francisco; Jossey-Bass.

Caplan, G., Caplan, R., & Erchul, W. P. (1994). Caplanian mental health consultation: Historical background and current status. *Consulting Psychology: Practice and Research*, *46,* 2-12.

Clemens, E. (2007). Developmental counseling and therapy as a model for school counselor consultation with teachers. *Professional School Counselor, 10*, 352-359.

Cook, L., & Friend, M. (2010). The state of the art of collaboration on behalf of children with special needs. *Journal of Educational and Psychological Consultation*, *20,* 1-8.

Crothers, L. M., Hughes, T. L., & Morine, K. A. (2008). *Theory and cases in school-based consultation: A resource for school psychologists, school counselors, special educators, and other mental health professionals.* New York: Routledge.

Dahir, C. Q., Sheldon, C. B., & Valiza, M. J. (1998). *Vision into action: Implementing the national standards for school counseling program.* Alexandria, VA: American School Counseling Association.

Dougherty, A. M. (2005). *Psychological consultation and collaboration in school and community settings* (4th ed.). Pacific Grove, CA: Brooks/Cole.

Dougherty, A. M., Tack, F. E., Fullam, C. B., & Hammer, L. A. (1996). Disengagement: A neglected aspect of the consultation process. *Journal of Educational and Psychological Consultation, 7*, 259-274.

Egan, G. (2010). *The skilled helper: A problem management approach to helping* (9th ed.).

Pacific Grove, CA: Brooks/Cole.

Erchul, W. P. (2011). School consultation and response to intervention: A tale of two literatures. *Journal of Educational and Psychological Consultation, 21,* 191-208.

Gilman, R., & Gabriel, S. (2004). Perceptions of school psychological services by educational professionals: Results from a multi-state survey pilot study. *School Psychology Review, 33,* 271-286.

Gonzales, J. E., Nelson, J. R., Gutkin, T. B., & Shwery, C. (2004). Teacher resistance to school-based consultation with school psychologists: A survey of teacher perceptions. *Journal of Emotional and Behavioral Disorders, 12,* 30-37.

Gravois, T. A. (2012). Consultation services in schools: A can of worms worth opening. *Consulting Psychology Journal: Practice and Research, 64,* 83-87.

Gregoire, J., & Slagel, L. (2007). A look at consultation. In J. Gregoire & C, M. Jungers (Eds.), *The counselor's companion: What every beginning counselor needs to know* (pp. 528-548). Mahwah, NJ: LEA.

Hylander, L. (2012). Conceptual change through consultee-centered consultation: A theoretical model. *Consulting Psychology Journal: Practice and Research, 64,* 29-45.

Ivey, A. E., Ivey, M. B., Myers, J. E., & Sweeney, T. J. (2005). *Developmental counseling and therapy: Promoting wellness over the lifespan.* Boston: Lahaska.

Kahn, B. B. (2000). A model of solution-focused consultation for school counselors. *Professional School Counselor, 3,* 248-254.

Kilburg, R. R. (2010). Executive consulting under pressure: A brief commentary on some timeless issues. *Consulting Psychology Journal: Practice and Research, 62,* 203-206.

Kirby, J. (1985). *Consultation: Practice and practitioner.* Muncie, IN: Accelerated Development.

Kirmayer, L. J., Guzder, J., & Rousseau, C. (Eds.). (2014). *Cultural consultation: Encountering the other in mental health care.* New York: Springer.

Knotek, S. E., & Sandoval, J. (2003). Current research in consultee-centered consultation. *Journal of Education and Psychological Consultation, 14*(3-4), 243-250.

Kurpius, D. J., & Fuqua, D. R. (1993). Fundamental issues in defining consultation. *Journal of Counseling and Development, 71,* 598-600.

Lambert, N. M., Hylander, L., & Sandoval, J. (Eds.). (2003). *Consultee-centered consultation: Improving the quality of professional services in schools and community organizations.* Mahwah, NJ: Lawrence Erlbaum.

Maital, S. L. (1996). Integration of behavioral and mental health consultation as a means of overcoming resistance. *Journal of Educational and Psychological Consultation, 7,* 291-303.

Moe, J. L., & Perera-Diltz, D. M. (2009). An overview of systemic-organizational consultation for professional counselors. *Journal of Professional Counseling: Practice, Theory, and Research, 37,* 27-37.

Myrick, R. D. (1997). *Developmental guidance and counseling: A developmental approach.* Minneapolis, MN: Educational Media.

Neukrug, E. (2012). *The world of the counselor: An introduction to the counseling profession.* New York: Brooks/Cole.

Ohlsen, M. M. (1983). *Introduction to counseling.* Itasca, IL: F. E. Peacock.

Olivos, E. M., Gallagher, R. A., & Aguilar, J. (2010). Fostering collaboration of culturally and linguistically diverse families of children with moderate to severe disabilities. *Journal of Educational and Psychological Consultation, 20*, 28-40.

Remley, T. P. (1993). Consultation contracts. *Journal of Counseling and Development, 72,* 157-158.

Rockwood, G. F. (1993, July/August). Edgar Schein's process versus content consultation models. *Journal of Counseling and Development, 71,* 636-638.

Ryan, R. M., & Deci, E. L. (2000). Self-determination theory and the facilitation of intrinsic motivation, social development, and well-being. *American Psychologist, 55,* 68-78.

Schein, E. H. (1969). *Process consultation.* Reading, MA; Addison-Wesley.

Schein, E. H. (1990). Organizational culture. *American Psychologist, 45,* 109-119.

Schein, E. H. (1997). The concept of 'client' from a process consultation perspective: A guide for change agents. *Journal of Organizational Change Management*, *10,* 202-216.

Schmidt, J. J. (2003). *Counseling in schools: Essential services and comprehensive programs* (4th ed.). Boston: Allyn & Bacon.

Sears, R., Rudisill, J., & Mason-Sears, C. (2006). *Consultation skills for mental health professionals.* Hoboken, NJ: Wiley.

Seligman, M. E. P., & Csikszentmihalyi, M. (2000). Positive psychology: An introduction. American Psychologist, 55, 5-14.

Tindal, G., Parker, R., & Hasbrouck, J. E. (1992). The construct validity of stages and activities in the consultation process. *Journal of Educational and Psychological Consultation, 3*, 99-118.

Truscott, S. D., Kreskey, D., Boiling, M., Psimas, L., Graybill, E., Albritton, K., et al. (2012). Creating consultee change: A theory-based approach to learning and behavioral change processes in school-based consultation. *Consulting Psychology Journal: Practice and Research*, *64*, 63-82.

최종 평가

이번 장은 실습 및 수련생들이 공식적으로 평가될 수 있도록 구성되었다. 이 과정은 실습생과 수련생이 자신의 강점과 약점을 결정하는 데 도움이 될 것이다. 또한 현장 직원이 교육 구조를 공식적으로 평가하는 데 도움이 되는 도구로써 역할을 한다.

월간 실습 기록([서식 3-7])은 학생이 실습 기간 동안 특정 상담 영역에서 보낸 시간의 수량화를 가능하게 한다. 실습 및 수련생은 다양한 훈련 활동에서 보낸 시간을 상세히 해야 한다. 학생은 자신의 슈퍼바이저가 이러한 활동을 인식하므로 월간 실습 기록에 사인을 할 수 있도록 해야 한다.

나머지 평가 양식([서식 12-1]~[서식 12-6])의 기능에 대한 설명은 다음에 제시하였다.

- 주간 수련 일지([서식 12-1])는 실습 기록의 기능과 유사하며 수련생이 사용한다.
- 요약 수련 일지([서식 12-2])는 수련 기간 동안 확인된 상담 활동에 보낸 전체 시간을 수량화한다. 실습 슈퍼바이저는 이 기록에 서명하고, 대학의 현장 실습 코디네이터 또는 대학의 슈퍼바이저에게 제출한다.
- 실습 활동에서 수련생 현장 활동 평가서([서식 12-3])는 실습 및 수련 기록을 보완한다. 슈퍼바이저는 이 양식을 이용하여 관련이 있고 적절한 범주에서 학생의 작업을 평가한다. 이것은 현장실습에서 수련생의 상담 역량에 대한 포괄적인 평가를 제공하기 위해 [서식 7-6](수련생에 대한 슈퍼바이저의 최종 평가)과 함께 사용할 수 있다.

- 내담자의 상담 경험 평가서([서식 12-4])는 실습생 또는 수련생의 내담자가 상담 과정 동안 경험한 만족도를 참고한다. 학생은 자신의 내담자가 상담 종결을 하였을 때 서식을 작성하도록 한다.
- 슈퍼바이저의 슈퍼바이지 평가서([서식 12-5])는 실습생 또는 수련생이 슈퍼비전 계약의 종결이나 중간에 완료된다. 학생과 슈퍼바이저 모두 서식에 서명해야 한다.
- 실습처 평가서([서식 12-6])는 실습 담당자와 대학 프로그램 담당 교수가 실습처의 질을 평가할 때 사용한다.

이러한 최종 평가 양식은 기관이나 학교에서 전형적으로 사용되는 것과 유사하기 때문에 포함하였다. 수련 경험의 최고점에서 학생, 슈퍼바이저, 내담자에 의한 최종 평가는 훈련 과정에서 중요한 구성 요소이며, 수련생의 전체적인 과정을 평가할 수 있는 훌륭한 기회를 제공받는다. 학생이 학습한 기술과 재료에 대해 진심으로 반영해 줄 수 있는 것은 오직 수련의 최종 평가에서이다. 같은 방식으로, 내담자와 슈퍼바이저에 의해 제공된 피드백은 어떤 기술이 효과적으로 사용되었고, 더 숙련이 필요한지에 대해 학생과 소통하는 수단이다. 학생이나 슈퍼바이저는 수련 경험의 구체적이고 특별한 요구 사항을 해결하기 위하여 이러한 서식을 수정하는 것을 고려할 수 있다.

부록

1. 슈퍼바이지 수행 평가 도구
2. 향정신성 의약품

부록 1

슈퍼바이지 수행 평가 도구[1)]

Supervisee Performance Assessment Instrument(SPAI)는 슈퍼바이저와 슈퍼바이지 간 협력과 평가, 슈퍼바이지의 자기 평가를 위한 다방면의 도구이다. 이 도구는 평가 기준과 성과 척도를 선택할 수 있어 슈퍼바이저와 슈퍼바이지의 협업 과정에 초점을 맞출 수 있다. 협업 측정 도구를 개발할 때 비계층적 유형을 사용하고 다수의 평가 준거를 제시하므로 다른 여러 척도와는 다른 결정을 할 수 있다. 두 가지 아이디어를 뒷받침하는 것은 슈퍼바이저와 슈퍼바이지의 요구에 부응하는 평가 도구 개발을 위한 유연성을 제공하는 것이다.

전통적인 평가 척도가 없는 것이 이 도구의 기본 특징이다. 전통적인 평가는 후광효과와 같은 반응 유형에 의해 종종 소멸된다. SPAI 평가 준거는 5개의 범주로 구성되었다. 이 범주는 '기술 개발', '사례 개념화', '개인화' 등 Bernard(1979)의 판별 모델에서 정의한 3개 범주에 '전문적 이슈'와 '슈퍼비전 기술'을 추가하여 구성하였다. 가능한 각 범주에 평가를 위한 다양한 준거를 포함하려고 시도하다 보니 하나의 상황에 너무 많은 준거가 제시되었다고 볼 수도 있다. 하지만 슈퍼바이저와 슈퍼바이지의 필요에 따라 특정 평가 준거를 선택하고 그것을 해당 개인 및 집단에 맞게 변경하여 사용할 수 있다. 또한 이 도구는 개인 또는 독특한 사례를 평가하는 데 적합하도록 부가적인 준거를 융통성 있게 적용할 수 있는 유연성을 갖고 있다. 전통적인 평가 척도가 없는 것이 이 도구의 기본 특성이다. 전통적인 척도는 종종 인상 오류, 관용 오류, 집중화 경향 오류 등과 같은 반응 양식에 좌우될 수 있으므로 아래와 같이 검사 척도 문항을 조합하여 사용할 것을 제안한다.

A. 나는 이 기술을 사용하는 훈련을 받지 못했다.

B. 나는 이 기술을 거의 사용하지 않는다.

---

1) Fall, M., & Sutton, J. M., Jr. (2004). *Clinical supervision*, pp. 12–16. Upper Saddle River, NJ: Pearson. 승인하에 재발행하였다.

C. 이 기술을 자주 사용한다.
D. 나의 모델(model)이나 양식(style)에 맞지 않는 기술이다.
E. 이 기술을 사용하는 것이 편안하다.
F. 이 기술을 사용하는 것이 불편하다.
G. 이 기술에 대한 추가 정보와 교육을 원한다.

슈퍼바이지는 자기 성찰을 토대로 이러한 척도 항목 중 하나 또는 그 이상을 선택할 수 있다. 이러한 척도 유형은 위계적이지 않아서 그 자체로 토론이나 활동에 사용할 수 있다. 물론 이 척도는 슈퍼바이지를 위해 설계되었고, 슈퍼바이저가 적합–부적합, 충분–불충분, 만족–불만족, 효과적–비효과적 등과 같은 위계적 용어를 삽입하므로 그들의 필요에 맞추어 응용할 수 있다.

여기서는 이를 협업 도구로 설명하였다. 협업은 특정 준거를 개발하여 슈퍼바이저와 슈퍼바이지 사이에서 채택되어 개별 응용 프로그램에서 사용하게 된다. 다음은 활동에서 이러한 평가가 이루어지고 있는 간단한 예시이다.

예시 슈퍼바이저와 슈퍼바이지는 협력하여 개별 다섯 가지 범주에 초점을 맞추고 슈퍼바이지의 상황에 가장 적합한 준거를 함께 선택한다. 이 예시에서 우리는 "내담자의 강점을 기반으로 돕는다."를 선택하였다. 일단 준거가 확인되면 슈퍼바이지는 그들의 상황과 목표를 가장 잘 묘사하는 척도 항목을 결정한다. 이 예시에서 슈퍼바이지는 다음을 선택할 수 있다.

B, F, G 내담자의 강점을 기반으로 돕는다.

참고 B, F, G는 위의 도구 척도 항목을 나타낸다. B = 나는 이 기술을 거의 사용하지 않는다. F =이 기술을 사용하는 것이 불편하다. G = 이 기술에 대한 추가 정보와 교육을 원한다. 슈퍼바이저와의 논의에서, 슈퍼바이지는 내담자를 기쁘게 하는 것이 서툴고 어색하게 느껴져 종종 그 기술을 사용하지 않는다고 말하였다. 이런 대화는 취약한 영역을 분명히 하고 행동의 효능감을 증진하기 위한 계획을 세우기 시작할 때 만족스러운 정보이다.

슈퍼바이지 수행 평가 도구(SPAI)

문항 앞 빈칸에 도구 척도 항목(instrument scale items) 문자를 선택하여 기입하시오.

개입 기술

_______ 언어 및 비언어적 소통을 경청한다.

_______ 따스함, 돌봄, 수용을 전한다.

_______ 내담자와 공감적이고 진솔한 소통을 한다.

_______ 바꾸어 말하기, 반영, 질문, 요약과 같은 기본 기술을 사용하며 효과적으로 소통한다.

_______ 효과적인 치료적 관계를 수립한다.

_______ 회기 내 행동(예: 내담자 언어)을 관찰하고 그것을 사용하여 내담자-상담사 관계를 촉진한다.

_______ 효과적인 개입 기법으로 침묵을 사용한다. 시간은 효과성을 극대화할 수 있는 개입이다.

_______ 내담자와 관계하며 참여한다.

_______ 유책 영역을 탐색하기 위하여 준비하고 시연한다.

_______ 내담자를 돕기 위해 저항을 이해하고 사용한다.

_______ 공식적으로 평가하며 효과성을 입증한다. 효과적으로 위해성 평가를 수행한다.

_______ 내담자의 목표설정을 돕는다.

_______ 내담자의 강점에 의거하여 돕는다.

_______ 치료의 진전을 위한 책임을 부여하며 내담자를 돕는다.

_______ 내담자의 행동을 정상화하도록 돕는다.

_______ 어떻게 도우면 내담자의 행동이 변화되는지 이해한다.

_______ 위기에 처한 내담자를 어떻게 도와야 하는지 이해한다.

_______ 능력을 실제적이고 구체화할 수 있도록 시연한다.

_______ 내담자가 제기한 문제를 탐색하고 명확히 할 수 있도록 돕는다.

_______ 치료를 위한 다면적인 접근을 사용하고 시연한다.

_______ 즉시성을 효과적으로 사용한다.
_______ 회기를 관리하고 있다는 것을 보여 준다.
_______ 내담자에게 효과적인 모델이 되어 준다.
_______ 내담자를 도와 편드는 행동을 한다.
_______ 보조수단을 효과적으로 사용한다.
_______ 내담자와 새로운 행동과 기술을 예습한다.
_______ 서약서와 과제 지시를 효과적으로 사용한다.
_______ 필요할 경우 다른 전문가에게 의뢰한다.
_______ 의도된 위약, 중단, 예기치 않은 종결에 대한 지식이 있다.
_______ 종결에 대한 지식이 있다.
_______ 종결 과정을 검토한다.
_______ 피드백을 주고받는다.
_______ 작별인사를 한다.

사례 개념화 기술

_______ 내담자 관련 주제와 패턴을 알아차린다.
_______ 다른 관점에서 상황을 인식하는 내담자를 돕는다.
_______ 새로운 인식을 만들어 가는 내담자를 돕는다.
_______ 작업 가설과 직감을 개발하기 위하여 내담자 정보를 사용한다.
_______ 내담자의 행동에 대해 적절한 관찰을 한다.
_______ 내담자의 모순(불일치)을 확인하고 활용한다.
_______ 근원적인 내담자 이슈를 인식한다.
_______ 사정, 진단, 치료에 내담자의 문화적 배경을 사용한다.
_______ 내담자가 자신의 행동에 대한 가설을 세우도록 권한다.
_______ 적절한 초점과 방향을 개발하도록 내담자를 지원한다.
_______ 개입의 효과성을 평가한다.
_______ 내담자 행동에 영향을 미치는 그들 자신과 체제에 대한 지식이 있다.
_______ 내담자의 현실을 정밀하게 확인한다.
_______ 내담자가 속한 현실에 직면할 수 있는 이론과 기법을 적용한다.

_______ 개별 내담자가 품고 있는 복잡한 이슈를 이해하고 파악한다.
_______ 내담자에 대한 사례 개념화를 기꺼이 재평가한다.

진단 및 치료

_______ 나타난 증상을 확인하고 DSM 진단을 공식화한다.
_______ 내담자 정보를 기반으로 가설을 공식화한다.
_______ 기존의 상담 이론과 기법을 기반으로 적절한 전략을 개발하고 개입한다.

개인화 기술

_______ 개인적 자원과 책임을 인식한다.
_______ 내담자와 관계하고 있는 자기(self)를 알아챈다.
_______ 관계 맺는 과정에 대해 직접적으로 언급한다.
_______ 내담자와 자기(self)의 차이를 이해한다.
_______ 전이와 역전이의 역동을 이해한다.
_______ 역전이가 가리키는 것을 인식한다.
_______ 힘과 영향력을 이해하고 내담자의 발달을 확장하는 데 사용한다.
_______ 내담자-상담사 관계의 경계를 이해하고 인식한다. 예를 들면, 제한된 설정, 성적인 관여, 시간제한, 선물 등
_______ 적절한 경계를 설정하고 유지한다.
_______ 자기 개방에 대한 유익과 해를 이해한다.
_______ 개인적 질문에 적절히 응대한다.
_______ 사무실 이외에서의 접촉이 가져 올 문제에 대한 지식이 있다. 문화적으로 차이가 있는 내담자와 효과적으로 작업한다.
_______ 자신의 문화적 배경과 그것이 어떻게 상담사-내담자 관계에 영향을 미치는지를 알 수 있다.
_______ 자신의 감정을 알아차리고 내담자를 도울 때 그것을 사용한다.

전문가다운 행동

_______ 슈퍼비전, 자문, 개인 상담, 강좌, 워크숍, 교육, 읽기와 쓰기와 같은 지속적인 교육 활동에 참여한다.
_______ 면담과 사례 기록을 간결하고 시의 적절하게 서류 작업을 한다.
_______ 분명하고 효과적으로 글로 소통한다.
_______ 내담자에게 신중하게 개인정보 제공동의서를 제시한다.
_______ 명확하고 효과적으로 언어 소통을 한다.
_______ 내담자와 슈퍼바이저와의 약속을 존중한다.
_______ 관련 전문 분야 문헌에 대한 실무 지식을 갖고 있다.
_______ 적절한 옷차림을 한다.
_______ 윤리 표준을 인식하고 반응한다.
_______ 전문 분야의 기본 윤리 이슈에 대한 지식이 있다.
_______ 실습 상황에서 윤리 문제에 효과적으로 대응한다.
_______ 윤리적 사고를 하고 있다.
_______ 복잡한 윤리 상황에 대해서 자문을 구한다.
_______ 관련 법규를 인식하고 대응한다.
_______ 상담 실습과 관계된 법적 문제에 대한 지식이 있다.
_______ 실습 상황에 공식적인 법적 위임 사항을 적용한다.
_______ 복잡한 법적 문제에 대해서 자문을 구한다.
_______ 상담 지식과 기술을 증진하기 위해 의식적인 노력을 한다.
_______ 개인적 이슈에 대해 다룰 의지를 표명한다.
_______ 내담자와 동료를 향한 존중의 행동을 표현한다.
_______ 개인의 영향력을 자각하고 그것이 내담자에게 미치는 영향을 설명한다.

슈퍼바이지를 위한 슈퍼비전 기술

_______ 슈퍼바이저와 대화를 시작한다.
_______ 각 슈퍼비전 회기마다 준비를 마친다.
_______ 현제 사례에 대한 관련 이슈, 관심사, 의문점을 명확히 한다.

_______ 슈퍼비전을 위한 전문적 발달 목표를 개발한다.
_______ 배움에 대한 관심을 나타낸다.
_______ 제안을 이해하고 통합한다.
_______ 문제가 되는 상황을 분명히 하며 배울 때의 어려움을 감수할 의지가 있다.
_______ 익숙하지 않은 상황을 명료화하는 노력을 한다.
_______ 용기 내어 건설적 비판을 수용한다.
_______ 내담자를 위해 헌신하고 내담자에 대한 관심을 보인다.
_______ 슈퍼비전 과정에 적극적으로 참여한다.
_______ 역할극에 효과적으로 참여하고 활용하려는 의지를 보인다.

참고문헌

Bernard, J. M. (1979). Supervision training: A discrimination model. *Counselor Education and Supervision, 19*, 60-68.

부록 2

향정신성 의약품

상담자 훈련 프로그램들은 전통적으로 정신약리학 교육에 크게 관심을 두지 않았다. 이는 약품 사용에 관한 철학적 · 윤리적 문제와 관련이 있다.

그런데 오늘날 학교 및 기관 소속 상담자들은 그들이 만나는 내담자들 중 상당수가 보다 효과적으로 기능하기 위해 약을 복용하고 있거나 복용을 필요로 한다는 사실에 직면해 있다. 따라서 상담자는 정신건강 문제 해결을 위해 처방되는 약물들에 대한 기초 지식을 갖춰야 한다. 상담자들은 내담자를 돕는 과정에서 다른 정신건강 전문가들과의 자문 및 협력을 진행해야 하는데, 특히 일반 의사나 정신건강의학과 전문의가 자신의 내담자에게 처방해 준 약물에 대해 이해하기 위해 의약품에 대해 잘 아는 것이 필요하다.

부록으로 정신건강 문제 치료에 사용되는 약물 목록을 제시한 목적은 다음과 같다.

- 학교 및 기관의 수련생에게 정신질환 치료에 사용되는 일반적인 정신병 약물치료 목록을 제공함
- 수련생들이 기본적인 약리학 용어, 기호 및 정의를 익히도록 함
- 수련생들에게 정신약리학 대한 이해를 돕기 위한 권장 도서 목록을 제공함
- 수련생들이 약물 사용 및 남용에 대해 더 많이 배우도록 격려함

정신건강 문제를 다루기 위해 사용되는 약물의 유형과 수는 방대하다. 다음은 미국에서 가장 일반적으로 사용하는 약물의 대표적인 예시이다.

항우울제

모든 항우울제(Antidepressant Medications)는 비슷한 효과를 나타낸다. 대부분은 부작

용이 있는데, 부작용의 종류는 약마다 다르다. 환자의 50% 정도는 복용 후 수일에서 일주일 이내에 일부 증상의 완화를 경험한다. 증상이 사라지기까지는 8~12주 정도가 소요된다. 증상이 사라지지 않는 경우에는 우울증 재발로 자살 위험이 증가할 수 있다(Wegman, 2012).

미국 약국에서는 다음 여섯 가지 항우울제를 취급한다.

- 순환계(cyclics) 항우울제
- 선택적 세로토닌 재흡수 억제제(SSRIs)
- 세로토닌 및 노르에피네프린 재흡수 억제제(SNRIs)
- 노르에피네프린 재흡수 억제제(NRIs)
- 모노아민 산화 효소 억제제(MAOIs)
- 비정형(atypical) 항우울제

순환계 항우울제

Tricyclic 항우울제(TCAs): 유사한 화학 구조를 가진 삼환계 및 사환계 항우울제가 여기에 해당된다. TCA는 우울증과 관련된 신체적 증상을 완화하는 데 65~75%의 효과를 보인다. 순환계 항우울제(Cyclics)는 우울증에 효과적인 치료법으로, 1950~1990년대까지 사용되었다. 하지만 심각한 부작용이 나타날 수 있다. 과량 복용 시 치명적일 수 있으며, 알코올의 진정 효과를 증가시키고 생명을 위협하는 심장 박동 장애를 일으키는 등의 문제를 유발할 수 있다(Smith, 2012).

상표명	일반명	일일 사용량
아나프릴(Anafranil)	클로미프라민(clomipramine)	150~200mg
데시렐(Desyrel)	트라조돈(trazodone)	150~400mg
엘라빌(Elavil)	아미트립틸린(amitriptyline)	100~200mg
노르프라민(Norpramin)	데시프라민(desipramine)	150~300mg
파멜로(Pamelor)	데시프라민(desipramine)	75~150mg
시네콴(Sinequan)	독세핀(doxepin)	150~300mg
토프라닐(Tofranil)	이미프라민imipramine)	100~200mg

주: Wegman, 2012 참고.

선택적 세로토닌 재흡수 억제제(SSRIs)

2세대 항우울제인 SSRI는 TCA 및 모노아민 산화 효소 억제제(아래 참조)보다 부작용이 적다. 일반적으로 SSRI는 TCA보다 체중 증가가 적고 진정과 저혈압 발생 가능성이 낮다. 또한 과다 복용 시에도 상대적으로 덜 치명적이다.

상표명	일반명	일일 사용량
셀렉사(Celexa)	시탈로프람(citalopram)	20~80mg
렉사프로(Lexapro)	에스시탈로프람(escitalopram)	10~40mg
루복스(Luvox)	플루복사민(fluvoxamine)	100~400mg
팍실(Paxil)	파록세틴(paroxetine)	20~50mg
프로작(Prozac)	플루옥세틴(fluoxetine)	10~80mg
사라펨(Sarafem)	플루옥세틴(fluoxetine)	20~80mg
비브리드(Viibryd)*	빌라조돈(vilazodone)	10~40mg
졸로프트(Zoloft)	설트랄린(sertraline)	50~200mg

*SSRI/atypicaL

세로토닌 및 노르에피네프린 재흡수 억제제(SNRIs)

이 약물은 이중 작용 항우울제로 간주된다.

상표명	일반명	일일 사용량
심벌타(Cymbalta)	둘록세틴(duloxetine)	20~80mg
에펙소르(Effexor)	벤라팍신(venlafaxine)	75~350mg
에펙소르 XR(Effexor XR)	벤라팍신(XR venlafaxineXR)	75~350mg
프리스티크(Pristiq)	벤라팍신(venlafaxine)	75~350mg

노르에피네프린 재흡수 억제제(NRIs)

NRI는 산만함을 줄이고 주의집중 시간을 증가시키며 활력을 높이는 효과가 있다. 아토목세틴(Strattera, atomoxetine)은 약리학적으로 항우울제로 간주되지만, 미국식품의약국(FDA)은 이를 주의력결핍 과잉행동장애 치료제로 승인했다. 미르타자핀(Remeron, mirtazapine)은 우울증의 전형적인 증상인 불안 및 수면장애 완화에 도움을 준다.

모노아민 산화 효소 억제제(MAOIs)

MAOI는 1950년대에 개발되었는데, 요즘은 거의 사용되지 않는다. MAOI는 다른 항우울제가 듣지 않는 일부 환자에게 적용된다. 다른 약물 및 식품과의 심각한 상호작용 가능성 등 부작용 때문에 MAOI는 더 이상 우울증 처치에 우선적으로 사용되지는 않는다 (Buelow, Hebert, & Buelow, 2000).

상표명	일반명	일일 사용량
엠삼(Emsam)	셀레길린(selegiline)	patch 6~12mg
나르딜(Nardil)	페넬진(phenelzine)	10~30mg
파나테(Parnate)	트라닐시프로민(tranylcypromine)	10~30mg

비정형 항우울제(Atypical Antidepressants)

상표명	일반명	일일 사용량
아플렌진(Aplenzin)	부프로피온(bupropion: Hbr)	174~522mg
레메론(Remeron)	미르타자핀(mirtazapine)	15~45mg
올렙트로(Oleptro)	트라조돈 ER(trazodone ER)	150~300mg
심비악(Symbyax)	올란자핀(olanzapine)/ 플루옥세틴(fluoxetine)	6mg olanzapine/ 25mg fluoxetine
비브리드(Viibryd)*	빌라조돈(vilazodone)	10~40mg
웰부트린(SR WellbutrinSR)	부프로피온(SRbupropionSR)	150~300mg
웰부트린(LA WellbutrinLA)	부프로피온(LAbupropionLA)	150~300mg

항불안제(Antianxiety Medication)

항불안제 또는 소신경안정제(Anxiolytics or Minor Tranquilizers)

벤조디아제핀(Benzodiazepines: BDZs)은 구조적으로 관련된 화합물 그룹으로, 진정 작용을 한다. BDZ는 안전역이 높기 때문에, 기존에 사용되던 상대적으로 더 위험한 진정제인 바르비투르산염(barbiturate)을 대체하여 사용되고 있다(Buelow, Hebert, & Buelow, 2000). BDZ는 주로 사용되는 항불안제로, 많은 사람들에게 광범위하게 사용되고 있지만 의존 위험성이 상당히 높다. 과다 복용 시 특히 알코올과 병용하면 위험할 수 있으므로 사용을 모니터링해야 한다. 사용을 중단할 경우 금단 현상을 예방하기 위해 며칠, 몇 주, 또는 몇 달에 걸쳐 복용량을 서서히 줄여야 한다(Wegman, 2012). 공황 치료에 SSRI와 함께 사용되는 경우도 많다. 강박장애에는 항우울제를 사용하지 않으며, 고용량 세로토닌 항우울제(SSRIs)를 인지행동치료와 병행하여 사용한다.

상표명	일반명	일일 사용량
아티반(Ativan)	로라제팜(lorazepam)	1~10mg
클로노핀(Klonopin)	클로나제팜(clonazepam)	0.25~1.5mg
리브리움(Librium)	클로르디아제폭사이드(chlordiazepoxide)	20~40mg
발륨(Valium)	디아제팜(diazepam)	20~40mg
자낙스(Xanax)	알프로졸람(alprozolam)	0.5~1.5mg

벤조디아제핀 이외의 항불안제(Antianxiety Agents Other Than Benzodiazepines)

상표명	일반명	일일 사용량
아타락스(Atarax)	하이드록시진(hydroxyzine)	100~400mg
부스파(Buspar)	부스피론(buspirone)	15~30mg
비스타릴(Vistaril)	하이드록시진 파모에이트(hydroxyzine pamoate)	100~400mg

기분-안정제(Mood-Stabilizing Medications)

이들은 주로 양극성장애 치료에 사용된다.

리튬(Lithobid)은 급성 조증 및 경조증 치료와 양극성장애 I 유형 및 II 유형의 유지 치료에 대한 일차적 약물로 사용된다. 리튬은 세심한 모니터링하에 사용하면 안전하고 효과적인 약물이다. 치료에 필요한 복용량은 유독한 수준일 수 있으므로 혈중 농도를 주의 깊게 모니터링해야 한다. 양극성장애에 사용되는 다른 약제로는 항경련제, 비정형 항정신병제 등이 있다.

양극성장애에 사용되는 항경련제(Anticonvulsant Medications)

상표명	일반명	일일 사용량
데파코테(Depakote)	디발프로엑스(divalproex)	750~3000mg
라믹탈(Lamictal)	라모트리진(lamotrigine)	100~200mg
테그롤(Tegretol)	카바마제핀(carbamazepine)	600~1200mg
토파막스(Topamax)	토피라메이트(topiramate)	200~400mg

기분 안정제와 항경련제 이외의 모든 2세대 항정신병 약물은 양극성 조증 치료를 위해 승인되었다. 그러나 양극성 우울증에는 세로켈(Seroquel)과 아빌리파이(Abilify)를 제외하고는 효과가 없다. 기존의 항우울제는 양극성 우울증에는 거의 도움이 되지 않는다(Wegman, 2012).

항정신병제(Antipsychotic Medications)

1950년대 초 토라진(Thorazine)이 조현병에 효과적이라는 것이 밝혀지면서 정신병적 장애 치료의 시대가 열렸다. 모든 항정신병제는 중추신경계의 도파민 수용체를 차단한다. 이들은 신경전달물질 시스템에 영향을 미치기 때문에 여러 가지 부작용이 있을 수 있다. 약물치료가 효과적일 때 환자는 편안하고 덜 두려워하며, 사고의 왜곡과 기분장애가 개선될 수 있다(Wegman, 2012). 항정신병 약물들은 '신경 이완 상태'를 유발하여 조현병으로 인한 환각과 망상, 외부 환경에 대한 염려, 초조감, 공경성, 충동성 등을 감소시킨다(Buelow, Hebert, & Buelow, 2000, p. 66). 항정신병제는 예전부터 사용된 전통적 약물과 새로 등장한 비정형 약물의 두 가지 주요 범주로 분류된다.

전통적 약물(Conventional Agents)

미국 약품 시장에 등장한 최초의 항정신병제는 토라진(Thorazine, 1952년)이었고, 이후 여러 약물들이 출시되었다. 이런 전통적인 1세대 약물은 더 이상 선호되지 않는데, 그 이유는 이들이 신경학적 부작용을 유발하고, 성인 조현병 환자 중 20% 정도에게는 이들 약물이 효과가 없었기 때문이다(Wegman, 2012).

상표명	일반명	일일 사용량
할돌(Haldol)	할로페리돌(haloperidol)	1~40mg
멜라릴(Mellaril)	티오리다진(thioridazine)	150~800mg
모반(Moban)	몰린더(molindone)	20~225mg
나바네(Navane)	티오헥센(thiothixene)	10~60mg
프로릭신(Prolixin)	플루페나진(fluphenazine)	3~45mg
스텔라진(Stelazine)	트리플루오라진(trifluoperazine)	2~40mg
토라진(Thorazine)	클로르프로마진(chlorpromazine)	60~800mg

비정형 항정신병 약물(Atypical Antipsychotic Agents)

이들은 하나의 동질적인 약물이 아니며, 신경학적 부작용이나 지연성 이상운동증(tardive dyskinesis)의 위험이 상대적으로 덜하다. 모든 비정형 약물은 양극성 조증에 대해서도 사용하도록 승인되었으나 효과는 증상의 특성에 따라 차이가 난다.

상표명	일반명	일일 사용량
아빌리피(Abilify)	아리피프라졸(aripiprazole)	10~15mg
클로라질(Clorazil)	클로자핀(clozapine)	300~600mg
파나트(Fanapt)	일로페리돈(iloperidone)	12~24mg
지오돈(Geodon)	지프라시돈(ziprasidone)	120~160mg
인베가(Invega)	팔리페리돈(paliperidone)	3~12mg
리스퍼달(Risperdal)	리스페리돈(risperidone)	2mg/divided/bid
사프리스(Saphris)	아세나핀(asenapine)	10~20mg
심비악(Symbyax)	올란자핀(lanzapine)/ 플루옥세틴(fluoxetine)	5~20mg
세로켈(Seroquel)	케티아핀(quetiapine)	100~150mg
자이프렉사(Zyprexa)	올란자핀(olanzapine)	5~20mg

특수 집단: 아동 및 청소년을 위한 정신약리학적 치료

장애	약물
주요 우울증	SSRIs
양극성장애	리튬(Lithium), 데파코테(Depakote), 리스퍼달(Risperdal), 아빌리피(Abilify)
조현병	리스페달(Risperdal), 아빌리피(Abilify), 지프렉사(Zyprexa), 세로큐엘(Seroquel)
강박장애	루벡스(Luvex), 졸로프트(Zoloft)
분리불안장애	부스파(Buspar), 비스타릴(Vistaril), SSRIs
주의력 결핍 과잉행동장애	리탈린(LARitalinLA), 아더랠(XRAdderallXR), 데이트라나(Daytrana), 비반세(Vyvans), 웰부트린(SR/LA WellbutrinSR/LA), 리투니브(Intuniv)
정신병적 장애	세로큐엘(Seroquel), 자이프레사(Zyprexa)

이들 약물 목록은 현재 사용되는 약물의 개요를 제공하기 위한 것일 뿐 처방 용도로 제시한 것은 아니다. 이 정보는 현재 통상적으로 받아들여지는 내용들을 반영하고 있지만, 모든 권장 사항들은 개별적인 사안의 특성을 감안하여 적용되어야 한다. 약물 목록은 다음의 자료들을 기반으로 도출되었다. 특별히 Miller(2009)의 저작은 환자들과 함께 사용하는 데 유용하다.

Buelow, G., Hebert, S., & Buelow, S. (2000). *Psychotherapists resource on psychiatric medications: Issues of treatment and referral*. Belmont, CA: Wads worth.

Ingersoll, R. E., & Rak, C. F. (2006). *Psychopharmacology for helping professions*. Pacific Grove, CA: Thompson Brooks/Cole.

Miller, F. (2009). *My mental health medication workbook*. Eau Claire, WI: PESL.

PDR: Drug guide for mental health professionals. (2004). Montvale, NJ: Thomson PDR.

Smith, T. (2012). *Psychopharmacology: What you need to know about psychiatric medications*. Eau Claire, WI: CMI Education.

Wegman, J. (2012). *Straight talk on mental health medications*. Eau Claire, WI: Premier Publishing & Media.

서식

상담 및 심리치료 전문가 실습 · 수련 가이드북

[서식 2-1] 실습 계약서

본 계약은 ________대학 ___________프로그램과 ___________(기관명)에 의해 ___년 ___월 ___일 작성되었다.

본 계약은 ________(학생명)에게 ___년 ___월 ___일부터 ___년 ___월 ___일까지 주 ________시간 실습을 제공하는 효력을 갖는다.

목적

이 협약의 목적은 자격을 갖춘 대학원생에게 상담 또는 심리학 분야의 실습 경험을 제공하기 위한 것이다.

대학은 다음 사항에 동의한다.

1. 대학과 현장 간 원활한 의사소통을 위해 대학에 연락 담당 교수를 지정한다.
2. 학생을 배치하기 전 실습 기관에 다음의 정보를 제공한다.
   a. 위 학생의 프로파일
   b. 학생이 현장 슈퍼비전에서 면제되는 기간이 포함된 학사 일정
3. 학생에게 행정 정책, 규칙, 표준, 일정, 현장 관례를 준수해야 한다는 점을 고지한다.
4. 연락 담당 교수는 학생, 현장, 대학에서 문제나 변화가 발생할 경우 즉시 접촉이 가능해야 하고, 현장 슈퍼바이저 및 학생과 협의를 진행해야 한다.
5. 대학 슈퍼바이저는 현장 연구 평가에 대한 업무 책임이 있다.

실습 기관은 다음 사항에 동의한다.

1. 수련생 훈련에 관심이 있고, 필요한 자격과 시간을 갖춘 실습 슈퍼바이저를 지정한다.
2. 학생이 다양한 상담 활동에 슈퍼비전을 받으며 참여할 기회를 제공함으로써 자신의 수행('실습 활동' 항목에 권장 사항으로 제시된 상담 경험)에 대해 적절한 평가를 받을 수 있도록 한다.
3. 학생이 전문적 활동을 할 수 있도록 적절한 작업 공간, 전화, 사무용품, 지원 인력을 제공한다.
4. 오디오 또는 비디오, 관찰 및 슈퍼비전 시연을 활용한 학생 과업에 대한 평가를 포함하여 슈퍼바이저와의 만남을 제공한다.
5. 대학 프로그램에서 정한 기준에 따라 학생에 대한 서면 평가를 제공한다.

수련생은 다음 사항에 동의한다.

1. 현장 출퇴근 수단을 확보한다.
2. 정해진 일정에 따라 교수 슈퍼바이저 및 현장 슈퍼바이저와의 주간 슈퍼비전 회기에 참석한다.

3. 미국상담협회 윤리 강령의 윤리 지침을 준수한다.
4. 실습 기관의 정책, 절차, 법규와 기준을 준수한다.

정해진 기간 동안 ________(현장 슈퍼바이저 명)가 담당 실습 현장 슈퍼바이저 역할을 담당한다. 학생이 다양한 활동에 대해 자신의 역량 수준을 충분히 평가받을 수 있도록 다음에 표시한 훈련 활동을 학생에게 제공한다.

________(연락 담당 교수 명)는 학생과 현장 슈퍼바이저가 진행 상황, 문제점, 수행 평가 등과 관련하여 소통하는 연락 담당 교수 역할을 담당한다.

실습 활동

1. 개인상담/심리치료
   개인적/사회적 문제
   직업적/교육적 문제
2. 집단상담/심리치료
   협력 지도
   지도
3. 접수 면접
   사회생활력 정보 확보하기
4. 검사
   행정
   분석
   결과의 해석
5. 보고서 작성
   기록 유지
   처치 계획
   처치
6. 자문
   의뢰
   전문 팀과의 협업
7. 심리교육 활동
   학부모 면담
   외부 지원 활동
8. 진로 상담
9. 개인 슈퍼비전
10. 집단 또는 동료 슈퍼비전
11. 사례 회의 또는 직원 회의
12. 기타(자유롭게 제시)
    ____
    ____
    ____
    ____

현장 슈퍼바이저 ________________________ 날짜 ____ 연 ____ 월 ____ 일

학생 ________________________ 날짜 ____ 연 ____ 월 ____ 일

연락 담당 교수 ________________________ 날짜 ____ 연 ____ 월 ____ 일

[서식 2-2] 수련 계약서

본 협약은 ________(이하 '기관'/'협회'/'학교')와 ________(이하 '대학')이 ___년 ___월 ___일 체결하였다.
본 협약은 ________(학생 이름)에게 ___년 ___월 ___일부터 ___년 ___월 ___일까지 효력을 갖는다.

목적

이 협약의 목적은 상담 및 치료 분야 수련을 통하여 자격을 갖춘 대학원생을 배출하는 데 있다.

대학은 다음 사항에 대해 책임이 있다.

1. 필수 과정과 실습 경험을 모두 성공적으로 이수한 학생을 선발한다.
2. 대학 및 기관/협회/학교의 책임을 명확히 기술한 수련 슈퍼비전 과정 개요를 기관/협회/학교에 제공한다.
3. 기관/협회/학교와 협력하여 수련 활동 조정 업무를 수행하기에 적합한 교수를 수련 슈퍼바이저로 지정한다.
4. 학생에게 기관/협회/학교의 행정 정책, 규칙, 표준, 일정, 관례 준수 의무를 고지한다.
5. 적절한 책임 및 상해보험에 의무적으로 가입하도록 학생에게 조언한다.

기관/협회/학교는 다음 사항에 대해 책임이 있다.

1. 수련생에게 수련 수행에 필요한 기관의 특정 서비스에 대한 전반적인 안내를 제공한다.
2. 자격을 갖춘 구성원을 슈퍼비전 담당 상담사/치료사로 지정하여 수련생에게 다양한 상담 활동에 참여할 기회를 제공하고 수련생의 상담 역량을 평가하는 역할을 하도록 행정적으로 승인한다.
3. 내담자를 직접 상대하는 최소 시간 등 수련 이수 요건 충족에 필요한 상담 회기 진행 및 서류 작업 공간을 제공한다.

학생은 다음 사항에 대해 책임이 있다.

1. 현장 출퇴근 수단을 확보한다.
2. 정해진 일정에 따라 교수 슈퍼바이저 및 현장 슈퍼바이저와의 주간 슈퍼비전 회기에 참석한다.
3. 미국상담협회 윤리 강령의 윤리 지침을 준수한다.
4. 실습 기관의 정책, 절차, 법규와 기준을 준수한다.

기회 균등

협약 당사자들은 인종, 피부색, 국적, 나이, 성별, 또는 신념으로 인해 서로를 차별하지 않는다.

재정 동의서

재정 조항은 기관/협회/학교마다 다를 수 있고, 재정 조항을 요구하지 않는 경우도 있다. 재정 규정이 있는 경우 동의서는 실습생, 기관/협회/학교, 대학이 각각 작성하고 승인해야 한다.

종결

수련생의 건강 상태가 내담자 또는 환자에게 유해하다고 판단될 때 기관/협회/학교는 수련을 종결할 권리가 있음을 이해하고 동의한다. 또한 수련생의 행동이 기관/협회/학교 및 내담자/환자에게 유해하다는 의견을 슈퍼바이저가 제시할 경우 기관/협회/학교는 수련을 종결할 권리가 있다. 종결 조치를 취하기 전에 해당 문제 행동에 대해 수련생 본인 및 대학 당국자와 논의해야 한다.

협약 이행을 맡은 두 기관의 책임 담당자 이름은 다음과 같다.

______________________	______________________
대학의 수련 슈퍼바이저	기관/협회/학교의 상담사/치료사 슈퍼비전 담당 부서

이의 증명으로 협약 당사자 간에 서명을 통해 상기한 날짜에 협약을 발효한다.

______________________	______________________
기관/협회/학교 (관리자)	증인
______________________	______________________
대학(대표자)	증인

[서식 2-3] 학생 프로필 양식

지시 사항: 수련생은 현장 실습 기관에 복사본을 제출해야 한다.

수련생 상담사/심리학자

이름 ______________________________

주소 ______________________________

전화번호: (자택) ______________________________

(사무실) ______________________________

날짜 ______________________________

본인은 __________ 에서 __________ 학위를 소지하고 있고 __________ 에서 __________ 전공) 프로그램의 __________ 과정을 이수 중입니다.

발달심리학 ________

검사 및 측정 __________

진단 및 치료 __________

성격 발달 __________

상담 기술 __________

진로 발달 __________

상담 입문 __________

법 및 윤리 문제 __________

상담 이론 __________

집단상담의 과정 및 기법 __________

다문화 상담 __________

기타 이수 과목(구체적으로 제시)

____

____

전문적 및 비전문적 직무 경험

____

____

[서식 2-4] 학생 실습/수련 동의서

지시 사항: 학생은 이 서식을 2부 작성하고 사본을 대학 실습 슈퍼바이저 또는 수련 코디네이터에게 제출하십시오.

1. 본인은 미국심리학회와 또는 미국상담협회 윤리 강령을 읽고 이해하였으며 이 표준에 따라 상담을 실시할 것을 선서합니다. 본인이 윤리를 깨거나 비윤리적인 행동을 할 경우 실습/수련에서 제외되고 낙제할 수 있으며 그러한 행동과 관련한 기록은 영구 이력으로 남을 수 있습니다.
2. 본인은 행정 정책, 규칙, 표준 및 실습/수련 현장의 관례를 준수할 것을 동의합니다.
3. 본인은 실습/수련 슈퍼바이저에게 실습/수련 경험에 대해 사전 동의된 내용을 지킬 것을 포함한 책임을 이해합니다.
4. 본인은 최소 수준의 상담 기술, 지식, 능력 및 요구되는 과정의 최소 요건을 충족하지 못하면 실습/수련에서 통과 점수가 문제될 수 있다는 것을 이해하였습니다.
5. 본인은 실습 및 수련을 시작하기 이전에 프로그램이 요구하는 적절한 절차(예: 아동 학대 전력 조회, 범죄 배경 점검 등) 및 건강 검진(예: TB 검사)을 받아야 한다는 것을 이해하였습니다.
6. 본인의 실습 현장이 프로그램 교수진의 승인이 필요한 사항임을 이해하였습니다.

서명 ______________________

날짜 ______________________

[서식 3-1a] 양육 양도 서식: 중등학교 상담

________________교육청은 사안이 발생한 학생에게 단기 개인상담 및 집단상담을 제공합니다. 학부모/보호자 또는 교직원은 상담이 필요한 학생에게 상담을 제공할 수 있고, 또는 학생이 상담을 요청할 수도 있습니다. 이러한 상담 서비스는 학교상담사, 또는 상담 수련생, ______________에 의해 제공됩니다. 그 이상의 서비스가 필요하다고 결정된 경우는 부모가 책임을 지며 상담사의 조언에 따라 외부 상담 또는 심리치료 서비스를 주선할 수 있습니다.

학교상담 서비스는 단기 서비스로 교육 공동체 내에서 학생들의 사회화 및 교육 향상이 목적입니다. 신뢰는 상담사와 학생 관계에서 가장 기본이 됩니다. 학생이 공유한 정보는 비밀보호가 제한적인 윤리적 책임이 분명한 상황 외에는 보호됩니다. 다음과 같은 경우는 공개될 수 있습니다.

1. 학생이 자신 또는 어떤 사람을 위해하려는 정보인 경우
2. 학생 또는 어떤 사람이 물리적인 위험에 처할 수 있는 경우
3. 법원이 정보의 공개를 지시한 경우

귀하는 질문, 조언 또는 의견이 있을 경우 언제라도 연락 주시기 바랍니다.

상담 수련생은 ________________대학의 상담 및 심리학 석사 과정 심화 과정에 있습니다. 대학은 개인 슈퍼비전 목적을 위해 상담 수련생이 오디오/비디오 녹화를 하여 상담 회기를 지도받도록 요구합니다. 개인 식별 상세 내용은 삭제되며 녹음테이프는 수련생의 상담 훈련 비평을 위한 슈퍼비전 집단의 동료와 슈퍼바이저에 의해 검토될 수 있습니다. 녹음 테이프는 슈퍼비전 검토 후에 파쇄됩니다. 슈퍼비전은 다음과 같이 비밀보호 윤리 표준을 준수합니다.

학생 이름 ____________________________

이 서식에 서명함으로써, 나의 자녀가 20________ 학년도 상담 서비스를 받는 것에 동의합니다. 나는 위에 명시한 특별한 예외 사항 이외의 모든 내용이 보호됨을 이해하였습니다.

부모/보호자 ________________________ 날짜 ________________

나는 개인적인 슈퍼비전 목적의 회기 녹음을 승인하지 않습니다. ________승인합니다. ________

[서식 3-1b] 초등학교 상담 승인 서식

개요서

우리는, ________________의 부모는 초등학교 상담사 또는 상담 수련생이 우리 아동을 돌보는 것을 인정하고 승인한다. 상담사는 교육적이며 사회적 발달에 확실히 도움이 되는 적절한 상담 서비스에 아동을 참여시킬 수 있다.

수련생은 ________________대학 상담 및 심리학과의 고급 단계 대학원생이며 슈퍼비전 목적의 상담 회기를 위한 오디오/비디오 녹음에 대해 알고 있다. 테이프는 수련생의 상담 훈련 평가를 위한 슈퍼비전 세미나의 동료 집단 구성원과 대학의 슈퍼바이저에 의해 검토될 수 있다. 테이프는 슈퍼비전 후에 삭제된다. 슈퍼비전은 전문적 윤리 강령에 따라 비밀보호 표준을 수립하고 따르도록 규정하고 있다.

____

부모 서명

____

날짜

또는

우리는 ____의 부모님은 초등학교 상담사 또는 상담 수련생이 우리 아동을 돌보는 것은 인정하지만 승인하지 않는다. 우리는 이번 서비스 요청은 거절하지만 이후의 서비스 기회에 대하여는 유보한다.

____

부모 서명

____

날짜

[서식 3-2] 슈퍼비전 목적의 상담 회기 기록을 위한 내담자 승인

나는 (기한 또는 초과 일정 포함하여 작성된) ________________ 상담 회기의 오디오/비디오 녹화를 위한 ____________________________을 ____________________________ 상담 수련생을 위하여 승인한다. (만약 내담자가 18세 이하라면 '나의 자녀와 함께 하는 상담회기 녹음'으로 변경하고 자녀의 이름을 적는다.) 나는 ________________ 협회 상담 수련생은 ________________ 대학의 상담 및 심리학과 고급 단계의 석사학위 과정의 학생임을 알고 있다. 대학은 상담 수련생이 실시한 상담 회기의 오디오/비디오 기록이 비밀보호되는 슈퍼비전이 되도록 해야 한다. 개인 식별 정보는 삭제하고 수련생의 상담 훈련을 위하여 슈퍼바이저와 집단 슈퍼비전 동료 구성원에게 보여진다. 테이프는 슈퍼비전 검토 후 파쇄한다. 슈퍼비전은 다음의 비밀 보호에 따라 윤리 기준을 준수해야 한다.

__________________________ 슈퍼바이저 소속 기관 명

__________________________ 슈퍼바이저 소속 대학 명

__________________________ __________________________

내담자 서명 날짜

____

부모/보호자 서명

[서식 3-3] 초기 면담 서식

이름 ______________________ 날짜 ______________________

주소 ____________ 도 ____________ 시 ________ 우편번호 __________

전화번호(자택) __________ (직장) __________ (휴대전화) __________

상담사 이름______________________ 날짜 ______________________

개인 정보

나이 ______________ 출생일 ____ / ____ / ____ 출생지 ______________

성: 남성 ________ 여성 ________ 키 ________ 몸무게 ________

인종: 백인 ______ 흑인 ______ 아시아계 ______ 히스패닉 ______ 기타 ______

결혼 상태: 결혼 ______ 미혼 ______ 이혼 ______ 사별 ______ 별거 ______

만약 결혼했다면, 배우자 이름 ______________ 나이 ______

직업(내담자) ______________ 고용기관 ______________

직업(배우자) ______________ 고용기관 ______________

의뢰 출처: 스스로 ______________ 기타 ______________

의뢰 기관 이름 ______________________________________

의뢰 기관 주소 ______________________________________

치료 이력(일반)

현재 약을 복용하고 있습니까? 예 ______ 아니요 ______

만약 그렇다면 약의 이름 ______________________________

약물 복용량 ______________________________________

약물 제공처 ______________________________________

이전에 정신과 치료를 받았습니까? 예 ______ 아니요 ______

만약 그렇다면 치료자 이름 ______________________________

서비스 기간 ______________ 위치 ______________

치료 종료 이유 ______________________________________

호소 문제 또는 상태(최근) ______________________________

제시하는 요인(기여자) ______________________________

증상 (설명) ______________________________________

____

급성 ______________________ 만성 ______________________

가족력(일반)

아버지 이름 ______________ 나이 ________ 주거 ________ 생존 여부 ________

직업 ______________________ 정규직 ________ 비정규직 ________

어머니 이름 ______________ 나이 ________ 주거 ________ 생존 여부 ________

직업 ______________________ 정규직 ________ 비정규직 ________

형제/자매

이름 ______________ 나이 ________ 주거 ________ 생존 여부 ________

이름 ______________ 나이 ________ 주거 ________ 생존 여부 ________

이름 ______________ 나이 ________ 주거 ________ 생존 여부 ________

학력(일반)

	기관 명	지역	날짜	학위
중등학교				
대학				
직업교육기관				
대학원				

경력(일반)

직함/직위	근무 기간	정규직 또는 비정규직

[서식 3-4] 심리사회적 이력

지시 사항: 실습/수련 학생은 치료 시작 전 이 서식의 검토를 완료하고 초기 면담 서식을 완료하십시오.

I. 개인 정보

이름 ______________________ 나이 ______________________

주소 ______________________ 출생 일 ______________________

전화번호 ______________ 휴대폰 번호 ______________ 혼인 상태 ______________

II. 제시한 문제/호소 문제

호소 문제의 본질은? ______________________

____

언제부터 문제가 시작되었는가?(발병일) ______________________

어느 정도로 발생되었는가?(구체적으로) ______________________

어느 정도로 일상생활에 영향이 있는가? ______________________

____

사전에 촉진시키는 사건, 상황, 인물 등이 있습니까?______________________

____

증상:

급성(설명) ______________________

____

만성(설명) ______________________

____

이전 치료(치료자, 치료 결과, 종결 이유 목록) ______________________

____

____

____

건강진단:

주치의 이름 ______________________

진료 일 ______________________ 부터 ______________________ 까지

의학적 설명 ______________________

____

정신병력: ____

치료사 이름 ____

치료 일 ____________________ 부터 ____________________ 까지

약물 사용 ____

Ⅲ. 발달사

태아기 ____

출생 ____

유년기(발달적 사건) ____

____

아동 중기(발달적 사건) ____

____

성인 초기(발달적 사건) ____

____

Ⅳ. 가족 발달사

어디에서 태어나고 자랐습니까? ____

어떤 문화/민족으로 분류됩니까? ____

제1 언어는 무엇입니까? ____

부모(이름, 나이, 직업) ____

부모는 결혼한 상태입니까? 예 ________ 아니요 ________

결혼을 유지하고 있습니까? 예 ________ 아니요 ________

만약 이혼하였다면, 그것이 당신에게 어떤 영향을 미쳤습니까? ____

____

누가 주로 당신의 양육을 책임지고 있습니까? ____

부모님의 관계에 대해 기술하십시오. ____

____

부모님과 당신과의 관계를 기술하십시오. ____

____

가족에게 지지받고 있다고 느끼십니까? 설명해 주십시오. ____

____

가족에게 사랑받고 있다고 느끼십니까? 설명해 주십시오. ____

가족은 사랑을 어떻게 표현하는지 설명해 주십시오. ______________________

가족에게 규율을 강조하는 사람은 누구입니까? ______________________

훈육은 어떻게 이루어졌습니까? ______________________

신체적으로든, 언어적으로든, 정서적으로든 학대받은 경험이 있습니까? ______________________

최고의 기억을 말씀해 주십시오. ______________________

최악의 기억을 말씀해 주십시오. ______________________

V. 교육 및 직업 이력

교육(최고 등급의 성취) ______________________

학교생활에 대해 말씀해 주십시오. ______________________

특별한 수업을 들었던 적이 있습니까? 설명해 주십시오. ______________________

특별한 필요가 있었습니까? ______________________

적절한 수준의 독해력이 있습니까? 예 ________ 아니요 ________

적절한 수준의 수리력이 있습니까? 예 ________ 아니요 ________

직업

군 복무 경력이 있습니까? ______________________

언제 어디서 복무했습니까? ______________________

계급은 무엇이었습니까? ______________________

임무를 기술하십시오. ______________________

평소의 직업 ______________________

현재 상태: 재직 중? ________ 실직? ________ 정규직 ________ 비정규직 ________

직무 만족 정도: 만족 ________ 보통 ________ 불만 ________

종사했던 직업 수에 대한 평가 ______________________

가장 길게 고용되었던 재직 기간(일수) ____________________

퇴사 이유를 설명하십시오. ____________________

____

현재의 고민이 직업을 갖는 데 영향을 미치는 것은 무엇입니까?

조금도 영향 안 미침 _____ 영향이 끝남 _____ 영향이 없음 _____

어느 정도 영향 _____ 일시적 해소 _____

부족한 업무 수행 _____ 부하직원과의 갈등 _____

고용주와의 갈등 _____

VI. 건강 이력

아동기 질환(목록) ____________________

____

수술이 있었나요? ____________________

____

최근의 건강(설명) ____________________

____

가족 건강(조부모, 부모, 아동) ____________________

____

____

현재 처방된 약(처방전이 있는 경우와 없는 경우). 목록 ____________________

____

만성적인 의학적 문제가 있나요? ____________________

____

의학적 관찰이 필요한 생리학적 문제가 있습니까? ____________________

____

VII. 관계 이력

독신 __________ 결혼 __________ 별거 __________ 이혼 __________ 사별 __________

사실혼 __________ 결혼 기간? __________

자녀 수(이름과 나이) ____________________

____

____

관계에서의 문제, 스트레스 원인을 말씀해 주세요. ______________________

____

____

성적 관계에 대한 인식(태도/행동) ______________________

____

관계에서 육체적으로 또는 정신적으로 학생를 겪은 경험이 있습니까? ______________________

____

VIII. 추가 정보

다루지 않았던 정보를 감지하는 것은 귀하의 치료에서 중요한 고려 사항이다(구체적으로 설명하십시오).

____

____

____

[서식 3-5] 사례 기록

이 사례 기록은 비밀 보호가 되고 상담사의 통제 아래 안전한 장소에서 보관되어야 한다.

상담사 이름 ______________________ 협회/학교 ______________________

내담자 식별 자료

내담자 번호 ______________________ 나이 ____________ 성별 ____________

회기 날짜 ______________________ 회기 번호 ______________________

녹취: 오디오 ______________________ 비디오 ______________________

당면한 현재의 문제

____

____

____

주요 이슈 다루기

____

____

____

회기의 요약

____

____

____

진단에 대한 인상과 개입

____

____

____

내담자 발달/좌절(변화의 억제 또는 지지에 대한 현재의 내적/외적 역동)

계획

상담사 의견

슈퍼바이저의 의견

날짜 ______________________ 상담사 서명 ______________________

날짜 ______________________ 슈퍼바이저 서명 ______________________

[서식 3-6] 주간 일정/실습 기록

요일	위치	시간	실습 활동	의견

수련생 이름 ______________________________

주간 시작 ______________________ 종료 ______________________

대면 서비스 합계 시간 ______________________ 간접 서비스 ______________

현장 슈퍼바이저 서명 ______________________ 날짜 ______________

[서식 3-7] 월간 실습 기록

지시 사항:

1. 지정된 곳에서 실습한 매주의 날짜를 기록하십시오.
2. 해당 칸에 각 활동에 대한 주간 시간의 합계 숫자를 기록하십시오.
3. 해당 주차 칸의 맨 아래에 주당 시간 수를 계산하십시오.
4. 각 활동에 보낸 시간의 합계로 월 말에 각 활동 시간을 합산합니다. 월간 합계 열은 전체 합계를 나타냅니다.
5. 슈퍼바이저의 서명을 받습니다. 수련이 종료되면 대학 수련 담당자에게 제출하고 파일은 보관하십시오.

활동	1주차 시작–끝	2주차 시작–끝	3주차 시작–끝	4주차 시작–끝	월 합계
초기 면담*					
개인상담*					
집단상담*					
가족상담*					
자문/중재*					
심리교육/지도*					
지역사회 업무					
진로상담*					
보고서 작성					
사례회의					
프로그램 계획					
검사/평가					
개인 슈퍼비전					
기타					
주간 합계					
대면 접촉 합계*					

*대면 접촉을 나타냄

수련생 이름 ______________________________

슈퍼바이저 서명 및 날짜 ______________________________

[서식 4-1] 초등학교 상담 의뢰서

이 비공개 추천서를 작성하여 제출하십시오. 서식을 넣은 봉투는 봉인하여 사무실 우편함에 넣어 주십시오. 복본을 만들지 마십시오.

학교상담사 ______________________ 에게 날짜 ______________________

중요 사항

☐ 낮음(일정에 따라), ☐ 높음(최대한 빨리), ☐ 응급(즉시)

학생 이름 및 학년 ______________________

의뢰인 ______________________

관찰한 결과 관심을 요하는 행동에 체크해 주십시오.

☐ 공격성
☐ 극단적 행동 변화
☐ 왕따-피해
☐ 왕따-가해
☐ 백일몽/공상
☐ 서투른 또래 관계
☐ 서투른 사회 기술
☐ 가족 문제(질병, 이혼)
☐ 학대 의심
☐ 잦은 위기 노출
☐ 자아상/자신감
☐ 개인위생
☐ 거짓말
☐ 도둑질
☐ 고통/상실
☐ 기타
☐ 학습
☐ 과제 수행
☐ 학습 기술
☐ 조직화 기술
☐ 충동적
☐ 만성 피로
☐ 부주의
☐ 파괴적
☐ 걱정/불안
☐ 두려움
☐ 슬픔
☐ 철회/부끄러움
☐ 우울
☐ 반항적
☐ 친구 만들기를 어려워함

배경 설명: ______________________

____

____

수업 시간 중 선택 가능한 시간: 1순위 ____________________ 2순위 ____________________

추천 상담 내용: 개인상담 ____________________ 소그룹 상담 ____________________

이러한 내용을 함께 다루기 위해 시간을 할애해 주셔서 감사합니다.

[서식 4-2] 중 · 고등학교 상담 의뢰서

이 비공개 상담 의뢰서를 작성하고, 봉투를 봉인한 후, 귀하가 의뢰하려는 상담사의 우편함에 넣어 주십시오. 복사본을 만들지 마십시오.

의뢰서 접수 날짜 ______________________

상담사 이름 ______________________

학생 이름 및 학년 ______________________

의뢰인 ______________________

중요 사항:

□ 낮음(일정에 따름); □ 높음(최대한 빨리); □ 응급(즉시)

이번 의뢰에 대하여 아동의 보호자(부모)와 논의하였습니까? □ 예 □ 아니요

현재 학생의 기능 정도(의뢰인의 인식)

	우수	보통 이상	보통	보통 이하	부족
자기주도 학습자					
주의 집중 범위					
쓰기 능력					
자아상					
권위에 대한 태도					
또래 관계					
다른 사람과 잘 어울림					
과제 수행					
교실 내 규칙 이행					

귀하가 알고 있거나 관찰된 것으로 관심을 요하는 행동에 체크해 주십시오.

□ 학업
□ 결석
□ 분노/공격성
□ 태만, 무단결석
□ 지각
□ 우울
□ 가족 문제(질병, 이혼)
□ 스트레스/불안

☐ 자살 사고	☐ 건강/위생
☐ 또래 관계	☐ 학생/교사 문제
☐ 이성 친구 문제	☐ 학생/부모 문제
☐ 극단적 행동 변화	☐ 자해/자책
☐ 성 문제	☐ 아동 방치/학대
☐ 자퇴 위험	☐ 습관/조직화
☐ 고통/상실	☐ 철회
☐ 왕따-피해	☐ 약물 남용
☐ 왕따-가해	☐ 기타

이 학생이 갖고 있는 특별한 기술, 재능, 또는 역량은 ______________________________

____

의뢰 사유(관찰을 근거로 작성) ____

____

서명 ______________________________ 날짜 ______________________________

직위 ______________________________

[서식 4-3] 정신 상태 체크리스트

겉모습 및 행동

	해당 사항 체크	동그라미	치료사 의견
1. 태도	정상______	느림, 경직, 안절부절못함	______
2. 동작	정상______	흥분됨, 틱, 경련으로 씰룩거림	______
3. 몸가짐	단정함______	잘 훈련됨,	______
		흐트러짐,	______
		매우 신중함,	______
		불결함, 무관심	______
4. 옷차림	편한 일상복______	적절하지 않음,	______
	정장______	매력적임	______
5. 얼굴 인상	적절함______	눈맞춤을 어려워함, 눈길을 끔,	
		응시함	______
6. 말하기			
a. 속도	정상______	늦음, 서두름,	______
		막힘	______
b. 소리	정상______	부드러움, 매우 큼,	______
		단조로움	______
c. 표현	논리적______	비논리적, 산만함,	______
	합리적______	모순됨, 일관됨	______
d. 음색	정상______	꾸민 음색을 사용 , 굴려서 발음함	______
e. 내용	정상______	지루함, 친화적,	
		시적(詩的), 역겨움	______

주의 집중/정서/기분

	해당 사항 체크	동그라미	치료사 의견
1. 주의 집중	정상______	짧은 지속성, 높음,	______
	민첩함______	민첩함, 주의가 산만함	______
2. 기분	정상______	의기양양, 행복감,	______
		흥분함, 두려운,	______
		적대적, 슬픈	______

3. 정서 적절함________ 부적절함, ________
피상적, 단편적, ________
격앙됨 ________

인식 및 사고 내용

	해당 사항 체크	내용 기술
1. 환각	________	________
a. 청각	________	________
b. 시각	________	________
c. 촉각	________	________
d. 미각	________	________
e. 후각	________	________

2. 망상
a. 편집증 ________ b. 피해 망상 ________
c. 과장 ________ d. 관계 망상 ________
e. 통제 ________ f. 사고 ________
g. 사고 전파 ________ h. 삽입 ________
i. 사고 철회 ________

3. 환상
a. 시각 ________
b. 청각 ________
내용 기술 ________
____

4. 기타 현실 감각 상실
a. 공포 ________ b. 강박 ________
c. 강박 충동 ________ d. 반추 ________
기술 ________
____

5. 자살/살인

관념 ____________________ 계획 ____________________

내용 기술 ____

____

방향감 지향×3 예 ________ 아니요________

혼란스러운 영역: 시간 ________ 장소 ________ 인물 ________

판단력 정확함 ________ 망가짐 ________

내용 기술 ____

____

집중/기억

1. 기억	정확함 __________	망가짐 __________
2. 즉시 기억	양호함 __________	망가짐 __________
3. 반전	양호함 __________	빈약함 __________
4. 집중	양호함 __________	빈약함 __________

추상 능력

1. 유사성	양호함 _____	빈약함 _____	기괴함 _____	
2. 불합치	인식함 _____	인식하지 못함 _____		
3. 격언	적절함 _____	문자적 _____	구체적 _____	기괴함 _____
통찰력	양호함 _____	공정함 _____	미흡함 _____	결여됨 _____

[서식 4-4] 치료 절차 보고서

날짜 ____________________

치료사 이름 ________________________________

치료사 연락처 ______________________________

내담자 이름/ID ____________________________

내담자 나이와 성 ___________________________

내담자와 함께 한 날짜와 회기 ____

(시작/종료 날짜와 전체 회기 수)

내담자가 제시한 호소 문제

____

____

____

치료법 요약

____

____

____

처치 방법

____

____

____

치료를 위한 기간

____

____

____

최근 상태

치료 권장 사항

치료사 서명

슈퍼바이저 서명

[서식 5-1] 상담 기법 목록

지시 사항

1. 첫째, 첫 번째 열에 나열된 기술을 검토한다. 그다음, 하나하나의 기법에 대해, 사용하고 있거나 사용 가능한 역량의 범위를 결정한다. 사용 또는 역량의 범위 표시를 두 번째 열의 적절한 문자에 동그라미를 한다. 만약 기법에 대해 알지 못한다면 기법을 모른다는 것을 나타내기 위해 'N'으로 'X'를 표시한다. 다른 기법을 추가하기 위하여 첫째 열의 기법 목록 끝에 공란을 두었다.
2. 둘째, 목록을 검토하며 사용 또는 역량의 범위를 표시하였다면, 기법 목록을 다시 읽어 보며 이론 또는 각 기법에 적절한 이론들에 동그라미를 한다. 세 번째 열은, 물론 당신에게 익숙한 기법에만 표시할 수 있다.
3. 세 번째 과업은 'X'라고 표시한 잘 모르는 기법을 알아갈 수 있도록 하는 것이다. 각 기법과 관련한 지식을 획득하므로 내담자의 유형과 어떤 상황에 놓여 있는지에 따라 그것의 사용 여부를 결정할 수 있다.
4. 마지막 과업은 두 번째와 세 번째 열을 검토하며 보유 역량이 하나 혹은 두 개의 특정 이론에 속하는 기법인지 결정한다. 만일 그렇다면, 이 이론이 당신의 자기 개념을 최고로 잘 반영하는가? 이러한 기법이 관련 문헌에서와 같이 적절하며, 당신이 작업하기 원하는 내담자를 위한 것을 가장 잘 반영하는가?

활용 정도 척도			
None = 활용 안 함	Minimal = 적게 활용	A(Average) = 보통 활용	E(Extensive) = 많이 활용

관련 이론 기호	
Ad(Adierian) = 개인심리학(아들러, 드레이커스)	Ge(Gestalt) = 형태주의(펄스)
Be(Behavioral) = 행동주의(스키너, 밴듀라, 라자루스)	PC(Person centered) = 인간 중심(로저스)
CBT(Cognitive behavioral) = 인지행동(벡, 엘리스, 매켄바움)	Ps(Psychodynamic) = 정신역동(프로이트, 에릭슨)
Ex(Existential) = 실존주의(메이, 프랭클)	Re(Reality) = 현실치료(글래서, 우볼딩)
FS(Family systems) = 가족체계(보웬, 사티어, 미누친)	SF(Solution focused) = 해결중심(버그, 드세이저)

기법	활용 정도	관련 이론
ABC 모델(ABC Model)	N M A E	Ad Be CBT Ex FS Ge PC Ps Re SF
수용(Acceptance)	N M A E	Ad Be CBT Ex FS Ge PC Ps Re SF

정확한 공감적 이해(Accurate empathic understanding)	N M A E	Ad Be CBT Ex FS Ge PC Ps Re SF
저항 분석(Analysis of resistance)	N M A E	Ad Be CBT Ex FS Ge PC Ps Re SF
전이 분석(Analysis of transference)	N M A E	Ad Be CBT Ex FS Ge PC Ps Re SF
인지삼제 분석(Analyze cognitive triad)	N M A E	Ad Be CBT Ex FS Ge PC Ps Re SF
방어기제 분석(Analyze defense mechanisms)	N M A E	Ad Be CBT Ex FS Ge PC Ps Re SF
인지적 왜곡 분석(Analyzing cognitive distortions)	N M A E	Ad Be CBT Ex FS Ge PC Ps Re SF
자기주장 훈련(Assertiveness training)	N M A E	Ad Be CBT Ex FS Ge PC Ps Re SF
과제 부과(Assignment of tasks)	N M A E	Ad Be CBT Ex FS Ge PC Ps Re SF
증상에 집중하지 않기(Avoid focus on symptoms)	N M A E	Ad Be CBT Ex FS Ge PC Ps Re SF
행동 과업(Behavioral tasks)	N M A E	Ad Be CBT Ex FS Ge PC Ps Re SF
독서치료(Bibliotherapy)	N M A E	Ad Be CBT Ex FS Ge PC Ps Re SF
출생 순위(Birth order)	N M A E	Ad Be CBT Ex FS Ge PC Ps Re SF
경계 설정(Boundary setting)	N M A E	Ad Be CBT Ex FS Ge PC Ps Re SF
칭찬을 과업으로 연결하기(Bridging compliments to tasks)	N M A E	Ad Be CBT Ex FS Ge PC Ps Re SF
부적절한 동기 수정(Change faulty motivation)	N M A E	Ad Be CBT Ex FS Ge PC Ps Re SF
집중적인 질문 수정(Change focused questions)	N M A E	Ad Be CBT Ex FS Ge PC Ps Re SF
부적응적 신념 수정(Change maladaptive beliefs)	N M A E	Ad Be CBT Ex FS Ge PC Ps Re SF
언어 변경(Changing language)	N M A E	Ad Be CBT Ex FS Ge PC Ps Re SF
삶과 생활에 대한 개인적 관점 명료화 (Clarify personal views on life and living)	N M A E	Ad Be CBT Ex FS Ge PC Ps Re SF
고전적 조건화(Classical conditioning)	N M A E	Ad Be CBT Ex FS Ge PC Ps Re SF
인지적 과제(Cognitive homework)	N M A E	Ad Be CBT Ex FS Ge PC Ps Re SF
인지적 재구조화(Cognitive restructuring)	N M A E	Ad Be CBT Ex FS Ge PC Ps Re SF
변화 약속(Commitment to change)	N M A E	Ad Be CBT Ex FS Ge PC Ps Re SF
의사소통 분석(Communication analysis)	N M A E	Ad Be CBT Ex FS Ge PC Ps Re SF
의사소통 훈련(Communication training)	N M A E	Ad Be CBT Ex FS Ge PC Ps Re SF
칭찬(Compliments)	N M A E	Ad Be CBT Ex FS Ge PC Ps Re SF
직면(Confrontation)	N M A E	Ad Be CBT Ex FS Ge PC Ps Re SF
공동 치료(Co-therapy)	N M A E	Ad Be CBT Ex FS Ge PC Ps Re SF
탈삼각화(Detriangulation)	N M A E	Ad Be CBT Ex FS Ge PC Ps Re SF
비합리적 신념 논박(Disputing irrational beliefs)	N M A E	Ad Be CBT Ex FS Ge PC Ps Re SF

극화(Dramatization)	N M A E	Ad Be CBT Ex FS Ge PC Ps Re SF
꿈 분석(Dream analysis)	N M A E	Ad Be CBT Ex FS Ge PC Ps Re SF
꿈 작업(Dreamwork)	N M A E	Ad Be CBT Ex FS Ge PC Ps Re SF
생애 초기 기억(Early recollections)	N M A E	Ad Be CBT Ex FS Ge PC Ps Re SF
빈 의자(Empty chair)	N M A E	Ad Be CBT Ex FS Ge PC Ps Re SF
실연(Enactments)	N M A E	Ad Be CBT Ex FS Ge PC Ps Re SF
지지(Encouragement)	N M A E	Ad Be CBT Ex FS Ge PC Ps Re SF
과장하기 훈련(Exaggeration exercise)	N M A E	Ad Be CBT Ex FS Ge PC Ps Re SF
현재 가치 체계의 근원 조사 (Examine source of present value system)	N M A E	Ad Be CBT Ex FS Ge PC Ps Re SF
자동적 사고 조사(Examining automatic thoughts)	N M A E	Ad Be CBT Ex FS Ge PC Ps Re SF
예외 질문(Exception questions)	N M A E	Ad Be CBT Ex FS Ge PC Ps Re SF
경험 학습(Experiential learning)	N M A E	Ad Be CBT Ex FS Ge PC Ps Re SF
실험(Experiments)	N M A E	Ad Be CBT Ex FS Ge PC Ps Re SF
질적 세계 탐색(Explore quality world)	N M A E	Ad Be CBT Ex FS Ge PC Ps Re SF
주관적 실재 탐색(Explore subjective reality)	N M A E	Ad Be CBT Ex FS Ge PC Ps Re SF
부적절한 사고 노출(Exposing faulty thinking)	N M A E	Ad Be CBT Ex FS Ge PC Ps Re SF
가족 구도(Family constellation)	N M A E	Ad Be CBT Ex FS Ge PC Ps Re SF
가족 생활 연대기(Family-life chronology)	N M A E	Ad Be CBT Ex FS Ge PC Ps Re SF
대안 해석 찾기(Finding alternative interpretations)	N M A E	Ad Be CBT Ex FS Ge PC Ps Re SF
홍수법(Flooding)	N M A E	Ad Be CBT Ex FS Ge PC Ps Re SF
선택에 초점 맞추기(Focus on choice)	N M A E	Ad Be CBT Ex FS Ge PC Ps Re SF
개인의 책임에 초점 맞추기 (Focus on personal responsibility)	N M A E	Ad Be CBT Ex FS Ge PC Ps Re SF
현재 문제에 초점 맞추기(Focus on present problems)	N M A E	Ad Be CBT Ex FS Ge PC Ps Re SF
내담자가 통제할 수 있는 것에 초점 맞추기(Focus on what client can control)	N M A E	Ad Be CBT Ex FS Ge PC Ps Re SF
첫 회기 과업 공식화(Formulate first-session task)	N M A E	Ad Be CBT Ex FS Ge PC Ps Re SF
사회적 관심 증진(Foster social interest)	N M A E	Ad Be CBT Ex FS Ge PC Ps Re SF
자유 연상(Free association)	N M A E	Ad Be CBT Ex FS Ge PC Ps Re SF
가계도(Genogram)	N M A E	Ad Be CBT Ex FS Ge PC Ps Re SF
진실성(Genuineness)	N M A E	Ad Be CBT Ex FS Ge PC Ps Re SF
유도된 심상(Guided imagery)	N M AE	Ad Be CBT Ex FS Ge PC Ps Re SF

문제의 체계적 근원에 대한 가설 수립(Hypothesizing systemic roots of problems)	N M AE	Ad Be CBT Ex FS Ge PC Ps Re SF
바람과 욕구 확인 및 정의(Identify and define wants and needs)	N M AE	Ad Be CBT Ex FS Ge PC Ps Re SF
초보적 실수 확인(Identify basic mistakes)	N M AE	Ad Be CBT Ex FS Ge PC Ps Re SF
즉시성(Immediacy)	N M AE	Ad Be CBT Ex FS Ge PC Ps Re SF
내적 대화(Internal dialogue)	N M AE	Ad Be CBT Ex FS Ge PC Ps Re SF
상호 공감(Interpersonal empathy)	N M AE	Ad Be CBT Ex FS Ge PC Ps Re SF
해석(Interpretation)	N M AE	Ad Be CBT Ex FS Ge PC Ps Re SF
실제 노출법(In vivo exposure)	N M AE	Ad Be CBT Ex FS Ge PC Ps Re SF
치료 초점을 현재에 맞추기(Keep therapy in the present)	N M AE	Ad Be CBT Ex FS Ge PC Ps Re SF
생활양식 평가(Lifestyle assessment)	N M AE	Ad Be CBT Ex FS Ge PC Ps Re SF
의미치료(Logotherapy)	N M AE	Ad Be CBT Ex FS Ge PC Ps Re SF
분석의 틀 유지하기(Maintain analytic framework)	N M AE	Ad Be CBT Ex FS Ge PC Ps Re SF
순회하기(Making the rounds)	N M AE	Ad Be CBT Ex FS Ge PC Ps Re SF
마법 질문(Miracle question)	N M AE	Ad Be CBT Ex FS Ge PC Ps Re SF
당연한 결과(Natural consequences)	N M AE	Ad Be CBT Ex FS Ge PC Ps Re SF
부적 강화(Negative reinforcement)	N M AE	Ad Be CBT Ex FS Ge PC Ps Re SF
객관적 공감(Objective empathy)	N M AE	Ad Be CBT Ex FS Ge PC Ps Re SF
객관적 면담(Objective interview)	N M AE	Ad Be CBT Ex FS Ge PC Ps Re SF
관찰 과업(Observational tasks)	N M AE	Ad Be CBT Ex FS Ge PC Ps Re SF
조작적 조건화(Operant conditioning)	N M AE	Ad Be CBT Ex FS Ge PC Ps Re SF
행동 계획(Plan for acting)	N M AE	Ad Be CBT Ex FS Ge PC Ps Re SF
정적 강화(Positive reinforcement)	N M AE	Ad Be CBT Ex FS Ge PC Ps Re SF
점진적 근육 이완법(Progressive muscle relaxation)	N M AE	Ad Be CBT Ex FS Ge PC Ps Re SF
심리교육(Psychoeducation)	N M AE	Ad Be CBT Ex FS Ge PC Ps Re SF
비현실적인 부정적 사고를 인식하고 변화시키기(Recognizing & changing unrealistic negative thoughts)	N M AE	Ad Be CBT Ex FS Ge PC Ps Re SF
감정 반영(Reflection of feeling)	N M AE	Ad Be CBT Ex FS Ge PC Ps Re SF
재구성(Reframing)	N M AE	Ad Be CBT Ex FS Ge PC Ps Re SF
리허설(Rehearsal exercise)	N M AE	Ad Be CBT Ex FS Ge PC Ps Re SF
전이 거절(Reject transference)	N M AE	Ad Be CBT Ex FS Ge PC Ps Re SF
방향 전환(Reorientation)	N M AE	Ad Be CBT Ex FS Ge PC Ps Re SF

반대로 하기(Reversal exercise)	N M AE	Ad Be CBT Ex FS Ge PC Ps Re SF
척도 질문(Scaling questions)	N M AE	Ad Be CBT Ex FS Ge PC Ps Re SF
조각 기법(Sculpting)	N M AE	Ad Be CBT Ex FS Ge PC Ps Re SF
자기 평가(Self-evaluation)	N M AE	Ad Be CBT Ex FS Ge PC Ps Re SF
자기 관찰(Self-monitoring)	N M AE	Ad Be CBT Ex FS Ge PC Ps Re SF
수치심 공격하기(Shame-attacking exercises)	N M AE	Ad Be CBT Ex FS Ge PC Ps Re SF
사회 기술 훈련(Social skills training)	N M AE	Ad Be CBT Ex FS Ge PC Ps Re SF
감정에 머무르기(Staying with the feeling)	N M AE	Ad Be CBT Ex FS Ge PC Ps Re SF
스트레스 예방접종 훈련(Stress inoculation training)	N M AE	Ad Be CBT Ex FS Ge PC Ps Re SF
주관적 공감(Subjective empathy)	N M AE	Ad Be CBT Ex FS Ge PC Ps Re SF
주관적 면담(Subjective interview)	N M AE	Ad Be CBT Ex FS Ge PC Ps Re SF
체계적 둔감법(Systematic desensitization)	N M AE	Ad Be CBT Ex FS Ge PC Ps Re SF
균형 깨뜨리기(Unbalancing)	N M AE	Ad Be CBT Ex FS Ge PC Ps Re SF
무조건적 긍정적 존중(Unconditional positive regard)	N M AE	Ad Be CBT Ex FS Ge PC Ps Re SF

K. M. Dimick & F. H. Krause (Eds.), *Practicum manual in counseling and psy chotherapy* (4th ed., pp. 77-80). Muncie, IN: Accelerated Development에 수록된 Mollis, Joseph W. (1980). Techniques used in counseling and psychotherapy를 활용하였으며, 허락하에 전재함. 상담 기법 목록 양식은 원문 그대로 사용하였으며, 이론 및 기법 목록은 Corey, G. (2013). *Theory and practice of counseling and psychotherapy* (9th ed.). Belmont, CA: Brooks/Cole을 활용하여 갱신함.

[서식 6-1] 상담 수행 기술에 대한 자기 평가

목적: 훈련생에게 기본적인 조력 기술 및 전문적 절차 기술에 대한 수행 기술 영역의 역량 수준을 검토할 수 있는 기회를 제공한다. 슈퍼비전을 받는 동안 훈련생이 초점 영역을 확인할 수 있는 근거를 제공한다.

지시문: 귀하가 느끼는 역량 수준에 해당하는 숫자에 동그라미하시오.

기본 및 심화 조력 기술	미흡		보통		양호
1. 능동적인 참여 행동의 시연 능력	1	2	3	4	5
2. 비언어적 행동의 이해와 경청하는 능력	1	2	3	4	5
3. 내담자의 언어 표현을 듣고 경험, 행동, 감정의 복합성을 인지할 수 있는 능력	1	2	3	4	5
4. 내담자의 관점을 정확하게 이해하는 능력	1	2	3	4	5
5. 내담자의 이야기에서 주제를 명료화하는 능력	1	2	3	4	5
6. 내담자의 이야기와 현실 사이의 불일치를 확인할 수 있는 능력	1	2	3	4	5
7. 정확한 공감으로 반응할 수 있는 능력	1	2	3	4	5
8. 개방형 질문을 할 수 있는 능력	1	2	3	4	5
9. 내담자가 분명하게 표현하고 집중할 수 있도록 돕는 능력	1	2	3	4	5
10. 공감적 반응, 명료화, 탐색 사이의 균형을 잡는 능력	1	2	3	4	5
11. 내담자 문제의 심각성을 정확하게 평가할 수 있는 능력	1	2	3	4	5
12. 내담자와 협업하며 작업할 수 있도록 관계를 만들어 가는 능력	1	2	3	4	5
13. 문제를 해결할 수 있는 내담자의 강점과 자원을 평가하고 활성화하는 능력	1	2	3	4	5
14. 건강하지 못하거나 왜곡된 사고나 행동을 분별하고 대응하는 능력	1	2	3	4	5
15. 문제와 해결책에 대한 내담자의 깊은 이해를 위해 심화된 공감 사용 능력	1	2	3	4	5
16. 상담사-내담자 관계의 탐색 능력	1	2	3	4	5
17. 내담자와 함께 하는 경험, 행동, 감정의 건설적인 공유 능력	1	2	3	4	5
18. 요약하는 능력	1	2	3	4	5
19. 정보를 적절히 공유하는 능력	1	2	3	4	5
20. 의사 결정을 이해하고 촉진하는 능력	1	2	3	4	5
21. 내담자가 목표를 설정하고 문제 해결을 향해 행동하도록 돕는 능력	1	2	3	4	5

22. 내담자의 머뭇거림과 저항을 인식하고 관리하는 능력	1	2	3	4	5
23. 내담자가 설정한 목표의 결과를 탐색할 수 있도록 돕는 능력	1	2	3	4	5
24. 내담자가 목표 방향으로 행동을 지속하도록 돕는 능력	1	2	3	4	5
25. 내담자가 새로운 경험 기반의 목표를 검토하여 수정하거나 재수립하도록 돕는 능력	1	2	3	4	5
26. 회기를 원활하게 열어 갈 수 있는 능력	1	2	3	4	5
27. 회기 동안 주요 문제의 명료화를 위해 내담자와 협력하는 능력	1	2	3	4	5
28. 회기에서 회기로 이어지도록 연속성을 만들어 가는 능력	1	2	3	4	5
29. 자신과 타인을 향한 위해, 물질 남용, 아동 학대에 따른 기관 조치나 교육적 절차와 정책에 대한 지식	1	2	3	4	5
30. 상담 과정에서의 적절한 기록 보관 능력	1	2	3	4	5
31. 회기를 원활하게 종결하는 능력	1	2	3	4	5
32. 윤리적 이슈를 인식하고 처리하는 능력	1	2	3	4	5
33. 첫 회기에서 정보보호를 실천하며 사전 동의서를 통합하는 능력	1	2	3	4	5

훈련생 서명 ______________________________

슈퍼바이저 서명 ______________________________

날짜 ______________

[서식 6-2] 자기 인식/다문화 인식 평정 척도

기호 1 = 낮음—실행할 수 있는 역량 부족

2 = 평균보다 낮음—어느 정도 실행할 수 있으나 개선이 필요

3 = 평균—실행에 적절한 정도

4 = 평균 보다 높음—역량 수준이 적절한 능력 이상

5 = 높음-매우 잘 해낼 수 있는 정도

지시 사항: 다음의 각 진술을 읽고 위의 1부터 5의 척도를 사용하여 귀하의 상담 실행 정도를 표시하십시오.

_______ 1. 나의 개인적 태도가 어떻게 내담자에게 영향을 미치는지 탐색한다.

_______ 2. 나는 나의 가족 배경이 나의 활동과 관계에 어떻게 영향을 미치는지 이해한다.

_______ 3. 나는 나의 초기 가족 경험이 내담자의 관심사에 어떻게 연쇄 반응할 수 있는지 이해한다.

_______ 4. 나는 내담자와 관련한 나의 필요에 압도될 때를 자각하고 피할 수 있다.

_______ 5. 특히 내담자의 감정 반응에 내가 강한 감정으로 반응하거나 불편을 느낄 때, 다음 회기에 나의 역동을 반영한다.

_______ 6. 특히 내담자의 사고, 감정, 행동에 강한 부정적 판단을 할 때 다음 회기에 나의 역동을 반영한다.

_______ 7. 나의 역전이를 이해하고 나의 미해결된 개인적 이슈와 갈등이 어떻게 내담자에게 투사될 수 있는지 알아차릴 수 있다.

_______ 8. 나의 편견과 선입관에 대해 알아차린다. 여기에는 성, 성적 지향성, 열등, 특권의식, 권위 관계 이슈를 포함한다.

_______ 9. 나는 내담자의 세계관과 그것이 나와 어떤 차이가 있는지에 관심을 기울인다.

_______ 10. 내가 속한 문화가 상담 관계에 어떤 영향을 미칠 수 있는지 이해하고 알아차린다.

_______ 11. 나의 종교적 가치, 정치적 가치, 가족 가치가 상담 관계에 어떤 영향을 미치는지 이해한다.

_______ 12. 나는 내담자와 문화적 이슈를 다룰 수 있고 다양성에 대한 이슈를 논의할 수 있다.

_______ 13. 나는 나와는 다른 사람들의 문화에 집중한다.

_______ 14. 나는 내담자가 그들의 세계관과 조화를 이루는 결정을 하도록 돕는다.

_______ 15. 나는 내담자가 그들의 삶의 경험과 문화적 가치가 조화로운 목표를 규정하도록 돕는다.

위의 문항에 대한 평정을 검토하십시오. 특히, 1 또는 2로 평정한 문항에 관심을 기울여야 하는데 그것은 기술 영역에서 집중해야 할 필요가 있는 영역을 나타내는 것일 수 있다.

[서식 6-3] 슈퍼비전에서의 지시적 반영 연습

질문이나 지시에 따라 하나 또는 2개의 문장을 사용하여 응답하십시오.

1. 슈퍼비전을 받는 것에 대한 불안 수준을 설명하십시오.
2. 평가 받는 것과 관련한 고민은 무엇입니까?
3. 상담 실습에 대한 내면에서의 대화는 무엇입니까?(예를 들면, 이번엔 나는 아주 안 좋다, 나는 많은 지지가 필요하다, 나는 결코 충분할 수 없다, 나는 매우 남을 의식하고 있다.)
4. 상담사로서 최근의 자신감 수준을 설명하십시오.
5. 슈퍼비전에서 바라는 지원(아주 많은 지지, 중간 정도의 지지, 대안 제시)과 구조의 유형은 무엇입니까?
6. 슈퍼바이저에게 의존하려는 느낌의 범위를 설명하십시오.
7. 교사로서? 상담사로서? 자문역으로서? 슈퍼바이저에게 요구하는 것이 무엇인지 설명하십시오.
8. 가장 먼저 집중할 필요가 있는 상담 실습 영역은 무엇입니까?
9. 내담자와 작업할 때 귀하가 편안하게 느끼는 자기 개방 개인사는 무엇입니까?
10. 슈퍼바이저와 슈퍼바이지 관계에 대해 귀하의 슈퍼바이저에게 피드백 주는 것이 어느 정도로 어렵습니까?

질문과 지시에 대한 답변을 검토하십시오. 집단 슈퍼비전에서 동료는 이러한 질문에 대해 어느 정도 논의를 원할 수 있다. 어쩌면 동료는 목록에 추가 질문을 더할 수 있으며, 해당 질문에 대하여 당신의 응답을 검토하면 슈퍼비전 영역에서 당신이 발전시켜야 할 수준과 관련 있는 목표 명료화에 도움이 될 수 있다.

[서식 6-4] 슈퍼바이지 목표 서약서

지시 사항: 학생은 슈퍼비전을 시작하며 이것을 작성해서 개인 및 또는 집단 슈퍼바이저에게 사본을 제공해야 한다. 이것은 귀하의 슈퍼바이저와 슈퍼비전 계약서를 작성하는 데 도움이 될 것이다. 목표 서약서는 최근 목표를 실현하고 계약을 개정할 때 적절하게 갱신할 수 있다.

학생 이름 ________________________

슈퍼바이저 이름 ____________________

제출 날짜 ________________________

상담 수행 기술

____

____

____

____

인지적 상담 기술

____

____

____

____

자기-자각/다문화 인식

____

____

____

____

발달 수준

____

____

____

____

[서식 6-5] 테이프 비평 서식

학생 상담자 이름 ______________________________

내담자 ID ______________ 회기 번호 ______________

회기 내용의 간단한 요약:

____

____

____

의도된 목표:

____

____

____

긍정적 상담 행동을 위한 자문:

____

____

개선이 필요한 상담 영역에 대한 자문:

____

____

내담자 역동에 따른 주요 관심, 관찰 또는 자문:

____

____

내담자와의 향후 상담 계획:

____

____

____

제출된 테이프 ______________________________

날짜 ______________________________

[서식 6-6] 동료 평가서

목적

1. 훈련생에게 기술 개발을 위한 피드백을 추가적으로 제공한다.
2. 평가자에게 긍정 행동에 대한 지식과 인식을 증진시킬 수 있도록 기회를 제공한다.

지시 사항

1. 집단 슈퍼비전 수업에서 훈련생의 테이프를 검토한 동료가 이 서식을 작성하고 훈련생은 제출한다. 상담사가 실시한 특정 기술은 상담사 훈련생에 의해 확인된다. 모든 윤리 지침에 따라 비밀보호는 테이프 검토 과정 동안 지켜져야 하고 테이프는 슈퍼비전 회기 후에 반드시 삭제되어야 한다.
2. 동료는 검토된 모든 테이프에 소견을 작성하고 목표 기술 행동에 대한 수행을 평가한다.
3. 정보는 과정을 검토하는 데 도움이 되도록 축적한다.

상담사 이름 ______________________________

목표 기법(상담사에 의해 확인됨) ______________________________

____

____

____

소견(해당 주에 검토된 모든 테이프를 근거로 함) ______________________________

____

____

____

평가자 서명 ______________________________

날짜 ______________________________

[서식 6-7] 면담자 평가서

학생상담자[1]가 구조화한 상담 회기에 대한 평가

내담자 ID ______________________________

학생 상담자 이름 __________________________

해당 사항에 체크:

______ 오디오테이프 ______ 비디오테이프 ______ 관찰 ______ 기타(구체적으로) ___________

슈퍼바이저 또는 관찰자 서명 ___________________________

검토 날짜 ________________

지시 사항: 학생상담자의 슈퍼바이저 또는 동료는 각 항목에 동그라미로 평가하고 수련생의 발전을 돕기 위한 소견을 가능한 많이 제공한다.

구체적 준거 | 평가하기 (최대–최소) 소견

1. 시작하기: 구조화되고, 우호적이며, 상냥하게 시작하였습니까? 어떤 역할 정의가 필요했습니까? 어떤 첫 진술이 필요했습니까?

   5 4 3 2 1

2. 라포 형성: 학생상담자는 내담자와 라포를 잘 형성하였습니까? 생산적인 면담이 이루어지도록 준비가 되었습니까?

   5 4 3 2 1

3. 책임 있는 면담: 내담자가 하지 않았다면, 학생상담자가 면담 구조화에 대한 책임을 적절하게 맡았습니까? 시작을 주도한 것이 내담자인가 학생상담자였습니까?

   5 4 3 2 1

4. 상호작용: 내담자와 학생상담자는 의미 있는 방식으로 진솔한 의사소통을 하였습니까?

   5 4 3 2 1

5. 수용/허용: 학생상담자는 내담자의 감정, 기분, 표현한 생각을 수용하고 허용하였습니까?

   5 4 3 2 1

6. 감정의 반영: 학생상담자는 감정을 반영하며 반응했습니까? 또는 인지적으로 생각하게 하는 면담이었습니까?

   5 4 3 2 1

---

1) 서식은 내담자 입장의 기록이므로 'student counselor'를 '수련생'이 아닌 '학생상담자'로 번역하였다.

7. 학생상담자의 대답: 학생상담자는 내담자가 표현한 관점에서 적절하게 대답하였습니까? 또는 하찮고 소소한 것에도 관심을 갖고 응대하였습니까? 의미 있는 질문을 하였습니까?

5 4 3 2 1

8. 가치관 처리: 학생상담자는 어떻게 가치를 대하였습니까? 면담하는 동안 상담사의 가치를 부여하려고 시도하였습니까?

5 4 3 2 1

9. 상담 관계: 학생상담자-내담자 관계는 생산적인 상담에 도움이 되었습니까? 상담 관계가 형성되었습니까?

5 4 3 2 1

10. 종결: 학생상담자(또는 내담자)가 종결을 시작하였습니까? 종결이 갑작스럽거나 뜻밖이었습니까? 후속 조치 또는 추가 면담 일정이 수립되었습니까?

5 4 3 2 1

11. 일반적인 기술: 학생상담자는 면담의 목적을 달성할 수 있도록 얼마나 잘 수행했습니까?

5 4 3 2 1

A. 면담의 기간: 면담이 너무 길거나 짧았습니까? 조만간 면담을 종결해야 합니까?

B. 어휘 수준: 학생상담자의 어휘는 내담자에게 적절하였습니까?

C. 태도: 학생상담자는 면담 또는 이전 언급에서 좋지 않은 영향을 줄 수 있는 어떤 태도를 보였습니까?

D. 말이 많음: 학생상담자가 면담을 지배, 중단, 무시 또는 말을 너무 많이 하였습니까?

E. 침묵: 침묵은 학생상담자의 욕구에 의해서 또는 효과적으로 다루려는 태도에 의해서 깨졌습니까?

학생상담자를 돕기 위한 의견: 이전 제안으로 다루지 못한 영역의 학생상담자를 도울 수 있는 추가 의견

[서식 7-1] 슈퍼비전 계약서

목적: 슈퍼비전의 목적은 슈퍼바이지가 제공하는 내담자 서비스를 관찰하고 슈퍼바이지의 전문성 개발을 촉진하기 위한 것이다. 이것은 내담자의 안전과 복리를 보장하고 ____________ 대학 및 학교/기관의 임상 슈퍼비전 요건을 충족한다.

슈퍼바이저의 책임:

- 슈퍼바이저는 ____________ 대학에서 요구하는 가을/봄 실습/수련 학기 동안 정규 일정에 따라 주 1시간 슈퍼바이지를 위한 면대면 슈퍼비전을 제공하는 데 동의한다.
- 슈퍼바이저는 슈퍼바이지의 시간, 수료, 평가와 관련하여 대학에서 요구하는 서식을 작성하여야 하고 슈퍼바이저의 진도와 관련하여 대학의 담당자와 적절한 연락을 취한다.
- 슈퍼바이저는 학생의 등급을 추천할 수는 있으나 최종 등급 결정의 책임은 대학에 있다.
- 슈퍼바이저는 오디오테이프, 사례 기록, 기타 작성 문서, 실제 관찰을 하고, 슈퍼비전 형식의 집단을 주관한다.
- 슈퍼비전 회기는 슈퍼바이지의 전문적 발달, 지도, 멘토링, 개인적 발달에 초점을 둔다.
- 기술 영역은 슈퍼비전에는 상담 수행 기술, 전문적 훈련, 인지적 상담 기술, 자기-자각/다문화적 인식, 발달 수준을 포함한다.
- 슈퍼바이저는 공동으로 합의한 슈퍼비전 목표 기반의 주간 형성 평가, 기록 슈퍼비전 회기, 총합 평가를 제공한다. 평가는 기술 범위 목록 내에서 제공되며 대학 프로그램이 권장하는 평가 도구를 사용한다.
- 슈퍼바이저는 승인된 윤리 지침에 따라 실습을 구성한다.

슈퍼바이지의 책임:

- APA(American Counseling Association)/CCPA(Canadian Counseling and Psychotherapy Association)의 윤리 강령을 확인하십시오.
- 슈퍼비전 회기의 집중을 위해 문제의 틀과 오디오테이프 검토를 하므로 매주 슈퍼비전을 준비하십시오.
- 사용된 사례 개념화의 정당성과 접근법, 기법에 대한 토론을 위해 준비하십시오.
- 회기에서는 피상적일 수 있는 주관적 역동과 어떤 다문화 이슈가 있었는지 회고하십시오.
- 회기에서 중요할 수 있는 윤리적 차원을 검토하십시오.
- 자신 또는 타인에게 해를 끼칠 수 있거나 아동 학대, 취약한 성인 또는 노인이 포함된 어떤 위기 상황인 경우 즉시 슈퍼바이저에게 연락하십시오.
- 슈퍼비전 회기에 관한 기록을 보관하십시오.

• 슈퍼비전 회기 전에 우선 검토할 수 있도록 오디오/비디오테이프를 슈퍼바이저에게 제공하십시오.

목적 1: ____________________

목표 1: ____________________

목표 2: ____________________

목표 3: ____________________

목적 2: ____________________

목표 1: ____________________

목표 2: ____________________

목표 3: ____________________

목적 3: ____________________

목표 1: ____________________

목표 2: ____________________

목표 3: ____________________

목적 4: ____________________

목표 1: ____________________

목표 2: ____________________

목표 3: ____________________

슈퍼바이저 서명 및 날짜 ____________________

슈퍼바이지 서명 및 날짜 ____________________

[서식 7-2] 슈퍼바이저 기록지

슈퍼바이저 이름 ______________________________

슈퍼바이지 이름 ______________________________

____

회기 #

슈퍼바이지의 호소 문제 ______________________________

날짜 ______________________________

슈퍼비전 개입/전략/권고 사항 ______________________________

____

____

____

상담사의 기술 수준에 대한 슈퍼바이저의 관찰 ______________________________

____

회기 #

슈퍼바이지의 호소 문제 ______________________________

날짜 ______________________________

슈퍼비전 개입/전략/권고 사항 ______________________________

____

____

____

상담사의 기술 수준에 대한 슈퍼바이저의 관찰 ______________________________

____

슈퍼바이저 서명 및 날짜 ______________________________

[서식 7-3] 개인 슈퍼비전을 위한 슈퍼바이지 기록

슈퍼바이지는 주간 슈퍼비전 회기에 대해 간단한 기록으로 요약하여 보관해야 한다.

슈퍼비전을 위해 ____________ 부터 ____________ 에게

회기 통찰 과/또는 의견 ____________________

(날짜) ____________________

____

____

____

회기 통찰 과/또는 의견 ____________________

(날짜) ____________________

____

____

____

회기 통찰 과/또는 의견 ____________________

(날짜) ____________________

____

____

____

회기 통찰 과/또는 의견 ____________________

(날짜) ____________________

____

____

____

회기 통찰 과/또는 의견 ____________________

(날짜) ____________________

____

____

____

____________________ ____________________

슈퍼바이지의 서명 및 날짜 슈퍼바이저의 서명 및 날짜

[서식 7-4] 슈퍼바이지의 상담 훈련과 관련한 슈퍼바이저 공식 평가

학생상담자 이름 ______________________

내담자 ID 코드 ______________________

슈퍼비전 날짜 ______________ 또는 평가 기간 ______________

지시 사항: 슈퍼바이저는, 슈퍼비전을 마친 각 상담 회기에 따라 또는 몇 번의 슈퍼비전 기간을 거친 후 학생상담자가 일정 기간 동안 수행한 내용을 가장 잘 평가하는 숫자에 동그라미를 하시오.

일반적인 슈퍼비전 의견	부족		적당		우수	
1. 전문성 개발에 대한 개인적 노력의 입증	1	2	3	4	5	6
2. 상담사가 되기 위한 시간을 투자하고 노력	1	2	3	4	5	6
3. 자기-개발 및 상담 기술 향상을 위한 건설적 비판 수용 및 사용	1	2	3	4	5	6
4. 적극적 참여, 동료 및 슈퍼바이저와의 안정적이고 투명한 의사소통	1	2	3	4	5	6
5. 자신이 소유한 역량과 기술을 자각하고 동료 및 슈퍼바이저와 공유	1	2	3	4	5	6
6. 자신의 결정을 자각하고 극복하기 위해 동료 및 슈퍼바이저와 함께 적극적으로 노력	1	2	3	4	5	6
7. 사례 보고와 기록을 제시간에 성실하게 작성	1	2	3	4	5	6

상담 과정	부족		적당		우수	
8. 소개 받은 첫 면담을 위해 사전에 연구	1	2	3	4	5	6
9. 시간 약속을 지킴	1	2	3	4	5	6
10. 면담을 자연스럽게 시작						
11. 적절한 때 상담의 목적과 성격을 설명	1	2	3	4	5	6
12. 면담이 편안하고 안정적	1	2	3	4	5	6
13. 내담자의 관심을 집중시키며 수용적인 소통	1	2	3	4	5	6
14. 내담자가 염려와 감정을 표현하도록 도움	1	2	3	4	5	6
15. 내담자가 다루기 어려워하는 문제의 내용에 집중	1	2	3	4	5	6
16. 내담자가 조종하려는 것을 인식하고 영향 받지 않음	1	2	3	4	5	6
17. 내담자의 적극적인 관여를 인식하고 다루기	1	2	3	4	5	6
18. 내담자의 부정적인 관여를 인식하고 다루기	1	2	3	4	5	6
19. 자연스럽게 면담하기	1	2	3	4	5	6
20. 면담에서 효과적으로 침묵 사용	1	2	3	4	5	6

21. 상담 회기에서 느끼는 자신의 감정을 자각	1	2	3	4	5	6
22. 내담자에 대해 느끼는 자신의 감정을 적절한 때에 소통	1	2	3	4	5	6
23. 내담자의 은밀한 메시지를 인식하고 숙련된 해석을 함	1	2	3	4	5	6
24. 내담자가 현실적인 목표설정을 하도록 도움	1	2	3	4	5	6
25. 내담자가 적절한 행동-단계를 계획하도록 권면	1	2	3	4	5	6
26. 적절한 순간을 포착하여 차별화된 기법을 사용	1	2	3	4	5	6
27. 목표, 행동-단계, 상담 진행 과정을 주기적으로 평가	1	2	3	4	5	6
28. 심리검사를 확실하게 설명, 관리, 해석	1	2	3	4	5	6
29. 순조로운 면담 종결	1	2	3	4	5	6

개념화 과정	부족		적당		우수	
30. 특정 행동과 결과, 함의, 우연성에 중점	1	2	3	4	5	6
31. 조화롭지 못한 정보의 의미와 불일치를 분별하고 세심하게 지켜봄	1	2	3	4	5	6
32. 단기 및 장기 목표 계획에 관련 자료를 사용	1	2	3	4	5	6
33. 다양한 전략과 내포된 의미를 고려하며 관련 자료를 사용	1	2	3	4	5	6
34. 인간 행동의 일관성 원리와 이론적 깊이를 바탕으로 결정	1	2	3	4	5	6
35. 자신의 상담 기법이 미치는 영향을 평가할 수 있는 통찰력	1	2	3	4	5	6
36. 사례 관리와 상담 활동을 하며 윤리 행동을 입증	1	2	3	4	5	6

추가 의견 및/또는 제언: ____

____

____

____

날짜 ______________ 슈퍼바이저 서명 ______________________________

또는 동료 ____

서명은 위의 보고서를 읽고 슈퍼바이저와 내용을 검토하였음을 증명한다. 반드시 보고서 전체 또는 일부 내용에 동의함을 의미하지 않는다.

날짜 ______________ 학생상담자 서명 ______________

[서식 7-5] 실습생에 대한 슈퍼바이저의 최종 평가

슈퍼바이저 이름 및 서명 ______________

슈퍼바이지 이름 및 서명 ______________

날짜 ______________

지시 사항: 기대 이상 3, 기대에 부합 2, 기대에 부합하지 못함 1로 표시하는 것은 각 영역별 슈퍼바이저의 역량에 대한 슈퍼바이지의 동의 정도를 나타낸다. 완성된 서식은 최종 실습 학년에서 고려해야 할 부분으로 교수 집단 슈퍼바이저에게 제공된다.

______ 기본 및 심화 조력 기술 사용을 지속적으로 시연

______ 적어도 하나의 이론적 틀과 일치하는 이론-기반 기법을 부가적으로 사용할 수 있는 적절한 능력을 보유

______ 시작 및 종결 회기에서의 기술과 회기 사이의 연속성 관리를 시연

______ 훈련을 통하여 윤리적 표준에 대한 지식과 일관성을 시연

______ 내담자의 역동을 설명할 수 있는 관련 자료를 깨닫고, 관찰하고, 인식할 수 있는 인지 기술을 보유

______ 사례 문건, 접수 면담 요약, 사례 개념화 기록을 정확하게 작성

______ 개인 역동의 어떤 것이 내담자와 상담회기에 영향을 미칠 수 있는지 인지하고 문화적 차이에 대한 민감성을 시연

______ 슈퍼비전 회기 동안 슈퍼바이저가 지시하는 것과 관련한 의존과 불안의 낮은 수준부터 중간까지 시연

추가 의견 및 제언:

____

____

____

____

[서식 7-6] 수련생에 대한 슈퍼바이저의 최종 평가

다음의 역량을 등급 척도를 사용하여 수련생에 대한 평가를 표시해 주십시오.

1 = 낮음(역량 부족)

2 = 평균보다 낮음(역량은 있으나 개선이 필요)

3 = 평균(적절한 정도의 역량 보유)

4 = 평균보다 높음(적절한 정도 이상의 수행 수준)

5 = 높음(매우 우수한 수행)

상담 수행 기술

_______ 1. 기본 및 심화 상담 기법 사용

_______ 2. 자연스러운 회기의 시작과 종결, 개인정보보호 및 사전 동의 정보의 통합, 회기 간 이행 전환 관리

_______ 3. 다양한 내담자와의 치료적 관계 발달

_______ 4. 개인적으로 지침이 되는 이론과 부합하는 이론-기반 기법을 적절하게 사용

_______ 5. 위기 상황에 적절히 대처하며 개입

_______ 6. 윤리적 딜레마를 인지하고 일관적으로 윤리적 의사-결정 과정을 이행함

_______ 7. ACA(The American Counseling Association)의 윤리 강령 표준에 따른 일관성 있는 행동의 실천

인지적 상담 기술

1. 다음에 관한 시연 역량

_______ 평가

_______ 사례 개념화

_______ 목표설정

_______ 치료계획

_______ 기록 보관 및 사례 기록

_______ 2. 개인적으로 지침이 되는 상담 이론의 실천

_______ 3. 사례의 정확한 개념화

_______ 4. 개념화 결과로 적절한 목표를 개발

_______ 5. 내담자와 관련 있는 핵심 주제의 확인

_______ 6. 내담자 문제를 지속하게 하는 핵심 요인의 확인

_______ 7. 상호 설정한 목표를 달성하기 위하여 내담자의 마음을 움직임

자기–인식/다문화 자각

_______ 1. 내담자와 관련 있는 전이/역전이 이슈를 살피고 조사

_______ 2. 내담자와의 작업과 관련하여 주관적 가치를 살피고 조사

_______ 3. 문화적 요인이 상담 과정의 내담자 관점에 어느 정도로 영향을 미치는 인지

_______ 4. 개방성, 유연성, 정서적 안정성의 속성을 시연

_______ 5. 내담자가 지각한 내담자의 세계관을 이해하고 내담자의 세계관과 일치하는 목표를 개발하고 소통

_______ 6. 평가, 목표설정, 개입 전략과 관련 있는 다문화 요인을 확인하고 살펴봄

슈퍼비전에서의 발달 수준

_______ 1. 준비된 슈퍼비전 참여와 피드백 수용에 개방적

_______ 2. 슈퍼비전 작업을 위한 적절한 우선순위의 확인

_______ 3. 자문 받을 때를 알고 적정한 자율성을 발휘

_______ 4. 상담사의 역량에 대해 자신감을 보임

_______ 5. 슈퍼비전을 받은 모든 실천 요인을 안정적으로 통합

_______ 6. 사례를 검토할 때 반영적 사고를 보임

개발해야 하는 단계를 다른 상담사와 비교해 볼 때, 본 수련생을 어떻게 평가하겠습니까?

1	2	3	4	5	6	7	8	9
확실히 부족				비슷				확실히 우수

의견 ____

____

____

________________________ ________________________

슈퍼바이저 슈퍼바이지

날짜 ________________________

[서식 10-1] 자살 관련 자문 양식

지시 사항: 학생은 잠재적인 자살 내담자와 작업할 때 이 서식을 작성한다. 학생은 자문을 위해 자신의 슈퍼바이저에게 이 정보를 가져가서, 치료계획에 관하여 협력해야 하고, 내담자 파일에 넣는다.

1부

기관 이름 ______________________________

수련생 이름 ______________ 슈퍼바이저 이름 ______________

슈퍼바이저의 전문가 등급 ______________________________

슈퍼바이저가 소속된 면허 ______________ 슈퍼바이저의 소속 자격증 ______________

내담자 이름 ______________ 내담자 나이 ______________

내담자가 미성년자라면, 부모가 사전 동의서에 서명을 하였습니까? ______________

상담을 언제 시작했습니까? ________ 년 ________ 월 ________

첫 상담은 어디서 했습니까? ______________________________

귀하가 내담자를 본 횟수 ______________________________

II부

자살한 고객과 관련하여 자주 표현된 증상을 확인하십시오.

내담자는 14세와 19세 사이입니다. 예 _______ 아니요 _______

내담자는 우울합니다. 예 _______ 아니요 _______

만약 예라면, 내담자의 우울 행동을 포함하여 설명하십시오.

____

____

이전에 자살을 시도한 적이 있습니까? 예 _______ 아니요 _______

만약 예라면, 얼마나 오래전에 시도하였습니까?

내담자는 약물 남용입니까? 예 _______ 아니요 _______

만약 예라면, 얼마나 마십니까? ______________________________

____

내담자는 다른 물질을 남용하고 있습니까? 예 _______ 아니요 _______

만약 예라면, 어떤 약물입니까? ______________________________

____

합리적 사고를 할 수 없습니까? 예 _______ 아니요 _______

만약 예라면, 어떤 행동이 나타나는지 설명하십시오. ________________

____

____

____

내담자는 사회적 지원이 거의 없습니까? 예 ______ 아니요 ______

내담자는 어떻게 시간을 보내고 있습니까? ________________

____

____

____

내담자는 자살 계획을 구체적으로 하고 있습니까? 예 ______ 아니요 ______

만약 예라면, 무슨 계획입니까? ________________

____

____

____

만약 계획이 있다면: 돌이킬 수 없는 것처럼 보입니까?(예를 들면, 총기 자살)

예 ______ 아니요 ______

내담자는 이혼했거나, 재혼했거나, 또는 미망인입니까? 예 ______ 아니요 ______

내담자는 신체적으로 아픕니까? 예 ______ 아니요 ______

만약 예라면, 증상을 설명하십시오. ________________

____

____

내담자는 수면장애가 있습니까? 예 ______ 아니요 ______

만약 예라면, 방해물을 설명하십시오. ________________

____

____

____

____

내담자가 자신의 소유물을 버렸습니까? 예 ______ 아니요 ______

내담자는 이전에 정신치료 또는 입원한 이력이 있습니까? 예 ______ 아니요 ______

만약 예라면 내담자가 무엇으로 입원했는지 설명하십시오. ________________

____

____

내담자 가까이에 개입해 줄 사람이 있습니까? 예 ______ 아니요 ______

내담자는 흥분한 것처럼 보입니까? 예 ________ 아니요 ________

만약 예라면, 내담자의 행동을 설명하십시오. ____

____

____

III부

내담자와 상호작용한 것을 설명하고 요약하십시오. 근본적인 문제는 무엇입니까? 내담자와의 목표는 무엇입니까? 귀하가 사용할 기법은 무엇입니까?

____

____

____

____

문제에 관한 귀하의 슈퍼바이저의 반응을 설명하십시오.

____

____

____

____

____

슈퍼바이저 서명

내담자를 위한 귀하의 계획은 무엇입니까?____

____

____

____

[서식 10-2] 타인 위해 경향 내담자 사례 자문서

지시 사항: 학생은 슈퍼비전 회기 이전에 서식을 작성하고 슈퍼바이저의 의견과 반응을 기록한다. 그 다음 학생과 슈퍼바이저는 서식을 완성하고 사인한다. 학생은 비밀보호 문서철에 서식을 기입해야 한다.

1. 학생 이름 ______________________________

   내담자 이름 ______________________________

2. 내담자를 만난 시간 수 ______________________________

3. 내담자를 만난 날짜 ______________________________

   내담자가 제시한 문제 ______________________________

   ____

   ____

위험성 평가[2)]

내담자의 성격, 특징 또는 최근 삶의 환경이 어떻습니까?(해당 사항 모두에 표시)

	예	아니요
타인을 향한 이전 폭력의 이력(예: 타격하기, 때리기 밀치기, 찌르기 등)		
어린 시절의 폭력 이력		
불안정한 관계		
고용 불안정 또는 문제		
약물 사용 이력		
최근의 약물 사용		
정신질환 진단		
현재의 정신병리		
인생 초기 부적응(예: 학교 문제, 또래 문제)		
성격장애 진단		

2) 체크리스트 항목은 "C. D. Webster, K. S. Douglas, D. Eaves, & S. D. Hart (1997). HCR-20 risk assessment for violence (Version 2). Burnaby, Canada: Mental Health, Law, and Policy Institute, Simon Fraser Institute."를 적용하였다.

정신장애에 대한 통찰 결핍
정신장애 활동 증상
권위 또는 도우려는 사람들에 대한 부정적 인식
충동 행동의 이력
치명적일 수 있는 것들에 접근(예: 무기, 총, 칼 등)
치료에 무반응한 이력
최근의 삶의 스트레스 요인
자원 부족

위험에 대한 추가적 임상 평가 영역

4. 상담자가 '타인에게 위해(危害)'가 될 수 있다고 지적하였을 때 내담자는 어떻게 행동하고 말을 하였는가? ______________________________

____

____

____

5. 내담자의 폭력 또는 범죄 행동의 이력을 기술하시오. ______________________________

____

____

6. 귀하는 위와 같은 내담자의 사례 기록/치료 기록을 참고하였습니까? ______________________________

____

7. 내담자는 아동기 학대 그리고 전반적인 학대의 이력이 있었는가? 만약 있었다면 간략하게 기술하시오.

____

____

____

8. 내담자는 약물남용 학대와 관련한 병력이 있습니까? 내담자의 약물과 관련한 최근의 사용과 이력을 설명할 수 있는가?

____

____

____

____

____

9. 내담자가 환각(hallucinations, 청각 또는 시각)이 있습니까? 그리고 내담자가 그들의 삶이 위협받고 있다고 인식하고 있습니까? 기술하십시오.

10. 내담자는 그동안 어떻게 스트레스를 다루었습니까? 생각 없이 충동적으로 행동했던 일들과 스트레스 상황에서의 반응, 충동 조절 수준을 기술하시오.

11. 내담자가 최근에 직면했던 스트레스 요인은 무엇이고, 그것을 다룰 때 어떤 자원이 있었습니까?(스트레스 요인은 일, 재정, 주택 등과 관련이 있을 수 있다.)

12. 특정 피해자의 이름이 있습니까?

13. 만약 피해자를 지명하지 않았다면, 피해자와 내담자와는 어떤 관계입니까?

14. 만약 피해자를 지명하지 않았다면, 상담자는 그 사람이 누구인지 알아챘었나요?

15. 확실한 위협이었습니까? 만약 그렇다면 어떤 위협입니까?

16. 현재 심각하게 위험합니까? 예를 들면, 내담자는 피해자와 무기를 입수하고 폭력을 가할 수 있는 환경을 조성하였습니까?

17. 위험이 긴박해졌다고 생각됩니까?

만약 그렇다면 이유가 무엇입니까?

만약 그렇지 않다면 이유가 무엇입니까?

18. 슈퍼바이저의 반응과 조언은?

19. 어떤 행동 계획을 취할 예정입니까?

학생 서명

슈퍼바이저 서명

회의 날짜

[서식 10-3] 아동 학대 신고서

상담 수련생 지위 ______________________________

날짜와 시간 ______________________________

가해 혐의자 ______________ 생년월일 ______________

주소 ______________________________

피해 추정자 ______________ 생년월일 ______________

주소 ______________________________

정보의 출처 ______________ 생년월일 ______________

주소 ______________________________

가해 혐의자와의 관계 ______________________________

피해 추정자와의 관계 ______________________________

사건 또는 이해관계에 관한 기술 ______________________________

____

____

진행 중인 사건 ______________ 또는 구체적 날짜 ______________

슈퍼바이저 긴급 보고 사항 ______________________________

슈퍼바이저의 이름과 지위 ______________________________

아동 및 청소년 담당 부서 보고 사항 ______________________________

시간 ______________________________

아동 및 청소년 담당자 이름 ______________________________

가해 혐의자는 신고에 대해 의식하고 있는가?

예 _____ 아니요 _____

피해 추정자는 신고에 대해 의식하고 있는가?

예 _____ 아니요 _____

상담에서 가해자가 추정되는가? 예 _____ 아니요 _____

만약 그렇다면 어디에서 알 수 있는가? ______________________________

상담에서 피해자가 추정되는가? 예 _____ 아니요 _____

만약 그렇다면 어디에서 알 수 있는가? ______________________________

결과 ______________________________

상담 훈련생 서명 ______________________________

현장 슈퍼바이저 서명 ______________________________

참조: 내담자 파일, 기관 파일

[서식 10-4] 약물 남용 평가서

지시 사항: 학생은, 내담자의 삶에서 약물 중독 및 남용의 고통 수준에 관해 임상적으로 평가하는 방식으로 서식에서 제시하는 구체적인 질문을 한다.

작성된 서식은 학생의 기밀 문서로 보관한다.

1. 당신이 사용했거나 남용하는 약물은 무엇입니까? ______________________

____

____

____

2. 얼마나 사용(시험적으로 시작)해 왔습니까? ______________________

____

____

____

3. 일주일에 얼마나 자주 기분이 격앙됩니까? ______________________

____

____

____

4. 몇 명의 친구들이 사용하고 있습니까? ______________________

____

____

5. 약물치료를 받고 있습니까? ______________________

____

6. 약품을 사기 위한 돈이 있습니까? 얼마나 있습니까? ______________________

____

7. 한 달 동안 약 또는 알코올을 위해 얼마나 소비하고 있습니까? ______________________

____

8. 파산한다면 누가 부양합니까? ______________________

____

____

9. 체포, 퇴학, 가택 수색, 음주운전을 한 적이 있습니까? ______________________

____

10. 약물 남용으로 실직한 적이 있습니까? ______

11. 하루의 어떤 시간에 사용합니까? ______

12. 직장이나 학교에서 사용합니까? ______

13. 기분을 좋게 하기 위한 약물의 양보다 더 많거나 혹은 적게 사용합니까? ______

14. 마약 주사를 했습니까? 어떤 약물입니까? 몸의 어느 부분에 했습니까? ______

15. 몰래 사용합니까? 그것을 어떻게 합니까? ______

16. 그것을 숨겨 놓습니까? ______

17. 사용하기 위한 규칙이 있습니까? 규칙은 무엇입니까? 그런 규칙은 어떻게 생기게 되었습니까?

18. 혼자 사용합니까? ______

19. 중단하려고 노력한 적이 있습니까? 중단하려는 노력을 어느 정도로 했는데 계속되지 못했습니까?

20. 어떤 금단 증상을 경험하였습니까? ____

____

____

____

21. '최고조의 쾌락'에 몰두했던 적이 있습니까? ________________________________

____

____

22. 자살을 생각해 본 적이 있습니까? ____

____

____

23. 약물을 혼합하여 사용합니까? ____

____

____

24. 어떤 것을 화학물질로 변경해 본 적이 있습니까? 예 ________ 아니요 ________

바꾸어 보기로 결심하고 어떤 일이 있었습니까? ________________________________

____

____

____

25 . 약물을 사용하지 않는 사람을 피합니까? ____________________________________

____

____

26. 약물이나 알코올 사용에 관해 이야기하는 것을 피합니까? ______________________

____

____

27. 부끄럽다고 느껴질 때 그런 행동을 합니까? 예 ________ 아니요 ________

어떤 일이 있었나요? ____

____

____

____

28. 자신을 포함하여, 삶에서 가장 중요한 사람이 누구입니까? ______________________

____

____

29. 그들을 어떻게 돌보고 있습니까? ______________________________

____

____

30. 1(낮음)부터 10까지 척도를 적용해 볼 때 당신의 인생은 어떻습니까? ____________

이유 ______________________________

____

31. 그러한 것들보다 기타 화학물질을 사용하므로 알게 된 어떤 해로운 결과들이 있습니까?

____

____

____

32. 화학물질이 해롭다고 생각합니까? 예 ________ 아니요 ________

화학물질의 문제가 있다고 생각합니까? 예 ________ 아니요 ________

이유 ______________________________

____

____

____

수련생 서명

____

내담자 서명

____

슈퍼바이저 서명

____

날짜

[서식 12-1] 주간 수련 일지

지시 사항: 수련 현장에서 매일 수행한 각 활동에 대한 시간을 적어 넣으시오. *표시의 활동은 대면 시간으로 계산되는 활동이다.

주간: __________ 부터 __________ 까지

활동	월	화	수	목	금	계
개인상담*						
집단상담*						
가족/커플상담*						
진로상담*						
접수 면접*						
부모 또는 직업적 자문*						
위기 개입/보내기(referral)*						
심리교육/지도*						
검사/평가						
기록						
프로그램/사례계획						
사례 회의						
전문 분야 자기 개발						
기타/요청 목록						
개인 슈퍼비전/현장						
집단 슈퍼비전						
직접 대면 시간 합계*						
간접 대면 시간 합계						
시간 합계						

________________________________ ________________________________

수련생 서명 및 날짜 슈퍼바이저 서명 및 날짜

[서식 12-2] 요약 수련 일지

지시 사항: 표시된 곳에 수련 주간의 날짜를 기입하시오. 표시된 주 차에 각 활동에 소요된 시간의 합계를 기입하시오. *가 표시된 활동은 내담자와 직접 대면한 시간의 합계를 나타낸다. 간접적 대면 시간을 합한다. 그다음 서식의 가장 아래에 표시된 모든 시간의 합계를 적는다. 슈퍼비전 시간은 합계 시간에 포함하지 않는다.

활동 주차〉 날짜〉	1	2	3	4	5	6	7	8	계
개인상담*									
집단상담*									
커플/가족 상담*									
진로상담*									
접수 면접*									
부모/직업적 자문*									
검사/평가									
위기 개입/보내기(referral)*									
심리교육/지도*									
문서 작성/보고서 작성/동의서 준비									
프로그램/사례 계획									
사례 회의									
전문 분야 자기 개발									
기타/요청 목록									
개인 슈퍼비전/현장									
집단 슈퍼비전									
직접 대면 시간 합계*									
간접 대면 시간 합계									
시간 합계									

수련생 서명 및 날짜

슈퍼바이저 서명 및 날짜

[서식 12-3] 수련생 현장 활동 평가서

지시 사항: 실습 기관의 슈퍼바이저는 이 서식을 두 장 작성하여야 한다. 하나는 학생에게 다른 하나는 학교 담당자에게 보낸다. 다음에 나열된 영역은 상담자 훈련 동안에 일반적으로 수행하는 활동에 관한 안내이다. 다음 척도에 따라 수련생이 참여했던 활동을 평가하십시오.

A = 매우 잘 또는 독자적으로 수행함

B = 적절하게 또는 가끔 슈퍼비전을 요청하는 정도로 기능함

C = 이 영역에서는 면밀한 슈퍼비전이 요청됨

NA = 이번 훈련에 해당되지 않음

수련 활동

________ 1. 접수 면접하기

________ 2. 개인상담/심리치료

________ 3. 집단상담/심리치료

________ 4. 검사하기: 실시와 해석

________ 5. 보고서 작성/기록

________ 6. 부모/가족 또는 기타 전문적 자문

________ 7. 심리교육 활동

________ 8. 진로상담

________ 9. 가족/커플상담

________ 10. 사례 회의 또는 부서 발표

________ 11. 기타

추가 의견

수련생의 발달 평가에 도움이 되는 의견을 공란에 적어 주십시오. 학생이 기대하는 등급이 있다면 제시할 수 있습니다.

____

____

________________ 수련생 이름	________________ 슈퍼바이저 서명
________________ 실습 기관	________________ 날짜

[서식 12-4] 내담자의 상담 경험 평가서

상담자 이름 ______________________

날짜 ______________________

지시 사항: 다음의 진술문을 읽고 이번 상담자와의 상담 경험을 정확하게 기술한 하나에 표시하십시오.

_______ 고민에 관해 필요한 도움을 받았다.

_______ 상담자와의 관계에 만족하였다.

_______ 본래의 고민에 더하여진 고민에 관하여 도움을 받았다.

_______ 상담을 시작했을 때의 감정에 비하여 현재 훨씬 나아진 기분이다.

_______ 상담은 나 자신을 더 잘 이해하는 데 도움이 되었다.

_______ 이외의 고민에도 도움을 원한다면 이번 상담자에게 기꺼이 다시 갈 것이다.

_______ 친구에게 이번 상담자를 추천할 것이다.

_______ 상담자는 능숙하고 유능했다.

_______ 상담자는 편안하게 해 주었다.

_______ 상담자는 충분히 이해하며 나의 감정과 상황에 대해 민감하였다.

_______ 상담자와 나의 모든 고민을 이야기하는 것이 자유롭게 느껴지지 않았다.

_______ 상담은 나의 상황을 개선하고 변화시킬 수 있는 여러 가지 것들을 보는 데 도움이 되었다.

_______ 상담자는 질문과 의견을 제시하며 나의 고민에 관하여 쉽게 이야기할 수 있게 하였다.

_______ 나의 이야기를 알아듣지 못한다면 상담자가 나를 이해할 수 있도록 할 수 없다고 느꼈다.

_______ 나는 정직할 수 있었고 나의 감정과 생각과 행동에 대해 개방적으로 이야기할 수 있다고 느꼈다.

_______ 상담에 다른 방식으로 접근하는 상담자와 작업할 수 있도록 요청할 것이다.

작성해 주셔서 감사합니다. 귀하의 피드백은 매우 도움이 될 것입니다.

[서식 12-5] 슈퍼바이저의 슈퍼바이지 평가서[3), 4)]

지시사항: 학생상담자가 받았던 슈퍼비전을 평가하기 위한 것입니다. 학생상담자는 받았던 슈퍼비전에 관한 느낌이 어떠했는지를 가장 잘 표현한 숫자에 동그라미로 표시해 주십시오. 서식이 작성된 후, 슈퍼바이저가 기대했던 슈퍼비전에 관하여 논의하기 위해 만남을 제안할 수 있습니다.

실습/수련 슈퍼바이저 이름 ______________________________

실습 기간: ______________ 부터 ______________ 까지

	부족		적절		충분	
	1	2	3	4	5	6
1. 사례 관찰, 테이프 기록 처리, 사례 회의에 시간과 열정을 제공한다.	1	2	3	4	5	6
2. 인격적으로 존중하고 수용한다.	1	2	3	4	5	6
3. 나의 강점과 역량을 인식하고 촉진하며 개발한다.	1	2	3	4	5	6
4. 내가 어떤 것을 잘할 때 유용한 피드백을 준다.	1	2	3	4	5	6
5. 유연하고 효과적으로 상담 스타일을 개발하도록 자유를 제공한다.	1	2	3	4	5	6
6. 상담 기술을 개발하려는 의견과 아이디어를 경청하며 격려한다.	1	2	3	4	5	6
7. 상담 기술을 개발할 수 있도록 의견을 제공한다.	1	2	3	4	5	6
8. 내가 사용하는 상담 접근의 역동과 영향을 이해하도록 도와준다.	1	2	3	4	5	6
9. 적절한 때 새로운 다른 기법을 사용하도록 권유한다.	1	2	3	4	5	6
10. 슈퍼비전 회기에서는 자발적이고 유연하다.	1	2	3	4	5	6
11. 실습 경험 동안 나를 위한 구체적인 특정 목적을 정하고 성취하도록 돕는다.	1	2	3	4	5	6
12. 어떤 잘못을 하였을 때 유용한 피드백을 제공한다.	1	2	3	4	5	6
13. 실습/수련 환경에서 마주친 문제에 관한 논의를 수락한다.	1	2	3	4	5	6
14. 나와 나의 내담자 양쪽에게 적절한 관심을 기울인다.	1	2	3	4	5	6
15. 나와 내 내담자의 언어적이고 비언어적 행동에 초점을 맞춘다.	1	2	3	4	5	6
16. 상담과 사례 관리에서의 윤리적 행동을 정의하고 유지할 수 있도록 돕는다.	1	2	3	4	5	6

---

3) 이 서식은 "H. Hackney and S. Nye (1973). *Counseling Strategies and Objectives*. Englewood Cliffs, NJ: Prentice Hall."로부터 도출한 자료를 기반으로 2명의 Purdue 대학원생에 의해 설계되었다. Harold Hackney(Ph.D.)의 허락하에 인쇄하였다.

4) 이 서식의 원본은 "K. Dimick and R Krause (Eds.) (1980). *Practicum Manual for Counseling and Psychotherapy*. Muncie, IN: Accelerated Development."의 제10장이다.

17. 전문가적 행동을 취할 수 있도록 격려한다.	1	2	3	4	5	6
18. 슈퍼비전 회기 동안 논의되는 자료의 비밀보호를 유지한다.	1	2	3	4	5	6
19. 슈퍼비전을 할 때 내용과 정서 모두를 다룬다.	1	2	3	4	5	6
21. 내담자와 목표와 전략을 계획할 때 관련 사례 데이터를 조직화하도록 돕는다.	1	2	3	4	5	6
22. 이론적으로 합당한 인간 행동의 합리성을 공식화할 수 있도록 돕는다.	1	2	3	4	5	6
23. 나의 요청이나 필요가 있을 때 정보 자원을 제공한다.	1	2	3	4	5	6
24. 상담 테이프로부터 획득한 성찰과 비평을 통해 기술을 키우도록 돕는다.	1	2	3	4	5	6
25. 스스로 평가할 수 있도록 용인하고 격려한다.	1	2	3	4	5	6
26. 행동 용어이며 명확하게 평가할 수 있도록 준거를 설명한다.	1	2	3	4	5	6
27. 상담 성과를 평가할 때 공정하게 준거를 적용한다.	1	2	3	4	5	6

추가 의견 및 제안

나는 위 보고서를 읽고 슈퍼바이지와 내용을 논의하였다. 그것이 반드시 보고서의 부분 또는 전체에 동의한다는 것을 의미하는 것은 아니다.

슈퍼바이지의 이름 및 날짜

[서식 12-6] 실습처 평가서

지시 사항: 학생은 실습/수련이 종료되었을 때 이 서식을 작성한다. 이것은 대학 프로그램에 명시된 대학의 슈퍼바이저 또는 수련 코디네이터에게 제출해야 한다.

이름 ______________ 현장 ______________

배치 날짜 ______________ 현장 슈퍼바이저 ______________

담당 직원 ______________

다음 척도에 따라 실습 현장 경험에 대해 다음 항목에 대해 평가하시오.

A. 매우 만족 B. 만족함 C. 불만 D. 매우 불만

1. _____ 현장 슈퍼비전의 양
2. _____ 현장 슈퍼비전의 유용성과 질
3. _____ 담당 직원의 도움과 유용성
4. _____ 진로목표를 위한 경험의 관련성
5. _____ 학교/기관 목표의 공개와 소통
6. _____ 학교/기관 절차의 공개와 소통
7. _____ 학교/기관 내 전문가 역할과 기능에 관한 공개
8. _____ 지역사회 자원에 관한 정보의 공개
9. _____ 현장에서 했던 모든 경험을 평가하십시오.

    _____ 보고서 작성하기

    _____ 접수 면접하기

    _____ 검사의 실시와 해석

    _____ 부서 발표 및 사례회의

    _____ 개인상담

    _____ 집단상담

    _____ 가족/커플상담

    _____ 심리교육 활동

    _____ 자문

    _____ 진로상담

    _____ 기타

10. _____ 현장에 관한 전반적인 평가

의견: (C) 불만 또는 (D) 매우 불만으로 평가한 경험을 개선하기 위한 제안을 포함하십시오.

____

찾아보기

인명

내용

약어

저자 소개

주디스 스콧(Ph. D.)은 허가받은 심리학자, 공인 학교상담자, 국가 공인 상담자로 피츠버그 대학교 교육심리학 명예교수이다. 그녀는 피츠버그 대학교의 정교수로 있는 동안 박사과정 연구지도와 CACREP 공인 상담 프로그램 현장 코디네이터 역할을 수행하였다. 그녀는 펜실베이니아 전 ACES 회장으로 펜실베이니아 학교상담자협회의 올해의 상담교육자상을 수상하였다. 스콧 박사는 여성 문제와 불임상담 외래환자의 개인 심리치료를 하며, 전문적 개인훈련을 지속해 오고 있다. 그녀는 상담 슈퍼비전과 성인 여성 발달을 중점적으로 연구하고 있다.

존 C. 보일런(Ph. D.)은 심리학 면허 소지자, 공인 학교상담자, 성 치료사로 펜실베이니아 스크랜턴 메리우드 대학교의 상담 및 심리학 교수로 재직하였다. 메리우드 대학교에 오랜 기간 재직하며 진로설계 및 취업 감독과 대학원의 심리학 및 상담 프로그램의 주임교수를 역임하였다. 학술활동 외에도 보일런은 펜실베이니아의 스크랜턴과 클라크 서밋에서 결혼과 성 치료, 개인상담을 지속해 왔다. 사우스캐롤라이나로 이주한 후, 코스털 캐롤라이나 대학교의 심리학 및 사회학과 사우스캐롤라이나 머틀 비치의 웹스터 대학교 대학원의 상담 프로그램 외래강사로 활동하였다.

크리스틴 M. 정거스(Ph. D., LPCC)는 스튜빈빌 프란시스칸 대학교의 임상 정신건강 상담 프로그램의 부교수이다. 정거스 박사는 개인과 커플이 직면하는 다양한 생애 주제와 관련한 활동 경험이 있는 전문 임상상담자이며, 다수의 책과 학술논문을 저술하였다. 현재 오하이오주 상담 면허 소지자이다.

역자 소개

권선영(Kwon Sun Young)

호서대학교 문화복지상담대학원 상담심리학과 석사

호서대학교 대학원 인재개발학과 박사(산업심리학)

백석대학교 기독교학부 기독교상담학전공 부교수

Work & Life Consulting 대표

관심 주제: 일과 사람, 영성과 진로, 상담자 발달과 성숙한 삶, 심리이론과 상담전략을 활용한 창업

김호영(Kim Ho Young)

연세대학교 사회학과 학사

University of Missouri-Columbia, MA(상담심리학)

University of Missouri-Columbia, PhD(교육심리학)

백석대학교 사회복지학부 청소년학전공 교수

관심 주제: 정신분석학, 자기심리학, 상담의 문화적 배경 및 철학적 관점, 내면의 변화 · 성장

미국, 캐나다 자격제도 기반
상담 및 심리치료 전문가
실습·수련 가이드북
Practicum and Internship
Textbook and Resource Guide for Counseling and Psychotherapy
Fifth Edition

2021년 3월 15일 1판 1쇄 인쇄
2021년 3월 25일 1판 1쇄 발행

지은이 • Judith Scott · John C. Boylan · Christin M. Jungers
옮긴이 • 권선영 · 김호영
펴낸이 • 김진환
펴낸곳 • ㈜ 학지사
04031 서울특별시 마포구 양화로 15길 20 마인드월드빌딩
대표전화 • 02-330-5114 팩스 • 02-324-2345
등록번호 • 제313-2006-000265호

홈페이지 • http://www.hakjisa.co.kr
페이스북 • https://www.facebook.com/hakjisa

ISBN 978-89-997-2059-8 93180

정가 25,000원

역자와의 협약으로 인지는 생략합니다.
파본은 구입처에서 교환해 드립니다.